U0632229

国家重点档案专项资金资助项目

抗日战争档案汇编

虎林伪满档案汇编

1

虎林市档案局 编

中華書局

图书在版编目（CIP）数据

虎林伪满档案汇编 / 虎林市档案局编 . — 北京：中华书局，2019.11
（抗日战争档案汇编）
ISBN 978-7-101-14183-2

Ⅰ . 虎… Ⅱ . 虎… Ⅲ . 伪满洲国（1932）－历史档案－汇编－虎林 Ⅳ . K265.610.6

中国版本图书馆 CIP 数据核字（2019）第 228050 号

书　　名　虎林伪满档案汇编（全二册）
丛 书 名　抗日战争档案汇编
编　　者　虎林市档案局
策划编辑　许旭虹
责任编辑　李晓燕
装帧设计　许丽娟
出版发行　中华书局
（北京市丰台区太平桥西里38号　100073）
http://www.zhbc.com.cn
E-mail:zhbc@zhbc.com.cn
图文制版　北京禾风雅艺图文有限公司
印　　刷　天津艺嘉印刷科技有限公司
版　　次　2019年11月北京第1版
2019年11月第1次印刷
规　　格　开本889×1194毫米　1/16
印张65½
国际书号　ISBN　978－7－101－14183－2
定　　价　1000.00元

抗日战争档案汇编编委会

编纂出版工作领导小组

组　长　李明华

副组长　胡旺林　王绍忠　付　华　刘鲤生

编纂委员会

主　任　李明华

副主任　王绍忠

顾　问　杨冬权

成　员（按姓氏笔画为序排列）

于学蕴　于晶霞　马振犊　王　放　孔凡春　田　洪

付　杰　白明标　邢建榕　刘玉峰　刘新华　许桂清

苏东亮　杜　梅　李华强　李宗春　吴志强　张荣斌

林　真　罗亚夫　郑惠姿　孟玉林　赵国强　赵　深

胡元潮　耿树伟　徐春阳　徐　峰　黄凤平　黄菊艳

常建宏　覃兰花　程　勇　程潜龙　焦东华　谭向文

编纂出版工作领导小组办公室

主　任　常建宏

副主任　李莉娜　孙秋浦

成　员（按姓氏笔画为序排列）

石　勇　李　宁　贾　坤

虎林伪满档案汇编编委会

编纂委员会

主　任　魏传良

副主任　张玉河　高秀艳

委　员　高心峰

编辑组

主　编　高心峰　高秀艳

工作人员　王月珍　纪红艳　乔君华　孙　靖　李　新　姜一丹　徐明艳　段秀平　刘玉玺

总序

为深入贯彻落实习近平总书记「让历史说话，用史实发言，深入开展中国人民抗日战争研究」的重要指示精神，国家档案局根据《全国档案事业发展「十三五」规划纲要》和《「十三五」时期国家重点档案保护与开发工作总体规划》的有关安排，决定全面系统地整理全国各级综合档案馆馆藏抗战档案，编纂出版《抗日战争档案汇编》（以下简称《汇编》）。

中国人民抗日战争是近代以来中国反抗外敌入侵第一次取得完全胜利的民族解放战争，开辟了中华民族伟大复兴的光明前景。这一伟大胜利，也是中国人民为世界反法西斯战争胜利、维护世界和平作出的重大贡献。加强中国人民抗日战争研究，具有重要的历史意义和现实意义。

全国各级档案馆保存的抗战档案，数量众多，内容丰富，全面记录了中国人民抗日战争的艰辛历程，是研究抗战历史的珍贵史料。一直以来，全国各级档案馆十分重视抗战档案的开发利用，陆续出版公布了一大批抗战档案，对揭露日本帝国主义侵华罪行，讴歌中华儿女勠力同心、不屈不挠抗击侵略的伟大壮举，弘扬伟大的抗战精神，引导正确的历史认知，发挥了积极作用。特别是国家档案局组织有关方面共同努力和积极推动，「南京大屠杀档案」被联合国教科文组织评选为「世界记忆遗产」，列入《世界记忆名录》，捍卫了历史真相，在国际上产生了广泛而深远的影响。

全国各级档案馆馆藏抗战档案开发利用工作虽然取得了一定的成果，但是，在档案信息资源开发的系统性和深入性方面仍显不足。正如习近平总书记所指出的：「同中国人民抗日战争的历史地位和历史意义相比，同这场战争对中华民族和世界的影响相比，我们的抗战研究还远远不够，要继续进行深入系统的研究。」「抗战研究要深入，就要更多通过档案、资料、事实、当事人证词等各种人证、物证来说话。要加强资料收集和整理这一基础性工作，全面整理我国各地抗战档案、照片、资料、实物等……」

国家档案局组织编纂《汇编》，对全国各级档案馆馆藏抗战档案进行深入系统地开发，是档案部门贯彻落实习近平总书记重要指示精神，推动深入开展中国人民抗日战争研究的一项重要举措。本书的编纂力图准确把握中国人民抗日战争的历史进程、主流和本质，用详实的档案全面反映一九三一年九一八事变后十四年抗战的全过程，反映中国共产党在抗日战争中的中流砥柱作用以及中国人民抗日战争在世界反法西斯战争中的重要地位，反映国共两党「兄弟阋于墙，外御其侮」进行合作抗战、共同捍卫民族尊严的历史，反映各民族、各阶层及海外华侨共同参与抗战的壮举，展现中国人民抗日战争的伟大意义，以历史档案揭露日本侵华暴行，揭示日本军国主义反人类、反和平的实质。

编纂《汇编》是一项浩繁而艰巨的系统工程。为保证这项工作的有序推进，国家档案局制订了总体规划和详细的实施方案，明确了指导思想、工作步骤和编纂要求。为保证编纂成果的科学性、准确性和严肃性，国家档案局组织专家对选题进行全面论证，对编纂成果进行严格审核。

各级档案馆高度重视并积极参与到《汇编》工作之中，通过全面清理馆藏抗战档案，将政治、军事、外交、经济、文化、宣传、教育等多个领域涉及抗战的内容列入选材范围。入选档案包括公文、电报、传单、文告、日记、照片、图表等多种类型。在编纂过程中，坚持实事求是的原则和科学严谨的态度，对所收录的每一件档案都仔细鉴定、甄别与考证，维护档案文献的真实性，彰显档案文献的权威性。同时，以《汇编》编纂工作为契机，以项目谋发展，用实干育人才，带动国家重点档案保护与开发，夯实档案馆基础业务，提高档案人员的业务水平，促进档案馆各项事业的发展。

守护历史，传承文明，是档案部门的重要责任。我们相信，编纂出版《汇编》，对于记录抗战历史，弘扬抗战精神，发挥档案留史存鉴、资政育人的作用，更好地服务于新时代中国特色社会主义文化建设，都具有极其重要的意义。

《抗日战争档案汇编》编纂委员会

编辑说明

虎林市档案局（馆）依照虎林市档案馆所保管的伪满虎林县政府档案，编纂了《虎林伪满档案汇编》。

本书选稿起自一九三二年一月，迄至一九四二年一月，按时间顺序排列。

选用档案均为本馆馆藏原件全文影印，未做删节，如有缺页，为档案自身缺页。档案中原标题完整或基本符合要求的使用原标题；对原标题有明显缺陷的进行了修改或重拟；无标题的加拟标题。标题中人名使用原档案写法，机构名称使用机构全称或规范简称，历史地名沿用当时地名。所标时间统一采用公元纪年。有年无月的，排在当年最后；有年月无日的，排在当月最后。

本书使用规范的简化字。对标题中人名、历史地名、机构名称中出现的繁体字、错别字、不规范异体字、异形字等，予以径改。限于篇幅，本书不作注释。

由于时间紧，档案公布量大，编者水平有限，在编辑过程中可能存在疏漏之处，考订难免有误，欢迎专家斧正。

编　者

二〇一八年七月

总目录

第一册

一、伪满洲国的建立

二、伪满洲国的政治统治

三、伪满洲国的经济统治

第二册

四、伪满洲国的文化统治

五、伪满洲国的军事警务统治

六、伪满洲国的社会管理

一、伪满洲国的建立

伪吉林全省印花税处为定制新国家国旗形式给伪虎林印花税分处的训令（一九三二年三月十九日）

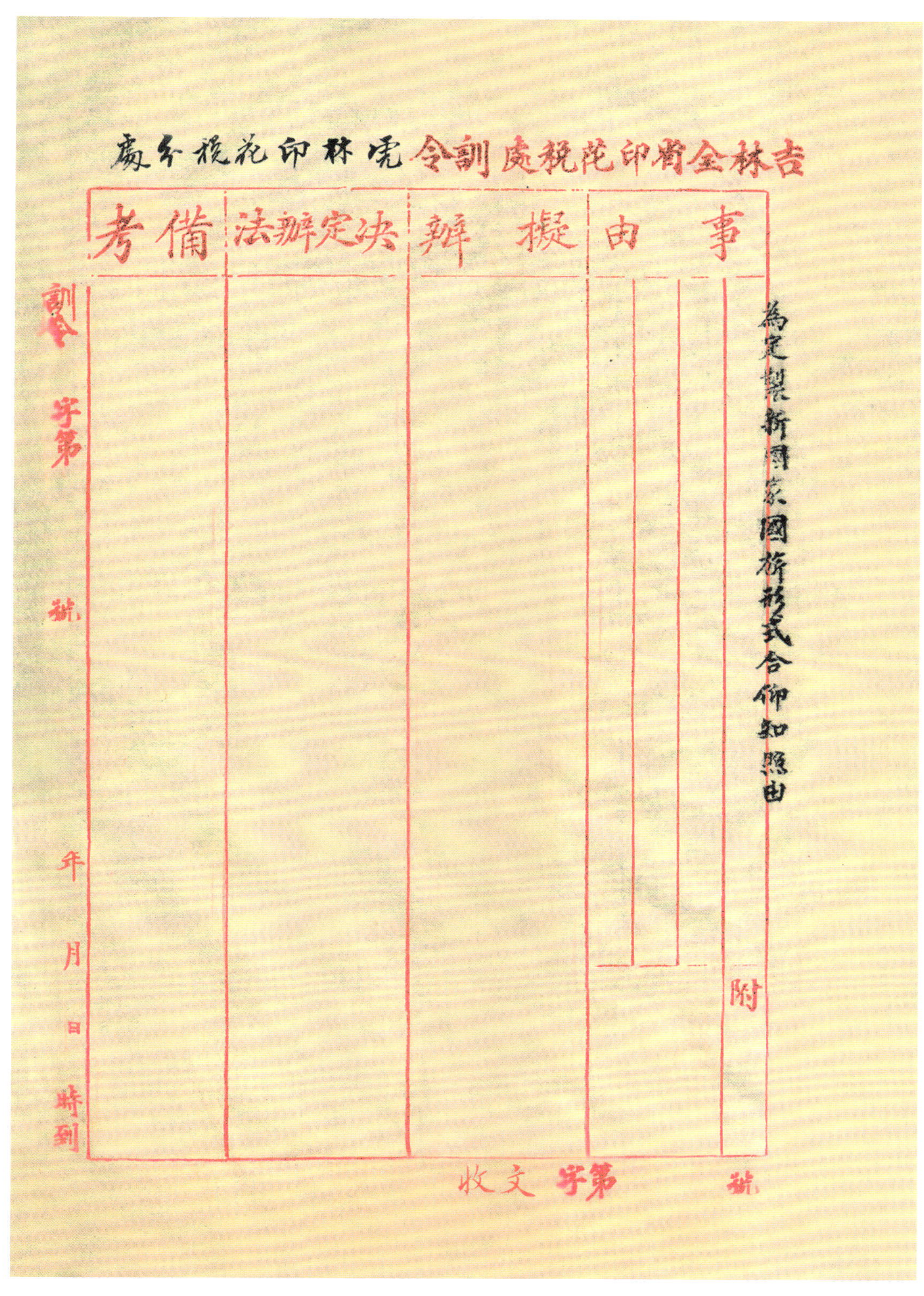

吉林全省印花税處訓令　虎林印花税分處

事由	擬辦	決定辦法	備考
為定製新國家國旗形式合仰知照由 附			

訓令　字第　號　年　月　日　時到

收文　字第　號

吉林全省印花税處訓令

字第〡〤〣號

令虎林印花分處

案奉

長官公署第六零三號開案准

東北行政委員會冬電開新國家國旗定為紅黃藍白黑五色旗旗地用黃色旗之左上角用紅藍白黑四色成長條形面積佔全旗四分之一式樣另行製發等因准此除分別咨令外合亟令仰該處即便轉行所屬一体查照等因奉此除分令外合亟令仰該分處轉飭所屬一体知照此令

大滿洲國大同元年三月十九

纂長張書翰

會辦周鳴

監印[illegible]中

校對鮑鴻章

伪吉林全省印花税处为新国家未成立前各省区及蒙古地方行政组织暂仍旧由各长官维持治安给伪虎林印花税分处的训令（一九三二年三月十九日）

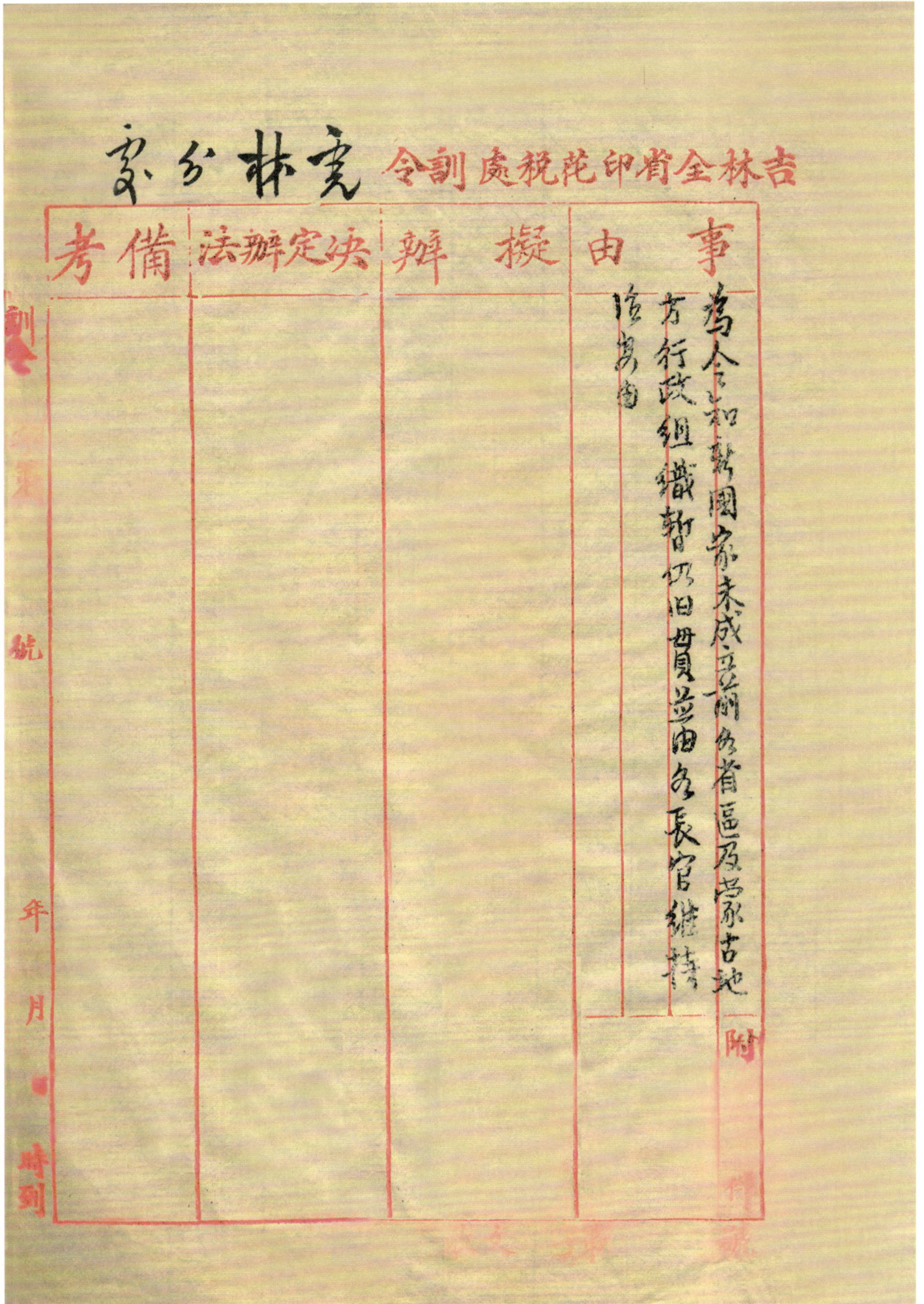

吉林全省印花税處訓令　虎林分處

事由	擬辦	決定辦法	備考
為令知新國家未成立前各省區及蒙古地方行政組織暫仍舊貫並由各長官維持治安由			

訓令　號　年　月　日　時到

吉林全省印花税處訓令

字第收號

令虎林印花分處

案奉

長官公署第六〇四号訓令開案准

东北行政委員會電開新國家成立業經正式宣佈其在新

國府未成立以前所有各省區及蒙古地方行政組織暂仍舊

貫各該省區地方治安并由各該長官切實負責特電查

照等因准此除分行外合亟令仰該處查照并飭屬一体

知照此令等因奉此除分令外合亟令仰該分處知照此令

大滿洲國大同元年 三 月 十九

處長張書翰

會辦周鳴齊

伪吉林全省印花税处为知照伪满洲国执政就任日期及国号年号等事给伪虎林印花分处的训令（一九三二年三月二十二日）

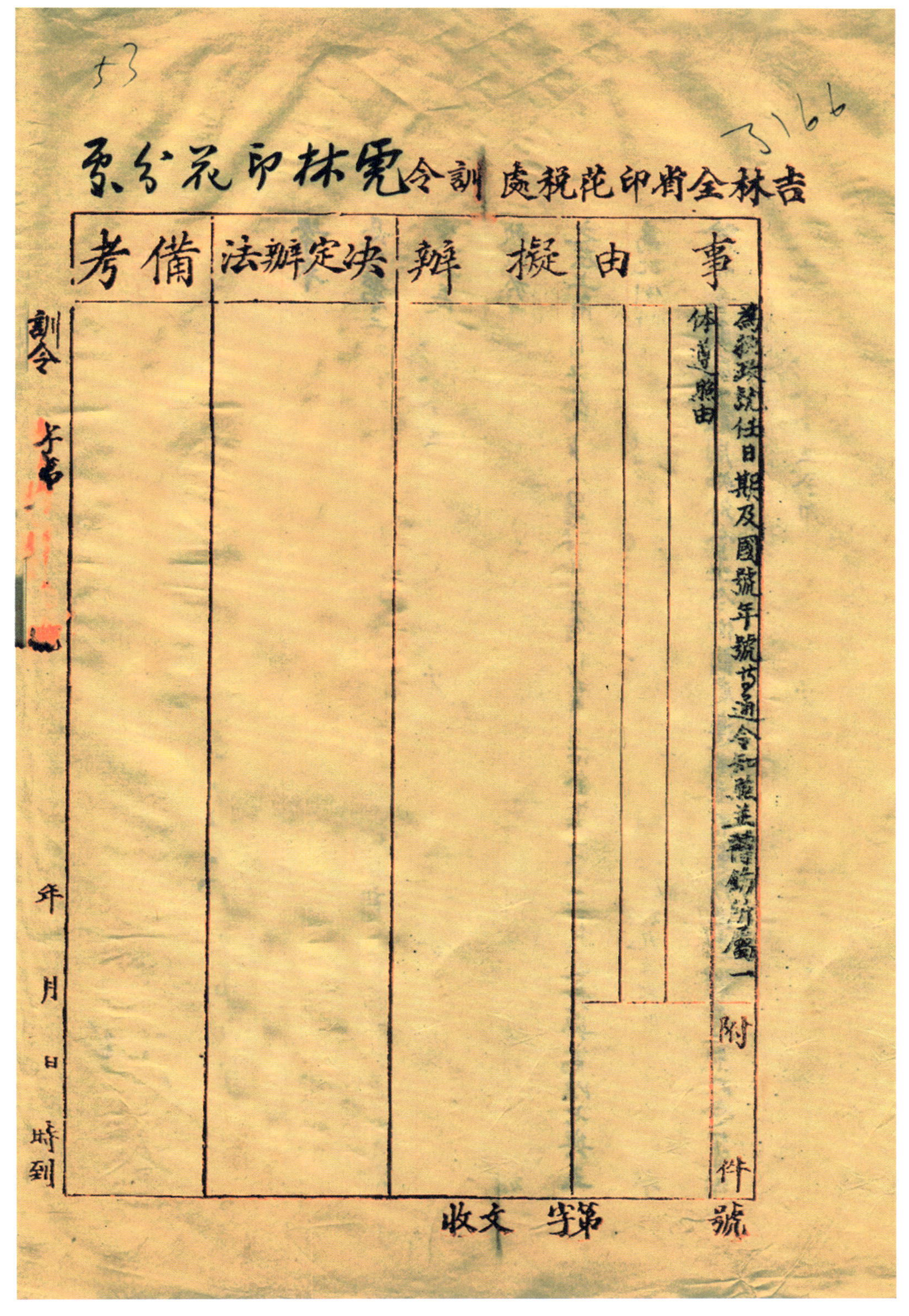

吉林全省印花税處訓令虎林印花分處

事由	擬辦	決定辦法	備考
為執政就任日期及國號年號等因通令知照並轉飭所屬一體遵照由			

附　件

訓令　字第　號

年　月　日　時到

收文　字第　號

吉林全省印花税處訓令

令虎林印花分處

字第304號

案奉

長官第二號訓令内開案照東北各省區與蒙古區域建設新國家現經成立首都定在長春

執政於九日就任國號滿洲年號大同國旗定為紅黃藍白黑五色旗地用黄色旗之左上角用紅藍白黑四色成長條形面積佔全旗四分之一旗之長與寬以七與五為比例所有公文函件及一切書面賬簿契據等類並應於九日起改書大同元年除布告商民一體周知外合亟令仰該處遵照並轉飭所屬一體遵照此令等因

奉此除分令外合亟令仰該分處遵照並轉屬一体遵照此令

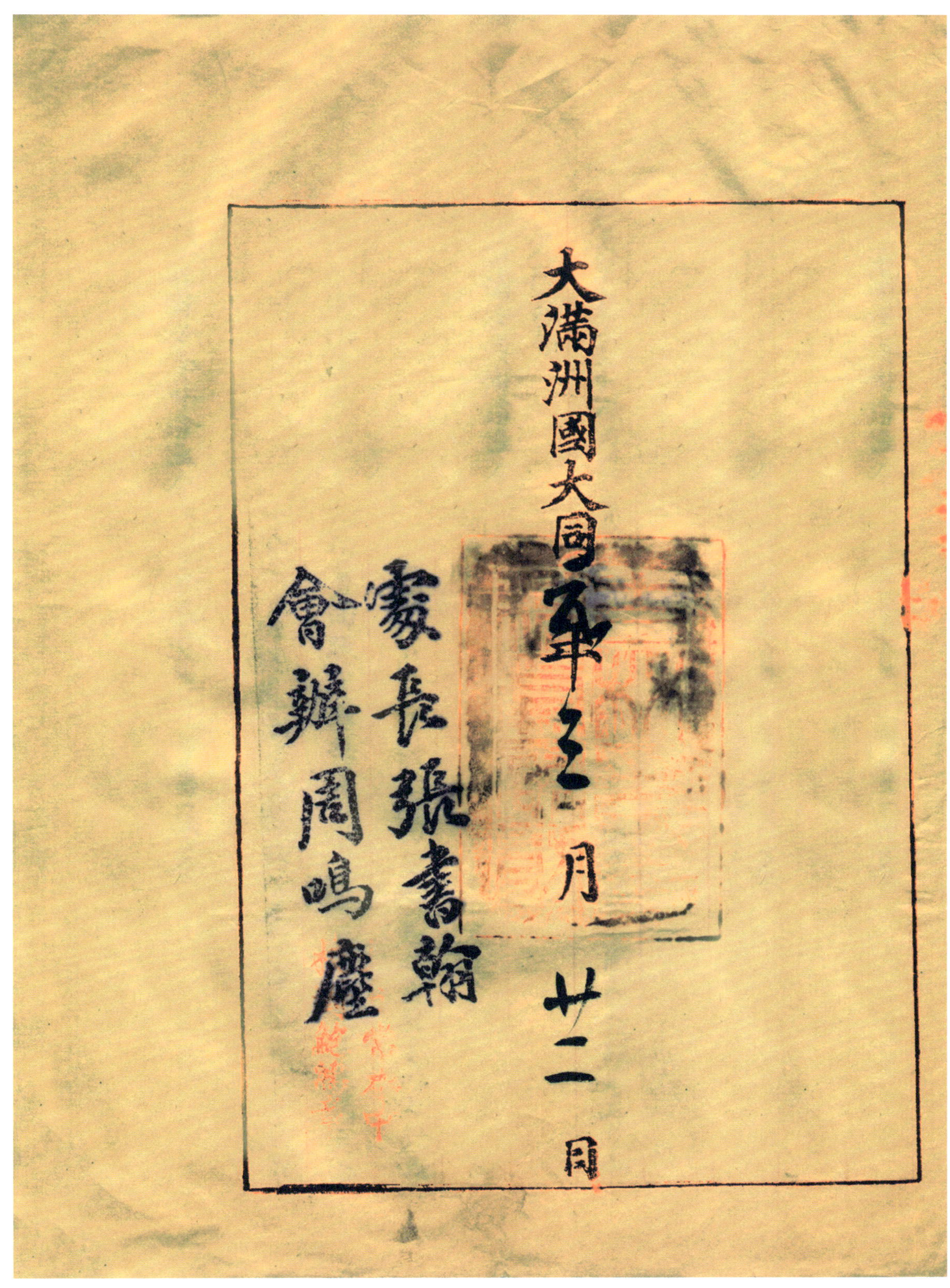

大滿洲國大同年三月廿二日

處長張書翰

會辦周鳴麈

伪吉林全省印花税处为公布一九三二年三月九日伪满洲国执政就任礼成给伪虎林印花税分处的训令

（一九三二年三月二十四日）

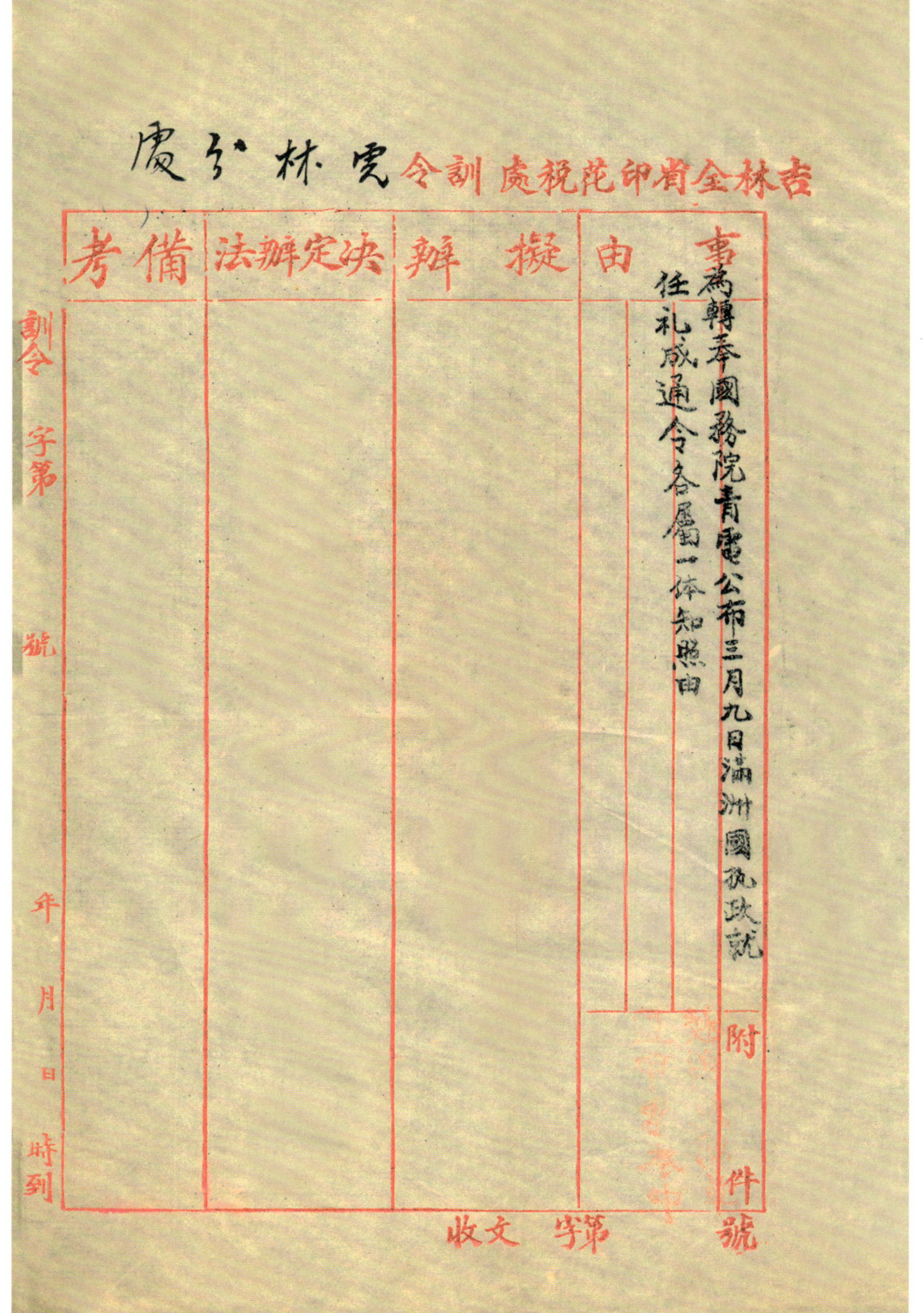
吉林全省印花税處訓令 虎林分處

事由 為轉奉國務院青電公布三月九日滿洲國執政就任礼成通令各屬一体知照由

擬辦

決定辦法

備考

訓令 字第 號

年 月 日 時到

附件

第 字 收文 號

吉林全省印花税處訓令

字第355號

令寬城印花分處

案奉

省長公署民字第八九號訓令內開案奉

國務院青電開三月九日滿洲國

執政就任禮成特電奉聞等因奉此除分別咨行外合亟通令知照

並轉飭所屬一体知照等因奉此除分令外合亟令仰該分處飭屬

一体知照此令

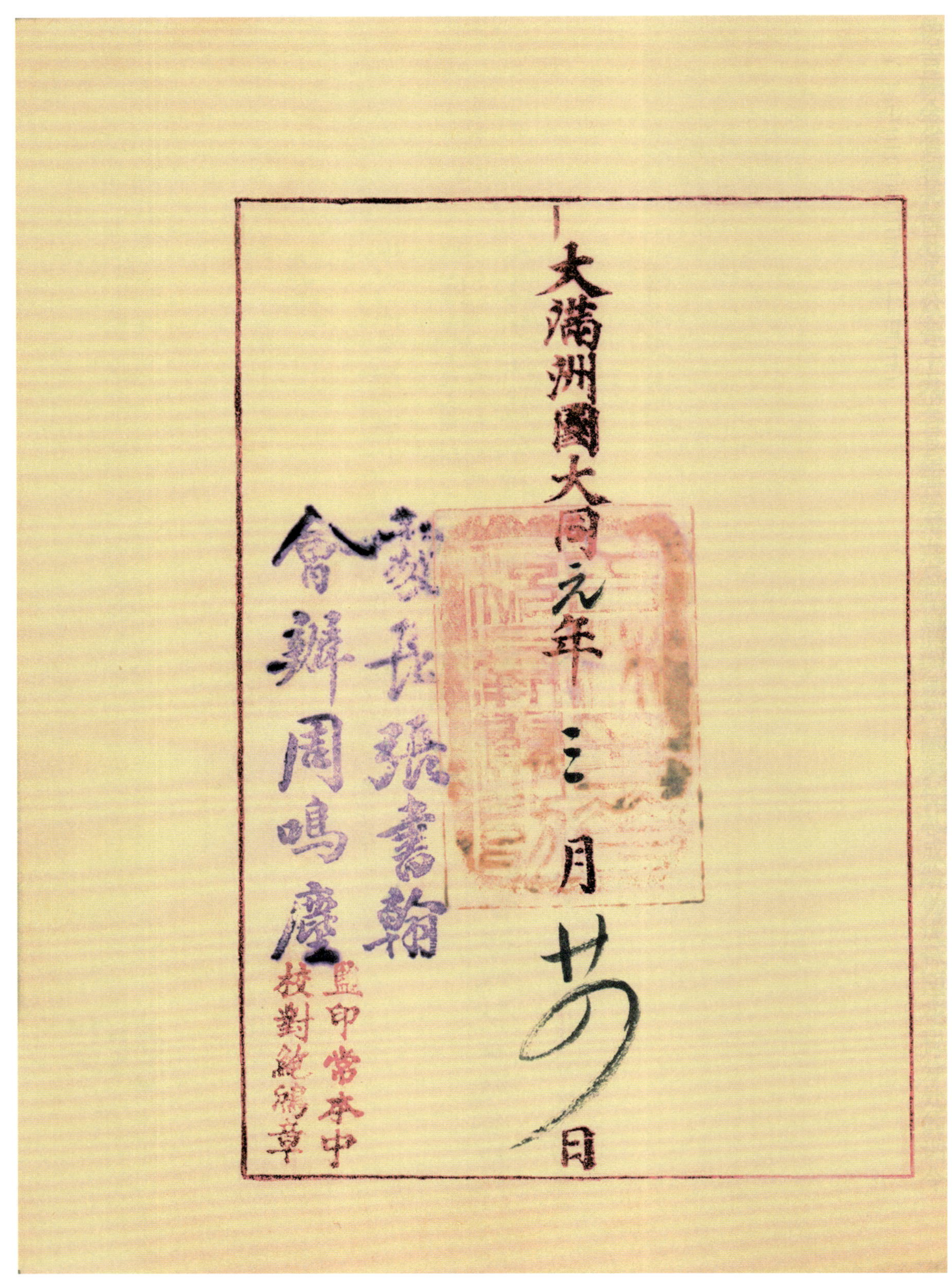

大滿洲國大同元年三月廿九日

縣長張書翰

會辦周鳴慶

監印常本中

校對鮑鴻章

伪吉林省公署为宣传监察院成立主旨及职权具报事给伪虎林县公署的训令（一九三二年六月十九日）

附：监察院公函（一九三二年五月十四日）

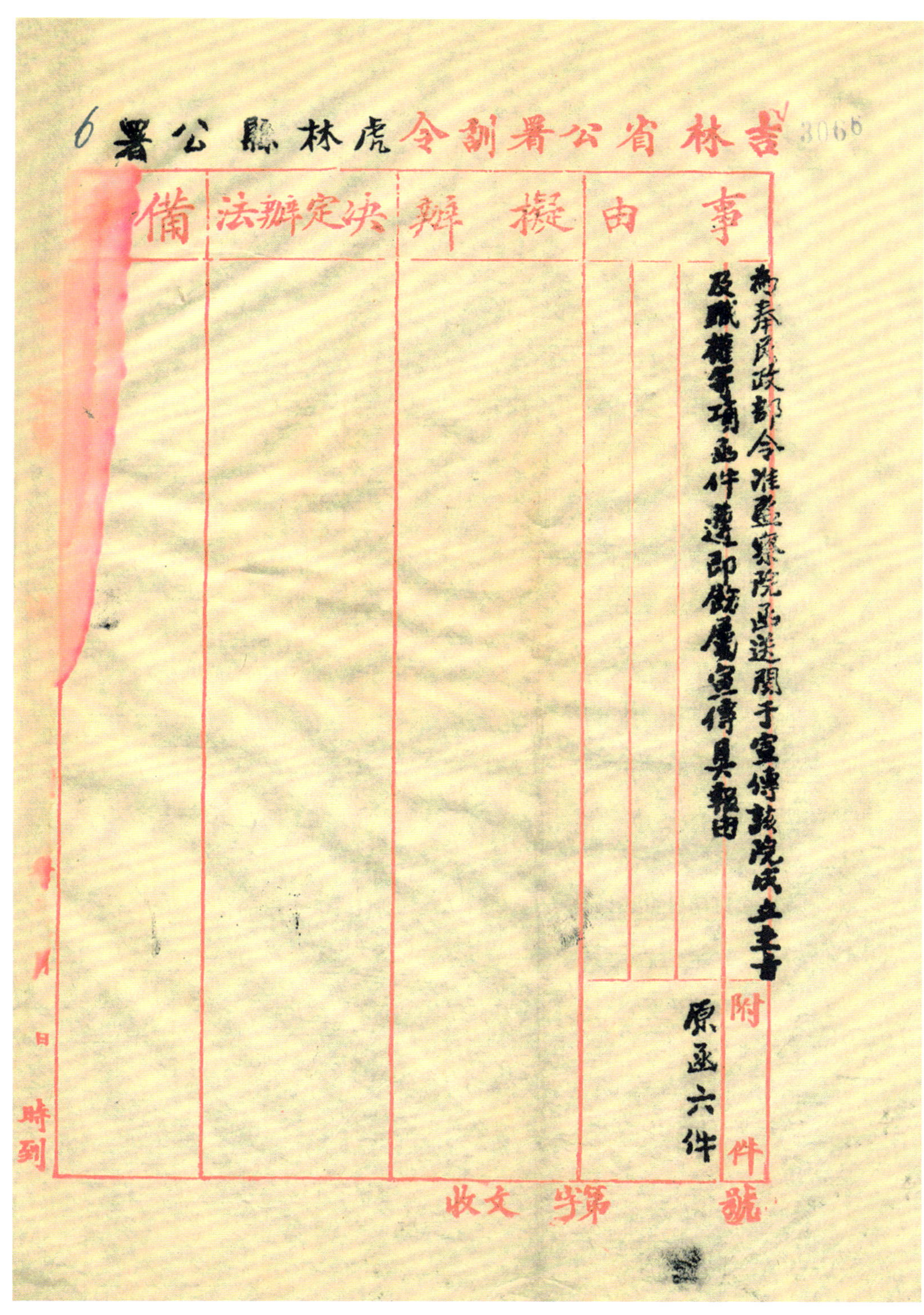

6 吉林省公署訓令 虎林縣公署 3066

事由	擬辦	決定辦法	備
為奉民政部令准監察院函送關于宣傳該院成立主旨及職權事項函件遵即飭屬宣傳具報由			
附件：原函六件			

收文第 號

到時 月 日

吉林省公署训令

總字第142號

令虎林縣公署

為令行事案奉

民政部第三二號令開承准

監察院總字第六三號函開案查敝院業經成立正式辦公所有

成立主旨及職權等應向國内各地方機關法團如農務會商務

會教育會等施行宣傳以期周知兹檢敝院印就公函一千一百份

並分發清單一紙函送貴部查照希即轉發幸無遲延至級公

誼計附送公函一千一百份分發清單一紙等因承准此除分行外

合行照抄原單檢發公函令仰該公署即便查照赶速分發以
利宣傳勿稍延誤切切此令計發抄單一份公函二百五十二份等因
奉此除分行外合行檢發原函令仰該縣遵照迅速宣傳勿稍
延誤并將奉到日期具報備查此令
計發原函六份

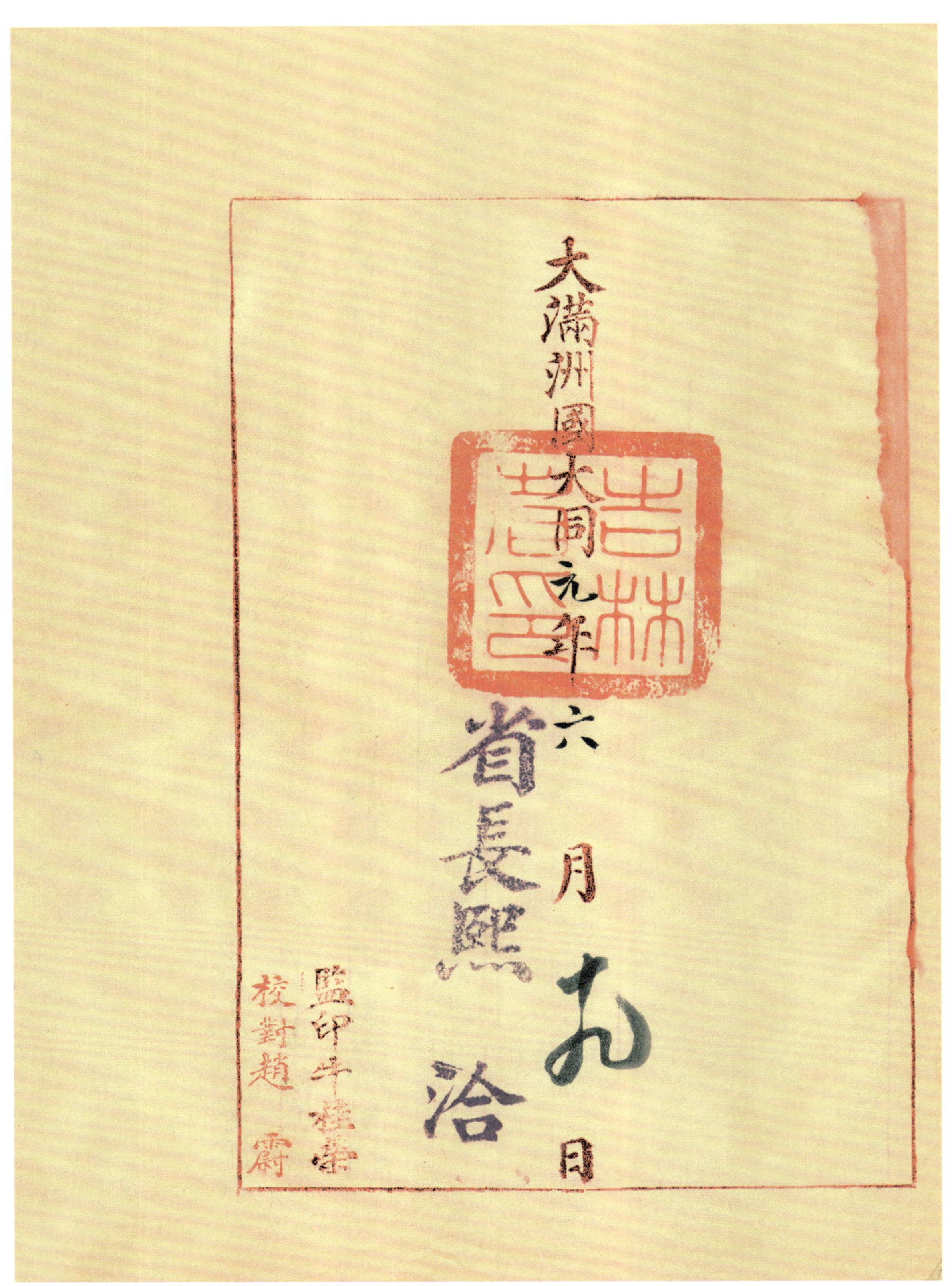

大滿洲國大同元年六月九日

省長熙洽

監印牛桂榮

校對趙霨

監察院公函 監總第四七號

逕啟者本院現經組織成立正式辦公成立

主旨首以監察官吏審核會計為綱要以期

肅清吏治而便保障民權對於官吏行將澈

底清查以判邪正而憑黜陟惟查以前各機

關法團每與地方官吏朋比為奸枉法行賄

以致殃民擾民之事時有所聞今後宜各束

身自爱勿得妄为致干咎戾至地方官吏如
有营私舞弊贪赃违法并勒索贿赂等情事
准由各机关法团据实呈控一经本院获查
属实即行议惩决不宽贷除分行外相应函
达查照并希广为宣传俾便周知此致

监察院启

大同元年五月十四日

伪吉林省公署为分发所属白话建国宣言阅览事给伪虎林县公署的训令（一九三二年九月十五日）

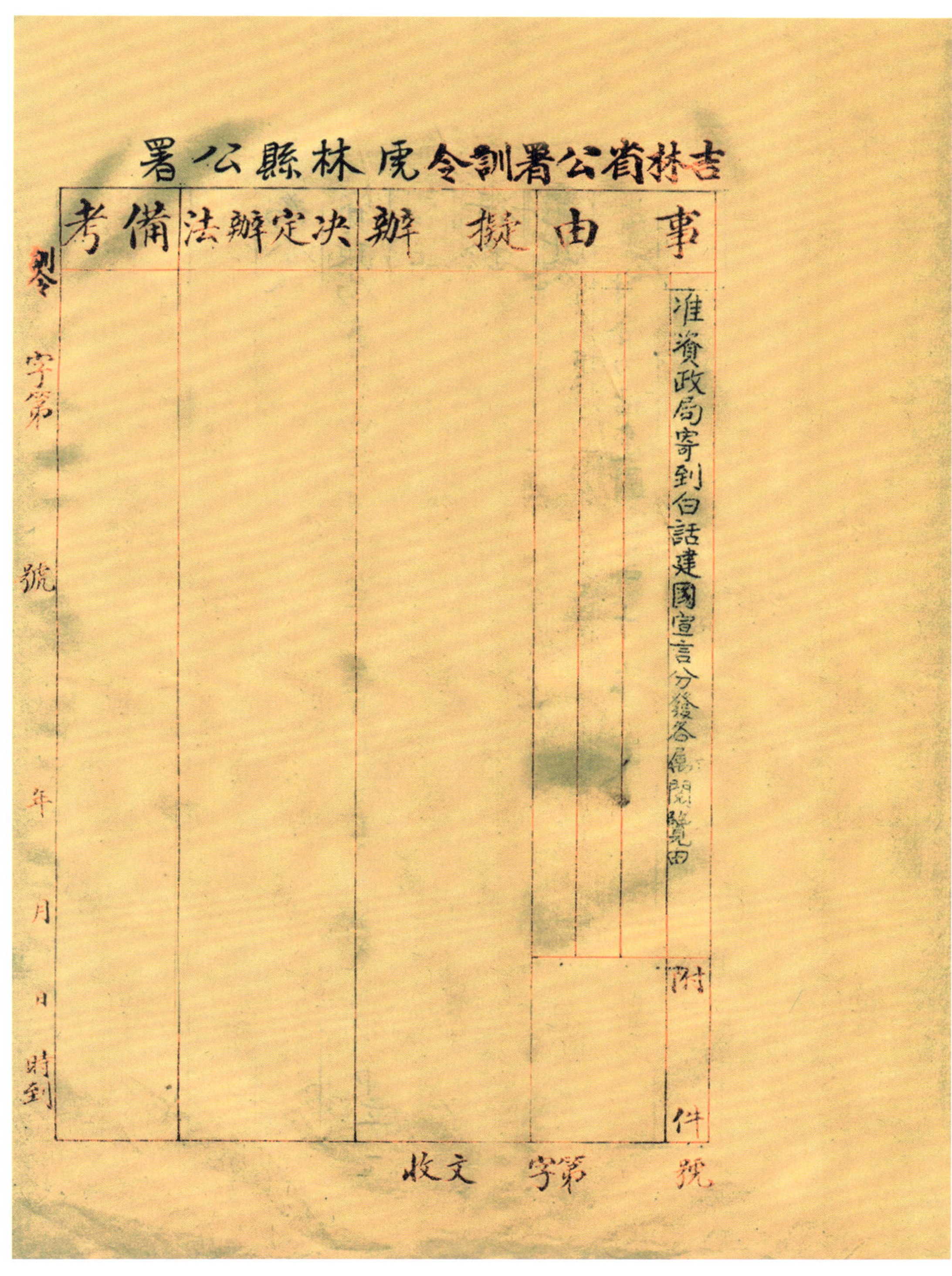
吉林省公署訓令虎林縣公署

事由	擬辦	決定辦法	備考
准資政局寄到白話建國宣言分發各屬閱覽由			
附件			

字第　號

收文　字第　號

吉林省公署训令

总字第418号

令虎林县公署

为令发事准
资政局寄到白话建国宣言五百本查其内容系为宣布立
国主要大纲自应分发各属俾知建国之真谛除分令外合
行检同原送宣言令仰该县即便查收分发所属俾众阅
览此令

附发白话建国宣言 十本

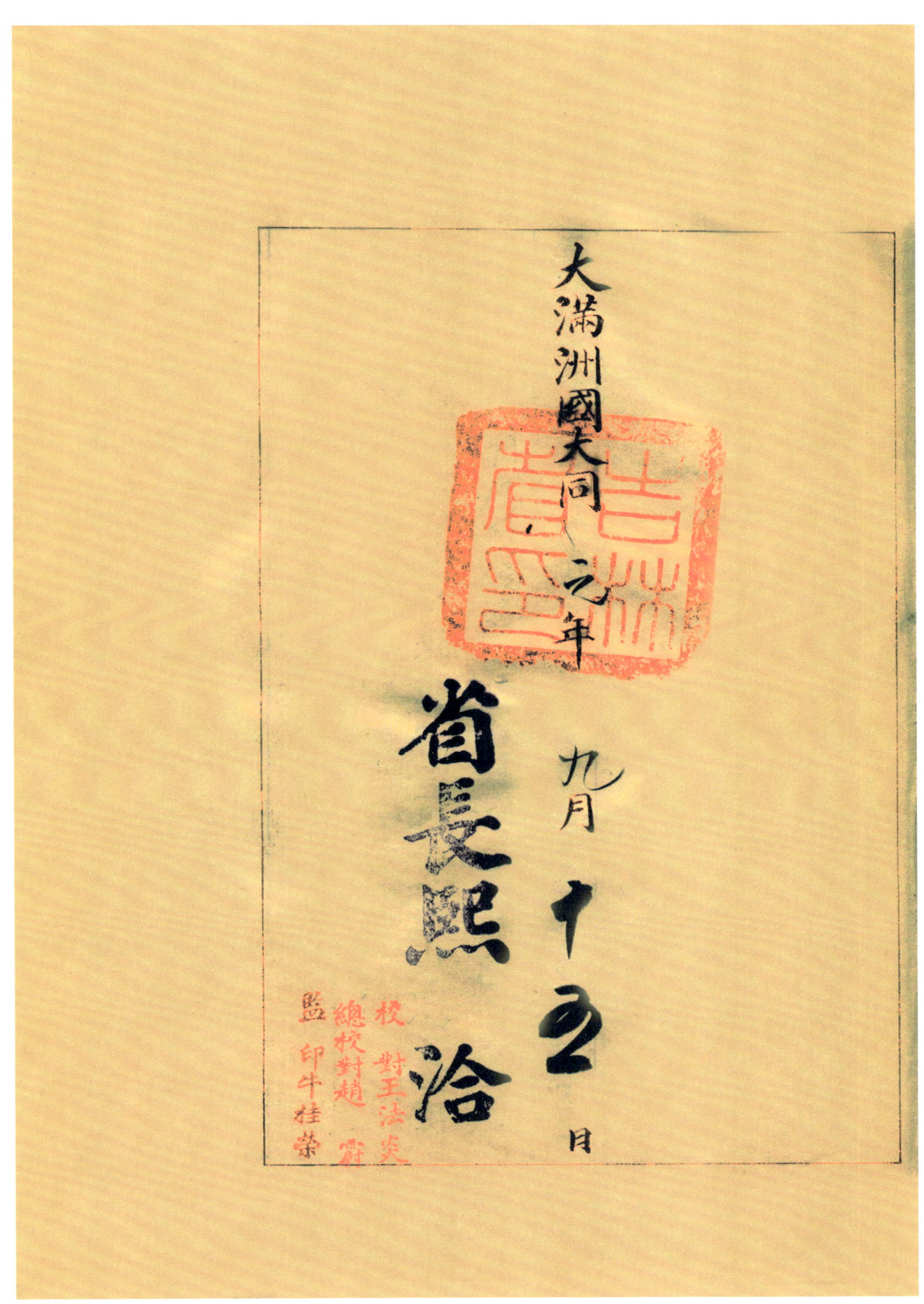

大滿洲國大同元年

九月十三日

省長熙洽

校對王法炎

總校對趙蔚

監印牛桂榮

二、伪满洲国的政治统治

伪吉林省公署为限自文到之日各县政府一律改称县公署给伪虎林县政府的训令（一九三二年三月三十一日）

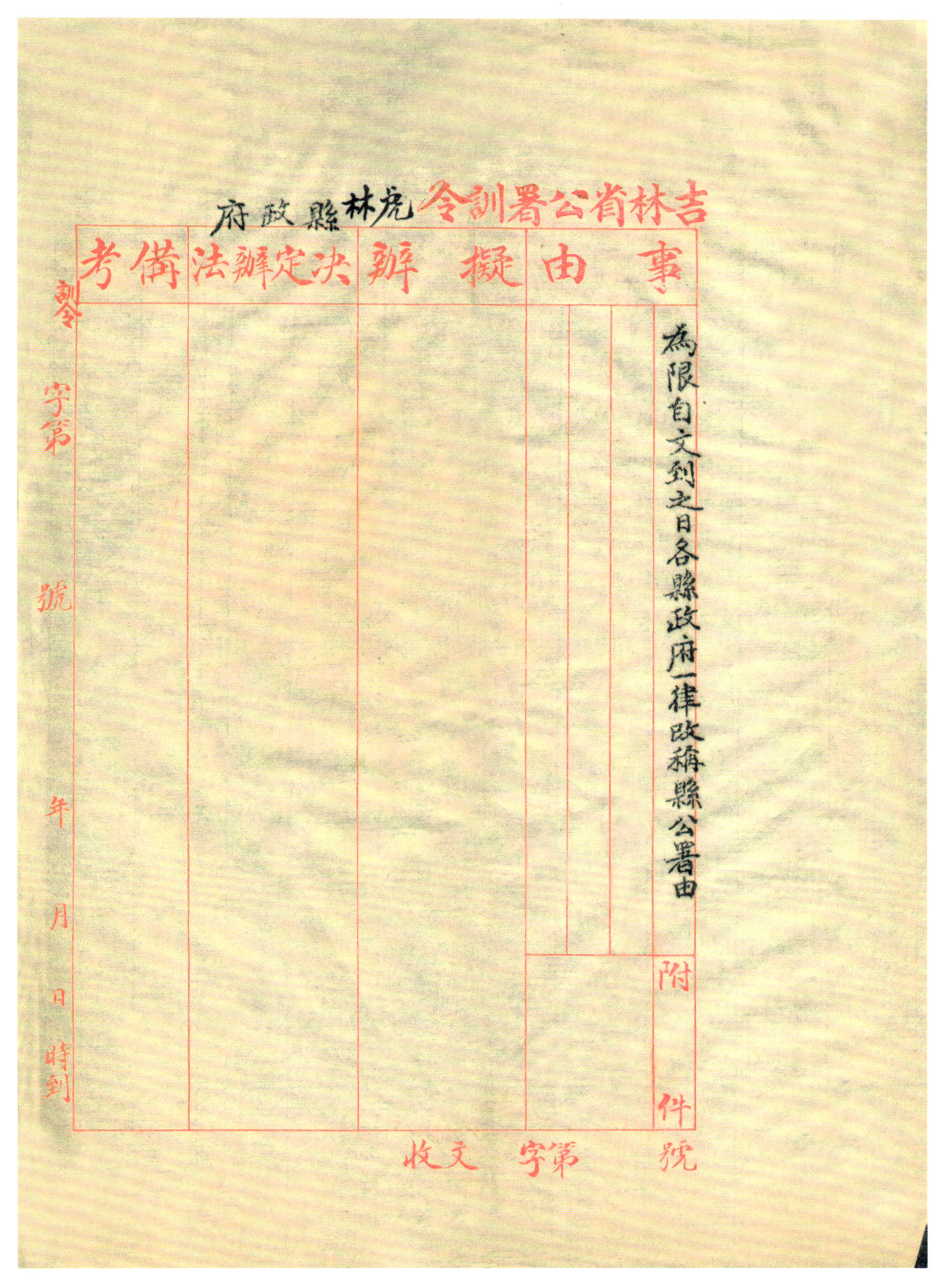

吉林省公署訓令虎林縣政府

事由	擬辦	決定辦法	備考
為限自文到之日各縣政府一律改稱縣公署由			
附件			

訓令　字第　號　年　月　日　時到

收文　字第　號

吉林省公署訓令

民丁第 210 號

令虎林縣政府

案查本省長前奉

勅令特任為吉林省長已於本月十三日通電就職並將原有長官

公署改稱省公署通令飭知在案現在本省既經成立各縣原有縣

政府名稱已不適用茲限自文到之日起所有各縣縣政府一律改

稱縣公署以符新制仰令恭嚴不容違誤仰文到之日即日改正具

報除分行外合行通令遵照此令

大滿洲國大同元年三月廿一日

備用舊劉長熙給

監印之者典

校對龔雲章

伪吉林省公署为办公时刻以新京为准给伪虎林县公署的训令（一九三二年四月九日）

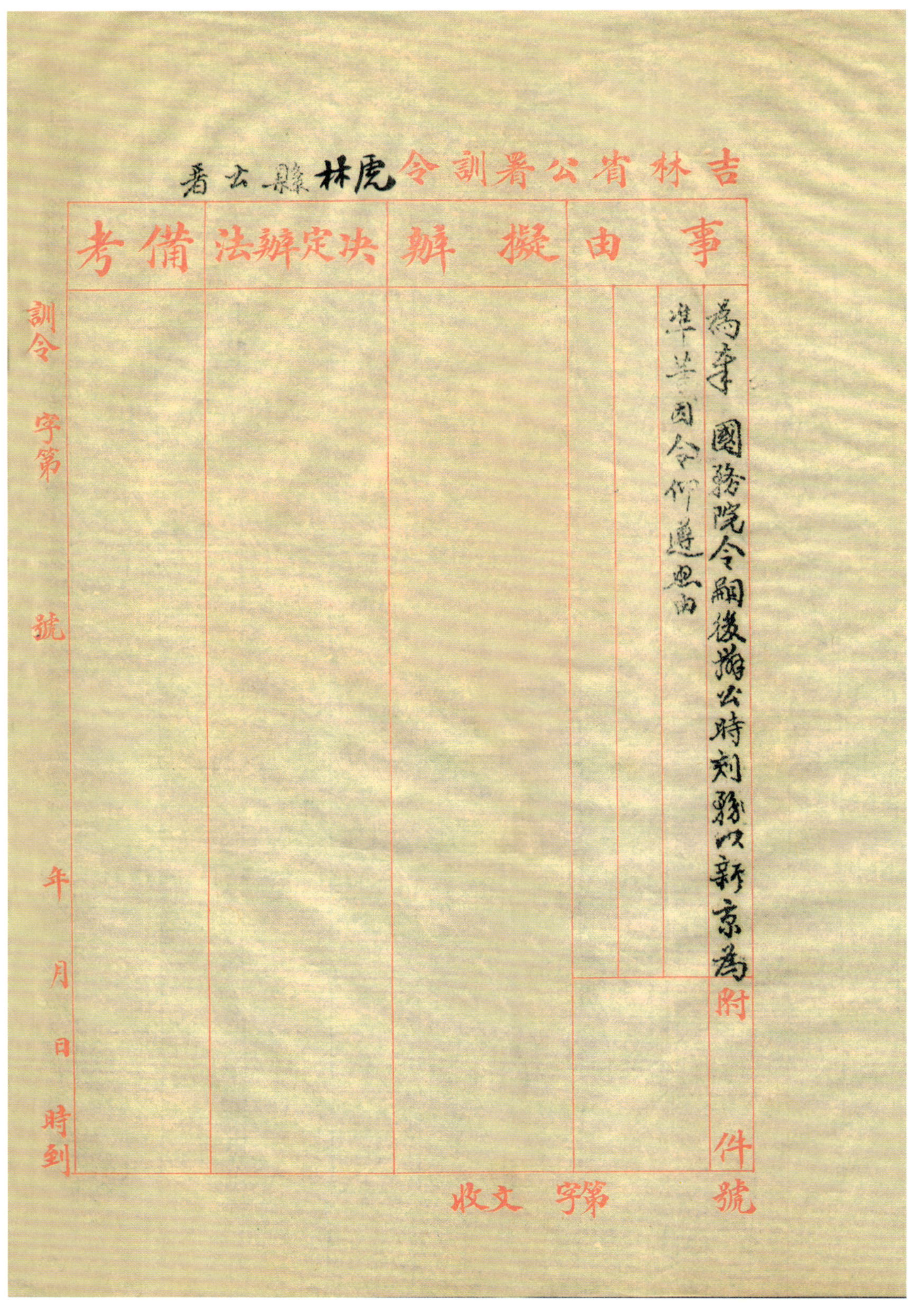

吉林省公署訓令虎林縣公署

事由	擬辦	決定辦法	備考
為奉國務院令嗣後辦公時刻務以新京為準並因令仰遵照由			

附件

號

第　字　文收

訓令第　字　號

年　月　日　時到

吉林省公署訓令

民字第319號

令虎林縣公署

爲令遵事案奉

國務院第一二號令開行政辦公時刻必須劃一各省各埠參差不齊今後務以新京時刻爲準俾歸一律仰省長轉飭遵照此令等因奉此除分行外合行令仰該縣即便遵照此令

大滿洲國康德元年四月九日
暫用舊印
縣長熙洽
監印黃興
校對龔雲章

伪吉林省公署为准执政府秘书处咨知启用印信日期请查照等事给伪虎林县公署的训令（一九三二年四月十三日）

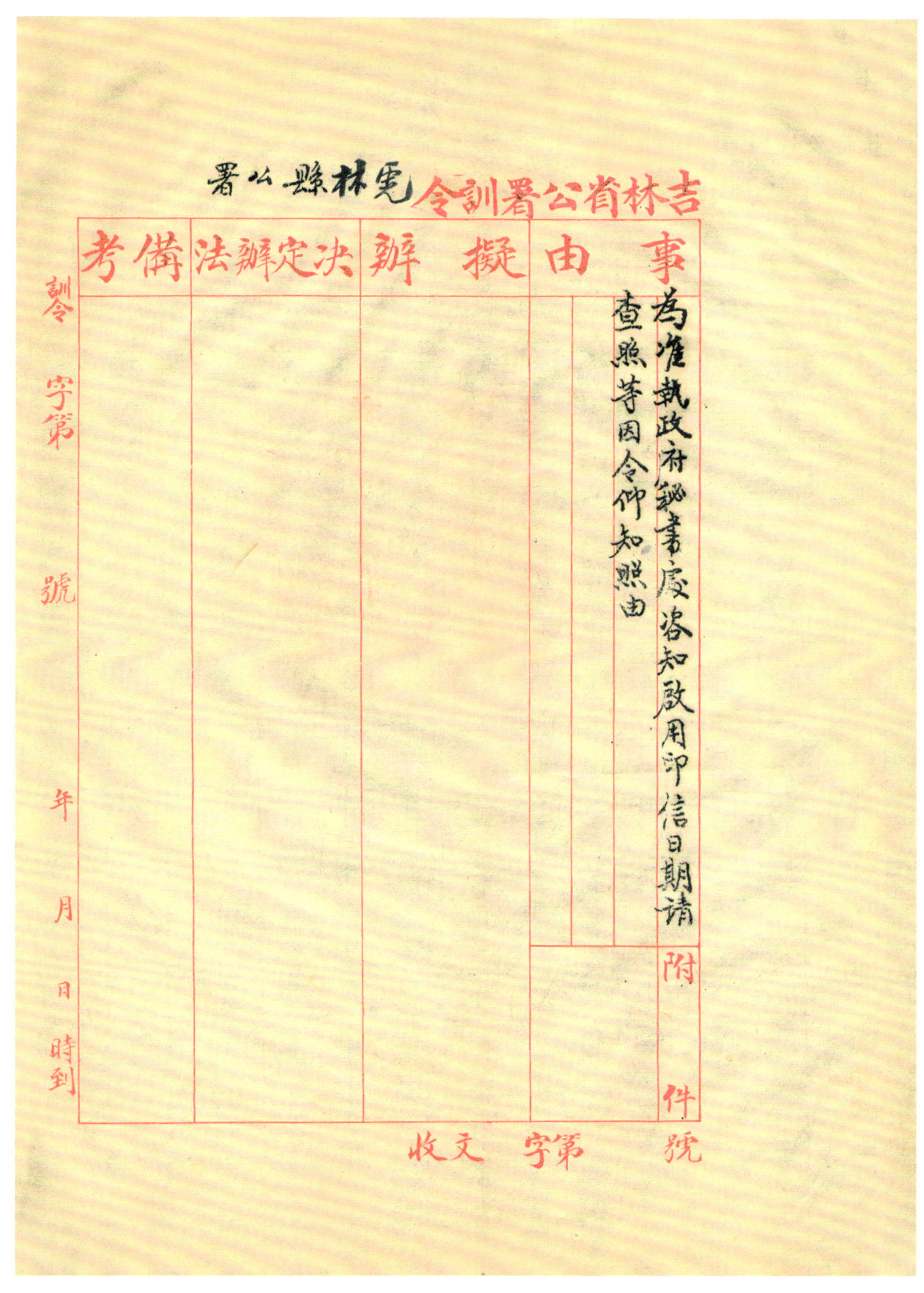

吉林省公署訓令　虎林縣公署

事由	擬辦	決定辦法	備考
為准執政府秘書處咨知啟用印信日期請查照等因令仰知照由			
附件			

訓令　字第　號　年　月　日　時到

收文　字第　號

吉林省公署訓令

民字第346號

令虎林縣公署

案准

執政府秘書處咨開本處奉

令組織成立並經刊就木質印信一顆，文曰執政府

秘書處之印已於三月二十二日啓用除分咨外相應咨

請貴省長查照並希轉飭所屬一體知照等因准

此除分行外合令該縣知照此令

大滿洲國大同元年四月十叁日

借用舊印　省長熙洽

監印王毅興
校對龔雲章

伪吉林省公署为袁嵩瑞升充伪吉海铁路管理局总办事给伪虎林县公署的训令（一九三二年四月十三日）

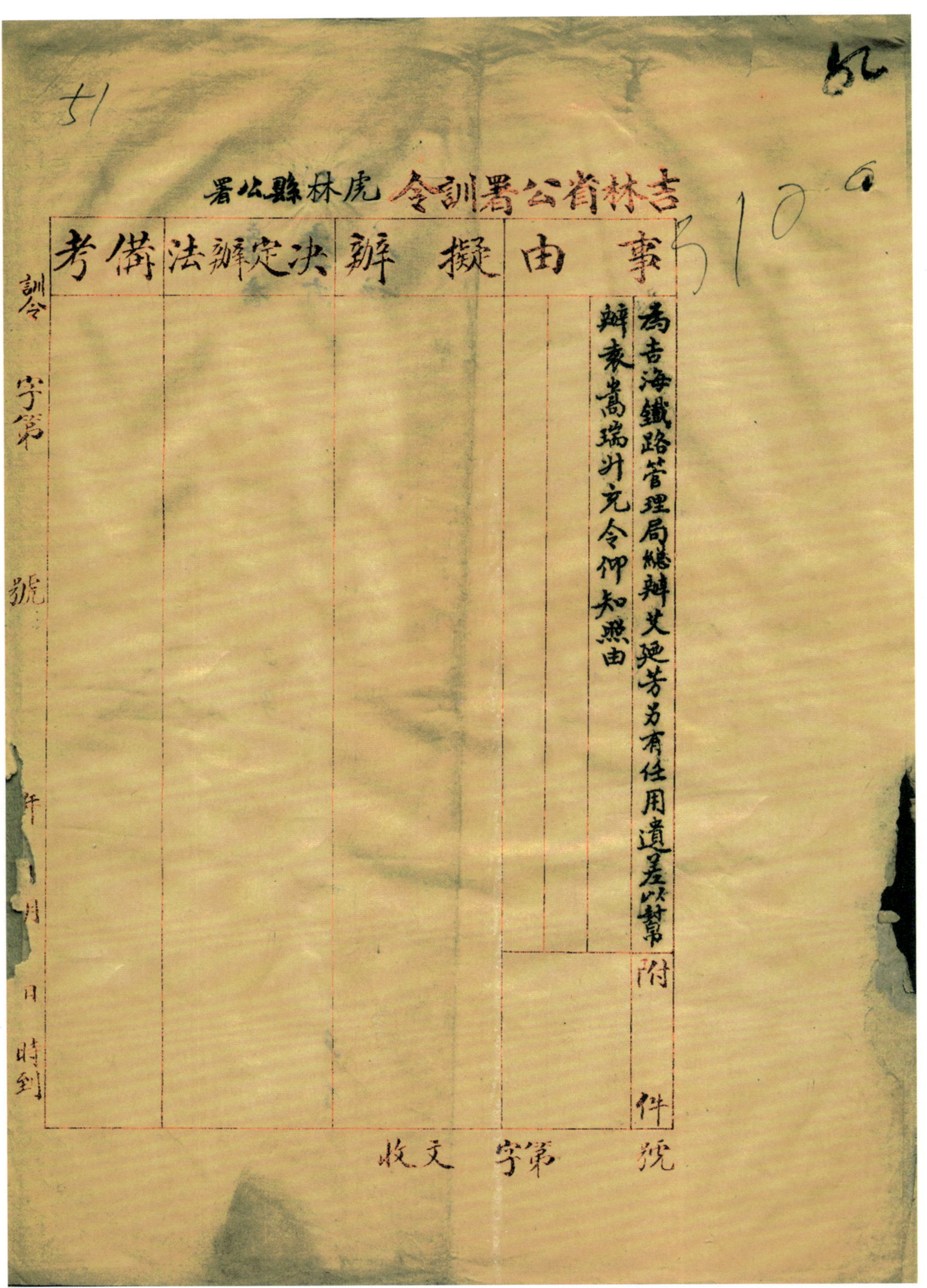
51

吉林省公署訓令 虎林縣公署

事由	擬辦	決定辦法	備考
為吉海鐵路管理局總辦艾延芳另有任用遺差以幫辦袁嵩瑞升充令仰知照由			
附件			

訓令 字第 號

月 日 時到

收文 字第 號

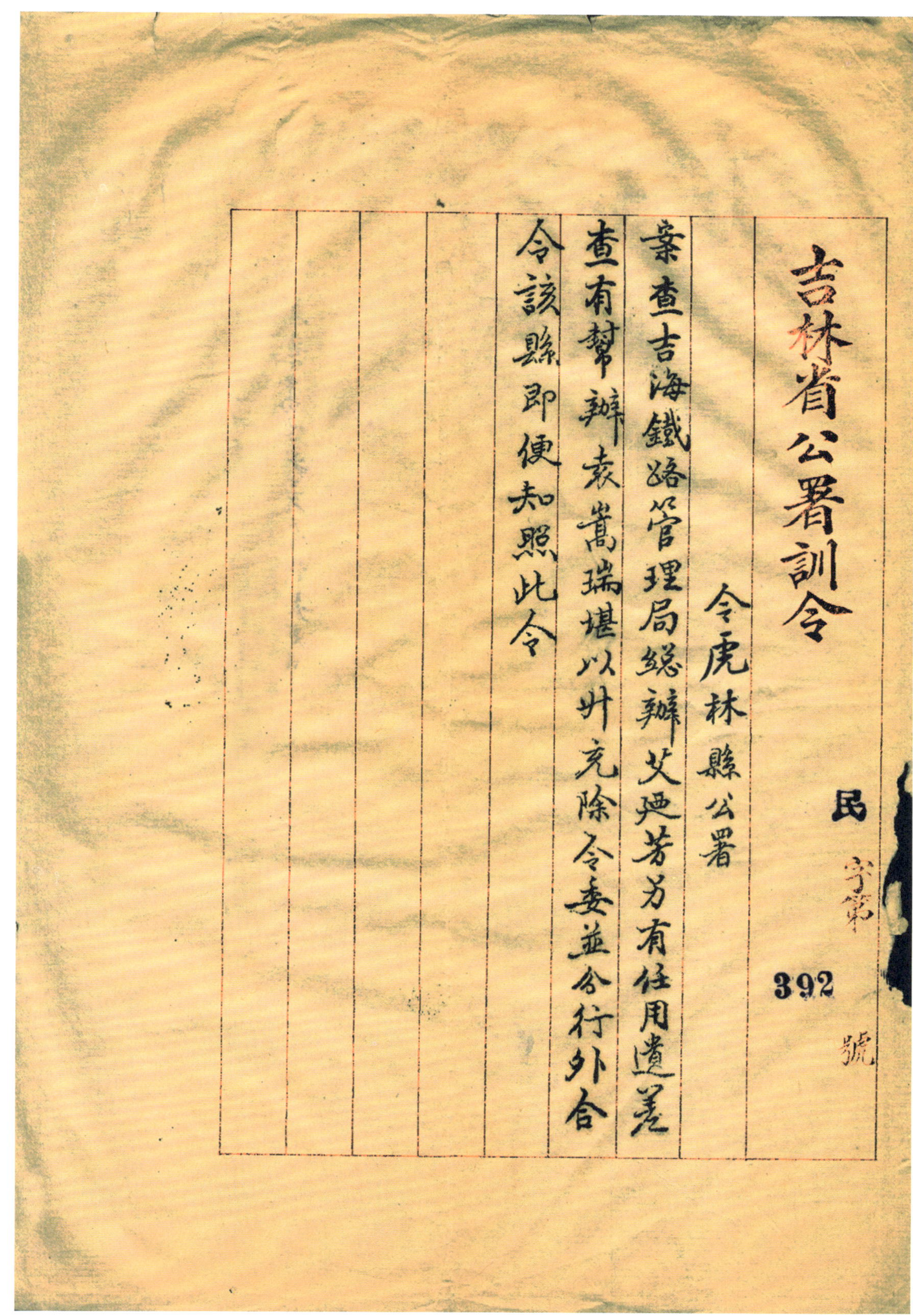

吉林省公署訓令

民字第392號

令虎林縣公署

案查吉海鐵路管理局總辦艾延芳另有任用遺差查有幫辦袁嵩瑞堪以升充除令委並分行外合令該縣即便知照此令

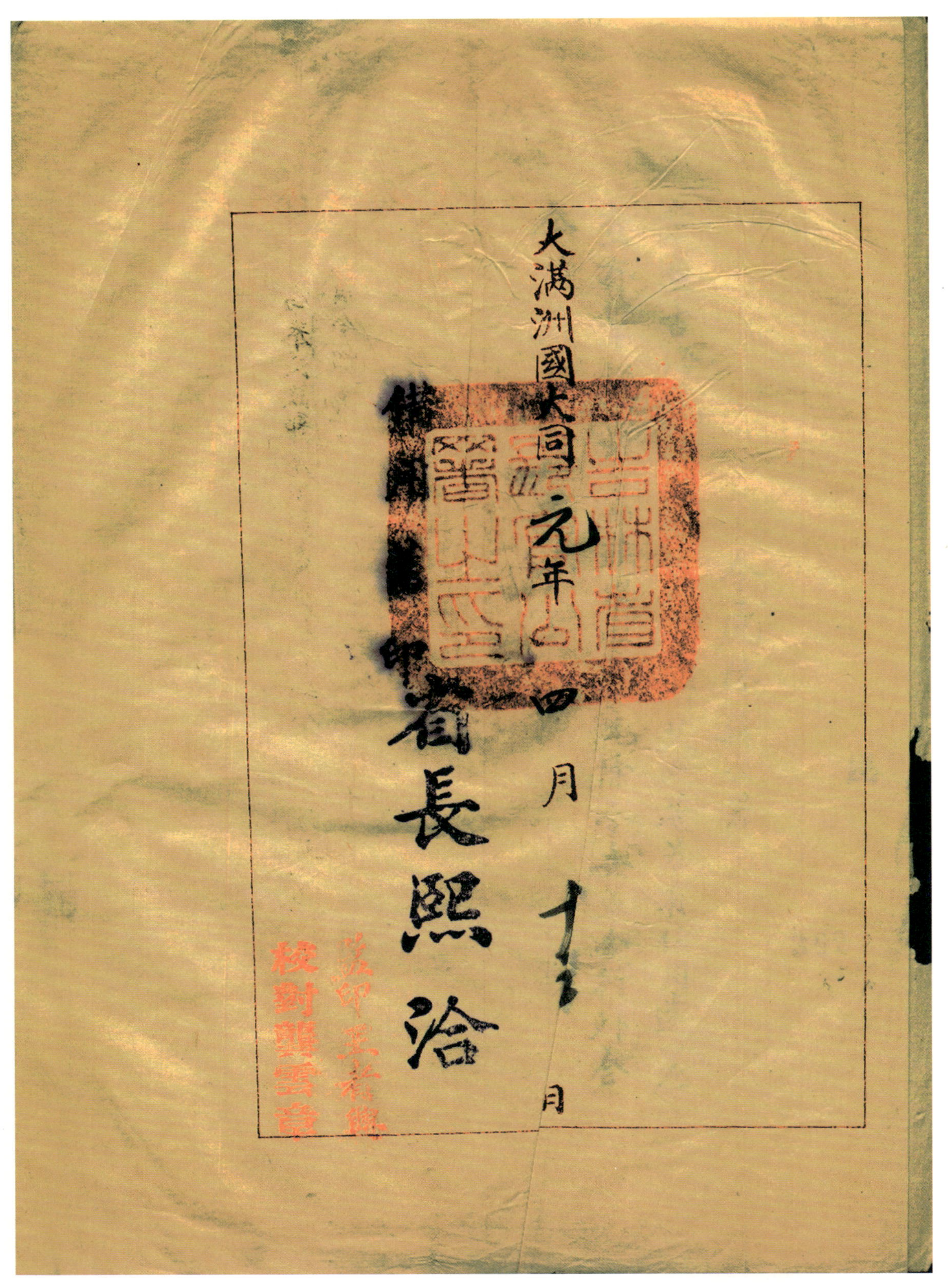

大滿洲國大同元年四月十[illegible]日

省長熙洽

校對龔雲章

伪吉林省公署为派调查员赴各县饬妥慎保护事给伪虎林县公署的训令（一九三二年四月十五日）

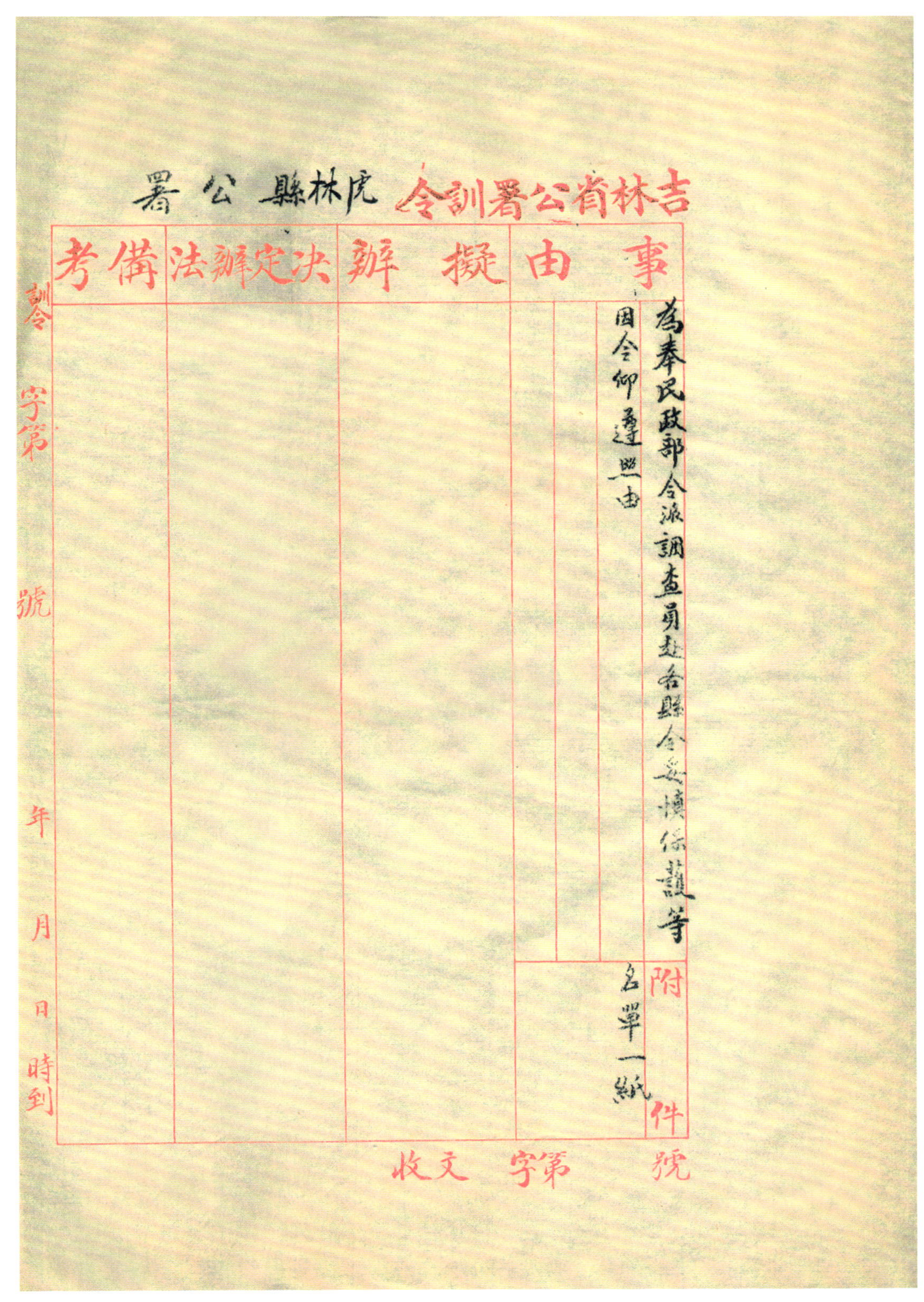
吉林省公署训令

虎林县公署

事由	拟办	决定办法	备考
为奉民政部令派调查员赴各县令妥慎保护等因令仰遵照由			
附件：名单一纸			

训令　字第　号　年　月　日　时到

收文　字第　号

吉林省公署訓令

民字第393號

令虎林縣公署

案奉

民政部地字第一零三號訓令開查國基初定百度更新關於釐定行政方針亟宜先以調查爲手茲由本部特派調查員櫻井正尚等赴各省縣調查行政及治安一切事宜除發給該員等護照以資證明外合行令仰該省長俟該員等到境後轉飭所屬軍警妥慎保護勿稍延忽切切計發名單一紙等因奉此除分行外合行抄單令仰該縣即便遵會駐軍並轉飭

所屬一體遵照保護以免疏虞此令

抄發名單一紙

大滿洲國大同元年四月十五日

吉林省長官公署之印

省長熙洽

借用舊印

監印 [illegible]清總

校對 鄭雲章

伪吉林省公署为奉颁省印暨小官印启用日期给伪虎林县公署的训令（一九三二年四月十七日）

吉林省公署训令虎林县公署

事由	拟办	决定办法	备考
为奉颁省印暨小官印启用日期令仰知照由			
附件			

训令 字第 号

年 月 日 时到

收文 字第 号

吉林省公署訓令

民字第423號

令虎林縣公署

案奉

國務院第七號訓令開為令發事開於各機關印信及小官印現已刊就除分別令發外合亟檢同該省長木質印信一顆文曰吉林省印木質小官印一顆文曰吉林省長印隨令附發仰即查收啟用以昭信守並將啟用日期具報備查附發木質印信一顆小官印一顆等因奉此遵於四月十六日敬謹啓用除呈報并分行外

合行令仰該縣即便知照毋違此令

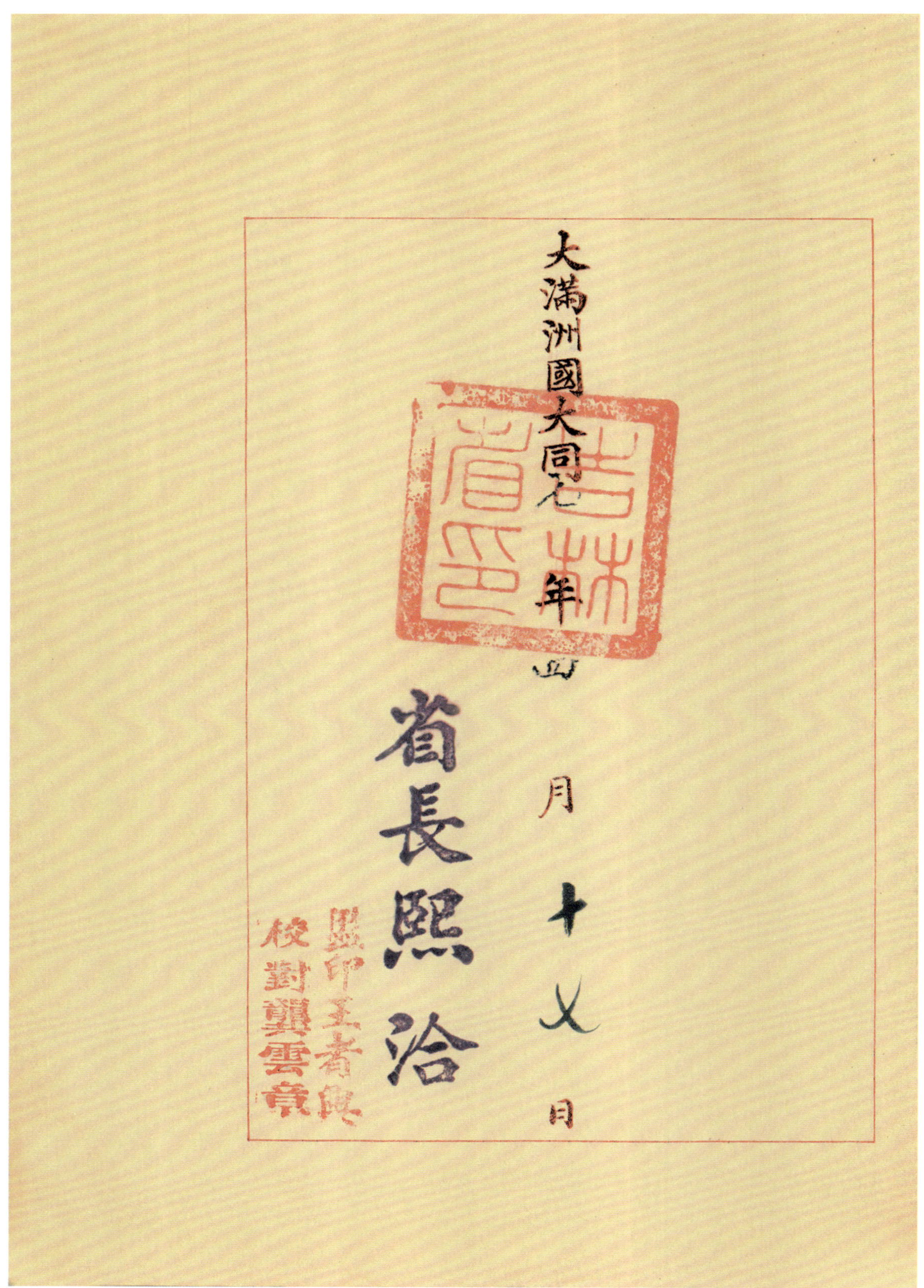
大滿洲國大同乙年四月十八日
省長熙洽
監印王者興
校對龔雲章

伪吉林省公署为伪吉黑榷运局归伪财政部统辖事给伪虎林县公署的训令（一九三二年四月十七日）

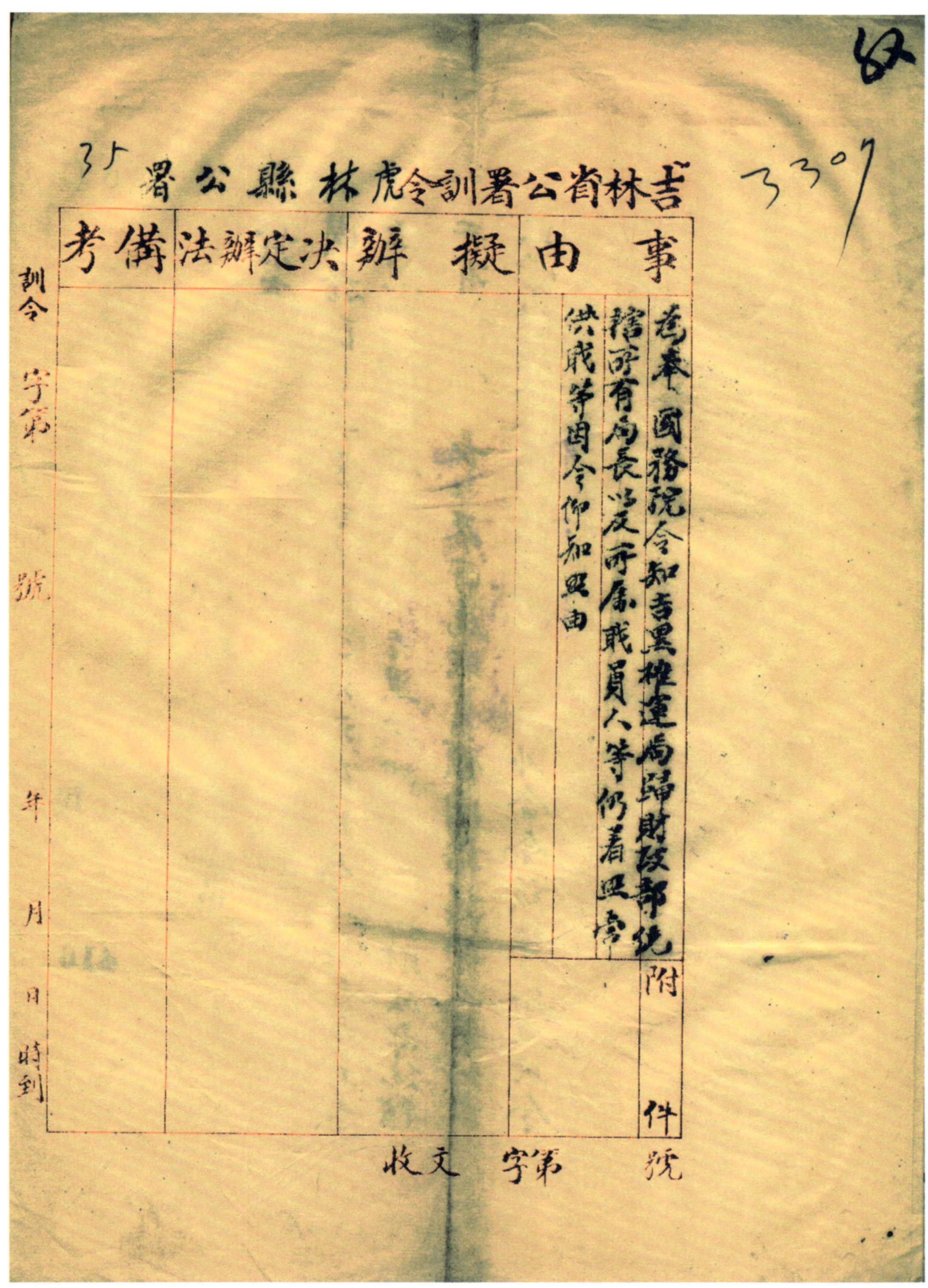
吉林省公署訓令虎林縣公署

事由	擬辦	決定辦法	備考
為奉國務院令知吉黑榷運局歸財政部統轄所有局長以及所屬職員人等仍着照常供職等因令仰知照由			
附件			

收文　字第　號

訓令　字第　號　年　月　日　時到

吉林省公署訓令

民字第416號

令虎林縣公署

案奉

國務院第六號訓令開：查滿洲政府成立後，鹽税一項業經規定歸國庫收入項下，吉黑榷運局應歸財政部統轄，所有該局局長以及所屬職員、顧問、諮議等人員仍着照常供職。此令。等因。奉此，除分行外，合令該縣知照。此令。

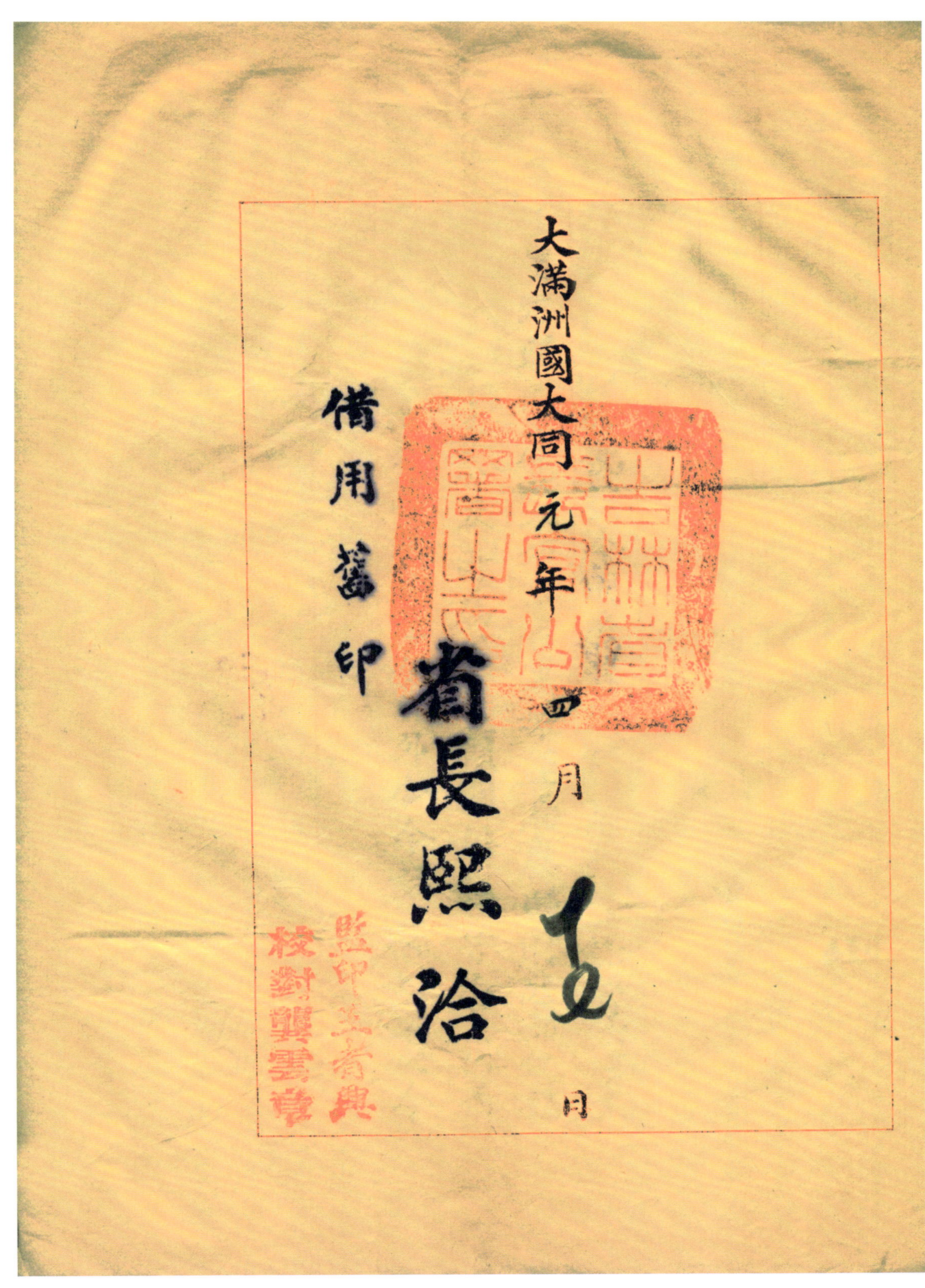
大滿洲國大同元年四月　日

省長熙洽

備用舊印

監印王肯興

校對龔雲章

伪吉林省公署为马占山免职任程志远为伪黑龙江省长给伪虎林县公署的训令（一九三二年五月十三日）

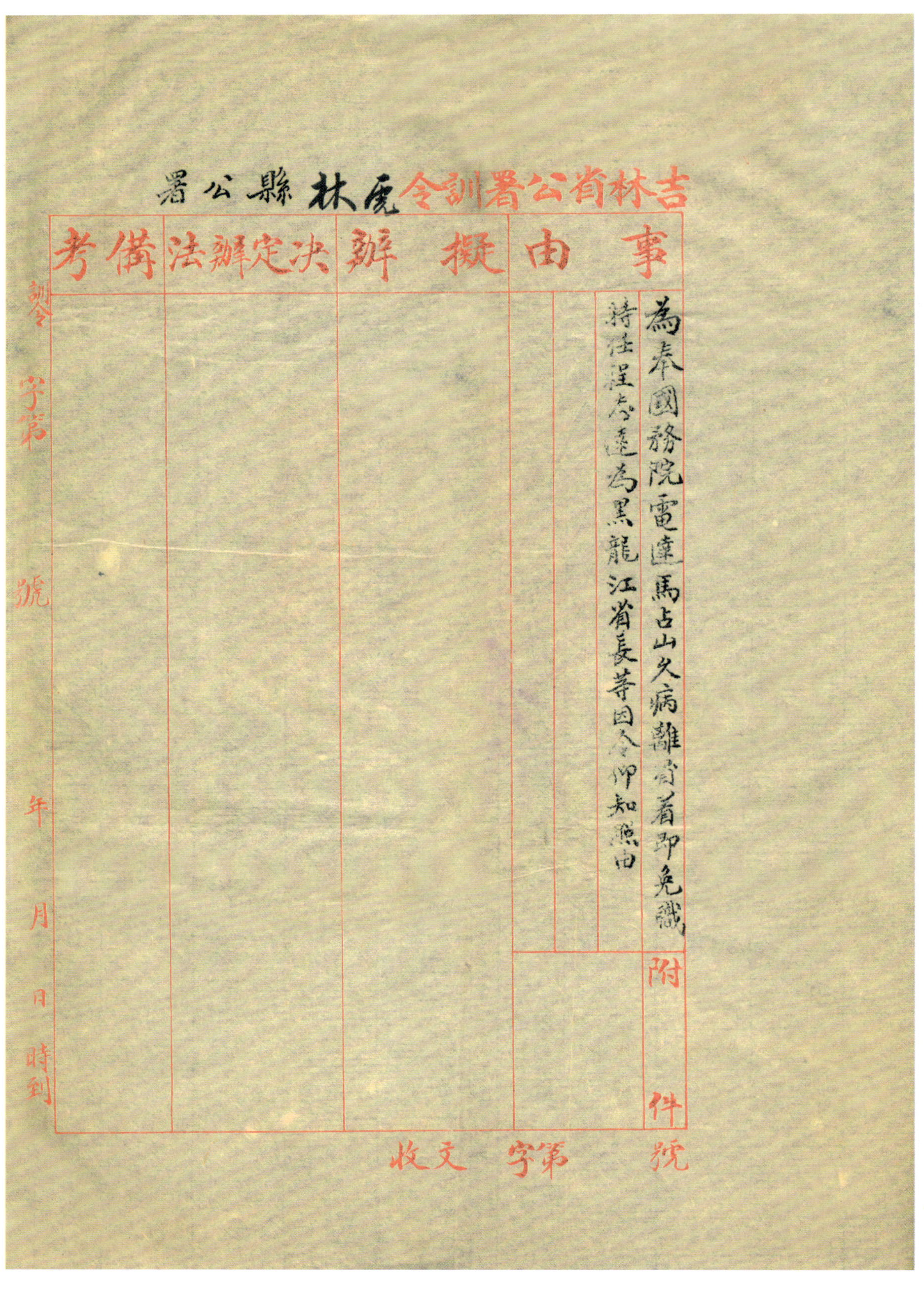

吉林省公署訓令 虎林縣公署

事由：為奉國務院電達馬占山久病離省着即免職特任程志遠為黑龍江省長等因令仰知照由

擬辦

決定辦法

備考

附件

訓令 字第 號

年 月 日 時到

第 字 號 收文

吉林省公署訓令

民字第601號

令虎林縣公署

案奉

國務院勘電開本日奉

執政令開馬占山久病離省不能回任着即免職此令又奉令開特任程志遠爲黑龍江省長此令各等因特電查照等因奉此除分行外合令該縣知照此令

大滿洲國大同元年五月十二日
省長熙洽
監印牛桂榮
校對趙濟

伪吉林省公署为遵照伪民政部通令整饬官方严行诰诫等事给伪虎林县公署的训令（一九三二年五月二十一日）

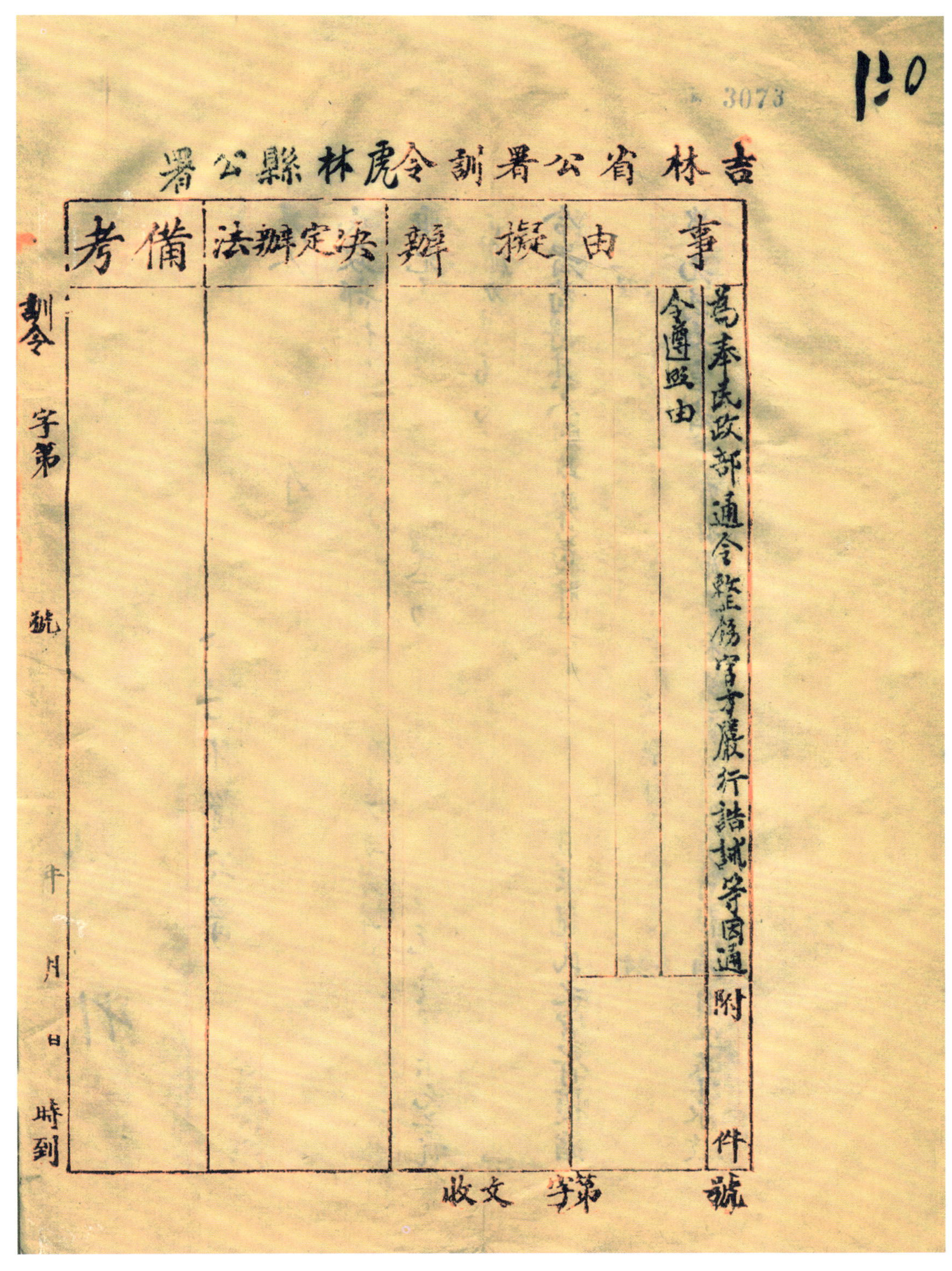

120

3073

吉林省公署訓令虎林縣公署

事由	擬辦	決定辦法	備考
爲奉民政部通令整飭官方嚴行誥誡等因通令遵照由 附　件			

訓令　字第　號　年　月　日　時到

收文　字第　號

吉林省公署訓令

總字第41號

令虎林縣公署

為令遵事案奉

民政部地字第二三四號訓令內開照得民為邦本本固邦寧古訓昭垂允為圭臬我國家鴻基初建民具爾瞻在本部既負有保民之責自應力謀福民之道第政令雖發自政府而實踐則端資地方故為邑令者苟得其人則政舉苟非其人則政廢然欲求親民之官胥獲循良之選實為地方大吏是賴蓋考察嚴則中材思奮敎導周則下駟爭先為長官者苟能振刷精神整飭率屬居下位者自必奉承敎

令革偃風行當此庶政繁興百端待理之際舉凡一切政令在在均關重要務望贊勷各縣實力奉行期於日臻上理以奠邦基尤要者務使人民對於新國政策明瞭信服庶可安居樂業不負立國衛民本意近年軍閥橫行生民塗炭久經苛政痛甚切膚迨亟容救事變幸獲假助友邦群起圖結奠定新都安々者詎無不殷殷望治官其地者宜如何剷除積弊展布新猷勿貪暮夜之金勿肆殘民之逞對詞訟則虛心處理對教養則加意講求治匪以安善良緝奸以禁殘暴窩頓在所必清烟賭在所必禁吏役不可縱容親故不可濫用不得藉痞棍以為爪牙不得倚劣紳以通聲氣凡此犖々大端均宜時々在念苟能治登上考自當破格酬庸如其劣

速彰闻断难曲从宽贷白简无情青天可畏凡我民牧其三思之
除分行外合行令仰查照并转饬各县官吏一体凛遵切切此令等
因奉此除分行外合令该县长遵照此令

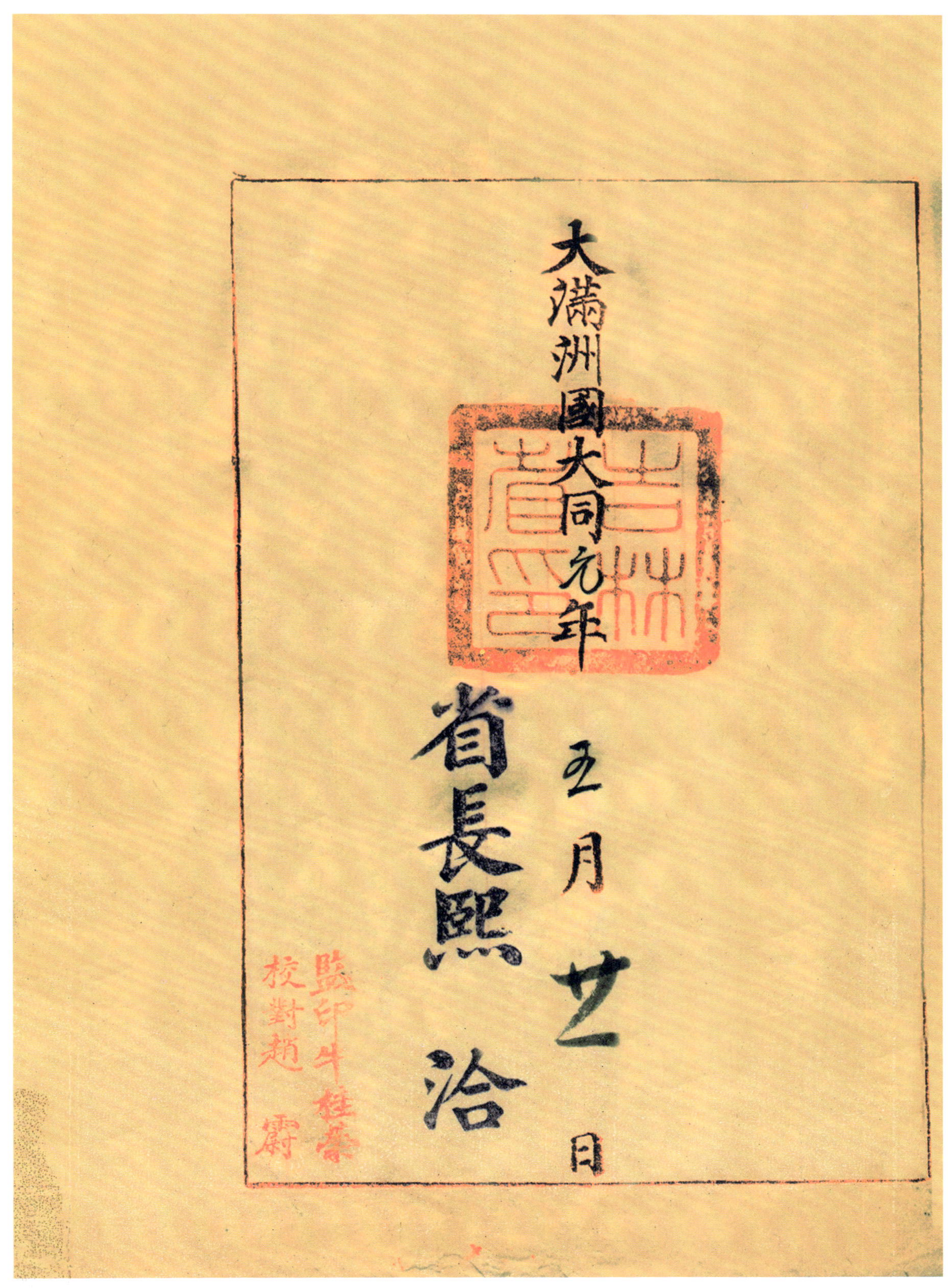

大滿洲國大同元年五月廿日

省長熙洽

監印牛桂榮

校對趙　爵

伪吉林省公署为全省实行同署办公送画堂稿知照事给伪虎林县公署的训令（一九三二年六月二十六日）

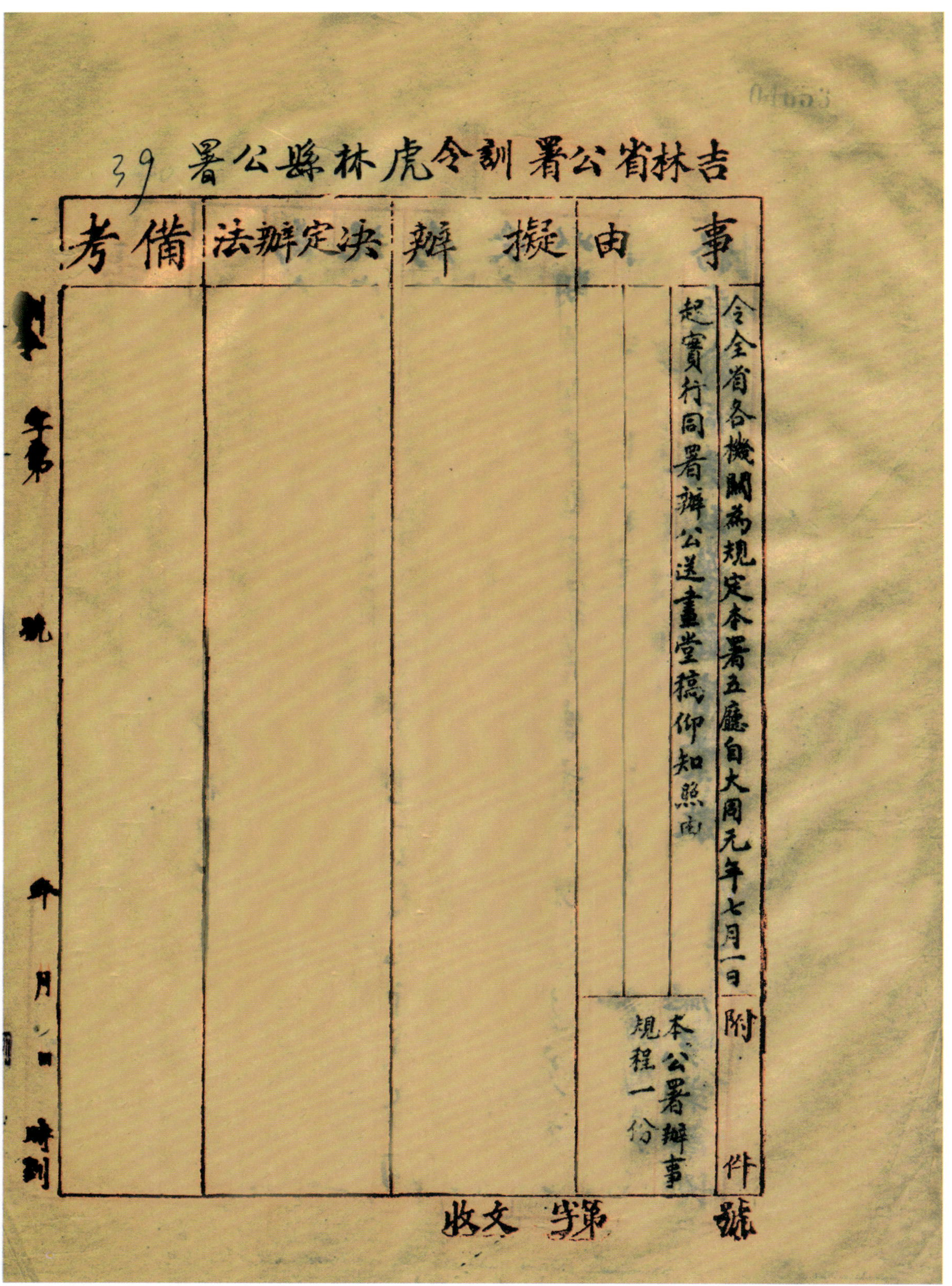
39

吉林省公署训令虎林县公署

事由	拟办	决定办法	备考
令全省各机关为规定本署五厅自大同元年七月一日起实行同署办公送画堂稿仰知照由			
附件：本公署办事规程一份			

收文第　字第　号

年　月　日　时到

吉林省公署訓令

民字第837號

令虎林縣公署

爲令知事案查省公署官制第七條至第十四條規定總務民政警務實業教育各廳之職掌至爲重要所有各該廳一切規畫及執行職務均受本省長監督指揮自應同署辦公送畫堂稿以期便利前經政務會議議決在案兹定於大同元年七月一日起實行一切施行手續應由總務廳會同民政警務實業教育各廳先期詳加

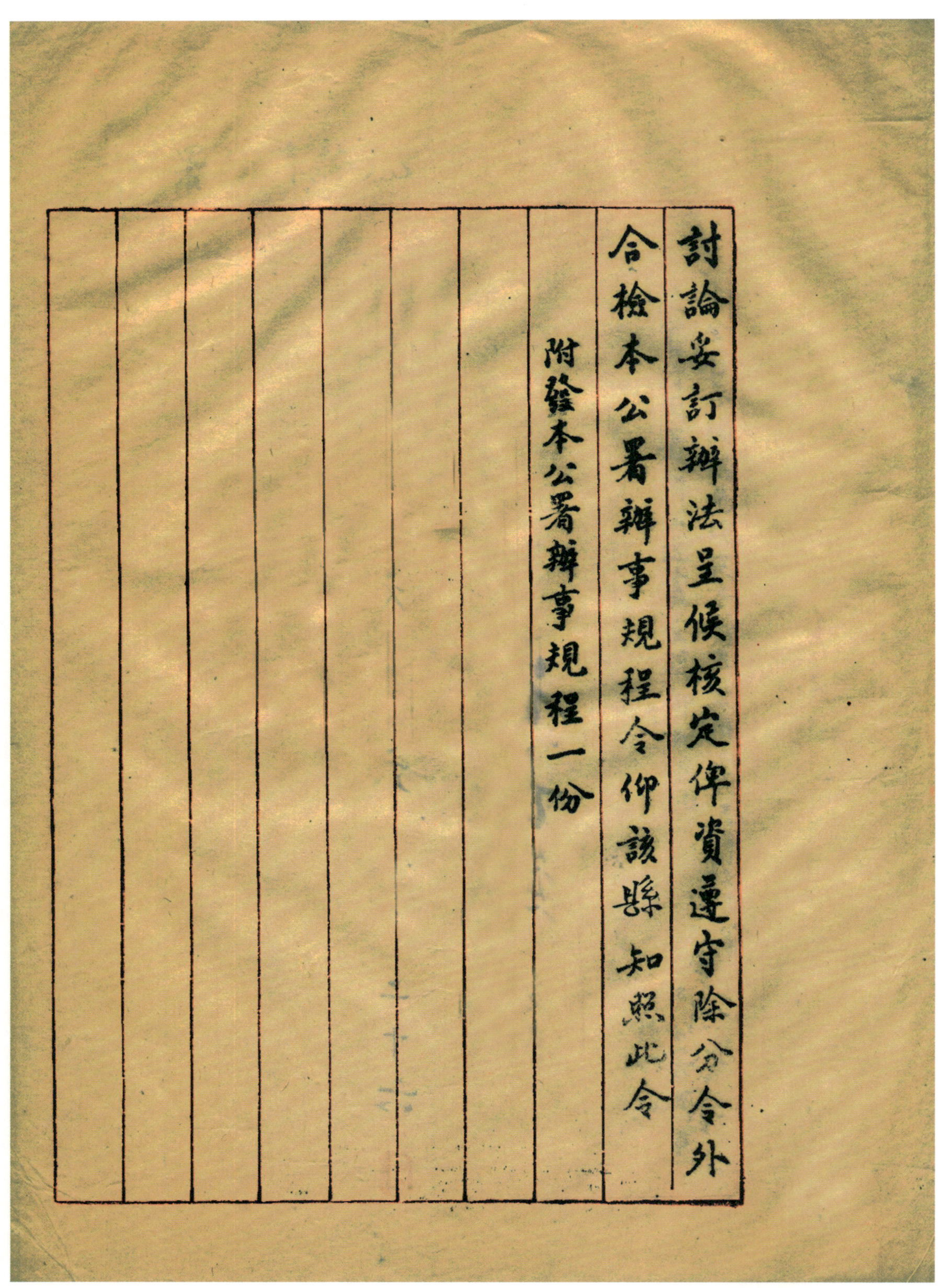
討論妥訂辦法呈候核定俾資遵守除分令外
合檢本公署辦事規程令仰該縣知照此令
附發本公署辦事規程一份

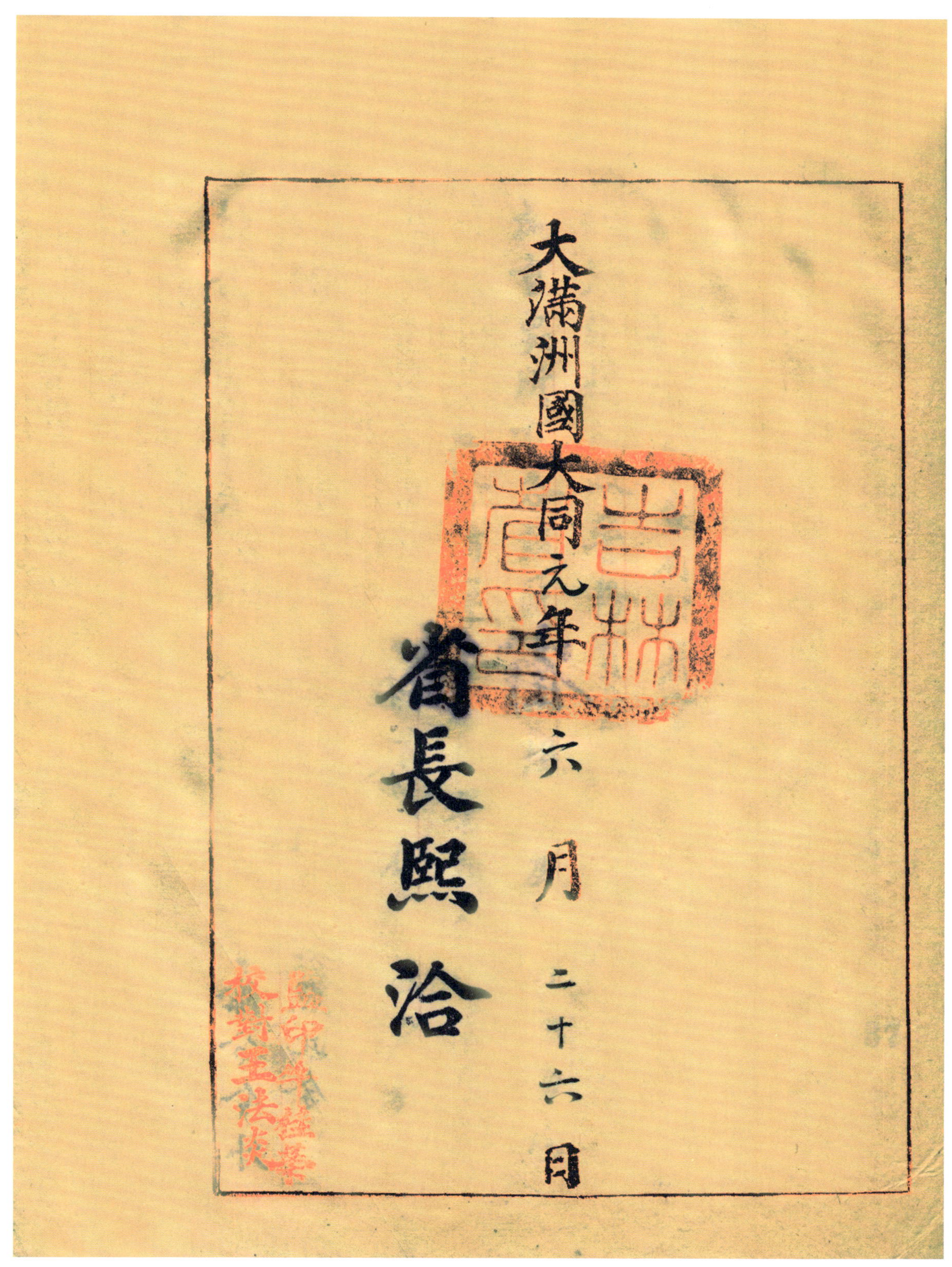

大滿洲國大同元年六月二十六日

省長熙洽

吉林省長

監印李鎰攀

校對王法炎

伪吉林实业厅为呈报事变后农会改组情况给伪虎林县公署的训令（一九三二年六月二十九日）

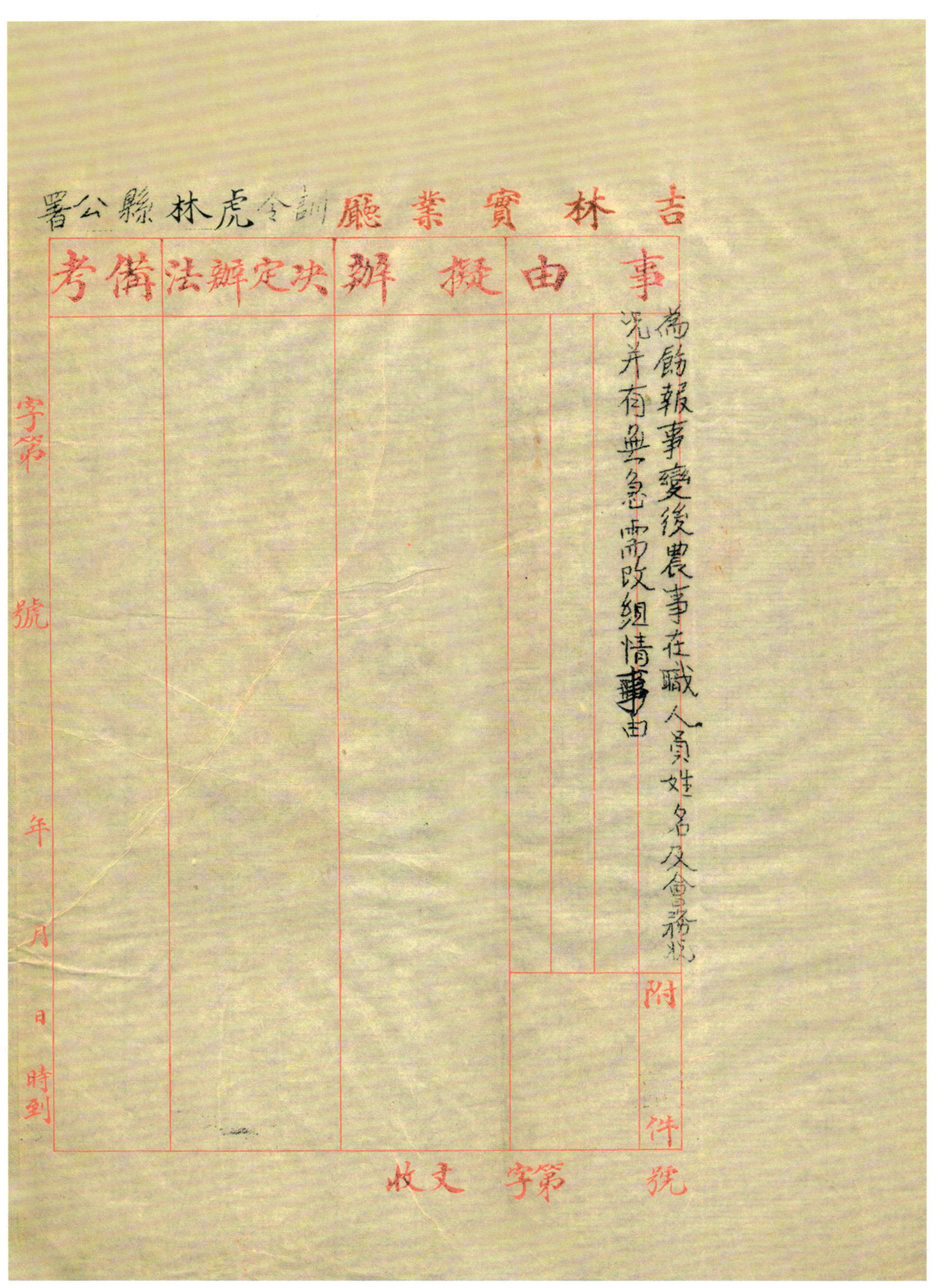
吉林實業廳 訓令 虎林縣公署

事由	擬辦	決定辦法	備考
爲飭報事變後農事在職人員姓名及會務狀况并有無急需改組情事由			

附件

字第 號 年 月 日 時到

收文 字第 號

吉林實業廳訓令

字第106號

令虎林縣縣長

爲令遵事查農會以增進農民智識擴充農業經濟圖農事之改良發達爲宗旨縣農會上而協助縣署下而指導鄉區關係極爲重要亟應整齊劃一以利進行乃各縣農會竟有任期早滿迄未改組者亦有改組不合法定手續飭另改組迄未遵辦者或沿用會長名義或改用幹事長名義一省之中農會兩歧殊屬不合前據敦化縣縣長呈稱該縣自遭匪亂農會主持無人請示辦法等情當經本廳呈准

在滿洲國新法令未頒布以前暫行參用民十六農會條例
及施行細則轉飭該縣遵照改組以維現狀有案是在新法未
頒時期既經呈准臨時救濟辦法亟須明瞭各縣農會現在
狀況以為將來指示改組之標準究竟各縣於事變以後所
有農會在職人員姓名及會務狀况并有無急需改組
情形除分令外合亟令仰該縣遵照上開各節切實具
報以憑核奪事關要政毋稍玩延切切此令

大滿洲國大同元年六月廿九日

孫輔忱

監印葉尚典
校對劉廷章

伪吉林省公署为伪延吉市政筹备处处长启彬调任，由高立垣接任给伪虎林县公署的训令（一九三二年六月三十日）

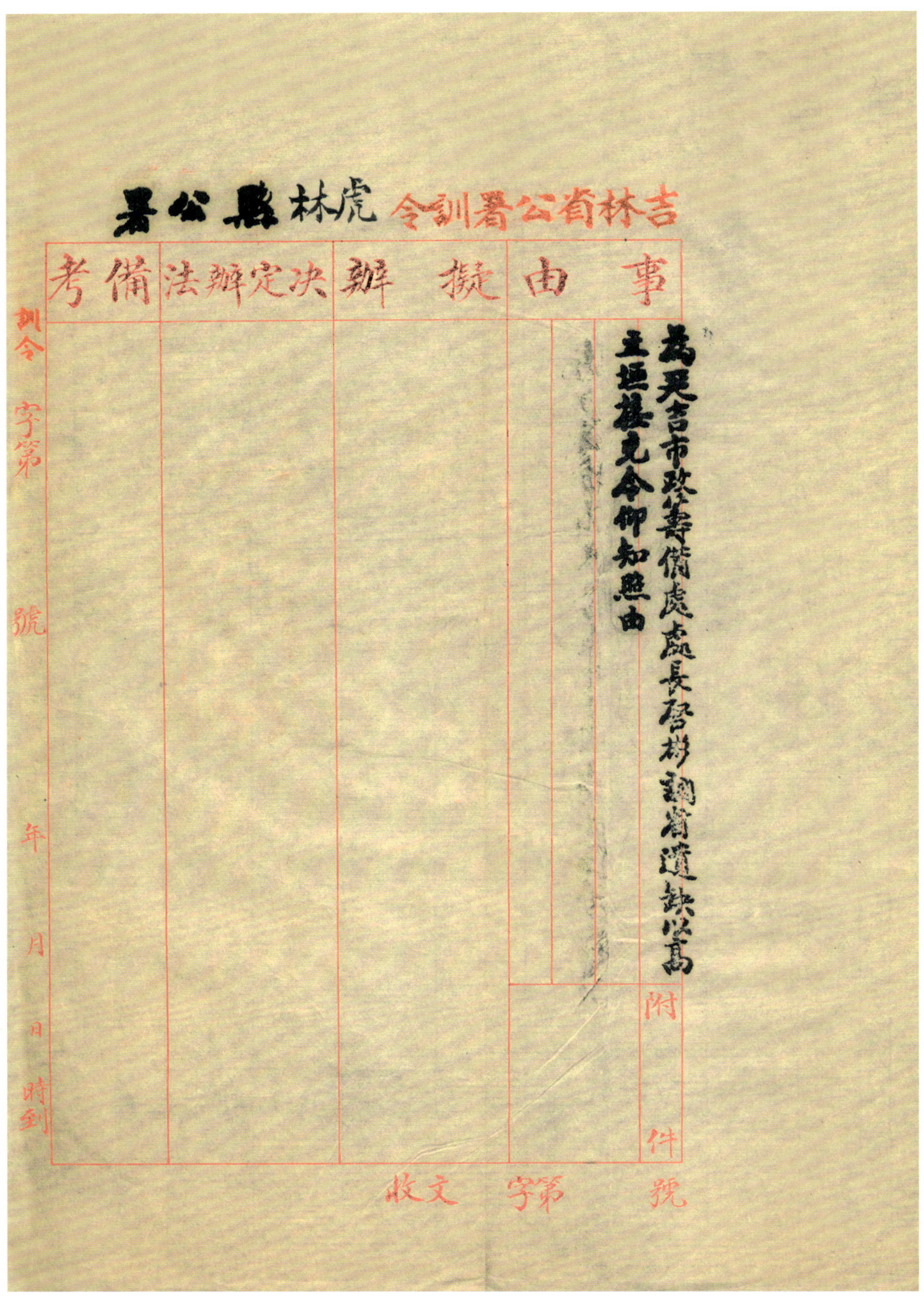

吉林省公署訓令 虎林縣公署

事由	擬辦	決定辦法	備考
為延吉市政籌備處處長啓彬調省遺缺以高立垣接充令仰知照由			
附件			

訓令 字第 號 年 月 日 時到

收文 字第 號

吉林省公署訓令

總字第314號

令虎林縣公署

案查延吉市政籌備處處長啟彬現經調省遺缺以

其他各項兼職查有延吉縣縣長高立垣堪以委充除令

委並分行外合行令仰該縣知照此令

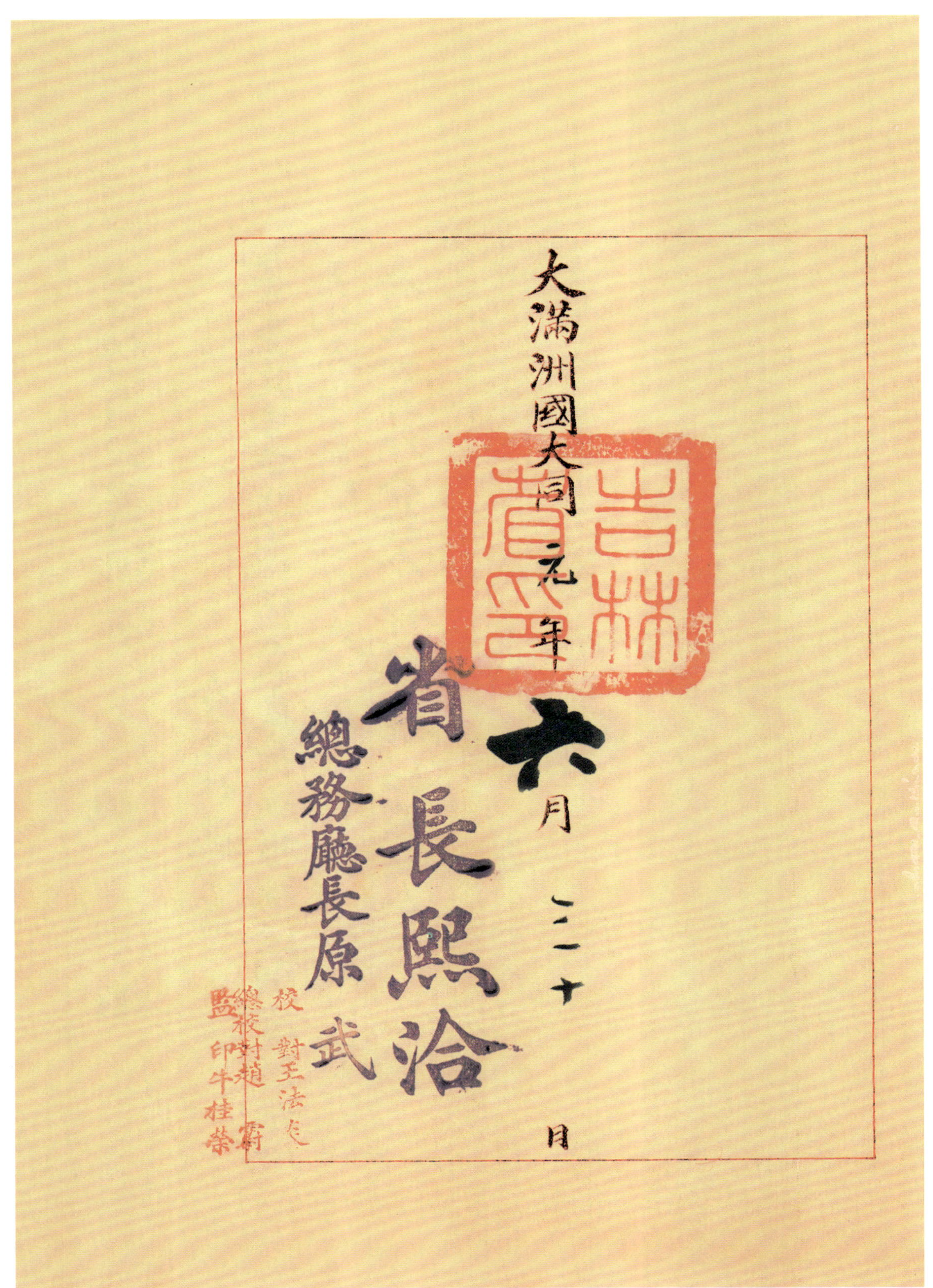
大滿洲國大同元年六月二十日
吉林省長熙洽
總務廳長原武
校對王法之
總校對趙爵
監印牛桂榮

伪吉林省公署为在新法令未颁布前各县组织人事工作暂缓事给伪虎林县公署的训令（一九三二年六月三十日）

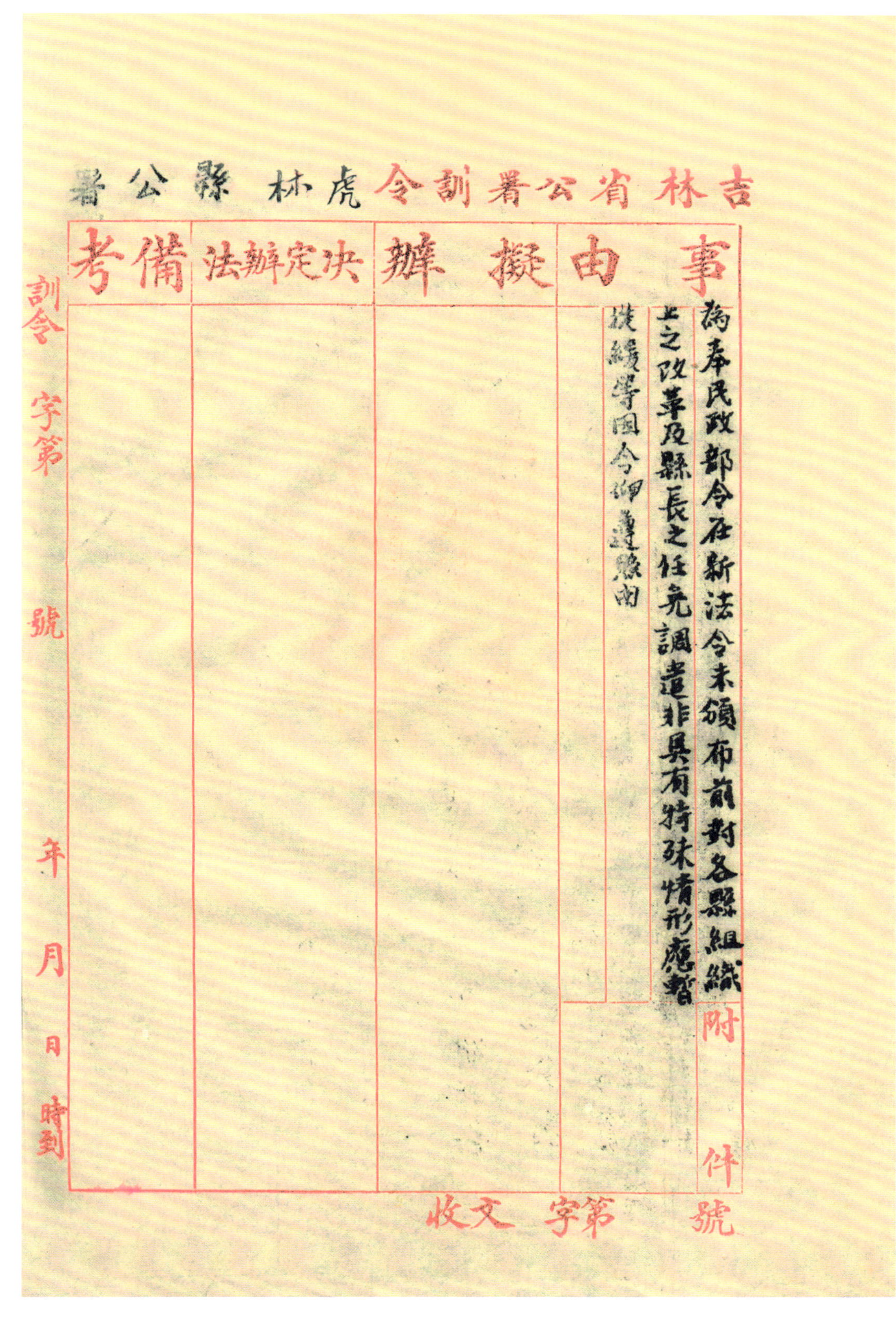

吉林省公署訓令　虎林縣公署

事由	擬辦	決定辦法	備考
為奉民政部令在新法令未頒布前對各縣組織上之改革及縣長之任免調遣非具有特殊情形應暫從緩等因令仰遵照由			

附件

收文　字第　號

訓令　字第　號　年　月　日　時到

吉林省公署訓令

總字第249號

令虎林縣公署

為通令事案奉

民政部第三六九號訓令內開查邦基初奠百政維新各縣制度亟應改善本部對於一切法令正在詳加討論分別釐訂一俟釐訂完善即行送由法制局審核頒布俾資遵守惟在新法令未頒布以前所有該省對各縣組織上之改革及縣長之任免調遣等事非具有特殊情形者應暫從緩俟新法令頒布後再行依法辦理除令行外合行

令仰遵照切切此令等因奉此除令行外合亟令仰該縣即便

遵照此令

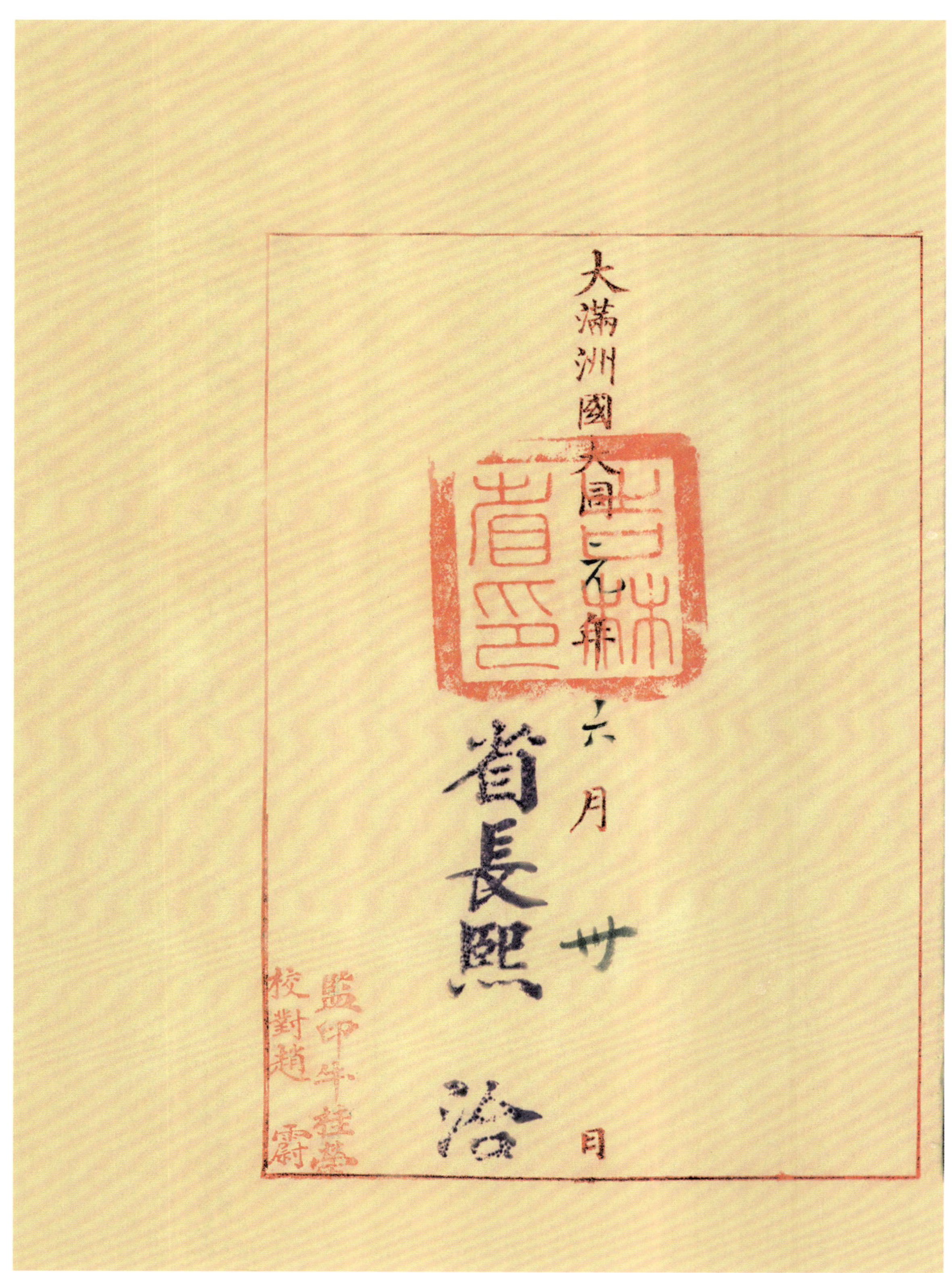

大滿洲國大同元年六月廿日

省長熙洽

監印牟桂馨

校對趙霨

伪吉林省公署为颁发制定暂行文官俸给发给细则给伪虎林县公署的训令（一九三二年七月二十六日）

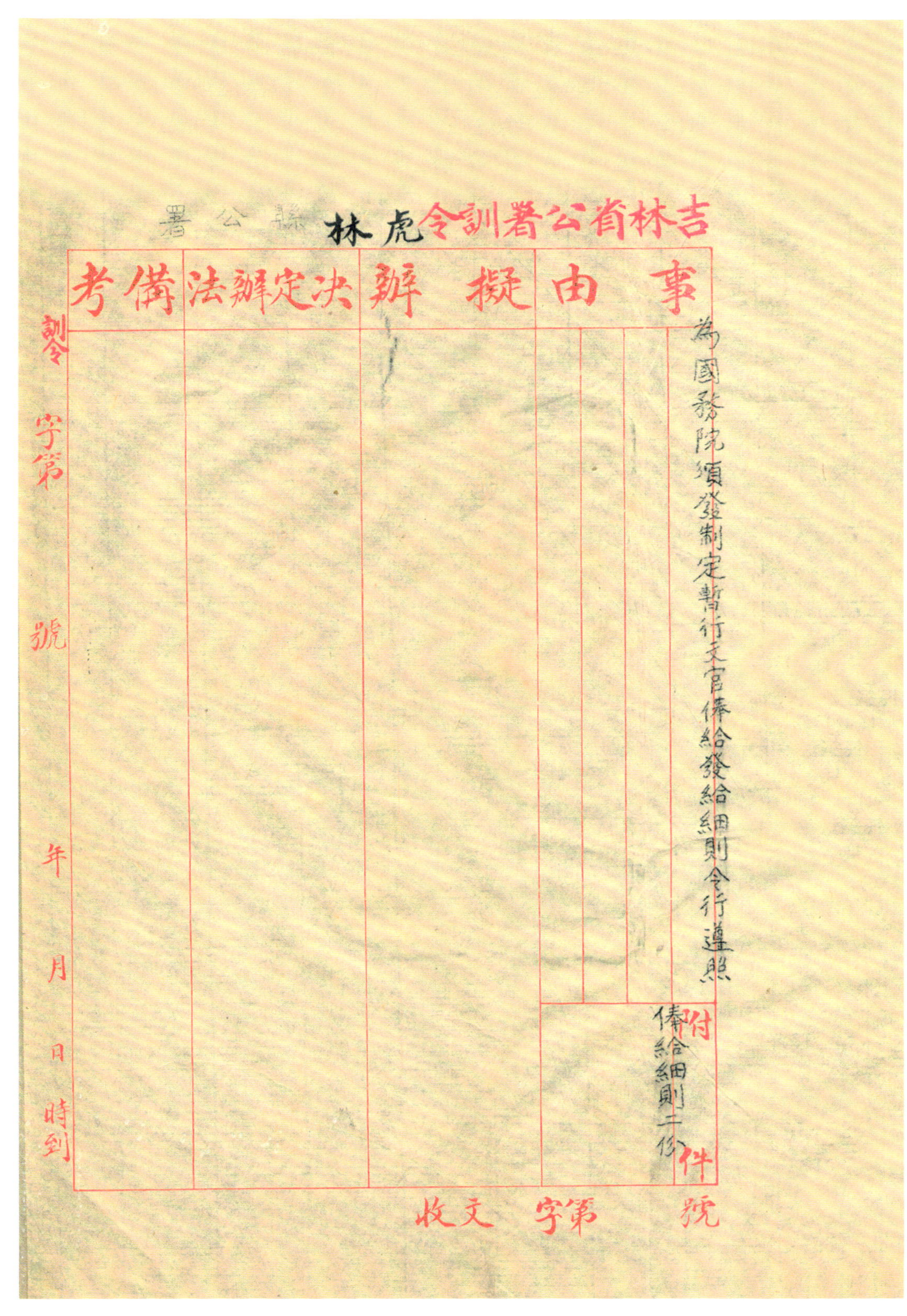
吉林省公署训令虎林县公署

事由	拟办	决定办法	备考
为国务院颁发制定暂行文官俸给发给细则令行遵照			
附件 俸给细则二份			

训令 字第 号

年 月 日 时到

收文 字第 号

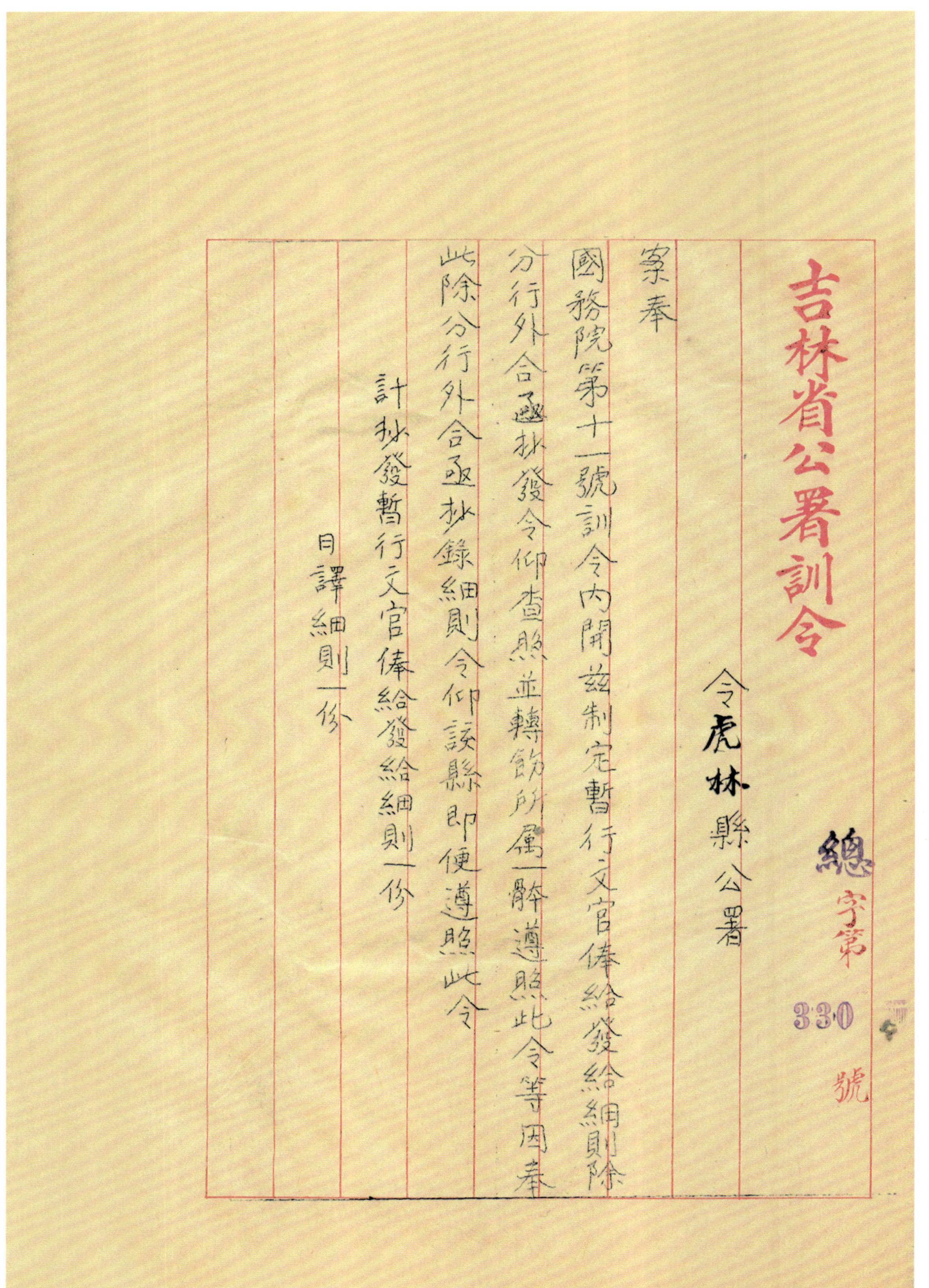

吉林省公署訓令

總字第330號

令虎林縣公署

案奉

國務院第十一號訓令内開茲制定暫行文官俸給發給細則除分行外合函抄發令仰查照並轉飭所屬一體遵照此令等因奉此除分行外合亟抄錄細則令仰該縣即便遵照此令

計抄發暫行文官俸給發給細則一份

日譯細則一份

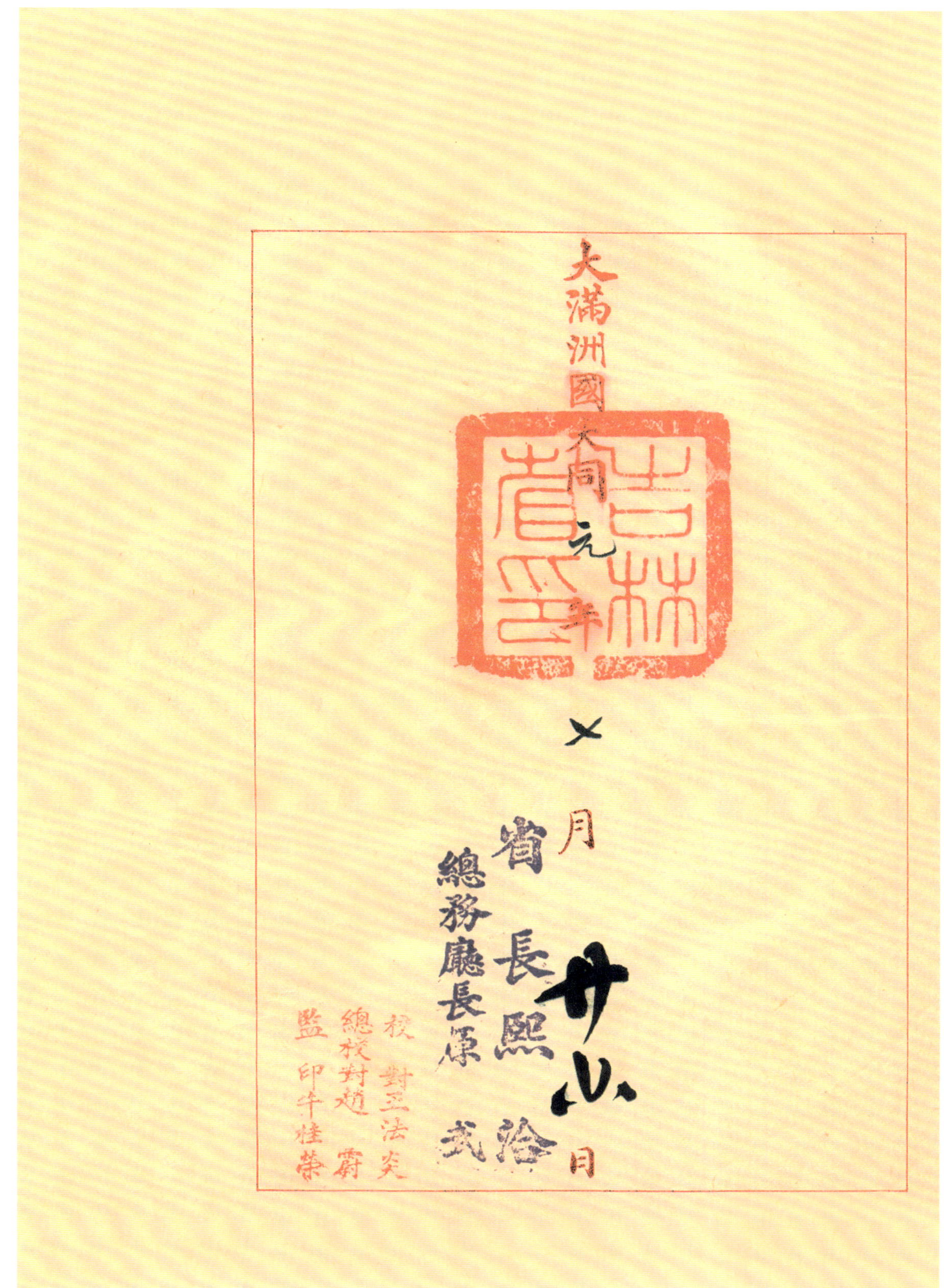

大滿洲國大同元年七月廿八日

吉林省印

省長熙洽

總務廳長源武

校對王法炎

總校對趙爵

監印牛桂榮

伪吉林省公署为委任启彬为伪吉林税务监督署长、富田直耕为副署长给伪虎林县公署的训令

（一九三二年七月二十八日）

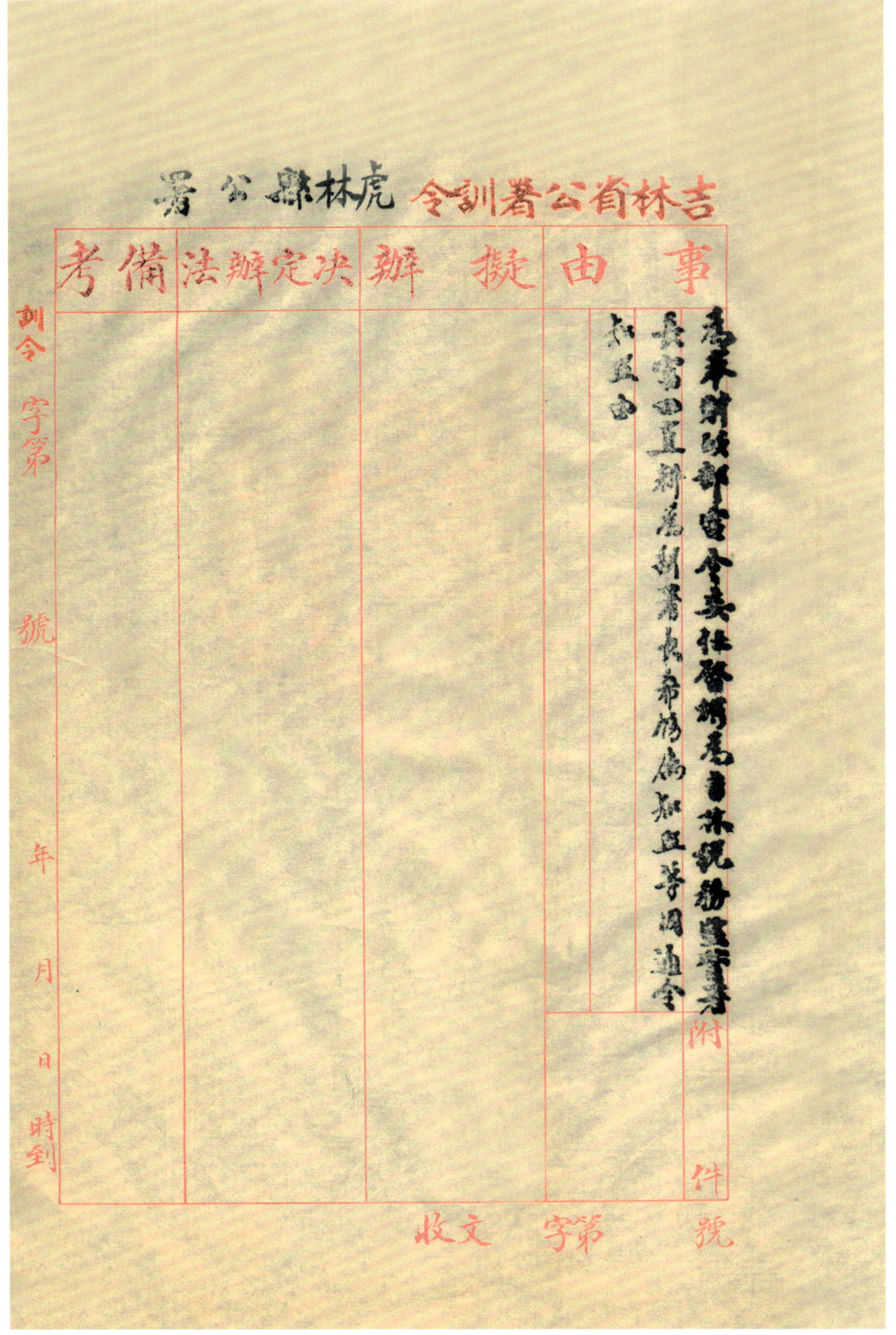

吉林省公署訓令　虎林縣公署

事由	擬辦	決定辦法	備考
為奉財政部電令委任啓彬為吉林税務監督署長富田直耕為副署長希飭屬知照等因遵令知照由			

附件

訓令　字第　號　年　月　日　時到

收文　字第　號

吉林省公署訓令

總字第 號

3.27

令虎林縣公署

爲通令事案於本年七月六日奉

財政部微電開委任啓樅爲吉林税務監督署長希

轉飭所屬知照同日又奉微電委任富四直耕爲吉林

税務監督署副署長業已内定希通知各方一體知照

等因奉此除分令外合令該縣知照此令

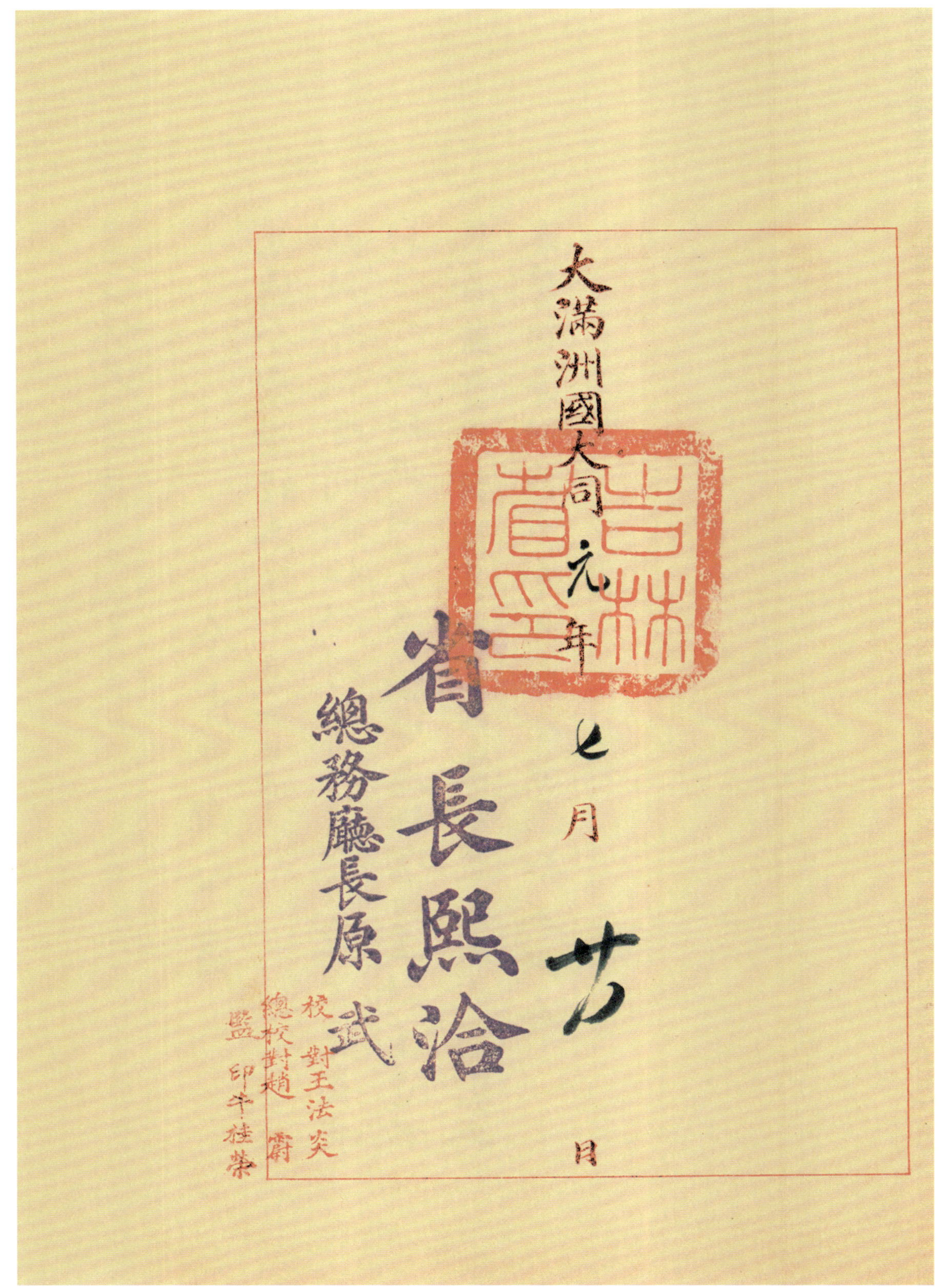
大滿洲國大同元年七月廿日

省長熙洽

總務廳長原武

校對王法炎
總校對趙爵
監印牛桂榮

伪外交部北满特派员公署为知照启用新印日期给伪虎林县公署的训令（一九三二年七月）

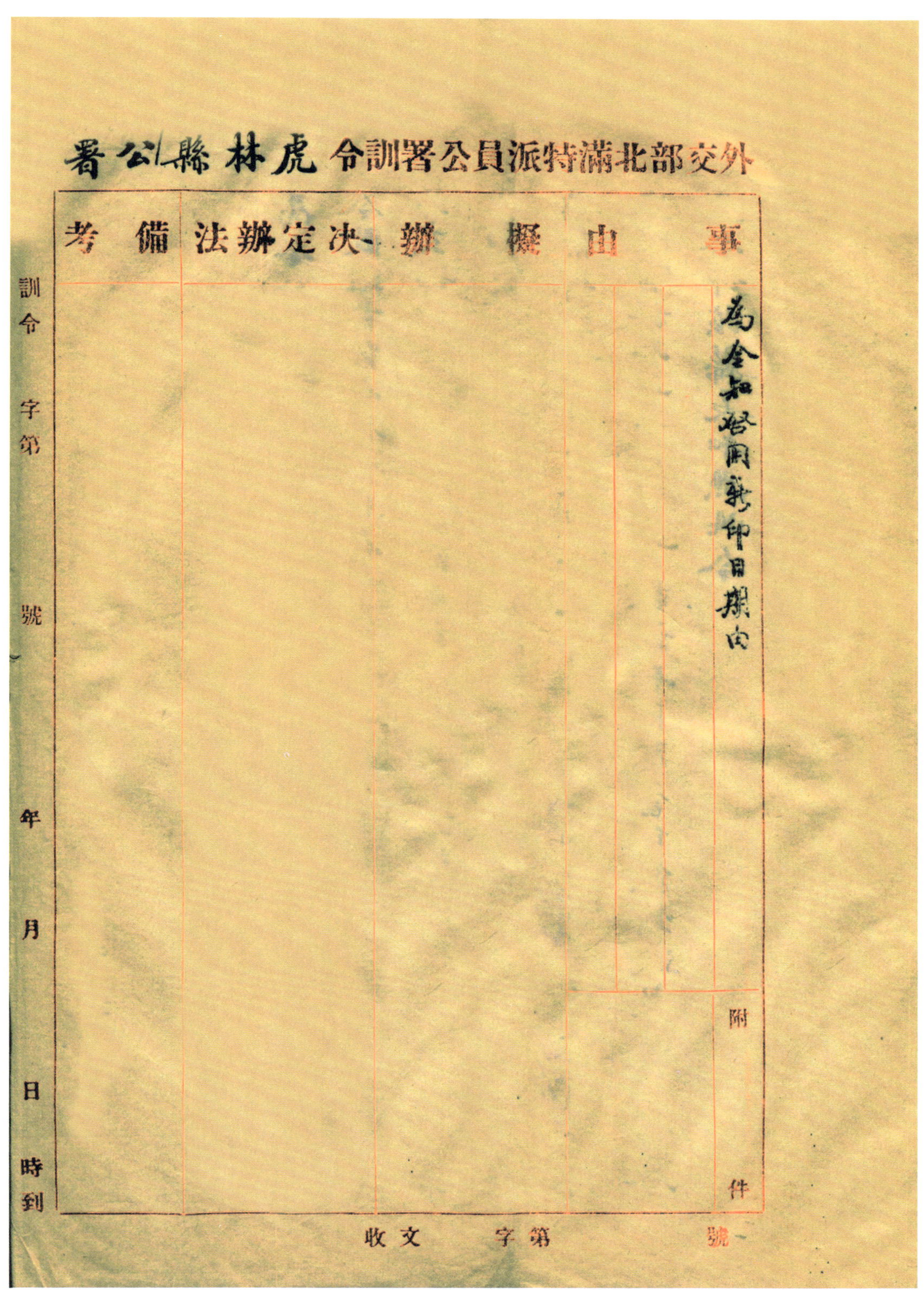

外交部北滿特派員公署訓令 虎林縣公署

事由：為令知啓用新印日期由

擬辦

決定辦法

備考

附件

訓令 字第 號

年 月 日 時到

收文 字第 號

外交部北滿特派員公署訓令

字第二三七號

令虎林縣公署

為令行事案查本署奉

令改組前經令行查照在案茲奉

外交部第一五號訓令內開查該署印信官章均已分別刊就文曰外交部北滿特派員印合將印章暨印模隨令附發仰即查收啓用日期呈報備案舊印截角呈繳勿延此令附發印模二紙印信官章各一顆等因奉此當於本年七月二十五日敬謹啓用除舊印繳銷逐報并分行外合亟令仰該縣長知照此令

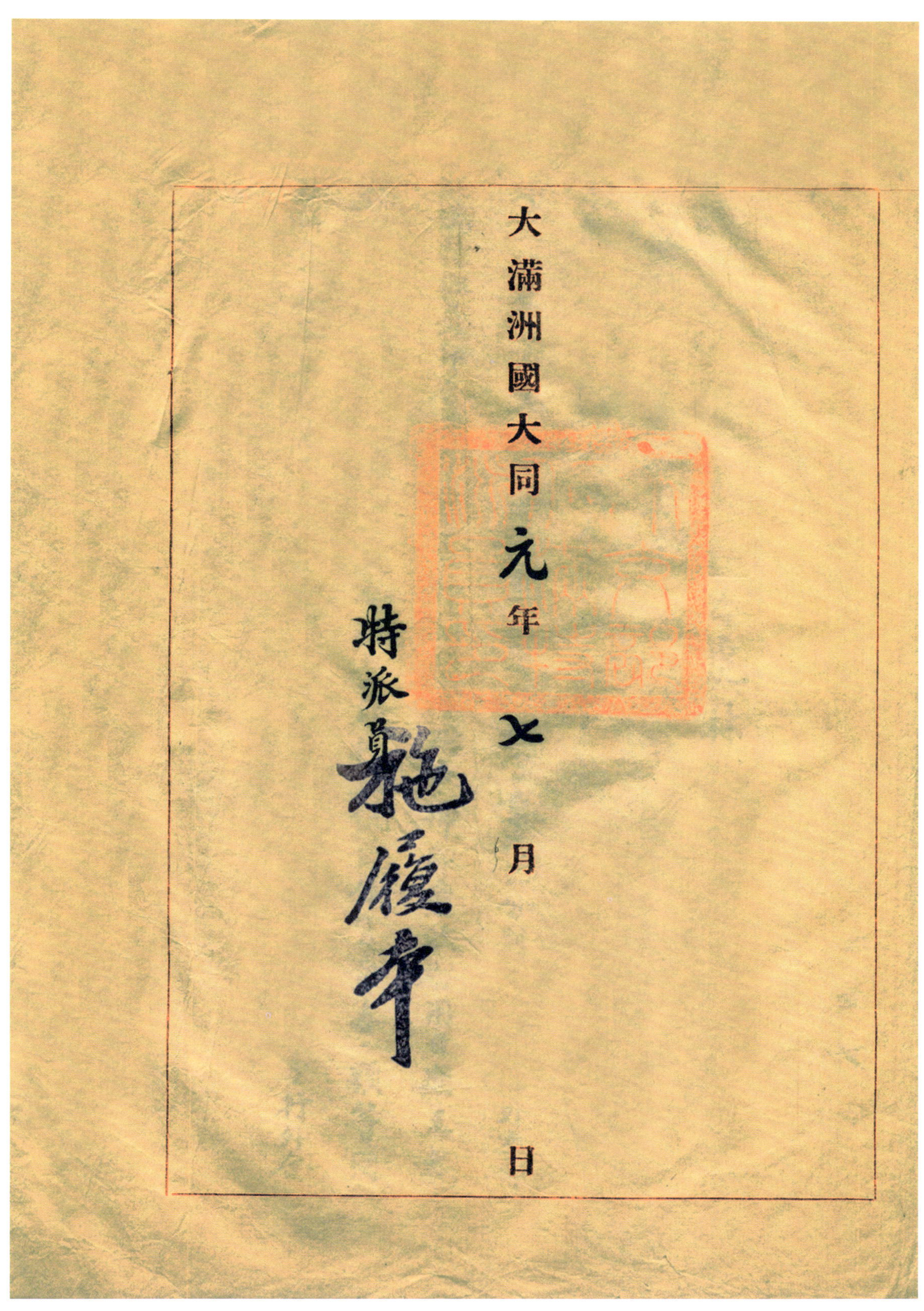

大滿洲國大同元年七月　日

特派員施履本

伪吉林省公署为伪额穆县县长徐恢辞职由参议赵隆福兼职给伪虎林县公署的训令（一九三二年八月七日）

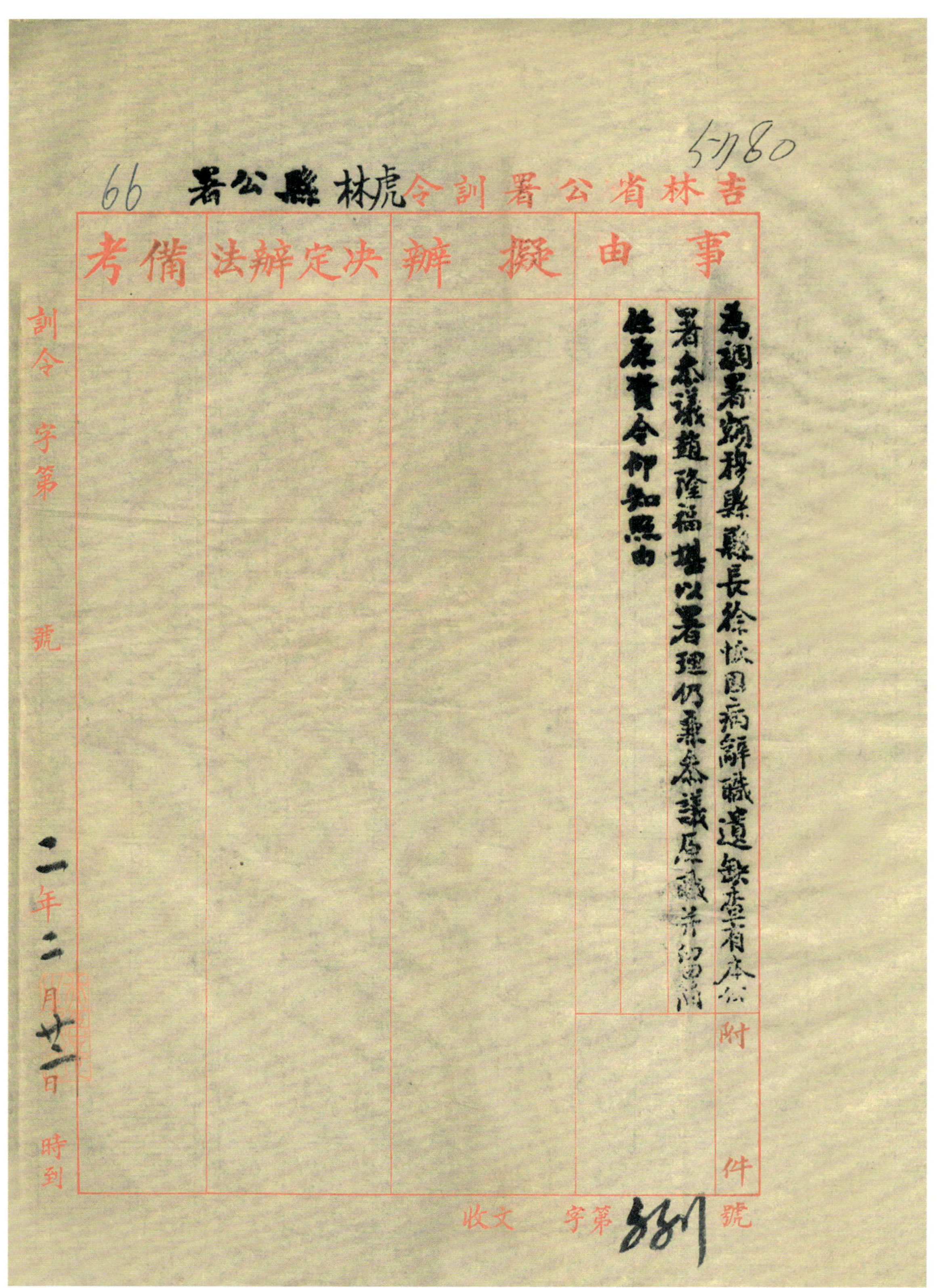
吉林省公署训令 虎林县公署

66

5780

事由	拟办	决定办法	备考
为调署额穆县县长徐恢因病辞职遗缺查有本公署参议赵隆福堪以署理仍兼参议原职并给予佳原责令仰知照由			

附件

训令 字第 号

二年二月廿二日到时

收文 字第 8811 号

吉林省公署訓令

總字第三四六號

令虎林縣公署

案照調署額穆縣縣長徐恢因病辭職遺缺查有本公署參議趙隆福堪以署理仍兼參議原職并留簡任原資除令委暨分行外合行令仰該縣知照此令

大滿洲國大同元年八月七日
省長熙洽
總務廳長原武
校對王法奕
總校對趙霖
監印李桂芬

伪吉林省公署委任臧尔寿为伪九台县长给伪虎林县公署的训令（一九三二年八月二十一日）

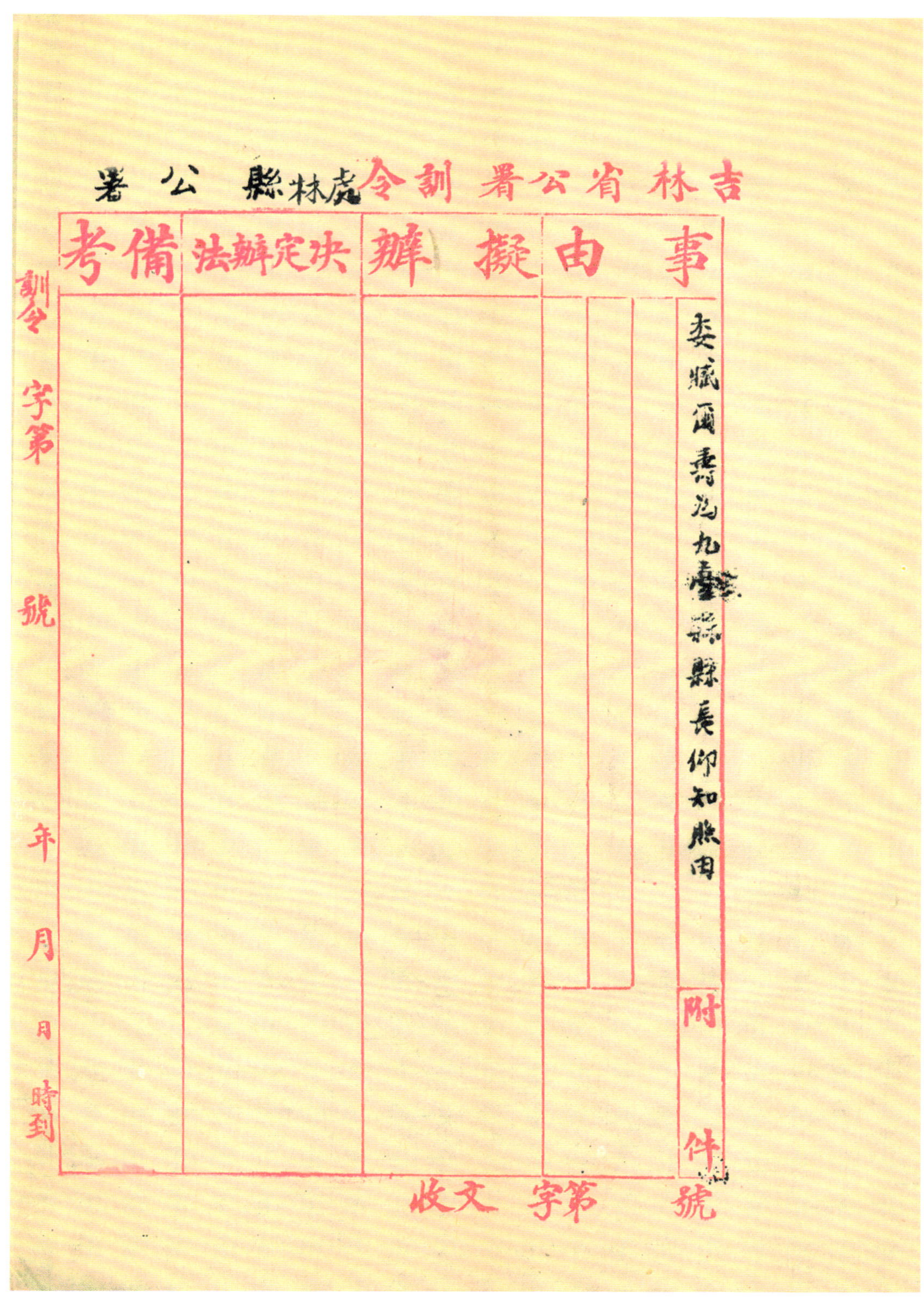
吉林省公署訓令
虎林縣公署

事由：委臧爾壽為九臺縣長仰知照由
擬辦
決定辦法
備考
附件

收文第　字　號

訓令　字第　號
年　月　日　時到

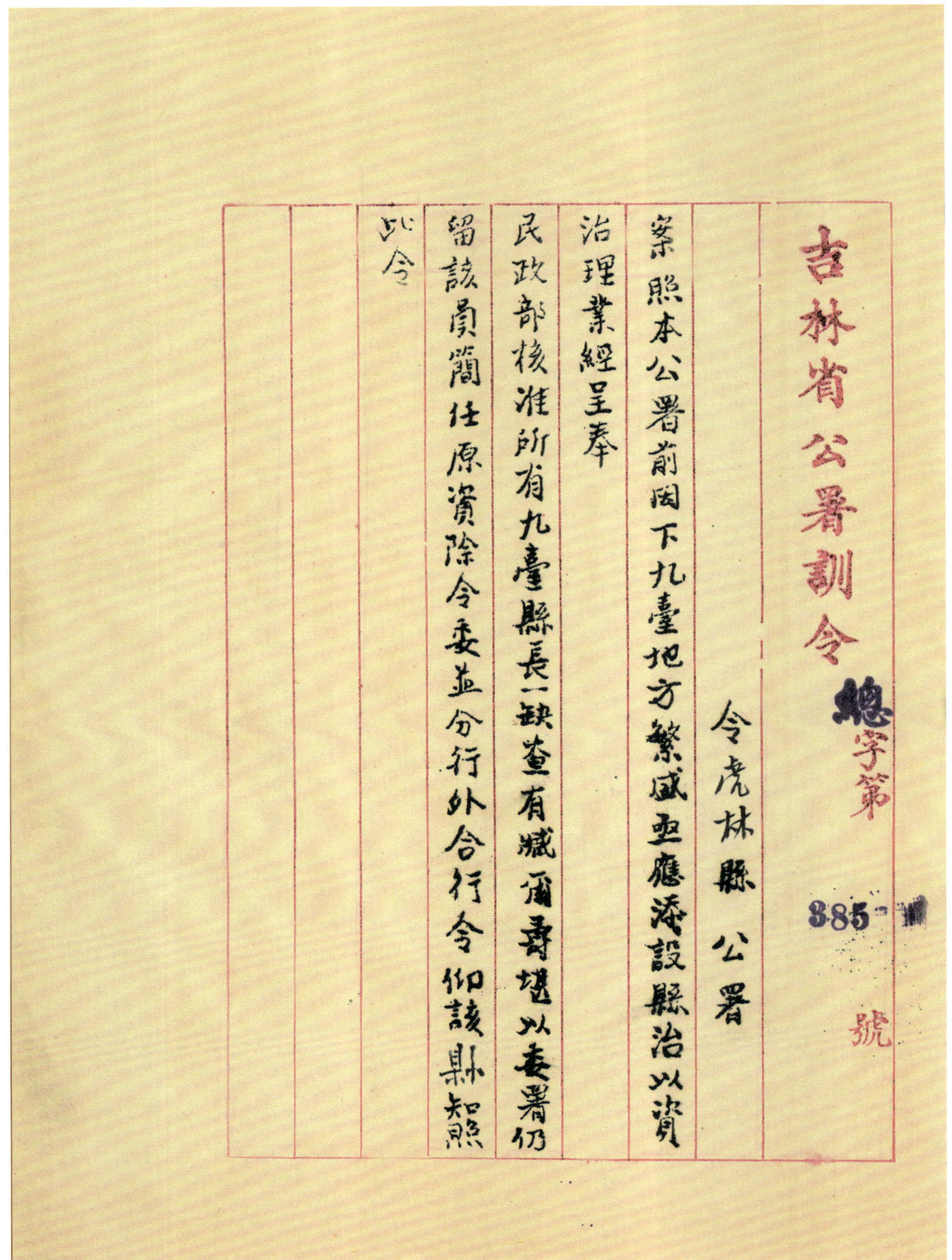

吉林省公署訓令

總字第385-[illegible]號

令虎林縣公署

案照本公署前因下九臺地方繁盛亟應添設縣治以資治理業經呈奉民政部核准所有九臺縣長一缺查有臧爾壽堪以委署仍留該員簡任原資除令委並分行外合行令仰該縣知照

此令

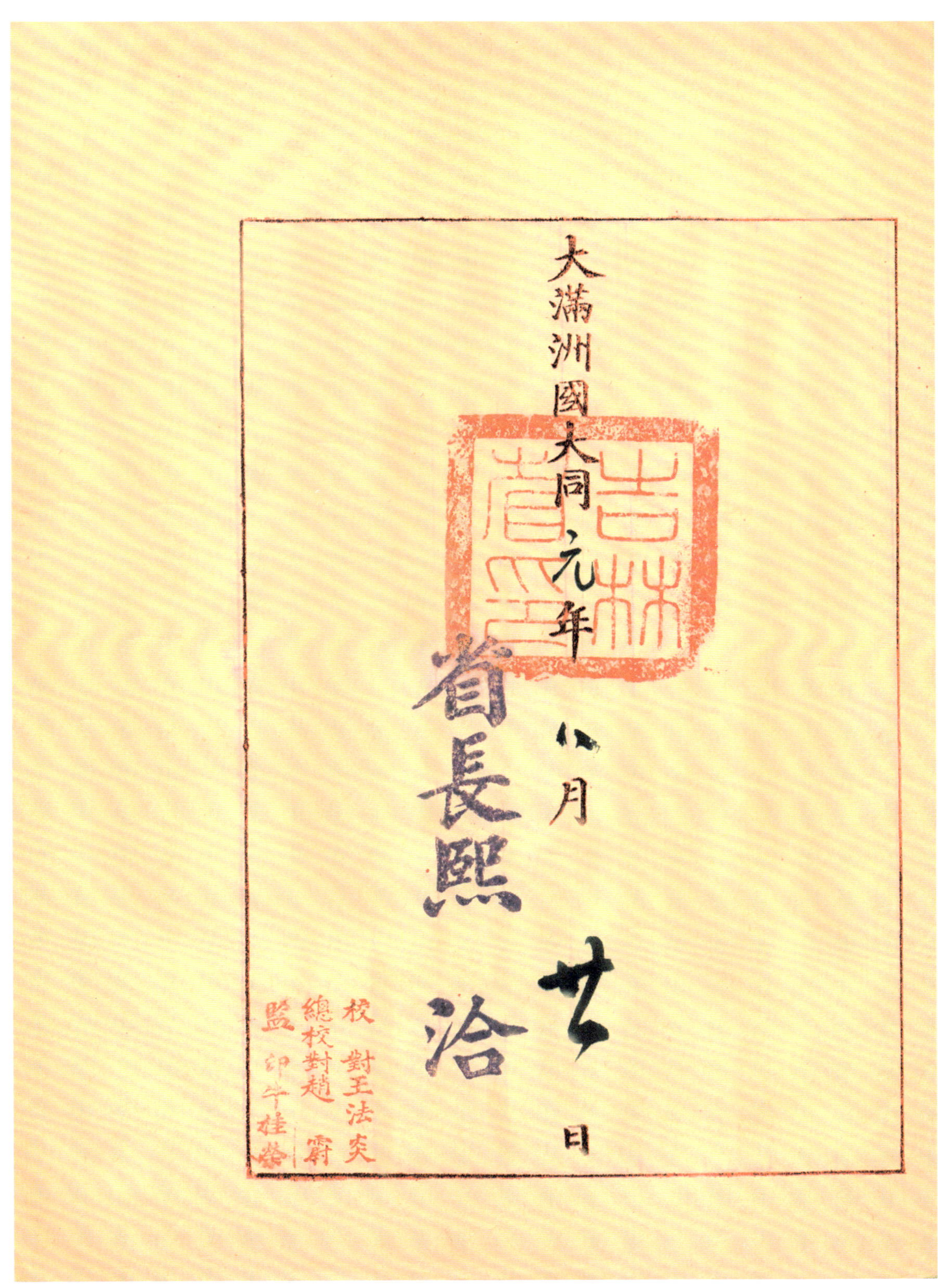

大滿洲國大同元年八月廿日

吉林省長

省長熙洽

校對王法炎

總校對趙霨

監印李桂榮

伪吉林省公署为在下九台设县给伪虎林县公署的训令（一九三二年八月二十四日）

吉林省公署訓令 虎林縣公署

事由	擬辦	決定辦法	備考
為下九台設縣通行知照由			
附件			

訓令 字第 號 年 月 日 時到

收文 字第 號

吉林省公署訓令

民字第202號

令舒林縣公署

為通令事案照本公署前因下九台地方繁盛擬請添設縣治以資治理一案業經呈奉
民政部核准並擬定該縣縣名為九臺縣所有縣長一缺委前署甯安縣
縣長臧爾壽前往署理除呈報暨分別咨令外合亟抄同原呈暨部令令
仰該縣知照此令

附抄件

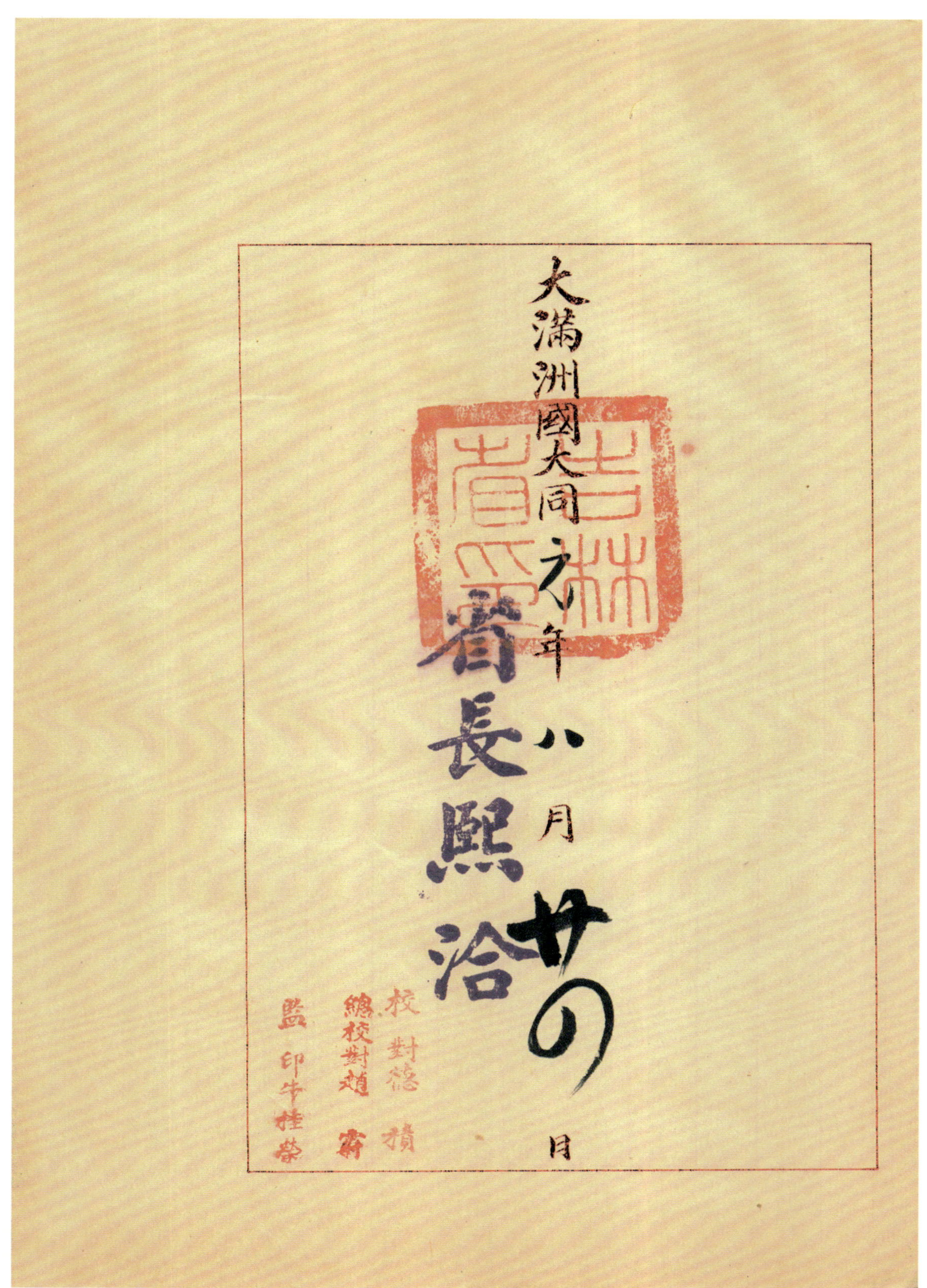
大滿洲國大同元年八月廿日
譽長熙洽
校對 總積
總校對 趙霈
監印 牛桂榮

伪吉林省公署为伪磐石县长杨正蕃调省，徐恢接任县长给伪虎林县公署的训令（一九三二年十月六日）

吉林省公署訓令　虎林縣公署

事由	擬辦	決定辦法	備考
爲磐石縣長楊正蕃調省遺缺以徐恢署理令行查照由			
附件			

訓令　字第　號

二十一年十二月十五日時到

收文　字第一七八號

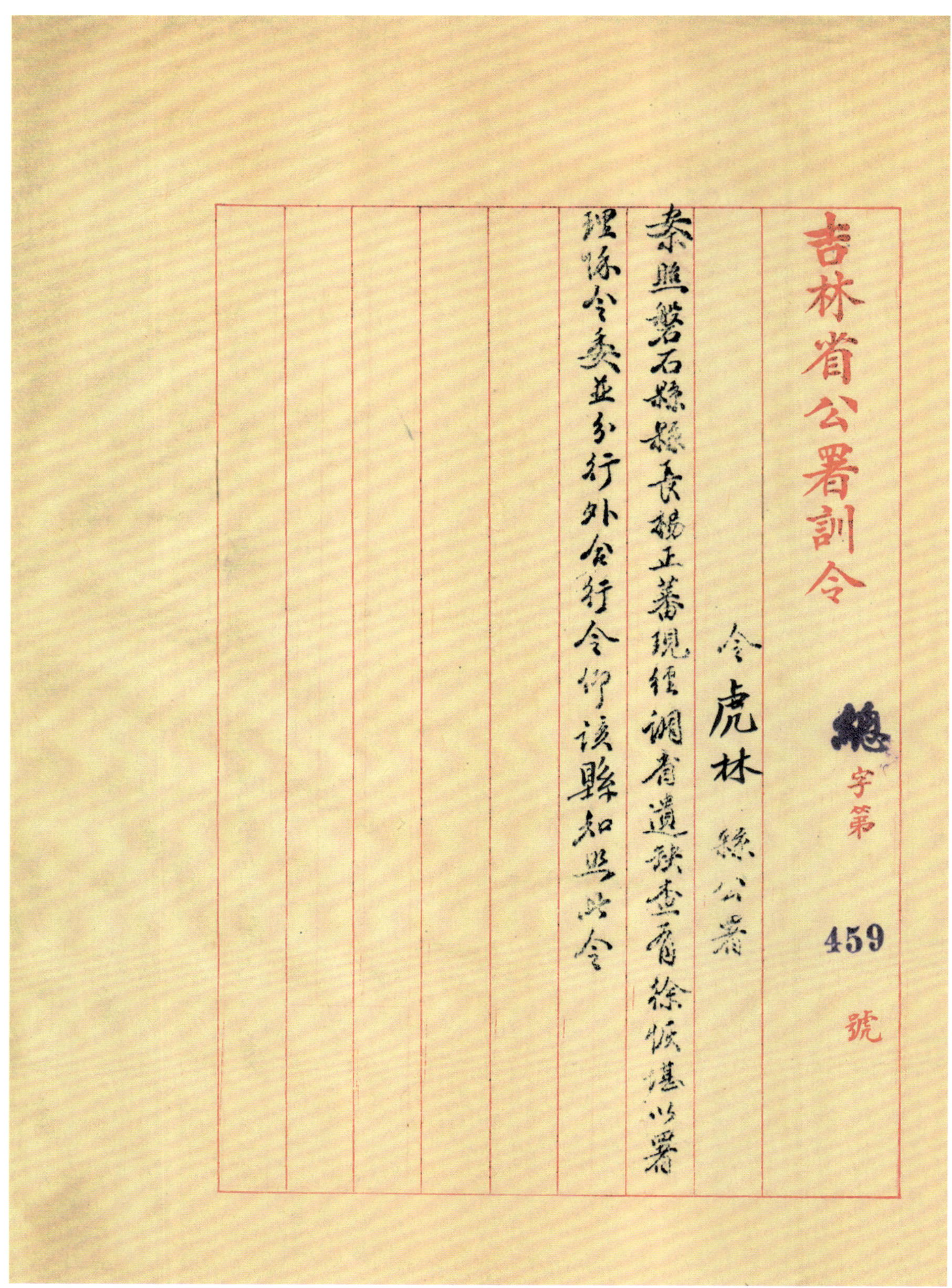

吉林省公署訓令

總字第459號

令虎林縣公署

案照磐石縣縣長楊正蕃現經調省遺缺查有徐恢進以署理除令委並分行外合行令仰該縣知照此令

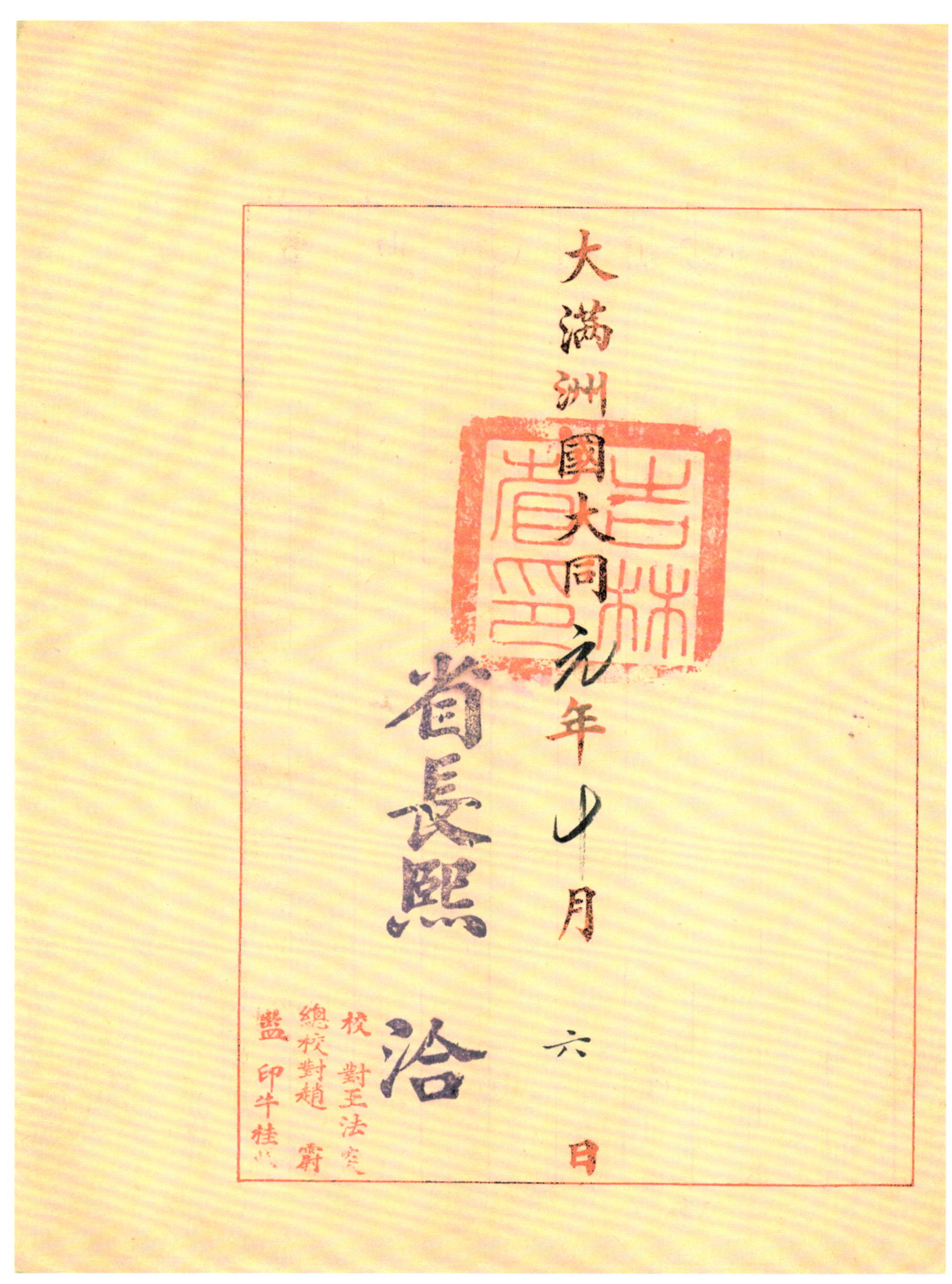
大滿洲國大同元年七月六日

省長熙洽

校對王法宽
總校對趙霨
監印牛桂

伪吉林省公署为三日内从速上报各县组织情形给伪虎林县公署的训令（一九三二年十月十二日）

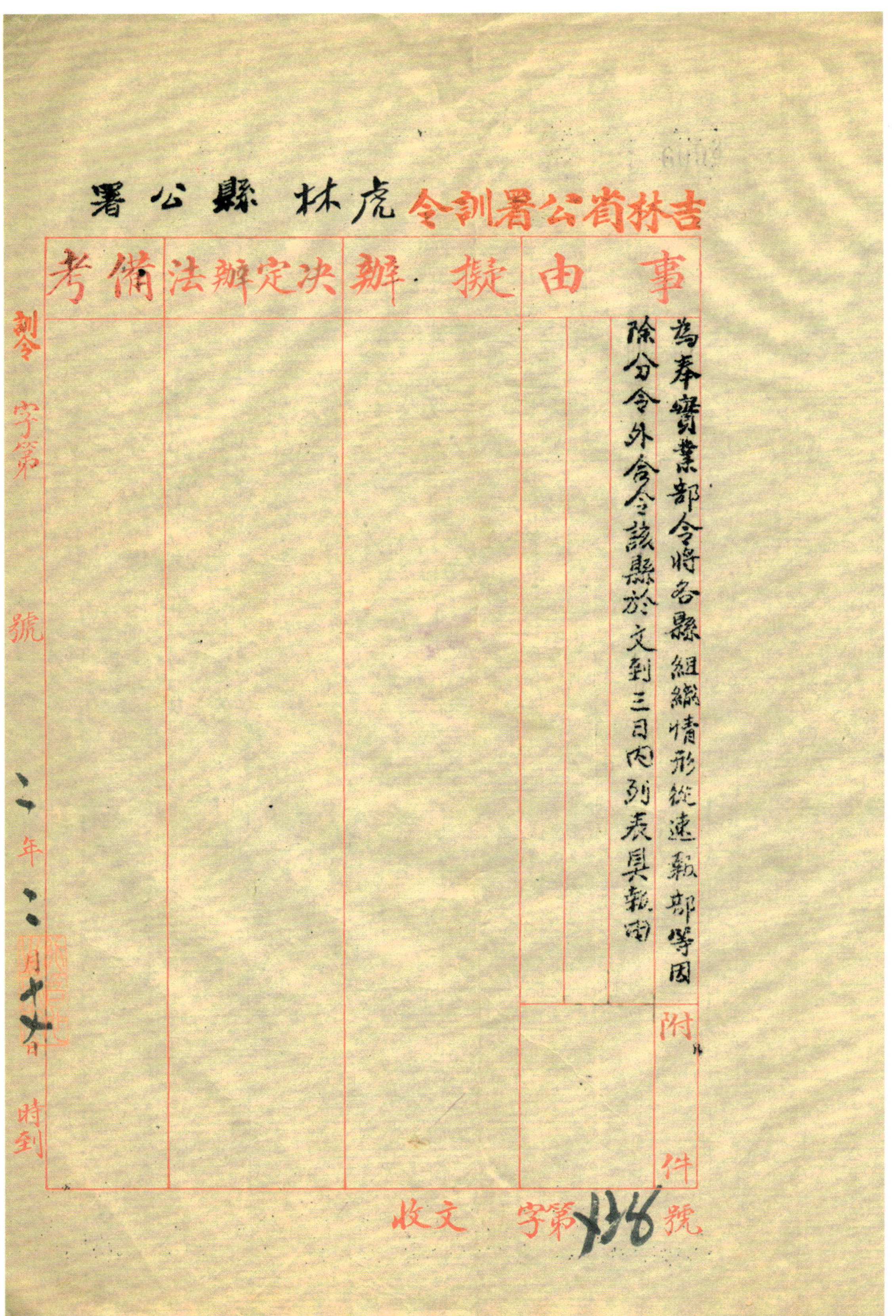

吉林省公署訓令　虎林縣公署

事由	擬辦	決定辦法	備考
為奉實業部令將各縣組織情形從速報部等因 除分令外合令該縣於文到三日内列表具報由			

附件

訓令　字第　號

二十一年十二月十七日　時到

收文　字第136號

吉林省公署訓令

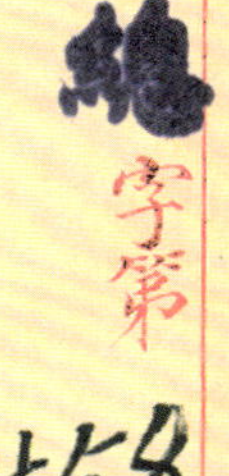

字第458號

令虎林縣公署

為令行事案奉

實業部第一五六號訓令飭將本省各縣之現在組織情形及重要職員姓名從速具報以資考核等因奉此查此案前奉部令業經本署以第三二六號訓令飭填在案迄今多日未據填報殊屬玩延茲奉前因除分令外合行令仰該署於文到五日內列表具報勿延此令

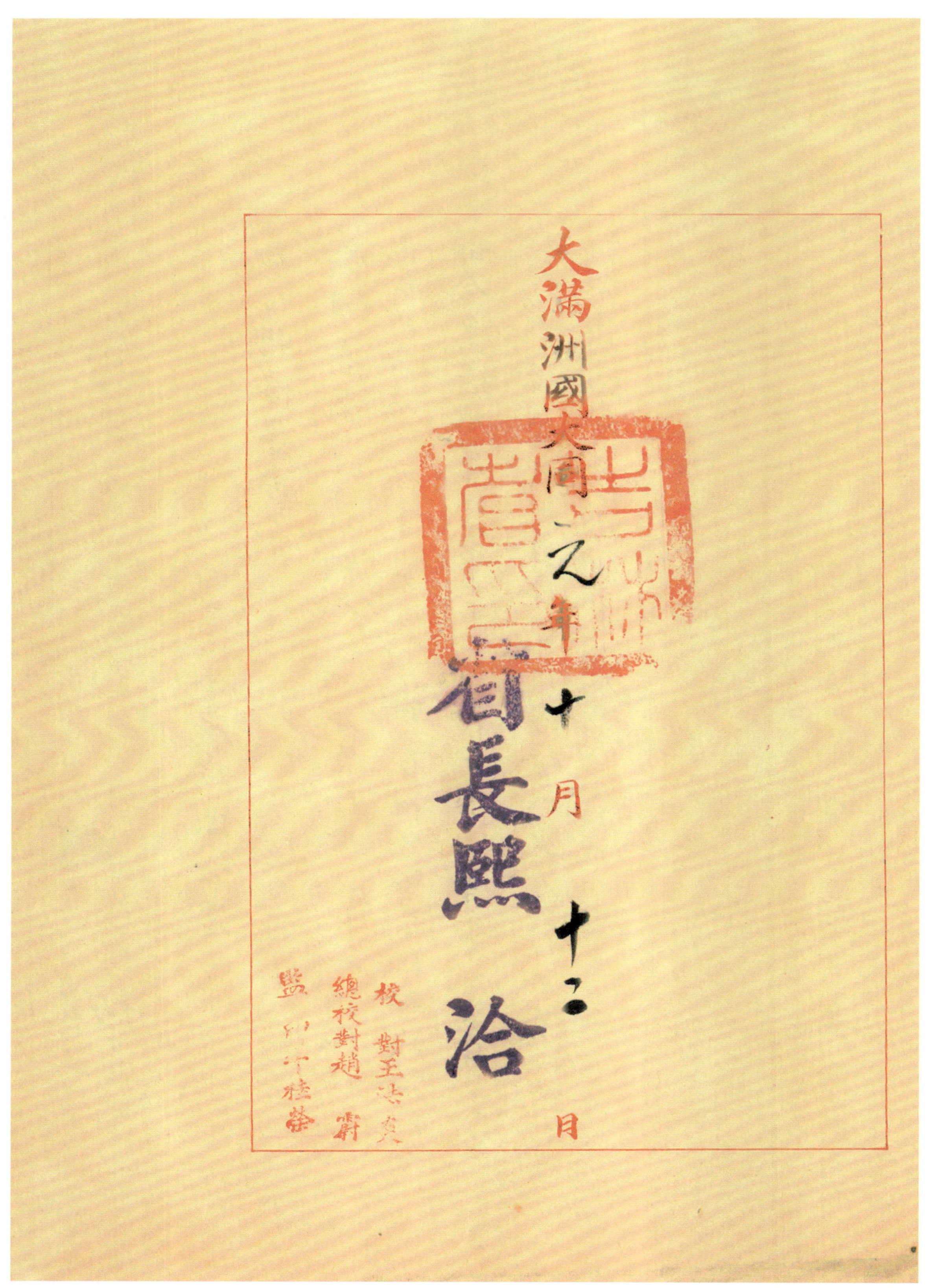
大滿洲國大同二年十月十二日

省長熙洽

校對王志[illegible]

總校對趙蔚

監印[illegible]桂榮

伪磐石县公署为知照伪县长徐恢抵任视事日期事给伪虎林县公署的函（一九三二年十月十五日）

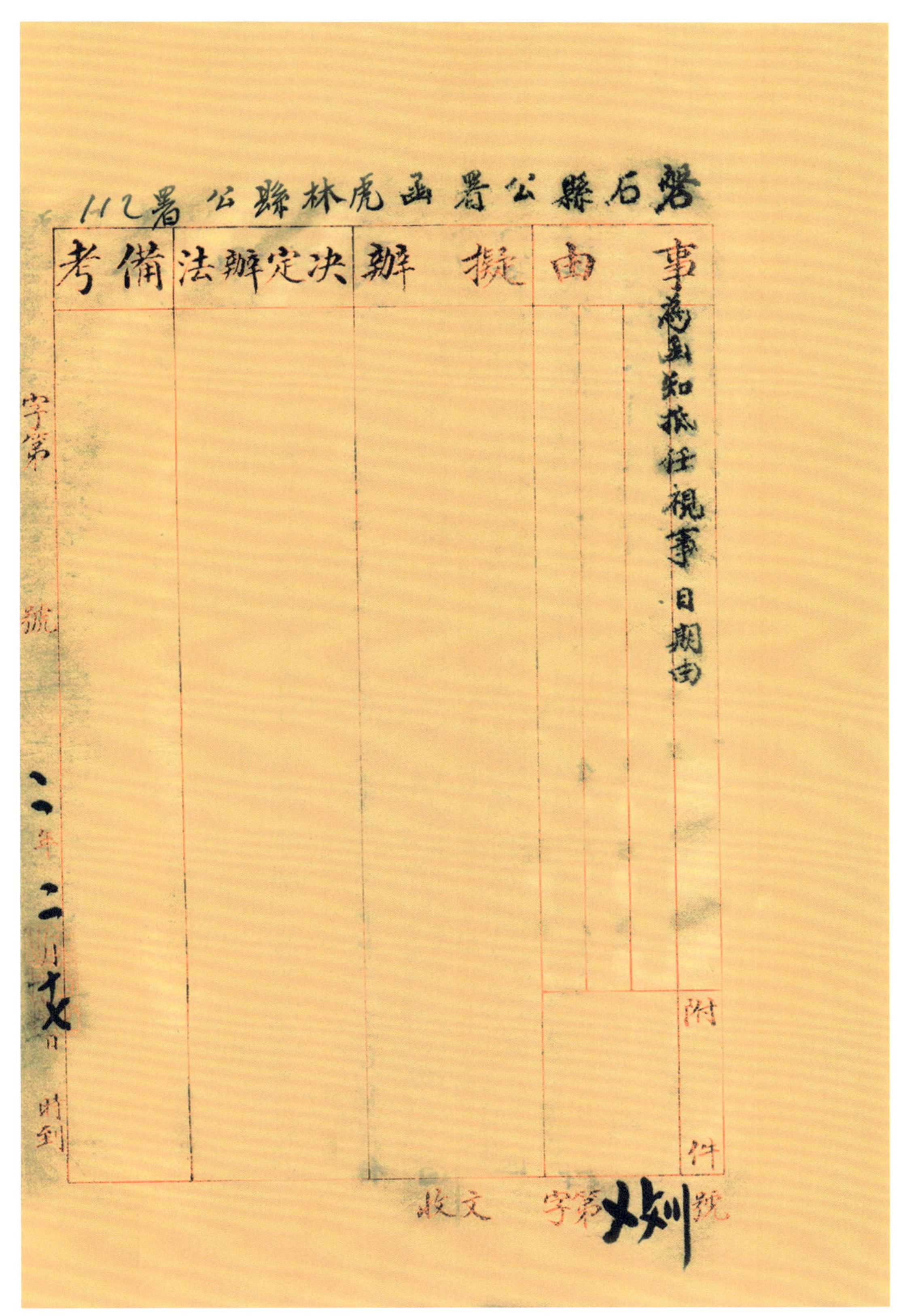
磐石縣公署函虎林縣公署 112

事由	擬辦	決定辦法	備考
事爲函知抵任視事日期由			

附件

收文 第 字 號

政 字第 號

磐石縣公署公函

逕啓者案奉

吉林省公署委任令開案照磐石縣縣長楊正春調省遺缺查有徐恢堪以署理等因奉此敝縣長遵於本年十月十二日馳抵任所十二日視事惟查縣署房屋被匪損毁一空無法辦公故暫借用商號福陞燒作爲臨時辦公地點所有縣印亦經楊前任因匪遺失自應呈請刊頒俾昭信守除借用公安局鈐記暨呈報布告分行外相應函請

查照爲荷此致

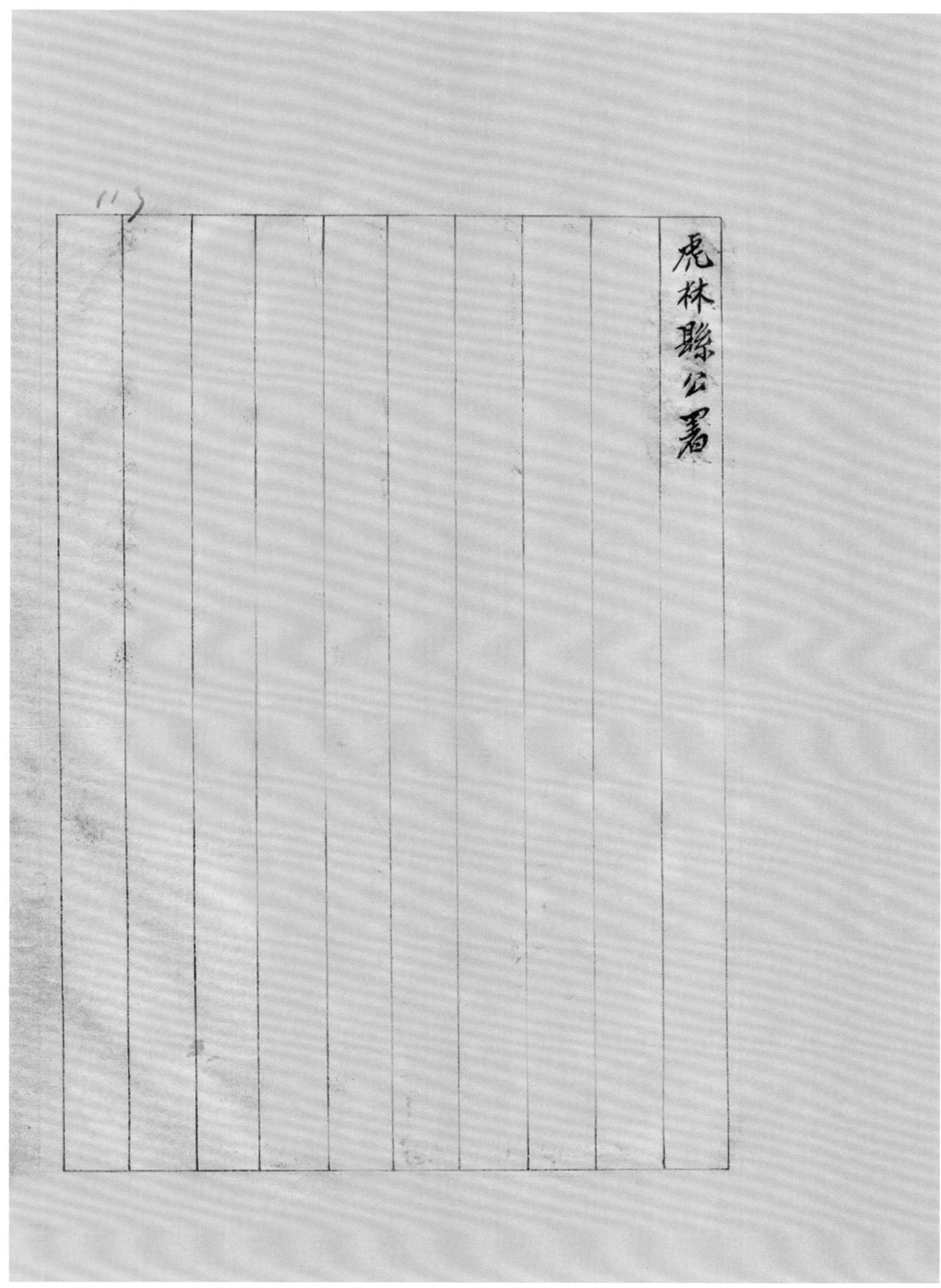

虎林縣公署

大滿洲國大同元年十月十五日

伪吉林省公署为呈复文件文首应填收文字号并一件文内不能叙二事给伪虎林县公署的训令（一九三二年十月十八日）

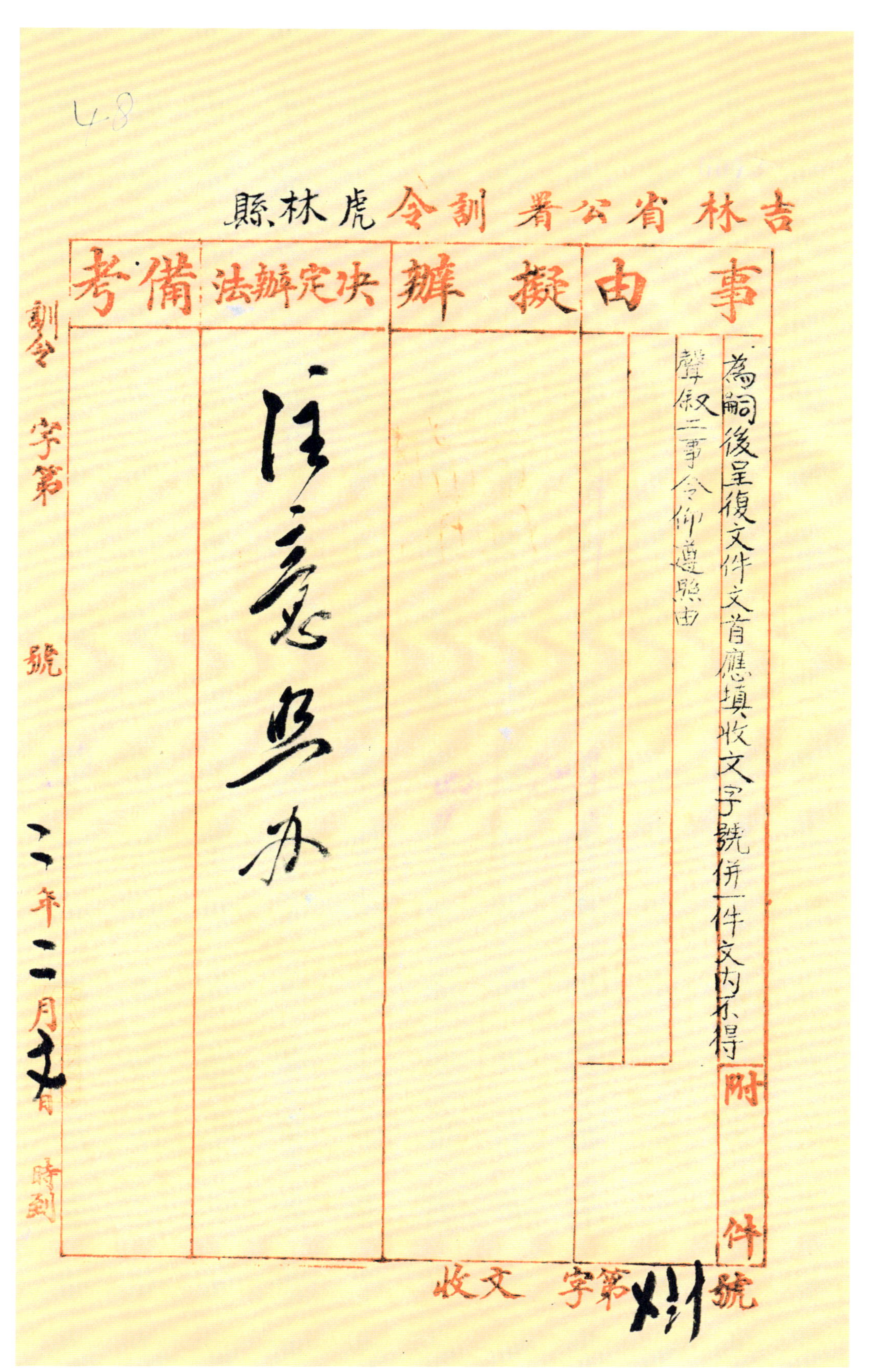

4-8

吉林省公署訓令 虎林縣

事由	擬辦	決定辦法	備考
為嗣後呈復文件文首應填收文字號併一件文內不得雙叙二事令仰遵照由		注意照办	

附件

訓令　字第　號

二年二月[illegible]日[illegible]時到

收文　字第[illegible]號

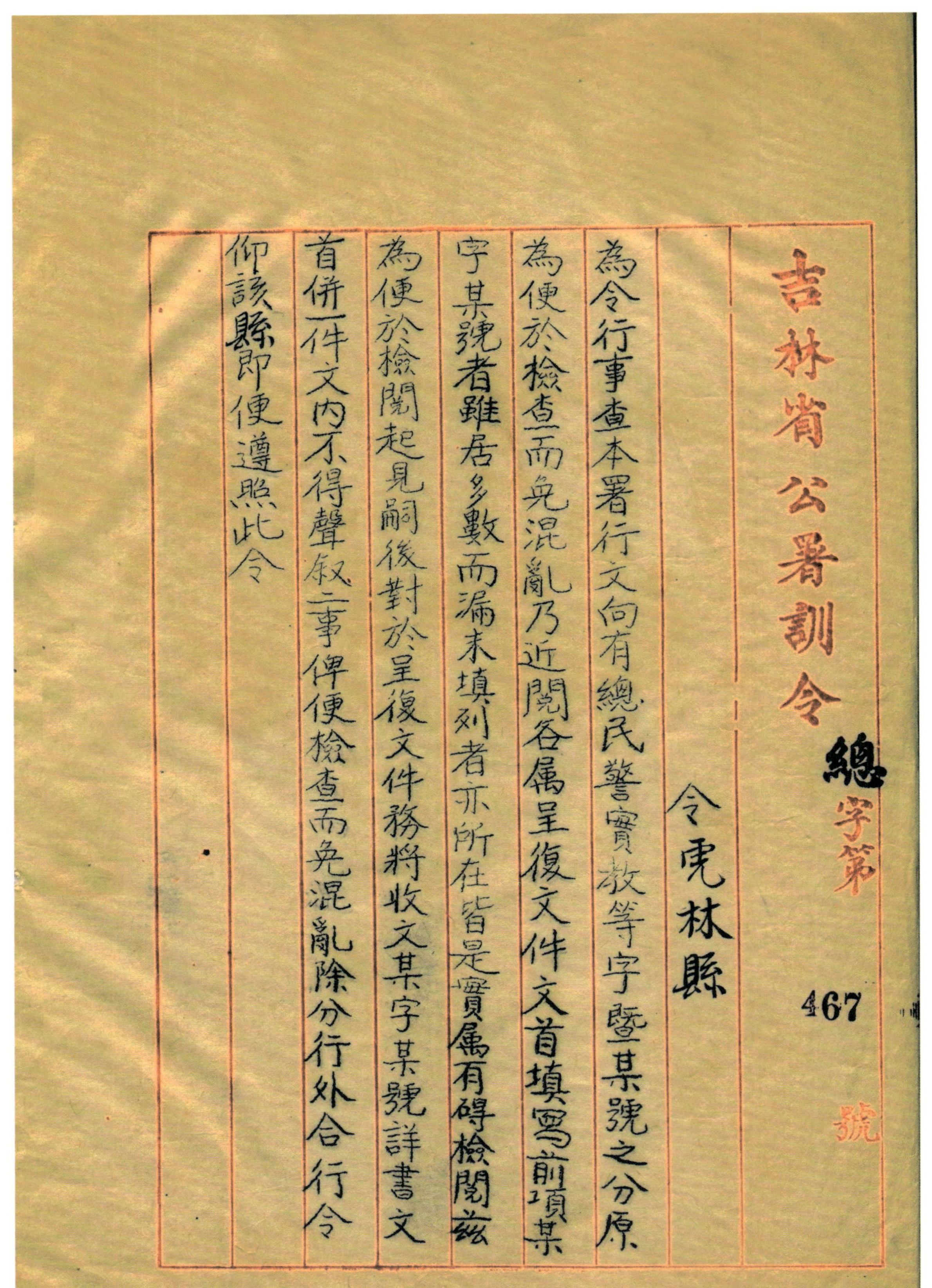
吉林省公署訓令　總字第467號

令虎林縣

為令行事查本署行文向有總民警實教等字暨某號之分原為便於檢查而免混亂乃近閱各屬呈復文件文首填寫前項某字某號者雖居多數而漏未填列者亦所在皆是實屬有碍檢閱茲為便於檢閱起見嗣後對於呈復文件務將收文某字某號詳書文首併一件文内不得聲叙二事俾便檢查而免混亂除分行外合行令仰該縣即便遵照此令

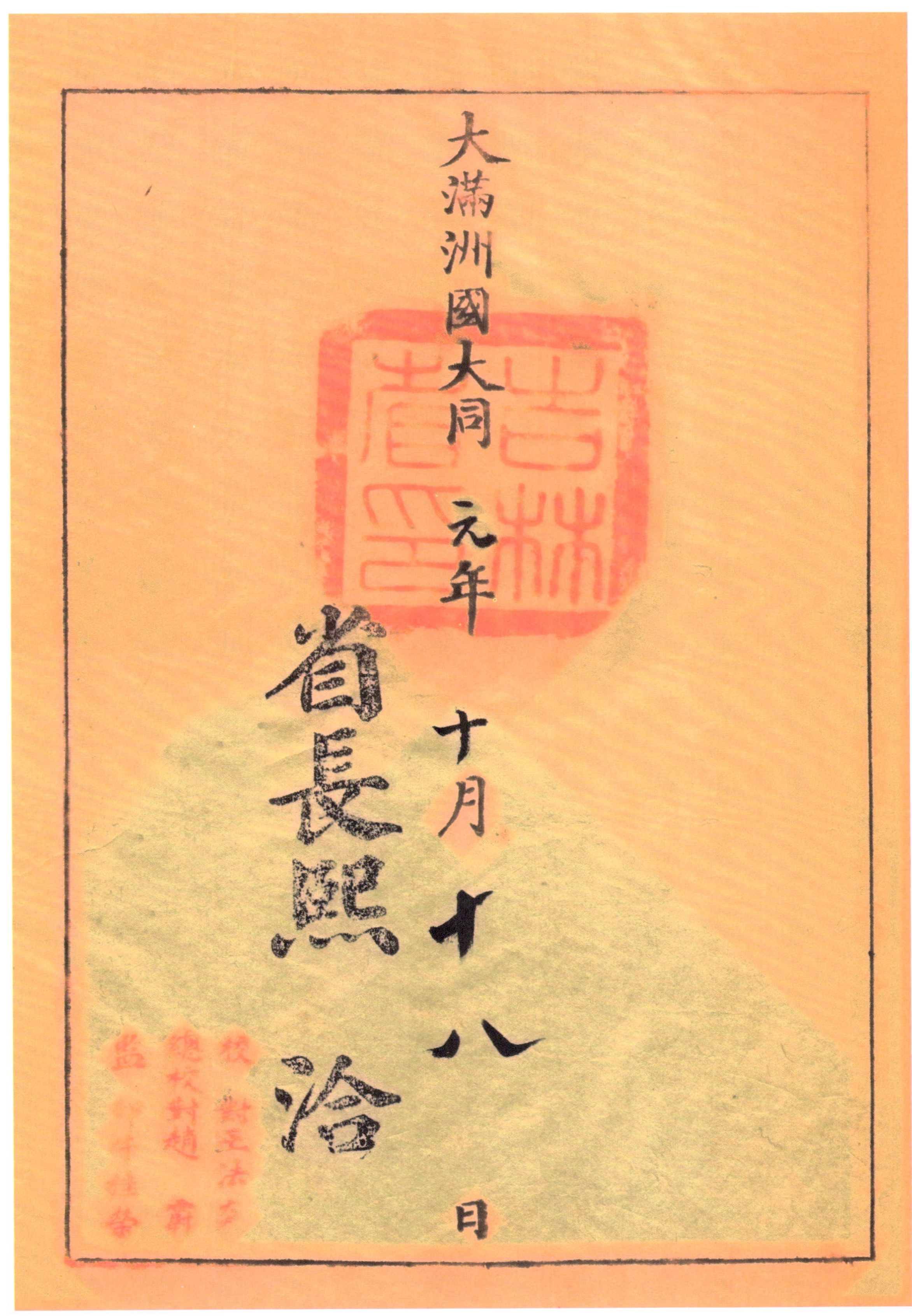

大滿洲國大同元年十月十八日

省長熙洽

校對王法方

總校對趙甯

監[illegible]李桂榮

伪吉林省清乡委员会为知照成立情形检同办法要项给伪虎林县公署的训令（一九三二年十一月四日）

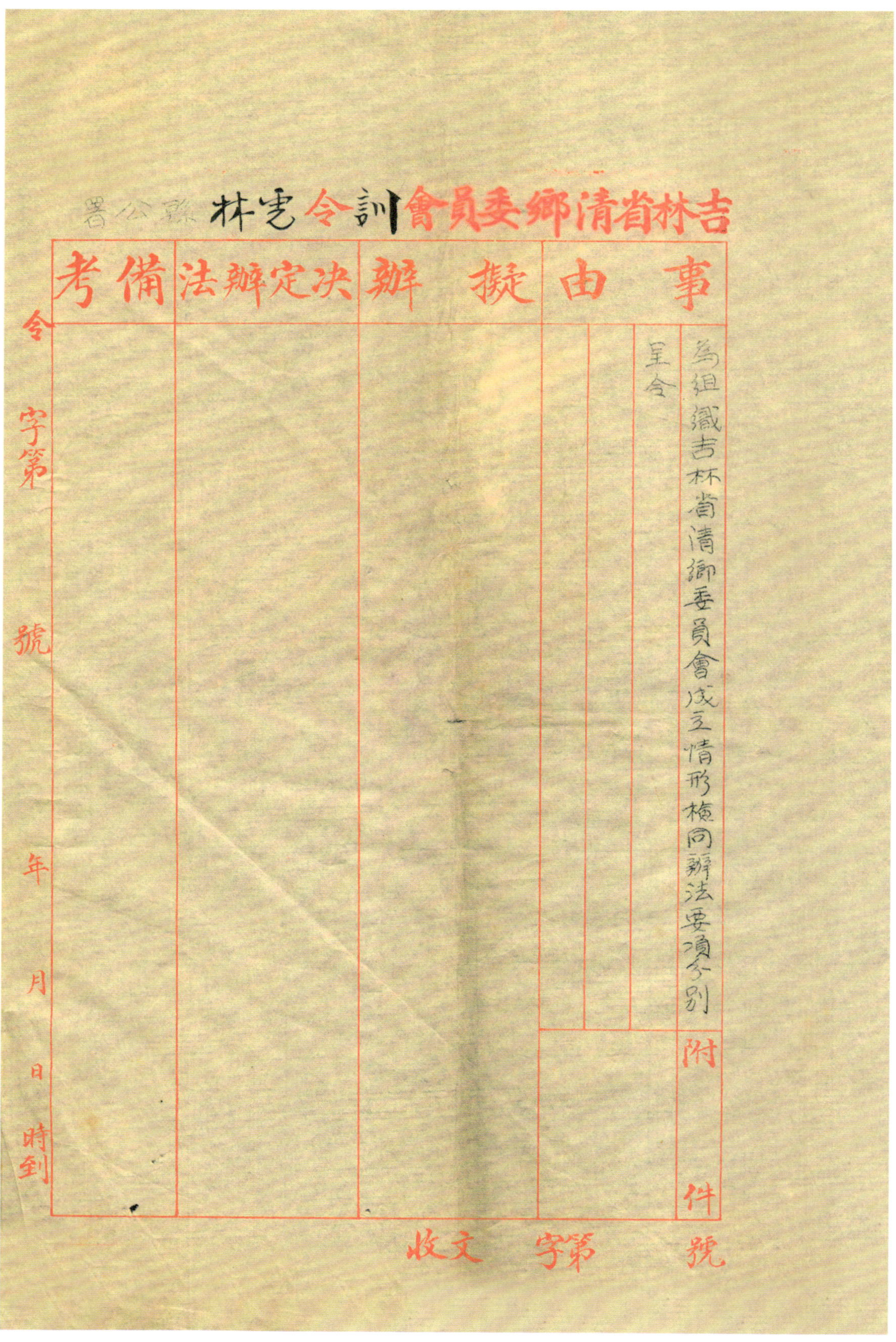
吉林省清鄉委員會訓令虎林縣公署

事由	擬辦	決定辦法	備考
為組織吉林省清鄉委員會成立情形檢同辦法要項令別呈令 附件			

令　字第　號　年　月　日　時到

收文　字第　號

吉林省清鄉委員會訓令

清字第之號

令虎林縣公署

案奉

國務院第六二號訓令內開案據第四十九次國務院會議議決照附紙所開要項設置中央及地方各清鄉委員會等因合亟檢發原件令仰該省長於所轄境內遵照該要項從速施行並將組織情形具文呈報中央清鄉委員會幹事長爲要此令附發要項一件等因奉此查省清鄉委員會遵文於本月二十五日組織成立業已先行電行各屬知照在案茲更於成立伊始查照要項開會議決吉林省清鄉臨時辦法二十條以期逐漸推行

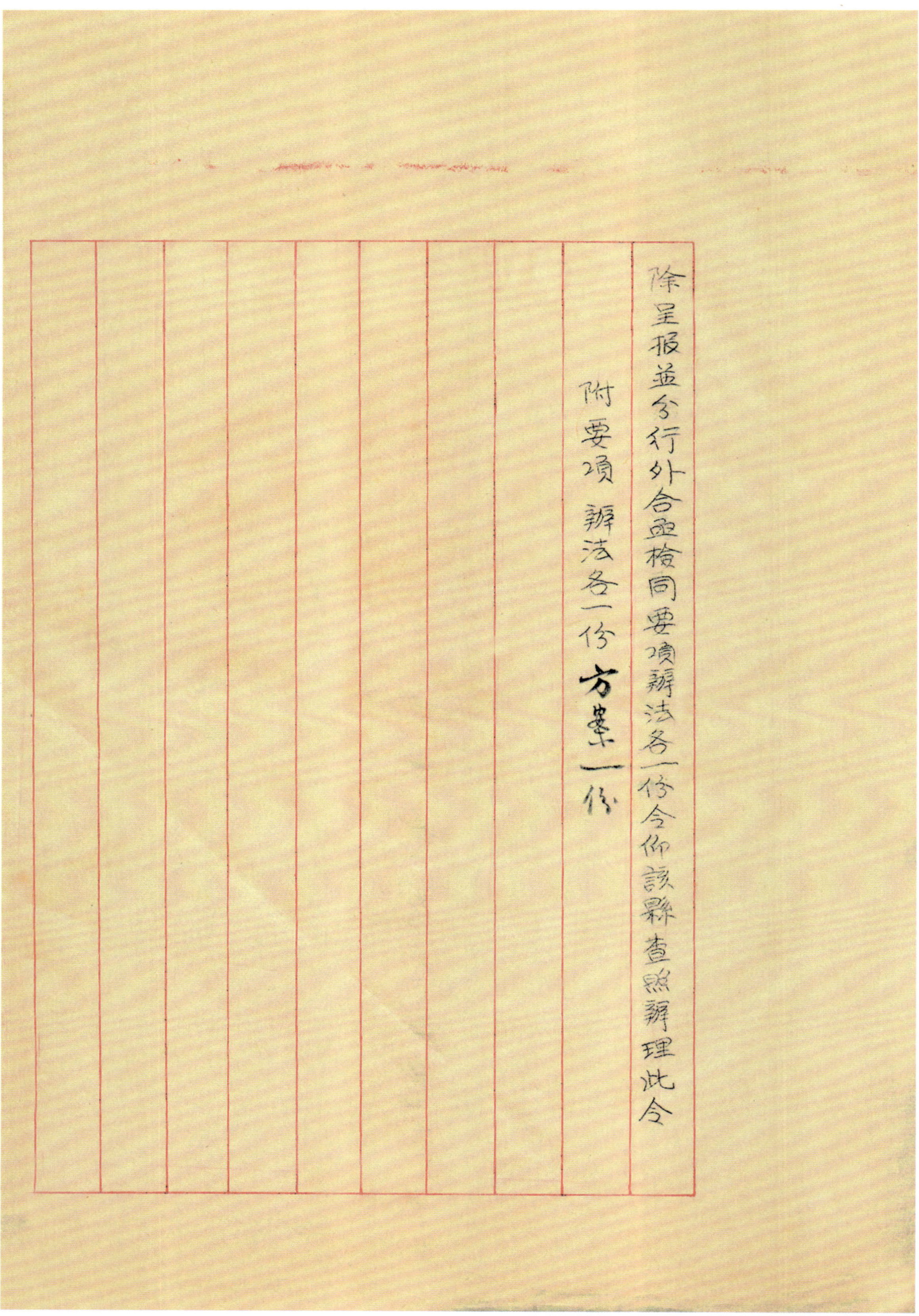
除呈报并分行外合亟检同要项办法各一份令仰该县查照办理此令
附要项 办法各一份 方案一份

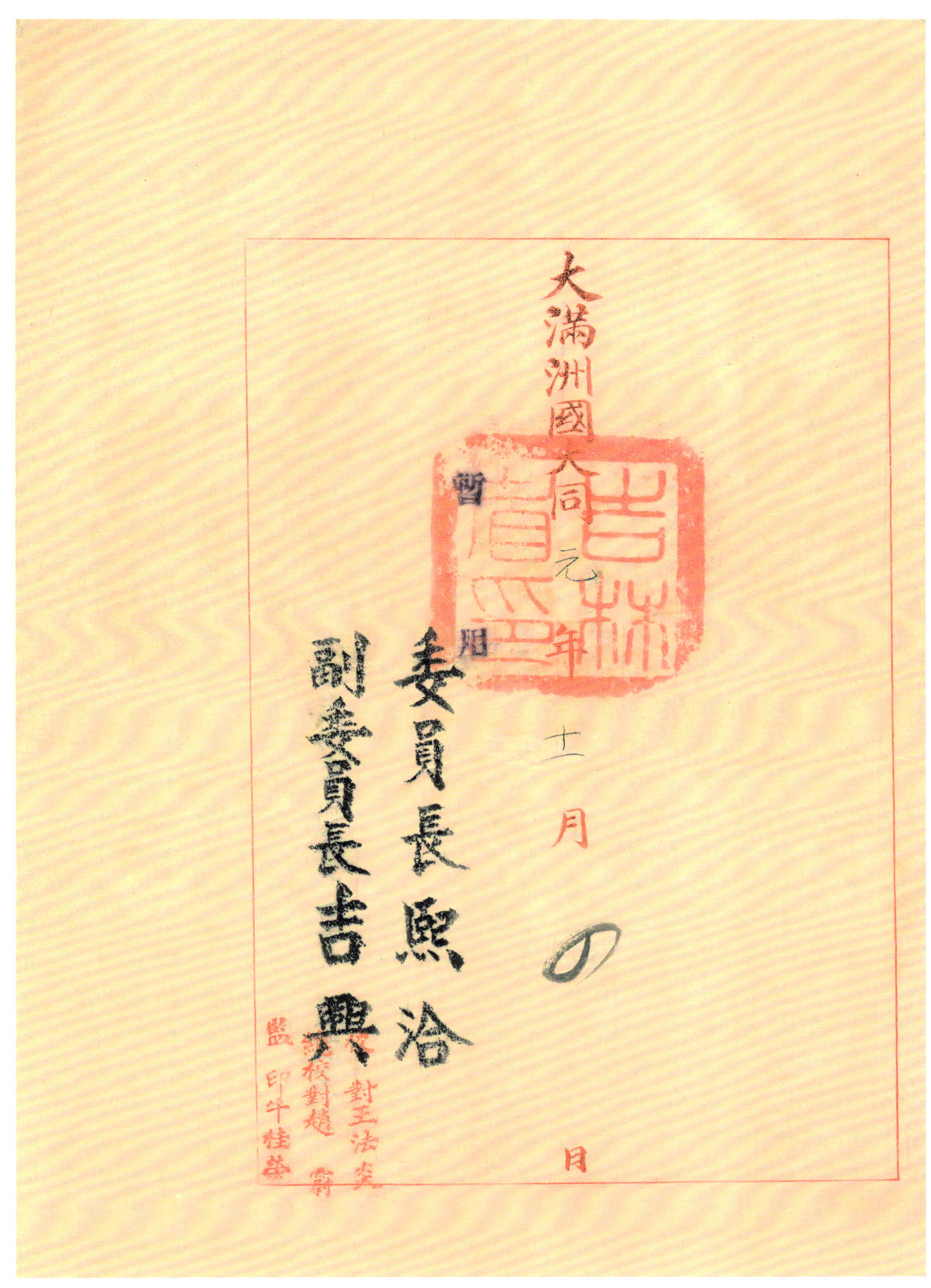

大滿洲國大同元年十一月　日

暫用

委員長熙洽

副委員長吉興

對王法炎

校對趙霨

監印牛桂榮

伪吉林省公署为克日详填地方金融机关给伪虎林县公署的训令（一九三二年十一月九日）

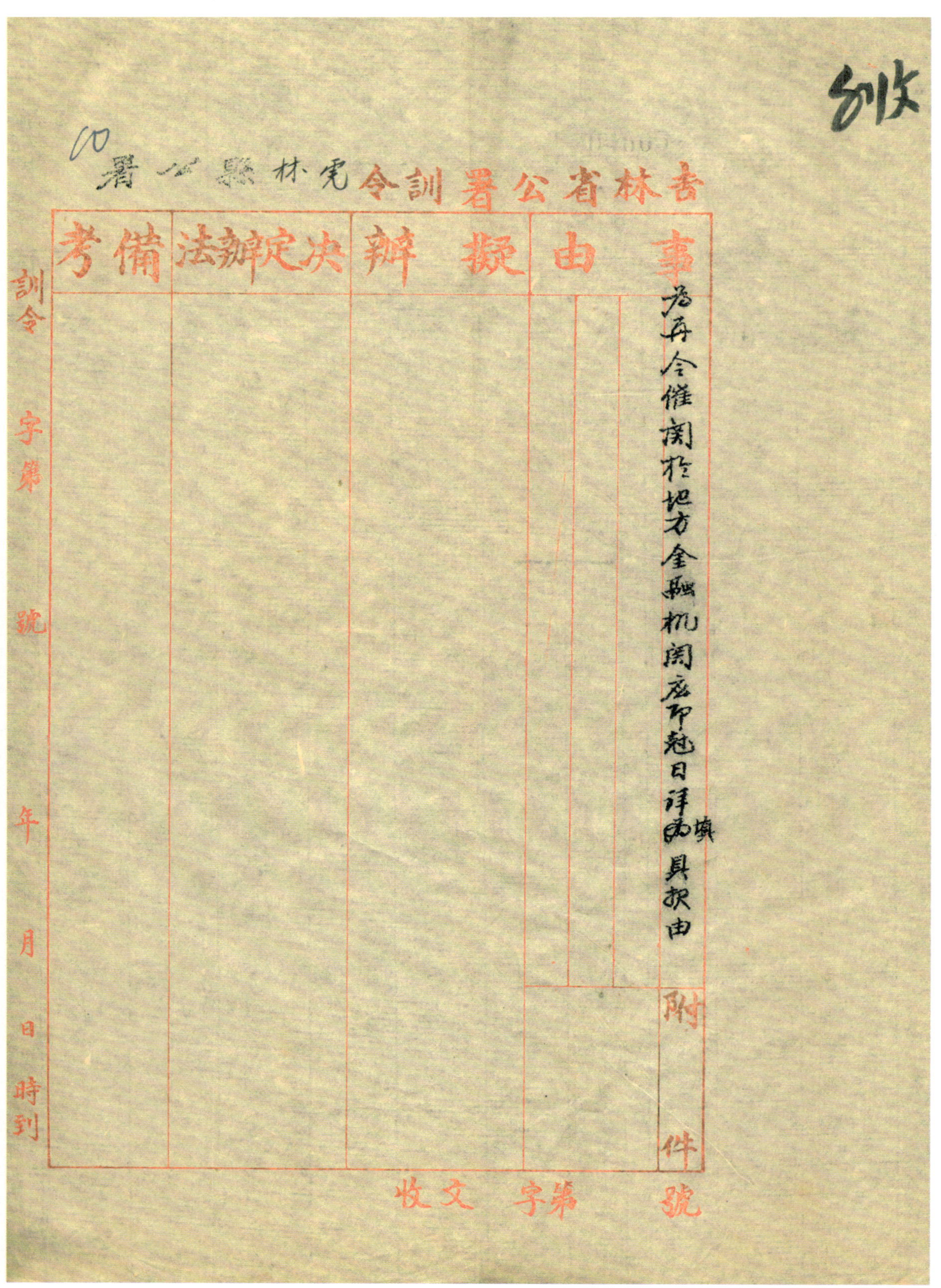
吉林省公署訓令 虎林縣公署

事由	擬辦	決定辦法	備考
為再令催關於地方金融機關應即尅日詳填具報由			
附件			

訓令 字第 號 年 月 日 時到

收文 字第 號

吉林省公署訓令

總字第494號

令完林縣公署

為令催事。案查關於地方金融机關一案，前奉
民政部第三五二号訓令，於本年六月十七日以本署第一四一号訓令通飭遵照。復奉
部令地字第六零七号指令，於八月十一日以本署第三六三号訓令通飭查報，併
以本署第二九九号訓令催速填報各在案。現查此案為時已閱四月之久，該縣
尚未具報前來，殊屬玩忽。除分行外，合亟令催該縣務於文到七日內迅
速詳查該管境內究竟有無此項金融机關，剋日詳填具報來署，以憑
核轉。業關部令，勿再仍前延宕，致干未便。切切！此令。

大滿洲國康德元年十二月九日

吉林省印

省長熙洽

校　對王法之

總校對趙　蔚

監　印牛桂馨

伪吉林省公署为划清新设九台县管界给伪虎林县公署的训令（一九三二年十一月二十六日）

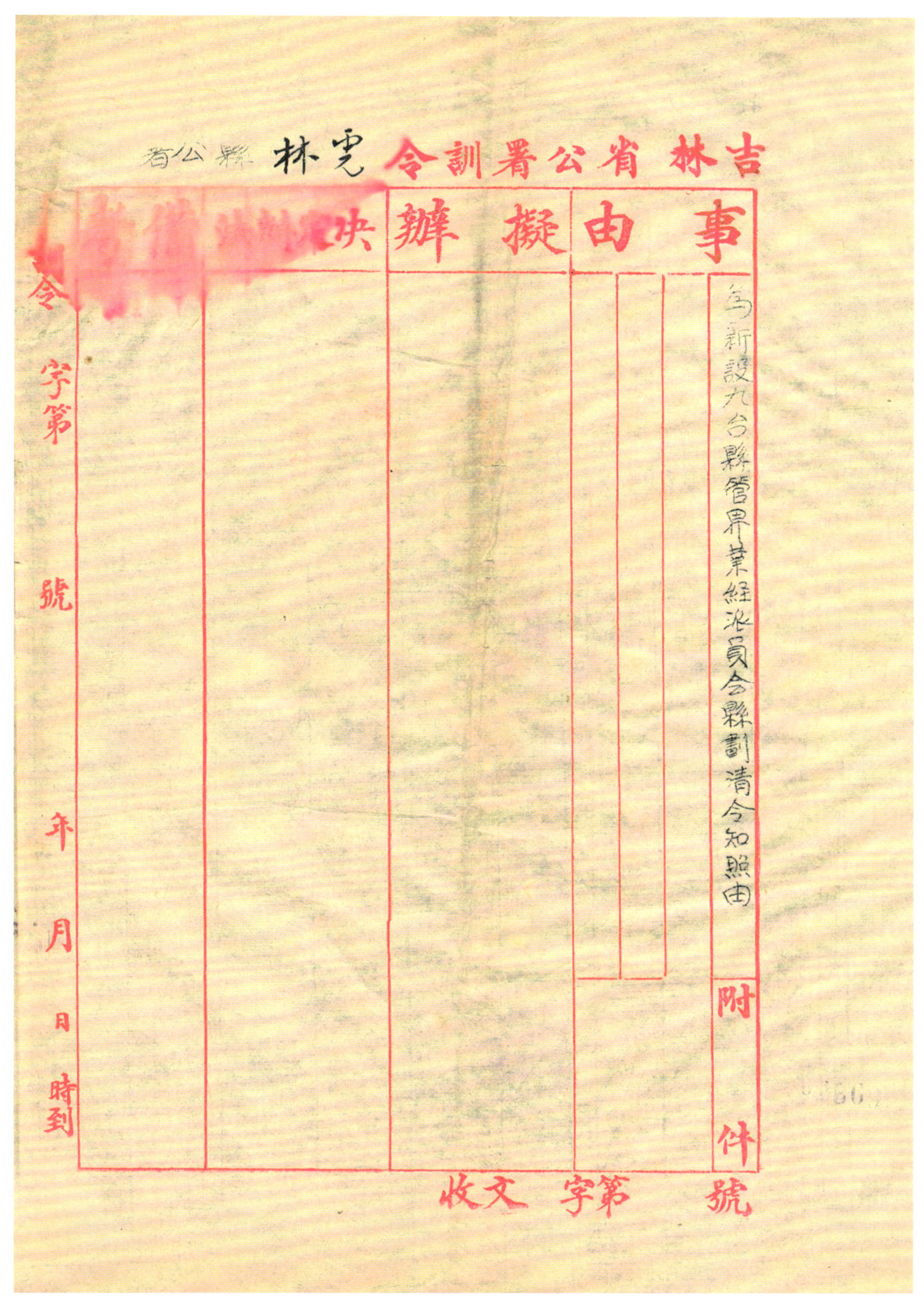

吉林省公署訓令　虎林縣公署

事由	擬辦	決
為新設九台縣管界業經派員會縣劃清令知照由		

附件

收文　字第　號

令　字第　號

年　月　日　時到

民字第467號

省公署訓令

令虎林縣公署

案查本署前因下九台鎮地方繁盛民戶衆多擬就永吉長春德惠三縣毗連之處各截長補短劃出若干地域連同下九台市內地方添設一縣名曰九台縣俾資治理等情已呈奉

民政部核准並遴員試署各在案查設縣伊始首以劃分界址爲要務蓋界址不清一切行政無從入手爰派本署視察員王潛會同各縣縣長公同詳細勘劃去後茲據該員復稱遵即前往九台縣會同馬縣長召集各縣定期會議當經永吉長春各派代表及德惠五區士紳

代表如期齊集開會討論主張紛歧莫衷一是復據永吉代表聲稱原令就永吉縣屬之二三兩區劃撥九台但三區北界與四區南界毘連九台縣屬又設在四區界内之北部距三區北界尚有四十餘里照事實關係應酌劃二四兩區爲宜等情原令想係筆誤伏思九台縣治既在四區管界而二區界内查無山脈河流天然形勢堪以劃分擬請就原有兩區劃归九台以區爲界既易畫分尤免爭執實覺允當長春之一區天然界綫有三一爲卡倫站以東之爲露海河一爲興隆山以東之新開河一爲龍家堡長春代表主張龍家堡九台士紳主張新開河互相爭持不肯相讓視察員以爲新開河距長春二十餘里去省都甚近龍家堡界綫又不甚明顯取折中辦法擬請以卡倫站以東之露海河爲界該河横貫一

區中心界綫天然似較適宜至德惠之七區業经撥归九台似無問題其五區三面臨河一面毘連七區洵有天然界綫該區紳民之請願書僉願撥归九台以該區爲界於控制上及行政上均極便利擬請准如所請以順輿情而省手續繪圖呈請鑒核等情到署查所擬劃分永吉縣之二四兩區德惠縣之五七兩區均以舊有區域爲界長春縣之一區以卡倫站以東之露海河爲界撥归九台縣管轄核尚允當已分令各該縣遵照劃撥以清界址除呈部及分别咨令外合亟令仰該縣即便知照此令

大滿洲國大同元年十一月廿六日

翁長熙洽

總校對趙霱

監印李桂馨

伪长春县公署为县长到任接印视事日期请查照给伪虎林县公署的咨文（一九三二年十二月十五日）

長春縣公署咨 虎林縣公署

事由	擬辦	決定辦法	備考
為咨達縣長到任接印視事日期請查照由			

附件

咨 字第 號

年 月 日 時到

收文 字第 號

長春縣公署咨

字第　　號

爲咨行事案奉

吉林省公署總字第七十一號委任令開案照雙城縣縣長魏鐵華撤省查辦遺缺調長春縣長祖福廣接署遞遺長春縣長一缺查有段世德堪以署理等因奉此敝縣長遵於本年十二月九日到署接印視事除呈報並分别函咨令行外相應咨請

貴縣查照爲荷此咨

虎林縣公署

署理長春縣縣長段世德

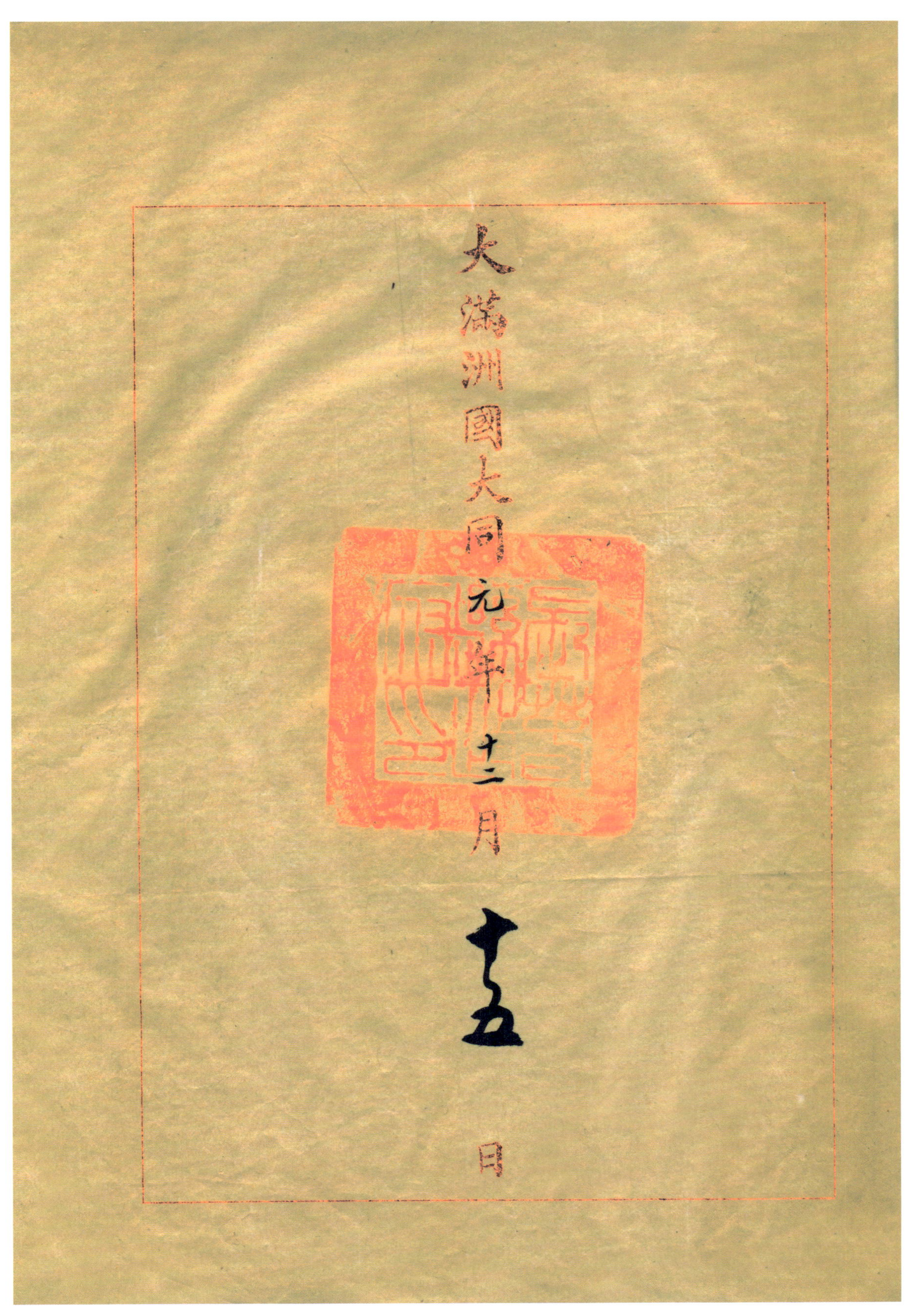

大滿洲國大同元年十二月十五日

伪吉林省公署为吴延绪调任伪榆树县县长、刘文宝接任伪农安县县长事给伪虎林县公署的训令

（一九三二年十二月十五日）

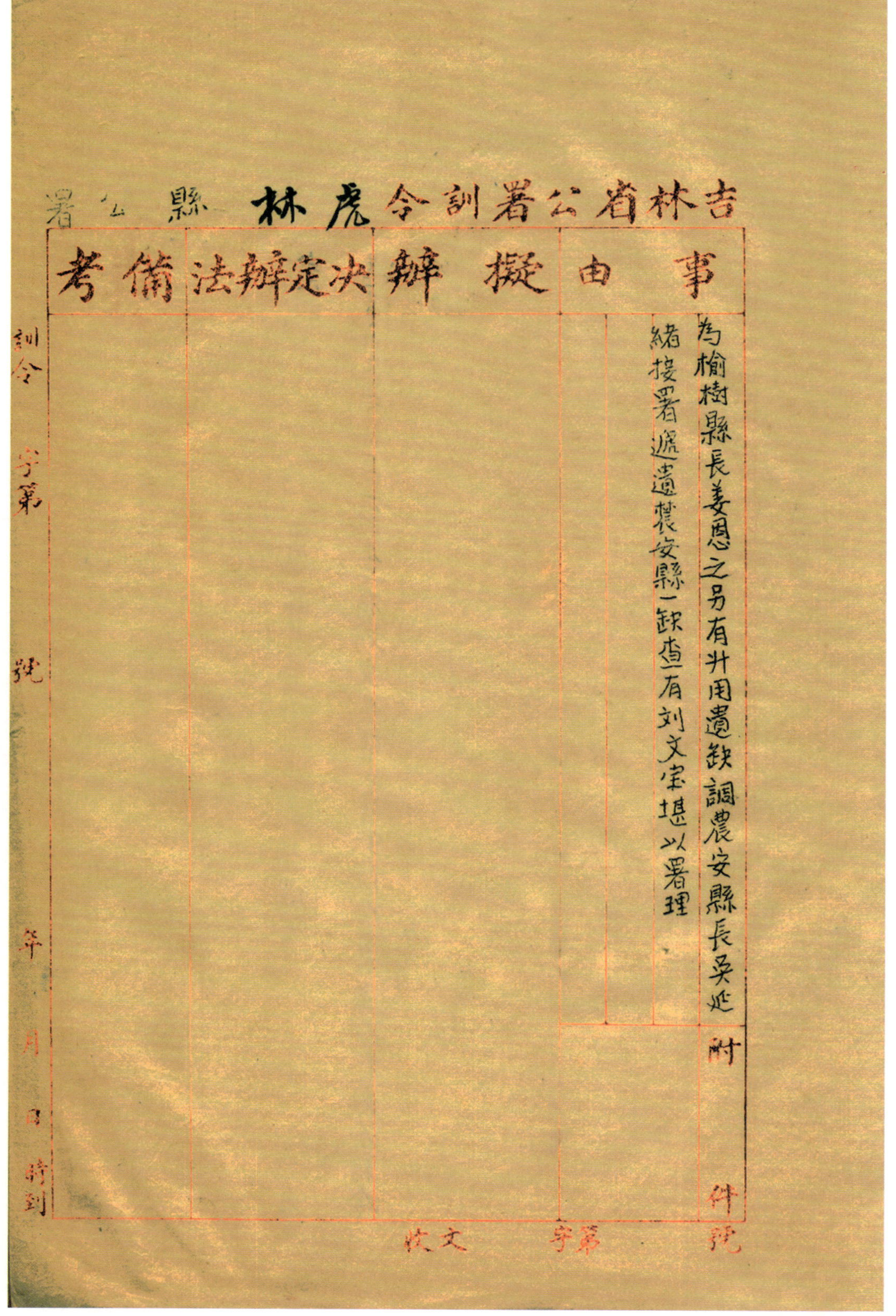

吉林省公署训令虎林县公署

事由	拟办	决定办法	备考
为榆树县长姜恩之另有升用遗缺调农安县长吴延绪接署遗农安县一缺查有刘文宝堪以署理 附件			

训令　字第　号　年　月　日　时到

收文　字第　号

吉林省公署訓令

總字第573號

令虎林縣公署

案照榆樹縣縣長姜恩之另有升用遺缺調農安縣長吳延緒接署

遺農安縣長一缺查有刘文宝堪以署理除令委並分行外合行令

仰該縣知照此令

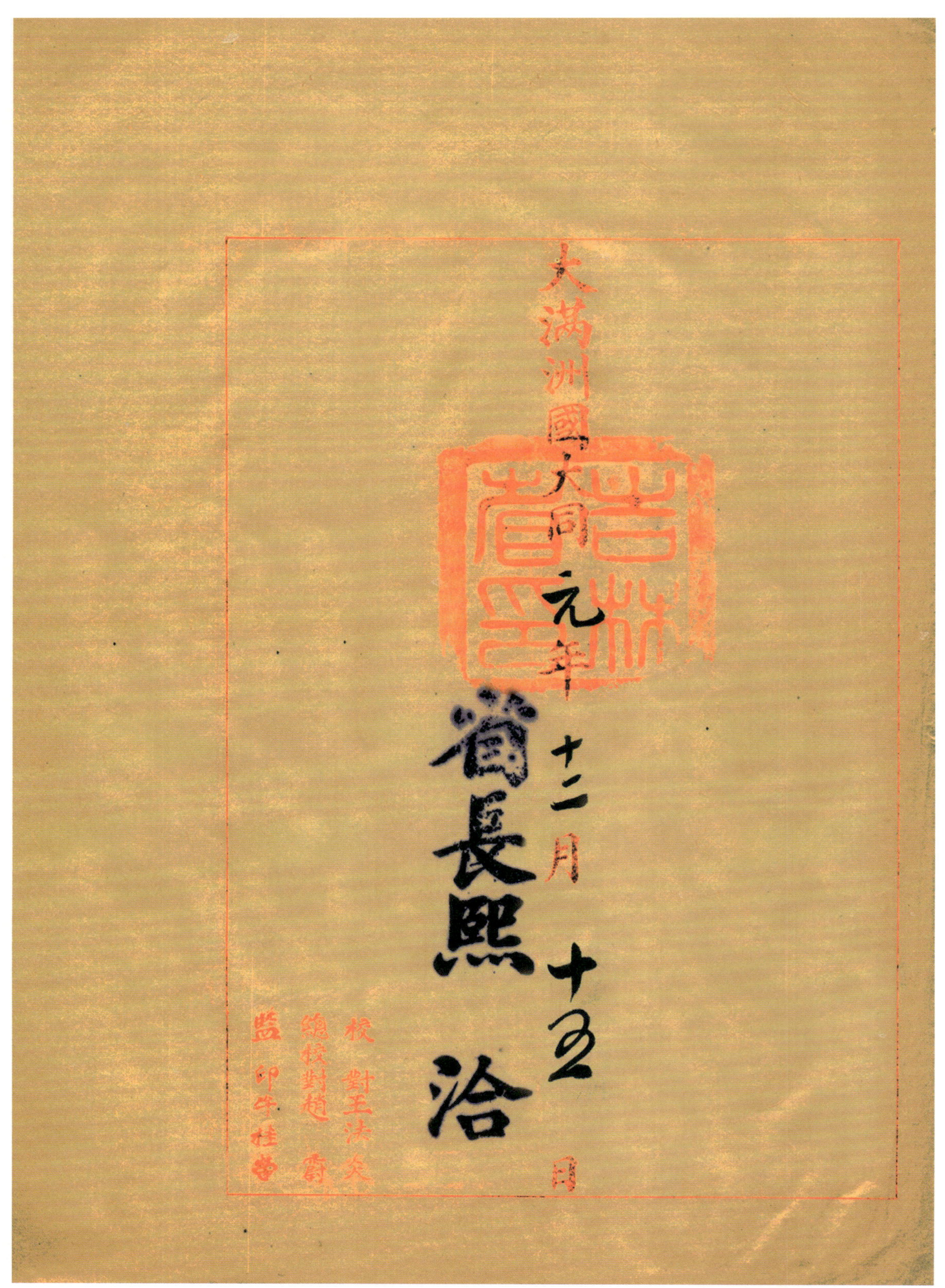

大滿洲國大同元年十二月十五日

省長熙洽

校對王法炎

總校對趙　爵

監印牛桂[illegible]

伪吉林省公署为伪榆树、磐石、双城各县长分别奖惩事给伪虎林县县长的训令（一九三二年十二月二十五日）

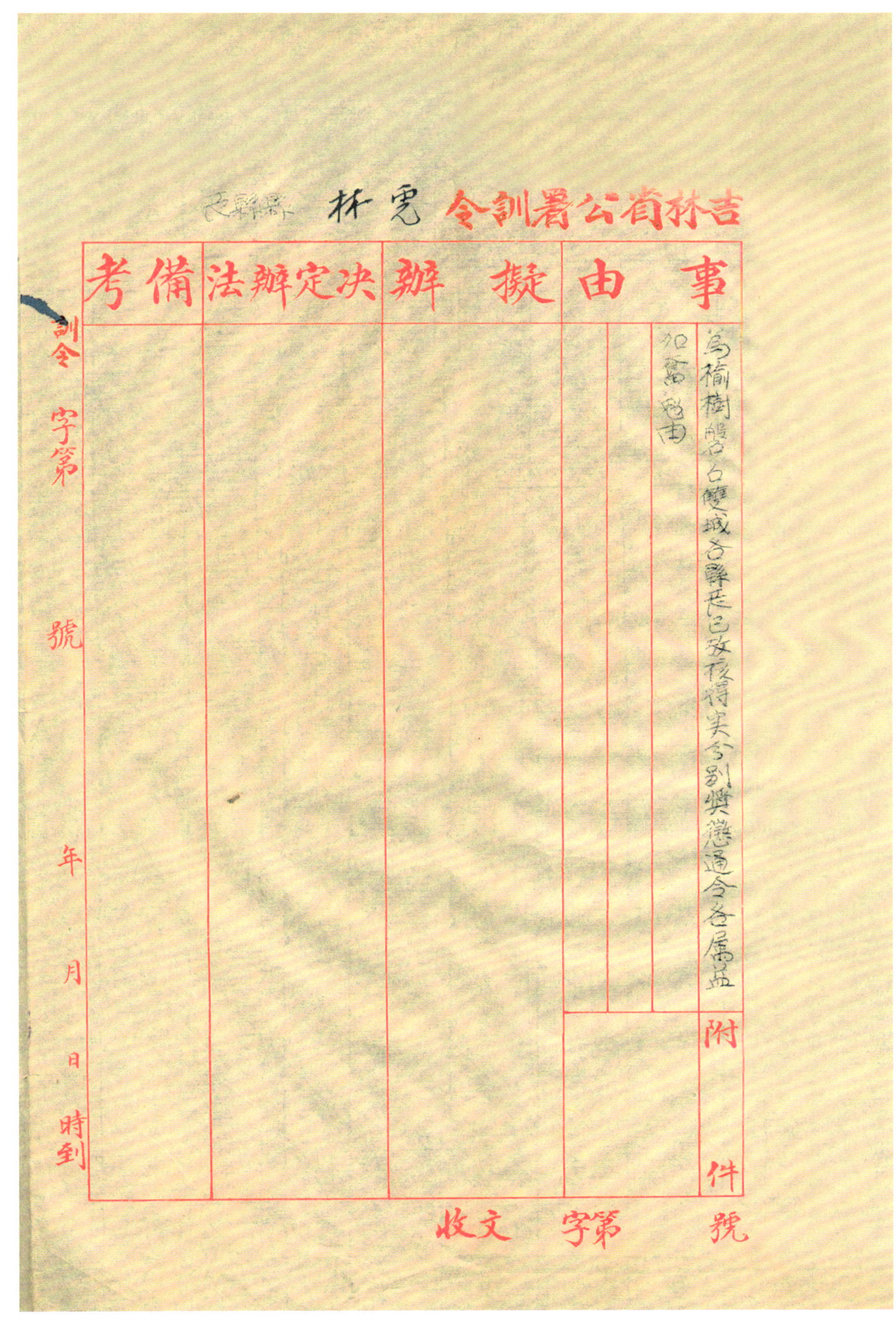

吉林省公署訓令 虎林 縣長

事由

為榆樹磐石雙城各縣長已經核得實分別獎懲通令各屬並加警惕由

附件

擬辦

決定辦法

備考

訓令 字第 號

年 月 日 時到

收文 字第 號

吉林省公署訓令

民字第526號

令虎林縣縣長

爲通令事照得縣長爲親民之官一人之優劣動繫一邑之安危本省長起自戎行奉膺疆寄因目擊地方喪乱與民生困苦益希望多數賢有司以輔助匡襄力臻上理故凡各縣縣長及設治員之因公晋見與過事陳請均罔不竭慮殫精悉心攷核賢者固不惜栽成不肖者亦必予罷黜近如榆樹縣縣長姜恩之治行修舉已保升爲全國鴉片專賣總署署長磐石縣縣長孫正蕃連城縣縣長魏鉄華或棄城潛逃或被控查實亦均送交法院依法懲處此所以不避嫌怨之苦衷無非欲求政治之起色况各縣長萬民託命負荷匪輕凡屬警團之

如何整頓盜匪之如何撲滅財政之作何疏通流亡之若何安輯務當引
為己任奮急進行必以姜令為取法之資毋蹈咎僨覆轍之嘆慰余
屬望奮爾鵬程吏治前途庶乎有豸除分行外合亟令仰該縣長即便
遵照切切此令

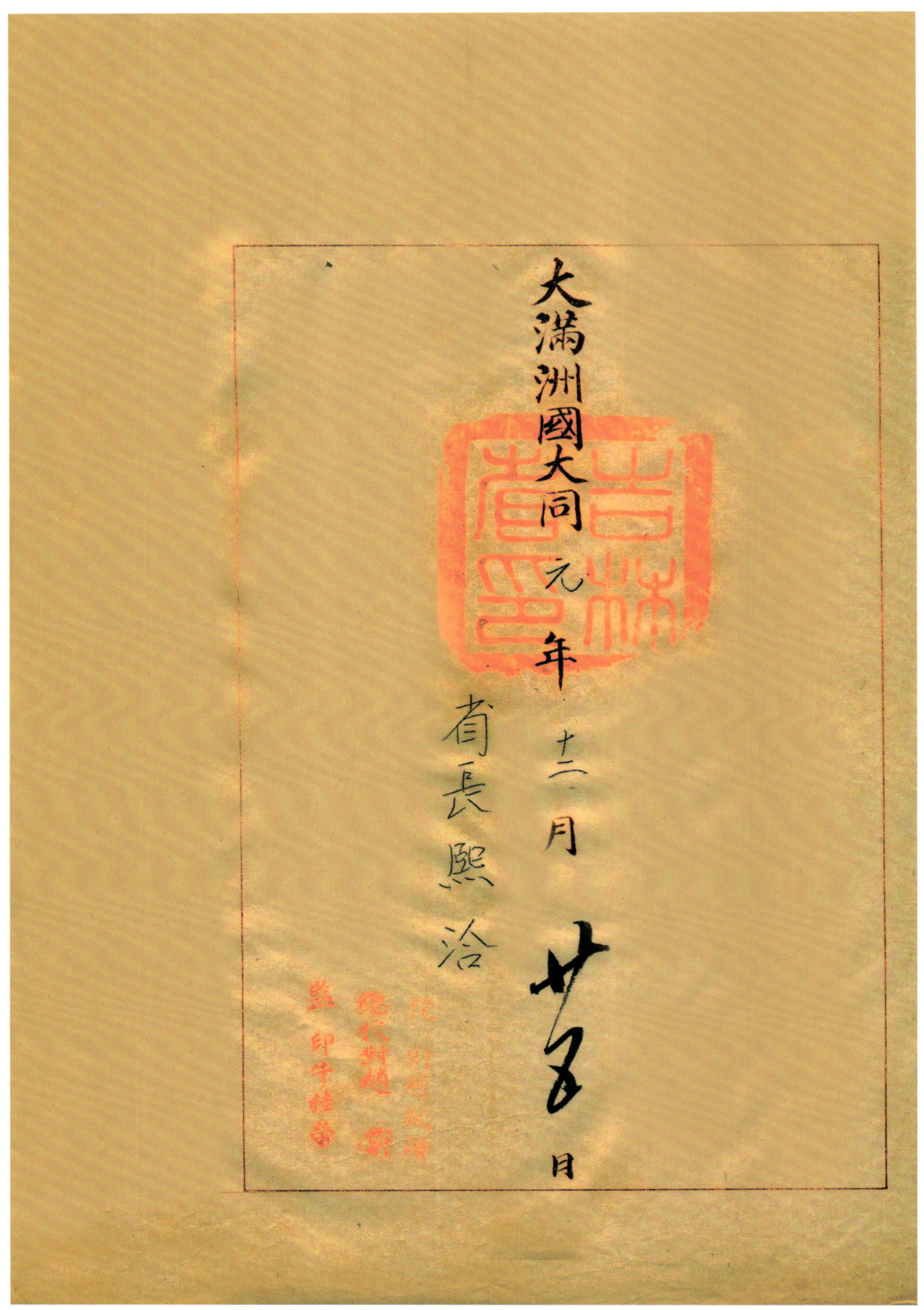

大滿洲國大同元年十二月廿五日

省長熙洽

伪佳木斯地方清乡委员会为知照启用关防日期事给伪虎林县公署的公函（一九三三年三月二十三日）

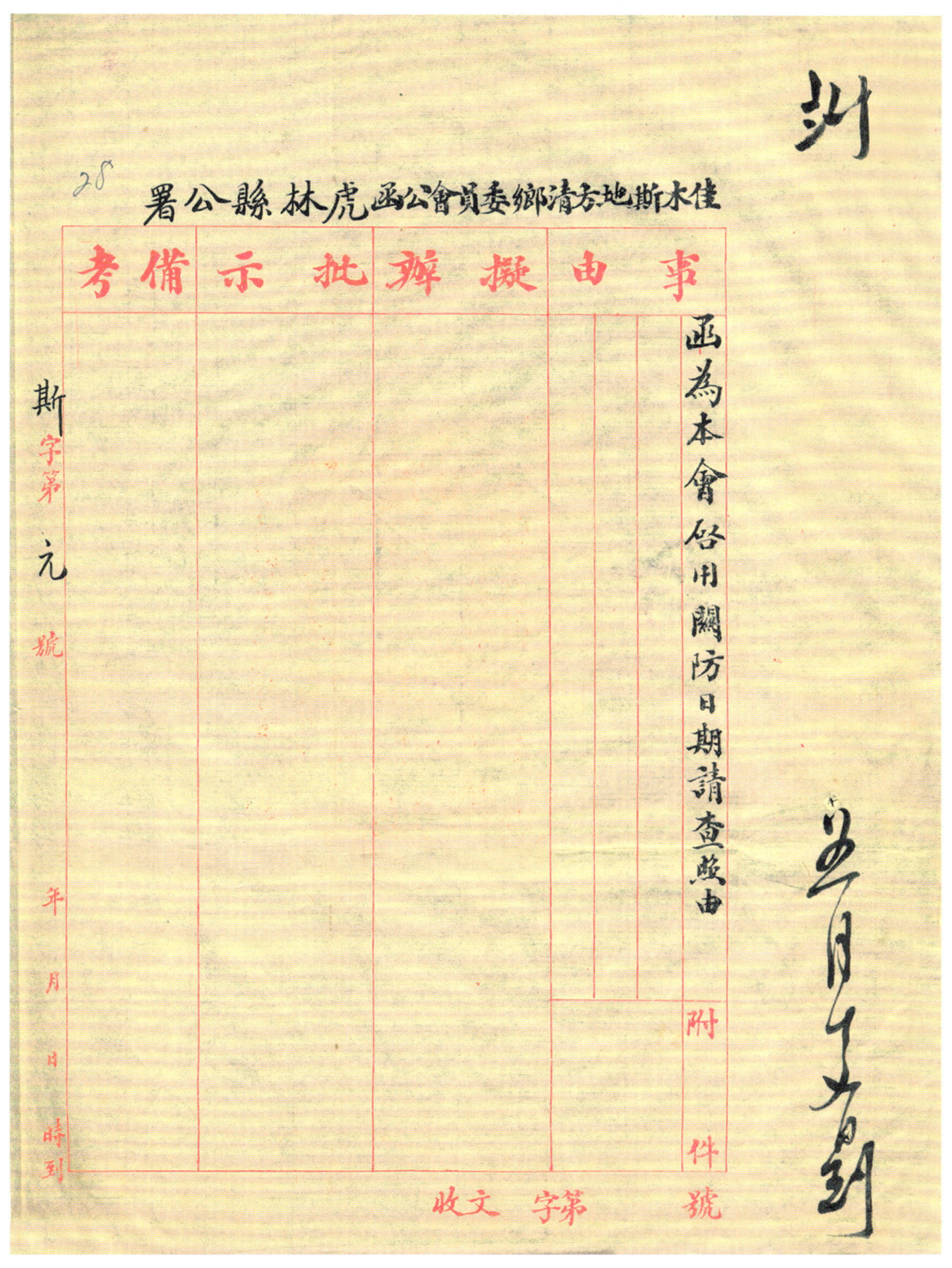
28

佳木斯地方清乡委员会公函虎林县公署

事由	擬辦	批示	備考
函為本會啓用關防日期請查照由			
附件			

斯字第元號

年月日時到

收文字第號

佳木斯地方清鄉委員會公函 斯字第 元 號

逕啓者案奉

吉林省清鄉委員會清字第一八號訓令内開為令發事案查本省各地方清鄉委員會暨縣清鄉局按照應設區域俱已呈報組織成立所有該會局關防鈐記自應由本會分别刊發以重信守兹除濱江暨延琿和汪兩會關防業已刊發啓用特再刊就穆稜佳木斯兩會關防暨穆稜寶清勃利密山東寧寧安等縣各局鈐記以期分别頒發用昭劃一各會局以前有自行刊用者應即繳毁兩

29

免參差除分行外合行連同關防一顆文曰佳木斯地方清鄉委員會之關防令發該會遵照收到啓用並將啓用日期具報備查此令計發木質關防一顆等因奉此當於本年三月二十日祗收即經啟謹啓用除呈報並分函外相應函請貴縣煩爲查照此致

虎林縣公署

大滿洲國大同二年三月二十三日

大同三年

虎林縣政況概要

縣長金國禎

堂办理迨至光绪三十四年密山府奏請設立虎林厅有厅官一員处理一切行政事宜此時虎林县始有政治的雛形至光绪末年宣统初年本省巡抚陳派吴士澂到虎林县充第一任县官至民国元年一月间卸任換謝榮垓继任至是年八月间卸任換艳熾泰接任至民国四年一月去职此際已改厅为县於是年二月间高汝清接事遂建修現在县公署於民国四年秋由旧县署(即今(居地址)搬到新县署至民国六年七月间去职於是年八月间熊冠南接任至民国九年二月二十间卸任於是年三月间陈晋生继任於九月间卸任於是年十月间赵光印继任於民国十五年冬卸任於民国十六年一月间陈树楠

1

继任於是年十一月间卸任於十二月间乐绍奎接任於民国十八年十二月间卸任到民国十九年春姜春芳继任於民国廿一年二月间卸任於大同元年春乐绍奎继任至大同三年十一月二十日间卸任於一月廿一日县长同参事官川田佐一郎接任视事遵奉新县制改为一科三局（即总务科内务局井务局财务局）统归县署节制又於本年六月间因本县署四周围墙年久失修倾塌不堪遂招工重修並在围墙四角建筑新式炮台四座墙外在相当距离处並置木椿缠绕铁刺丝保障巩固足资防守所有署内各办公室内外均大修补葺势焕新精神大振並指导地方农商会改善传团整顿金融收回私帖实

2.

行农民贷款接济春耕创设地方慈善救济院废地方财政委员会改为地方财务局举凡地方捐税统归财务局征收虎林地方财政根基由是成立复又解散畸形的井察大队改为行政井察廓清各区匪患添设井田清查地亩除暴安良为启发民智又增设县立小学五处区立小学两处并在县城又添设卫生组一处振兴市政讲求卫生又在外区安设电话平治边路交通便利消息灵通增警设学振刷新政乐土实现遐迩咸庆今后虎邑前途未可量也（各任县长姓名详列附表）

第三章 地理

一、位置：虎林居於我国东北边境，直辖於吉林省，位濒乌苏里江右岸，东与苏俄为邻，毗隔一江，北与饶河县为界，西北界宝清，西及西南界密山，南与小黑河为界，县城与俄属驿马站隔岸相对，成犄角之势，声气相通，鸡犬相闻，控驿马、乌苏两流中枢，握满苏交通门户，实为满洲国东北之重镇也。

二、地势：虎林地势西南微高，东北低下，纵宽横窄，成半肺叶形。

三、山脉河流：虎林县境有牡丹哈达剌岭山脉，盘亘於西北，其支脉分为东大顶子、二道岭子、西大顶子、小荒山、大荒山，再与鞍山汇诸山脉，造成数道大川，形势险要，均为产物最盛区域，现

名炯沟）惟内崔苻遍野民不聊生一殊可概也至於河流北有
独木河（阿布沁河七虎林河大小穆稜河横贯中部南有
小黑河水势平稳舟楫甚便并大小穆稜河流域土地肥沃
（即三四區界）可惜水田未兴以致宝藏於地至於独木河流域
一带土质肌瘦农世不丰每年种植穆亮甚多

四、面积人口：查虎林县全境约三万余方里熟地约有一万七
千余垧未开垦地四十六万余垧山川砂砾约占七万一千余垧城
村庙宇边路约占二万七千余垧全县户口六千七百余户男女
共三万四千一百六十余名

五、边路交通：查虎林县长途交通夏秋季通轮船直达

沿江各县可达哈尔滨冬春季通汽车並达密穆勃利廿县並可到梨树镇由穆稜路可达北满路线以至南满水陆交通颇称便利惟县境短途交通边路崎岖颇不便利将来各署边路平治完善联络修竣光明坦途尚可实现也

三、政治　军事　外交

第一章　总说

虎林县自民国二年七月间改设县治以来政治日见修明所有军事方面亦颇进步惟外交事项因此处既非商埠又非通都第之外侨营商亦属寥寥不过江东苏俄在未断绝國交以前東西往來特有人民衝突由县交涉对於国际尚

无重大问题现時满俄国交仍未恢复所以外交事宜時下絲毫无
有兹将政治軍事外交三项畧述概况於后以供参考焉

第二章 行政

虎林县关于行政问题在以前归密山府统辖自改厅改县后所有政治工作全由本县公署秉承上级官厅命令实施一切政治工作故县公署为统制政治总机关此外划分警察署为辅佐政治机关并地有又設商农会为社团公法人亦辅助地方一切政治之后盾所以虎林县政治前者居於政治的主体后者居於政治的客体并且今春奉令又组設政治工作现施行现時所有政务县长训作遵行新县制划分一科三局关于县公署总务行政归总务

科属於内务行政归内务局，属於井察行政归井务局，属于地方 4
财务及一切税捐归地方财务局。此虎林政治之概况也。

第三章 軍事

本县关于军事方面划分两个時期，在大同二年仅有井察大队队部驻县城，第一中队长高玉山代队百余名分驻县城各处，第二中队长李虎云代队百余名驻黑咀子，於是年三月间第一中队高玉山率全队叛变，仅剩黑咀子第二中队，此际县城沦陷匪窠。此時为虎林匪军扰攘第一个時期。由大同二年八月一日松田队长代同一联队及吉林井备骑兵第四旅第十二团並补充团将匪军高玉山击退，松田代队回密，留第十二团及补充田驻守本城於八月廿五日十二团回家换第四旅第十四团继续驻防於本年四月间将第十四团调回宁山平阳镇此[illegible]防又换第十二团驻防又兼本年夏间第四旅司令卩又近移於此地加顾向外兵力较厚并又分发各连分驻外屯择要地点防剿兼办虎林县属匪屯尚称十分安靖此虎林军卩第二个时期惟虎林毗苏俄股匪遍野狐鼠凭障实难扫除该俄窥向险象环生风云变幻空气紧张为未雨绸缪计希军事当迈对此要地尤当格外注意也

第五章 司法

虎林县关于司法自设法以来即由县兼理所有审判卩分

承审员一员专审判民刑案件并制作判决书设书记员一员
专办司法会计统计并制作笔录编制表册及管理文卷设
雇员一人缮写各项文件另外又设检验员一员专门检验关于
监狱下分设看守长一人看守兵两人雇员一人专办监狱看押
及各监狱各项及本年一月县事到任关于司法竭力整饬廓清
先前弊并又添设登记处设登记主任一员专办一切登记各件附有
民刑案件随来速办务期案无留牍狱无冤言并对于司法职员
不时考查勤惰及行为之廉洁此司法之概况也

第六章 警察

查虎林县于前民国四年间经县知事高汝涛将县队改编为

5

虎林县警察彼时所长由知事兼任设警佐一员总务股员一员办理一切警务事宜至民国七年奉令又单独设立警佐改为所长当时全县官警五十名由民国十八年六月奉令改为公安局并分五区每区设公安分局一处公安局设在县城二区设在倒木沟三区设在荒岗四区设在黑咀子东街基其分驻所设在西街基五区设在独木河每区分局设分局长一员局员一员长警名额各分局数目不等迨至大同二年一月经省派佐藤警务指导官又改为警务局设局长一员警务兼司法科长一员保安卫生兼特务科长一员巡官科员两名警长科员四名特务科巡官一名警长一名差役两名外区分局五处均改为警察署计一区警察署设署长

6

一员巡官三名井夫两名井士五名二三两署各设署长一员巡官各一名井夫各一名井士各三名第四区井察署署长巡官各一员井士五名第五区井察署设署长一员巡官两名井夫一名井士六名至大同三年一月经现任全县长川田参事官又改为全县行政井察共计官井夫一百七十名计井务局局长一员井务兼司法股长各一人科员两人雇员三名夫役两名外分七区一二三四五区仍照旧又於独木河沟里西街某添设第六署二人现添第七署计第一署官井夫四十八名二署十三名三署十三名四署廿九名五署十五名六七两署各廿一名所有枪弹均由骑兵第四旅补充团改编及民有各被缴之精锐枪枝分配使用此警察之现状也

第七章 卫生

本县处于边陲文化毫无进步又限于绝邦对于卫生尚欠实质

进行县长本年一月奉令到任见虎林县城秽物满街及商户

院内积污秽杂乱不堪恐至夏令易发传染况值此市政刷

新之际而卫生一项尤难稍缓遂于本年夏初招集地方各法团

议决创设卫生组一处购置卫生器俱备置卫生马车每月清洁

街巷扫除污物并商民各院内尘芥由清洁夫按日清除并

平治街巷路普日污秽之境今日变为清洁之场

四财政

第一章 总说

查虎林财政约分紊乱整理两个时期在民国十八年以前地方财政颇充足商业繁盛金融充畅自民国十八年以后中俄起隙邦交断绝由是以后市面萧条商业衰落又兼水患频仍民不聊生来几份军阀倡乱群匪盘踞民商凋敝闾阎即罄金融奇窘私帖飞行地方有枯鱼之叹民众有倒悬之忧公债累累无法收拾此虎林财政紊乱之时期至本年一月间县长刘县祖乙见虎林县财政疮痍满目怨焉隐忧于本清流讨议决意整理金融收回私帖即向中央银行梨树镇支行贷款四千元收回虎林县城私帖一万五千余元并将地方税捐划归财务局以期地方财政统一并建理地方公有财产

予定岁出岁入凡关一切财政竭力撙节力求正也所以现实虎林
金融将见复活财政亦渐整饬此虎林财政正理时期

第二章 岁计

虎林县关于岁计向无确切标准不过每年按普通予决算敷
规数衍造报而已迨至县长本年一月间到任正也财政结果对于
岁计一项格外留至注意计每年岁入岁出两项分经常临时两
门查本县康德元年度岁入经常门国币四万〇〇三十八元临时门
国币三万七千九百八十一元一角三分合计国币七万七千九百八十一元一角三
分岁出经常门国币七万七千九百八十一元一角三分临时门临时追
加数不予定合计七万七千九百八十一元一角三分所以岁出岁入各项详

附康德元年度岁入岁出予计书兹限篇幅不另赘述此虎林县现時之岁计也

第三章 租税

虎林县租税在吉林各县比较数目最低田赋额徵地二千六百二十垧仝九亩一分（内有商租地時元二年度商租地田赋免征）查元年度田赋按额征地计算可徵一千四百四十七角二分九厘计查实征税款三百二十元仝九分五厘大同二年度按额征地计算可征得二千八百九十五元四角五分八厘是年度征进额六百四十元仝一角五分五厘

第四章 公债

虎林县公债在民国十九年俄案代贷款永洋三万元大同三年五月

间又向中央银行贷款国币四千元作为收回私帖基金

第五章 官业

虎林县开化太晚城市狭小向无殷商大贾市无官业

第六章 官公有财产

一、未放官荒 查虎林县未放官荒共计三十三万二千一百余垧

二、学田地 本县共计学田地九千四百五十垧均係荒地

三、公署官房 查虎林县公署官房财产除租贫民房外其余

均係官有财产

五产业

品棉种鸦片希得厚利一時剁趋对于农地均不注意此不发达原因一

(二)匪患不靖 查虎林自去岁饥绝交及了变以后匪势日众连年为患抢掠一空四乡农民迁避流离抛荒满境水火倒悬无心耕种此不发达原因二

(三)夫民为邦本食为民天民食来源全在农地故农地为地方最要之行政县长对此要政极注意一方面添设井团肃清胡匪一方面招回垦民贷款救济以期恢复原状而资前进所定的计划将来能否达到所期目的尚在进行之期至於現時农产物约分特别普通两种

(1)普通农产物即是元豆谷子包米 小豆芸豆等农产物

(乙)特别农产物即是洋柿子(俄国叫色米杜鲁)、葵花子(俗名那木克又名毛子克)、血苑疽廿农产物

第三章 畜产业

虎林全县并无专营畜产业所有畜产全系农家出产供农作之用并附属生产者照现时调查合计大小马九千一百三十匹牛四千八百二十头驴五十九匹骡五百八十匹羊三十六头猪七千五百一十口鸡三万五千〇一十八只此种调查每月各屯并署有具体的报告惟查羊草荒甸平铺数百里吉东各县无此佳美的牧畜荒场县当对此宜其行政颇加注意将来定拟计划次第实行以启虎林之富源也

第四章 林场

虎林县地旷人稀山深林密并无若大林场县长於本年一月间到任对于林政有详细的调查计查得本县第七署境内有精美的林场五处兹将其名称面积述之如下

一、横道河子林场 此林场面积约有三百方里

二、马鞍山林场 此林场面积约有二百方里

三、炮手营东沟林场 此林面积约有一千八百方里

四、兴隆沟林场 此段林场面积约有五千四百方里

五、大西南岔林场 此段林场面积约有三百二十方里

以上五处林场均係多年大树材质精美未经採伐现时第六署

境内又查出林场一处至於位置面积尚在调查中

查本县林场在吉东各县亦能屈指伯仲可惜历任均未经营既不能保护又不能开採至将富库埋没货弃於地县长对此天然富利积极筹划法意经营所有经营计划先从调查步骤入手次第依计进行虎林的富源指日可期也

第五章 水产业

虎林县东靠乌苏里江右岸沿江面积约近千里按照地势观察水产业富於各县可惜已往均未提倡不过每年对于渔业由人民自由私作官家向不过问仅供给本县之用亦未能出口自此以后若加提倡亦可为虎林之富源也

第六章矿业

虎林县矿业颇富足，历任均未调查，亦未设法开採，至将天然富利埋没地中。迨至现在，查有岩石矿二处，述之如下：

一、达和镇岩石矿　查此矿地在第四区境内，距达和镇街基十里许。

二、虎林县北岩石矿　查此矿地在县城北，距城七八里，可供碾磨建筑之物。现时仅有两处，其余尚在调查中，若能有相当的矿产，决定设法请国家或人民集资开採，以资启发虎林富源也。

第七章工业

虎林县工业最不发达，仅普通的木匠铺、铁匠、钉洋铁铺、靴鞋铺各种工业，每种现据调查所报，约五六户不等，每户五六名工人作活

均係旧式不見改良此外有石廠二处

(1)在县城(2)在湾和镇均係人工作法並无利用机器碍力的工廠因

此虎林供給物质颇甚困乏将来定招集地方設筹各种机器工廠

以期物质文明普及而达人类希望之幸福也

大 商业 金融

第一章 总说

虎林县在民国十八年以前中俄互市之時商业颇見繁盛金融

市甚充富迨至民国十九年后中俄断绝国交未几股匪蜂起县

城淪陷以致商业凋敝金融破产於今春县考訓任見躁躏惨状

千疮百孔实难收拾遂於地方各法团首领及现当迅者迸次议请

收回私帖筹划补救，始得现在商业复甦，金融渐见流畅也。兹将各项现状述之如下：

第二章 商业

虎林县全系买卖货物商家，兹因连年兵匪交关，已萧条不堪。不过本年春间自县长到任后排除障碍，竭力恢复。现据调查，上等杂货铺二十家，下等杂货铺二十五家，其余零星小铺摊床约计四十余家。本年虎林受地面穷困影响，市均奄奄毫无生气，较去年未能佔县城商号数倍。将来地面稍微活动，不难起色。

第三章 贸易

虎林县交通阻塞，贸易不甚发达。在先前与江东驿马站俄商往来時彼時本县贸易情形尚甚发展若再继续迈进本县不难我国东北一大商场讵意自满苏国交断绝连年匪患以致商业凋敝贸易萧條至本年春县公署召集各商对贸易情形竭力提倡恢复始得近日复活现象惟查虎林商号关于贸易贩运货物在夏间开江后均由哈埠购买从江轮输送到县至冬季封江后贸易货物亦由哈埠从北满铁路运抵下城子站复转经穆稜煤矿路到梨树镇再由马車运至本县惟封江后由陆路运来之货所有脚费较夏间江轮运费昂贵数倍因此本县冬日货物加价贸易亦因之滞涩甚望密虎铁路早日告成在本县贸易前途则无他求事也

第四章 金融

虎林县自了变以来商务萧条金融窘迫且于本年春奉令莅虎洞见金融已入枯窘状态民商交困满目疮痍遂毅然坚决收回私帖及地方财政殚精竭虑始得今日现象在今日市面流通者全系国币即今零需找亦系新出之辅币以前杂色纸币现时市场绝迹兼之一般人民亦不行使时下虎林金融状况日见起色较前大有云壤之别矣

第五章 物价

虎林县市场各种物价列表如下

来货虎价及俄帖市价表

虎价及俄帖市价表

品名	价格	市价	品名	价格	市价
角鲍鱼每打	伪价[illegible]元 依弗[illegible]元	市角 哈洋[illegible]毛 伪币[illegible]毛	白市布每尺	伪价[illegible] 依弗[illegible]分	市尺 哈洋[illegible]毛 伪币[illegible]毛
角海螺每打	伪价[illegible]元 依弗[illegible]毛	市角 哈洋[illegible]毛 伪币[illegible]毛	司本贡呢每尺	伪价[illegible]毛 依弗[illegible]分	市尺 哈洋[illegible]毛 伪币[illegible]
[illegible]桃梨每打	伪价[illegible]元 依弗[illegible]	市角 哈洋[illegible] 伪币[illegible]	色毛布每尺	伪价[illegible] 依弗[illegible]	市尺 哈洋[illegible]毛 伪币[illegible]毛
角虾仁每打	伪价[illegible]元 依弗[illegible]元	市角 哈洋[illegible]元 伪币[illegible]	兰棉线每斤	伪价[illegible] 依弗[illegible]毛	市行 哈洋[illegible]元 伪币[illegible]
[illegible]糖定每打	伪价[illegible]元 依弗[illegible]元	市行 哈洋[illegible]毛 伪币[illegible]	茶壶每把	伪币[illegible] 依弗[illegible]	市把 哈洋[illegible]元 伪币[illegible]
东洋玉珠糖每打	伪币[illegible] 依弗[illegible]	市行 哈洋[illegible] 伪币[illegible]毛	茶碗每个	伪币[illegible] 依弗[illegible]分	市行 哈洋[illegible]毛 伪币[illegible]毛
莲马每斤	伪币[illegible] 依弗[illegible]	市行 哈洋[illegible] 伪币[illegible]元	洋火每包	伪币[illegible]分 依弗[illegible]分	市包 哈洋[illegible]分 伪币[illegible]分
大海米每斤	伪币[illegible]元 依弗[illegible]毛	市行 哈洋[illegible]元 伪币[illegible]元	大仁美边纸每疋	伪币[illegible]元 依弗[illegible]	市疋 哈洋[illegible]元 伪币[illegible]毛
胶皮鞋每双	伪币[illegible]毛 依弗[illegible]毛	市双 哈洋[illegible]元 伪币[illegible]	洋丁子每斤	伪币[illegible]毛 [illegible]分	市斤 哈洋[illegible]毛 伪币[illegible]毛
白兰地酒每瓶	伪币[illegible] 依弗[illegible]	市瓶 哈洋[illegible] 伪币[illegible]元	白市布窄衣每套	伪币[illegible]元 依弗[illegible]	市套 哈洋[illegible]元 伪币[illegible]元

14

品名	虎市伏帶	市單位	哈洋
卯三 廣鍋每口	虎市伏帶 [illegible]毛 [illegible]元	市口	哈洋 [illegible] 申 [illegible]元
黑菊襪每双	虎市伏帶 [illegible]毛 [illegible]分	市双	哈洋 [illegible] 申 [illegible]
大呈文紙每疋	虎市伏帶 [illegible]	市疋	哈洋 [illegible]元 申 18毛
紙洋燭每盒	虎市伏帶 [illegible] [illegible]分	市盒	哈洋 [illegible]毛 申 [illegible]

第六章 度量衡

虎林县毗近苏俄，所有商号颇近俄风，每日市场各商号所用之度量衡並且染俄習，向用俄之度量。凡買綢緞类均用我国以先之营造尺，凡買大布纱布类用俄国之阿拉申尺（每尺合我国营造尺二尺一寸）。量用每斗合中国秤七十二斤，並且论布特，一布特合我国三十斤。俄国布特每斤数合我国普通秤十二两。查四乡农民均沿用我国旧制，每斤十六两，与内地相同；惟城镇商号大半均苏俄洋秤（每秤合我国十二两），每磅是俄秤一斤，四十斤为一布特虎林各商号所以染此习惯者在满苏两国未绝交前虎林县贸易于江东驿马站俄商互相往来并且所购入之货物多半由俄输入故虎林县之度量衡半用苏俄度量衡之尺因故虎林与他县之特殊者亦在此也　然于本年夏间奉令改用满洲国新度量衡以期全国一致免再分歧并谕道即通令农商两会及地方各法团遵照施行勿得再用苏俄不伦不类之洋式度量衡也并劝农商两会已入机器公司股本七百元矣

七、交通通信土木

第一章　总说

虎林县交通在形式方面颇觉困难而在实质观察亦属便利

至于通信殊有不便再虎林连年匪患市面萧條民商交困奄奄无息关于土木更难言矣不过仅就現在交通状况通信性形土木之修葺臚陈報告如左

第二章 交通

虎林县位于我国东北边陲近则监视俄属伊马站之行动远则控制伯力赴崴铁路之枢纽遥牽东海滨有铁路之腰尸此处诚为我满洲国东北之门户不可不注意也所以交通一项尤应积极正屯惟虎林交通现時状况略分为二(1)长途交通在每年开江時由輪船可达哈埠封江時由大汽车路可达梨树镇转乘铁路以达南北满故交通实质上亦甚便利惟开江前封江后一个月時间长途交通不甚便利(2)短

途交通因边路崎岖不甚便利现已饬令各区开始兴修查虎林交通对于国防有至大关系因虎林与苏俄隔江相望毗近咫尺边疆国防尤为重要如果交通不便一旦有事噬脐难免兴叹正宜未雨绸缪积极早日赶修县与参事官对此要政屡经开会讨论拟定先将各区村镇边路联络兴修平治坦途平时可通商旅汽车有事可通军用非特运转方便有利民生即国家一旦发生警报亦可朝发而夕至是以开发虎林既因国防而正理交通实为当务之急也

第三章 通信

本县通信机关有邮政电报电话各局形式虽属完备而各局内容非常不齐以致各种通信事件異常迟缓所有电报电话内部设置

简陋外，线桿纸小，时常发生障碍，现时遇有紧急公件，均藉无线电转送，而邮政内，尤为不堪，邮票时常缺尽，兼对于来往传递信件时常迟慢，每日胡匪劫掠，并且多日不见通信件，已异常困难。值此国防要紧之际，地方多事之时，通信机关岂容如是敷衍？甚望当局有责者应加注意，现虎林治安前途，国防急务，对于通信机关尤为切要，深望及早正饬，以免临渴掘井之晚也。

第四章 土木

本县自事变以来，商业萧条，农工凋敝，对于土木兴修，以致无力兴办，仅县城里北街邢某已修未竣大红砖楼一座，因逆产不明，现归本县仲问处接续修竣，作为仲问处，设二十一旅办公处，再由县署四周围墙因年久失修坍塌不堪於本年一月间股匪袭城岌乎陷破不得已於本年七月间从新修葺以资防卫再於本年夏间县城四週城壕土围亦新兴修时间及工资亦需帑甚钜此本县土木两项兴修之可也查土木与地方发达有密切关系伪虎林由此以后交通便利发商发达市面繁盛而土木之建设正未有艾也

八　教育　宗教　社会

第一章　总说

虎林县地旷人稀文化晚开地方教育亦未发达至於宗教及社会各种事业又在昔时等人民思想朴自然安居乐业兹查司法卷宗人民兴讼者係刑案杀伤强盗所在多有观此一点可见文化未开大一斑矣所以然

者均因教育之不振兴也並亦无相当宗教以淘溶教养也所以本县首先提倡教育竭力恢复各校復行调查就学儿童数目以为设学之准备对于教育基金之正宅学田之归判指迎经营以期虎林之发达兹就现时教育的状况宗教的情形社会事业之创办各种详情分述如下

虎林县关于教育问题在以前本无良好之成绩可言不过就历来設校状况至为申述查虎林小学共计五处县城祇有高级一班各校对于设备不甚完正办理教育机关即设教育主任一席由县委员专司本县教育管理之责亦不设局处办公有事与县方商核完事寔与他县情形不同因虎林县历年对于教育经费之困窘以致教育设施不完人材缺乏

于本年春遵省令按照丁廿县新县制改组教育股设股长一人专办全县教育行政附属於内务局之内教育股长史荣禄暂充斯职据现时最近调查全县学令儿童未就学者三千二百一十名计划分期推广设立小学校二十五处俾学令儿童咸受相当教育也据查虎林毗近苏俄赤化彩色尤应严防而教育问题实成特殊严重问题康德元年度教育经费予决算已经编定不能扩充特拟於明春始收时对于办教育人材及各校师资严行甄核从优加薪至於能否办到尚待临时追加予补有无成效以为断也况学田之经营基金之筹划学捐之征收再再均待研究以为兴学根本之计划也

第三章 宗教

茂林县几无宗教为人民之信仰对于天主耶苏教佛道教均无有设坛信教者惟查人民多係直隶山東迁移流离至此而直鲁之民多数信仰孔孟之学也但未读书不识字者思想愚陋难免落伍当然之趋势也惟冀有当代宗教家到此创设相当宗教以藉资陶溶人情观感风俗以補政治之不逮也

第四章 社会事业

查茂林係一落伍县份僻壤區區微陋閉塞对于社会事业根本未能明瞭何有创设之可言在县城仅有直东会一处乃係公共团体所组设每年进款约计二千九百余元仅收养十数為乞丐而已此种社会由此可见茂林之微陋不堪矣迄县长参事官刘佐樑其会内宗旨照常

改为地方慈善救济院内容分为收容所施疗所两部分凡市贫残废年老衰弱者均送至收容所养赡凡疾病贫无资力者可到施疗所医治绝係一种社会慈善事业其余如公共图书馆通俗讲演所民众教育馆平民学校游民习艺所拟於嗣后筹妥基金次第兴办矣

第五章 劳动

本县劳动均係农人劳动者欲明晰农人劳动状况先求全县地亩数目为先决之问题查虎林全县地亩面积为一三八、二五〇垧既耕地面积一七、九〇〇垧可耕地面积四六二、九一八垧最近调查地主四、一〇〇户自作农三、二〇〇户自作兼小作一、二〇〇户小作一、一四三户共计农业劳动者五、五四三户总计劳动人数三〇九九六人外来劳工六五六〇人於可耕地将来收容农户数一二〇〇〇户计孙一个年工资可得二〇〇元以所得的工资尚属不薄而所需价似较高贵以有限的收入供无穷的要求仰不足以事父母俯不足以畜妻子又兼连年匪患民不聊生而劳动生活状态实属苦恼窃思民为邦本本固邦宁为政者若不急於设法从速挽救穷民何以生活对此要政一方面加紧添设井团决意扫清匪患以安民生一方面严禁物价高抬以期经济平稳而救劳动生活並设法维持民生以期同登乐土普受王道之惠矣

九附记

一彩票

查彩票係在通都大邑商务繁盛之处流行①最盛而荒林县地处边荒

市面萧條向无彩票

二国际统计

虎林县位于边疆对于国际事项自苏俄断绝国交以后并无国际统计事项

三至要目志

本县处於匪区又兼连年地方浩劫财政奇窘民商凋敝闾阎垢墟在此环环压迫之下祗得努力奋勉向前迈进所有本县在本年度期间关于经过各项至要目志分述如左

一、大同二年三月一日本县自卫团第一大队长高玉山率队叛变县城沦陷

二、大同二年八月一日松田联队步代队並叙白[illegible]骑兵第西张两团恢复

20

②

县城

三 大同二年十二月十三日本县前任县长乐绍奎奉令交卸

四 大同二年十二月十三日本县县长金国祯奉令接任

五 大同三年一月十九日现任县长金国祯会同川田参事官到县接印

六 大同三年一月二十八日匪首飞山率匪众一千五百余名攻县不下死伤二百三十余名败逃江东

七 康德元年七月二十日修县公署围墙並修炊碉炮台延修飞机厰

虎林县公署历任县长姓名表

姓名	年岁	籍贯	任命年月日	卸任年月日	特殊成绩
吴士澂	四十五	湖北武昌	光绪卅四年十二月十六日	民國九年一月十六日	

谢棠垓	五十	湖南岳州	民国九年十一月	民国二年六月	
范炽森	四十二	奉天辽阳	民国三年六月十一日	民国四年一月	
高玉清	三十五	奉天复县	民国四年二月	民国六年七月	从修拥花县公署改护长队编置并筹设立学校
熊冠南	四十八	湖南长沙	民国六年八月廿日	民国九年二月廿日	
时普生	四十三	奉天海城	民国九年三月	民国九年九月	
赵光甲	四十五	奉天海城	民国九年十月	民国十五年十二月	
陈林楠	三十七	吉林榆树县	民国十六年一月	民国十六年十一月	
乐绍奎	四十二	云南交趾	民国十六年十二月	民国十八年十二月	
董春芳	四十六	奉天义县	民国十九年一月	民国廿一年二月	

乐绍奎	四十九	云南交趾	大同元年十二月九日	大同三年一月九日
金国祯	四十七	奉天盖平	大同二年十二月十二日	

说明
查本县在前清光绪三十四年以前经蜂蜜山荒务局派员到此设呢吗口税局兼办放荒事务，至是年十二月十六日奉吉林锡总督陈巡抚派花翎三品衔吴士徵试署虎林厅同知，继任谢荣垓，于民国二年七月间奉令改虎林厅为虎林县，以前虎林厅同知改为虎林县知事，前后共计十一任，合并声明

滨江省虎林县公署现职人员姓名一览表

科局别	姓名	籍贯	年令	学历	经历	担任事务	到差年月
总务科	邰大樾	营口	三六	奉天省立第三师范学校毕业	历充本上井警察局科员行政兼卫生股科员国法股主农安县公署二科科	担任总务科事务理县行政总务科荒田股一切事宜	大同三年一月十九日

[职别]	[姓名]	[籍贯]	[年龄]	[学历]	[经历]	[担任事务]	[日期]
仝上	王德宽	河北	三六	县立小学 小学毕业	历充科员	担任总务科庶务股事所职之任务	〃
仝上	付恭华	宁安	四〇	北京国立法政大学法科毕业	历充教员、陆军书记官、公安局中学教员、税局主任、司法股长事务	担任总务科文书股事所职之任务	大同三年七月十日
仝上	李翰文	沈阳	三一	奉天省立第一商科三级	历充司法科员、庶务科员	担任总务科会计股事所职之任务	大同三年一月十九日
仝上	刘行敏	吉林	二七	吉林永吉县立第五中学毕业	历充收发员股员	担任总务科文书股科员事管理总收发各事	仝上
仝上	位成贵	虎林	二七	吉林省立第二中学校修业二年	历充雇员、科员	担任总务科文书股科员事管文卷册保存事	康德三年七月六日
仝上	李连芳	盖平	二七	盖平县立中学校毕业	历充科员、会计科员、庶务科员	担任总务科庶务股科员事管保存册子等项	大同三年一月十九日
仝上	李仁轩	营口	三二	奉天省立师范学校毕业	历充上士、雇员、军需付官、队事科员	担任总务科会计股科员事办收项表册登记	仝上
仝上	焦永庆	虎林	二五	饶县立初级中学校毕业	历充巡视事、视员、雇员	担任庶务股雇员事司缮写文件事宜	仝上
仝上	姜程先	黑龙江	二九	[illegible]安小学校毕业	历充雇员、上士书记事	担任文书股雇员事司缮写事项	仝上
仝上	于仙洲	德惠	三二	吉林省立第一师范学校毕业	历充文牍、司事、雇员	担任事务仝上	康德元年十月四日
仝上	郑华国	新民	三〇	新民县立中学校	历充小学校教员、雇员	担任会计股雇员缮写记载等事	康德元年十一月五日

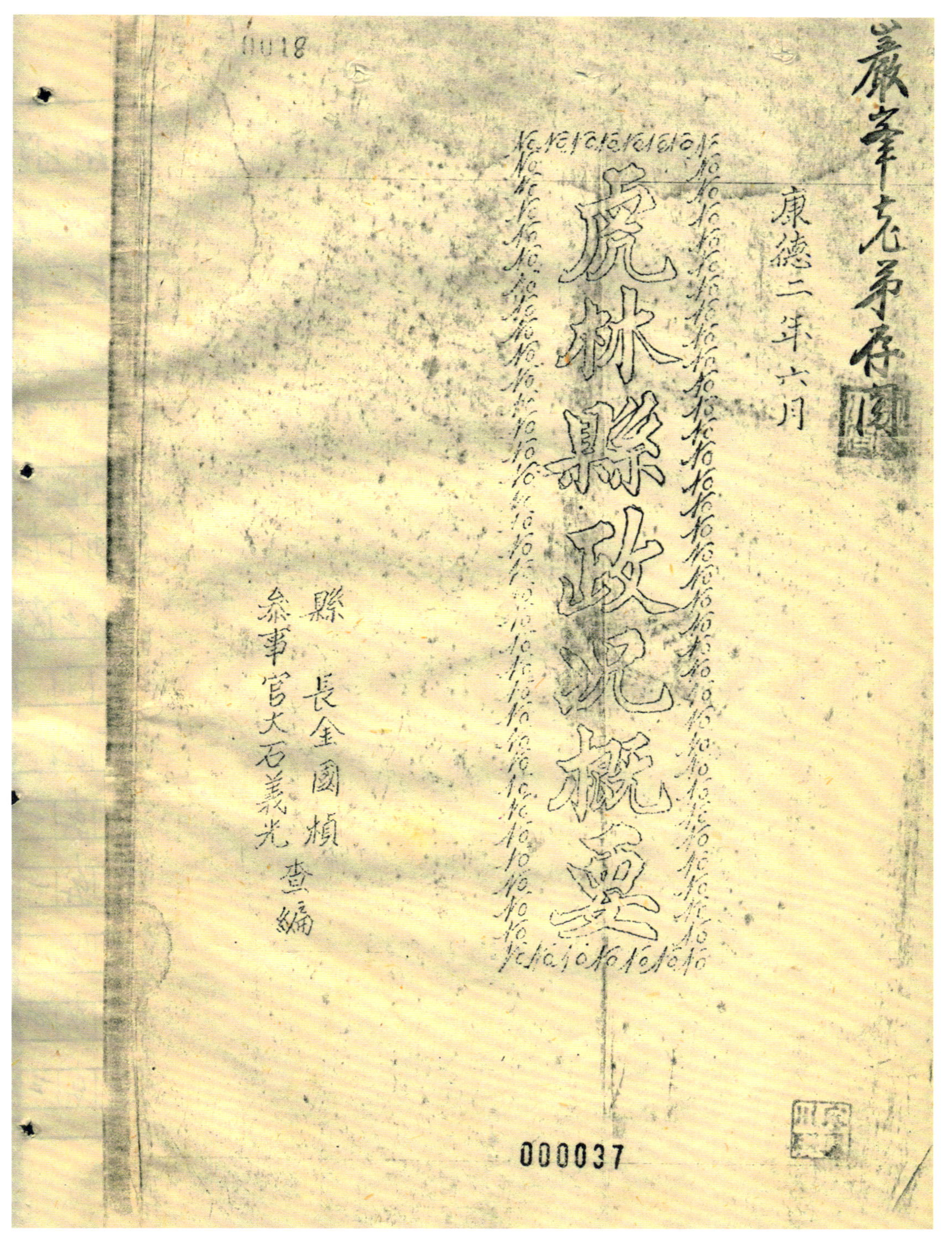
康德二年六月

虎林縣政治概要

縣　長金國禎
參事官大石義光　查編

伪县长金国祯、（日本）参事官大石义光查编《虎林县政治概要》（一九三五年六月）

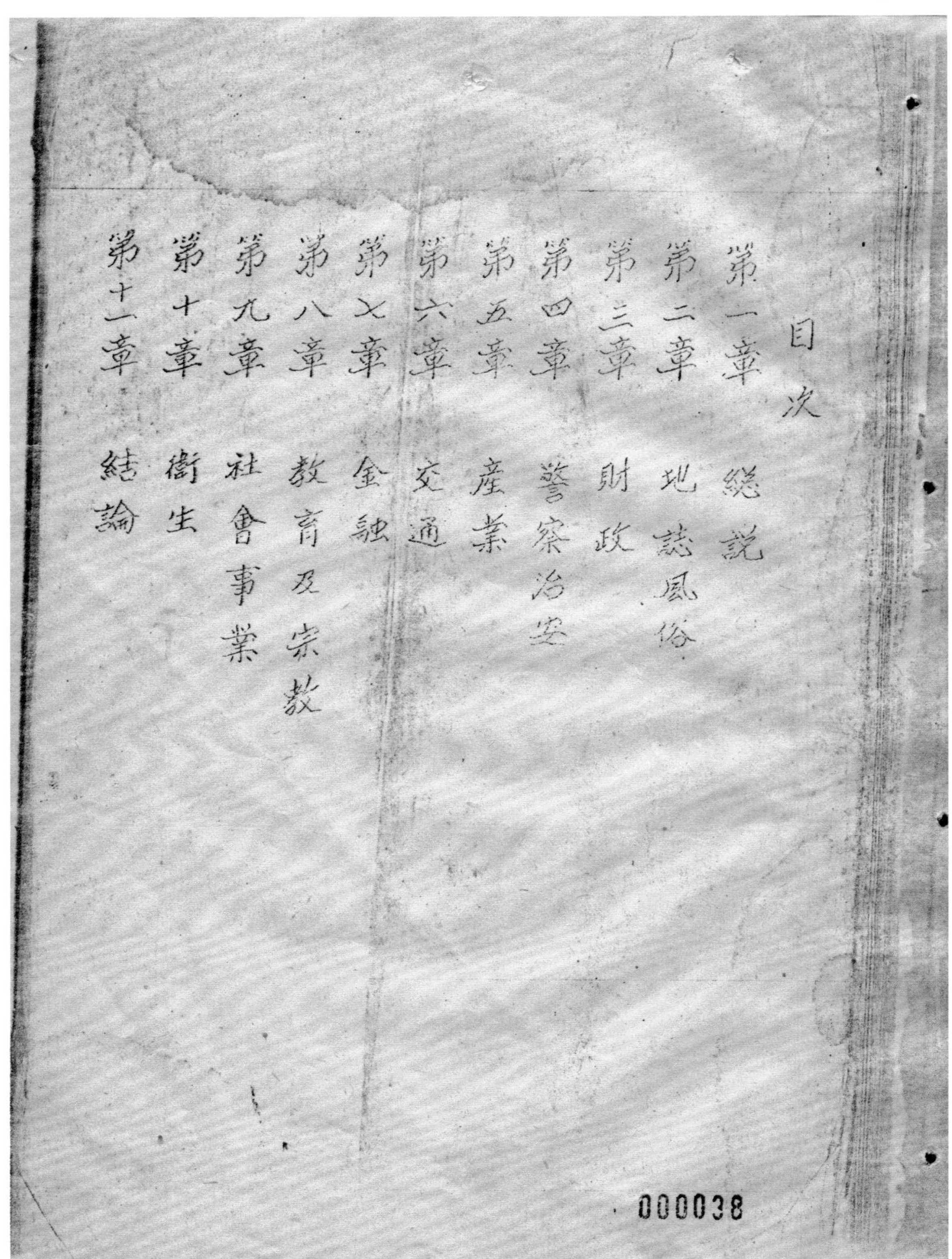

目次

000038

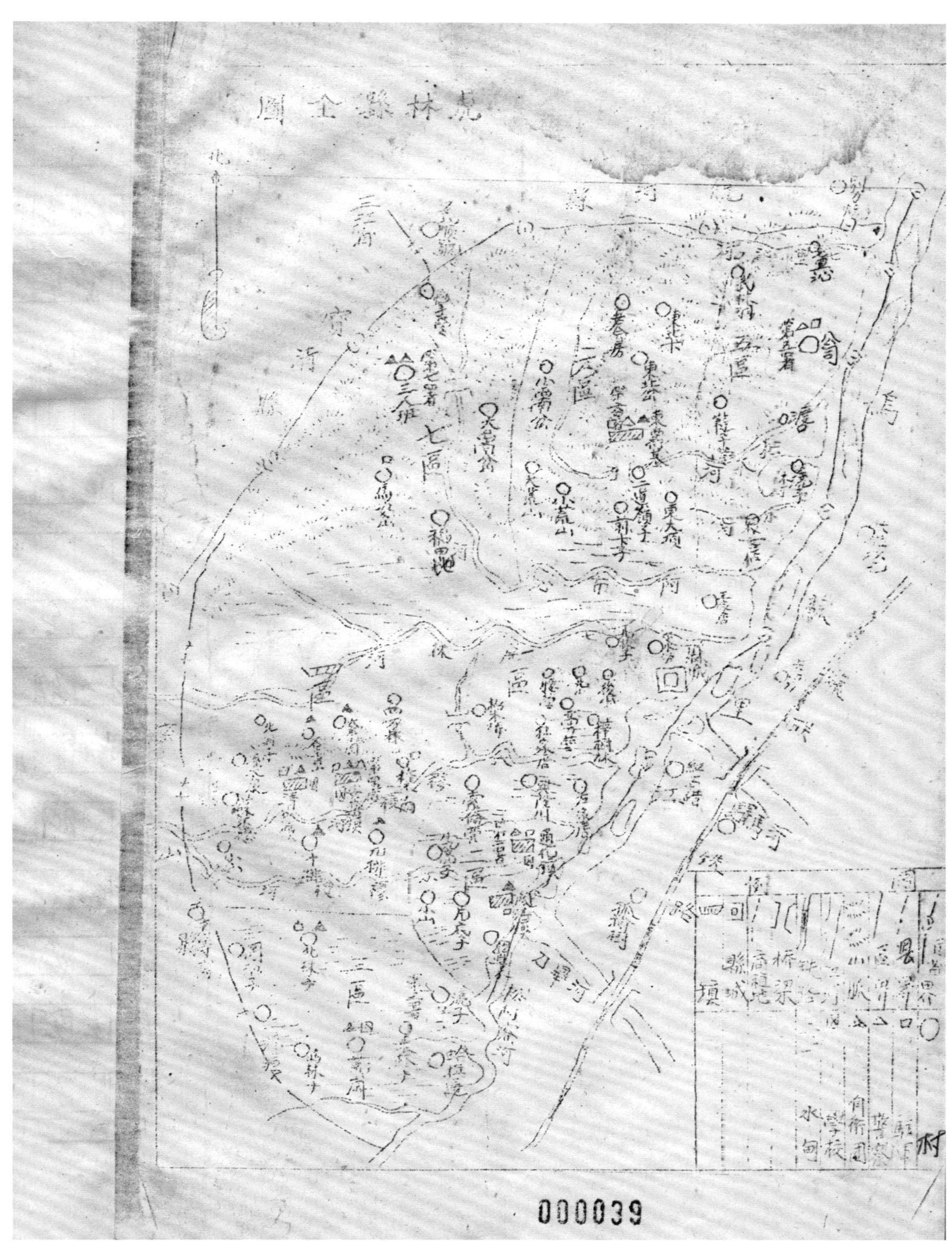
虎林縣全圖

虎林縣城市街圖
000040

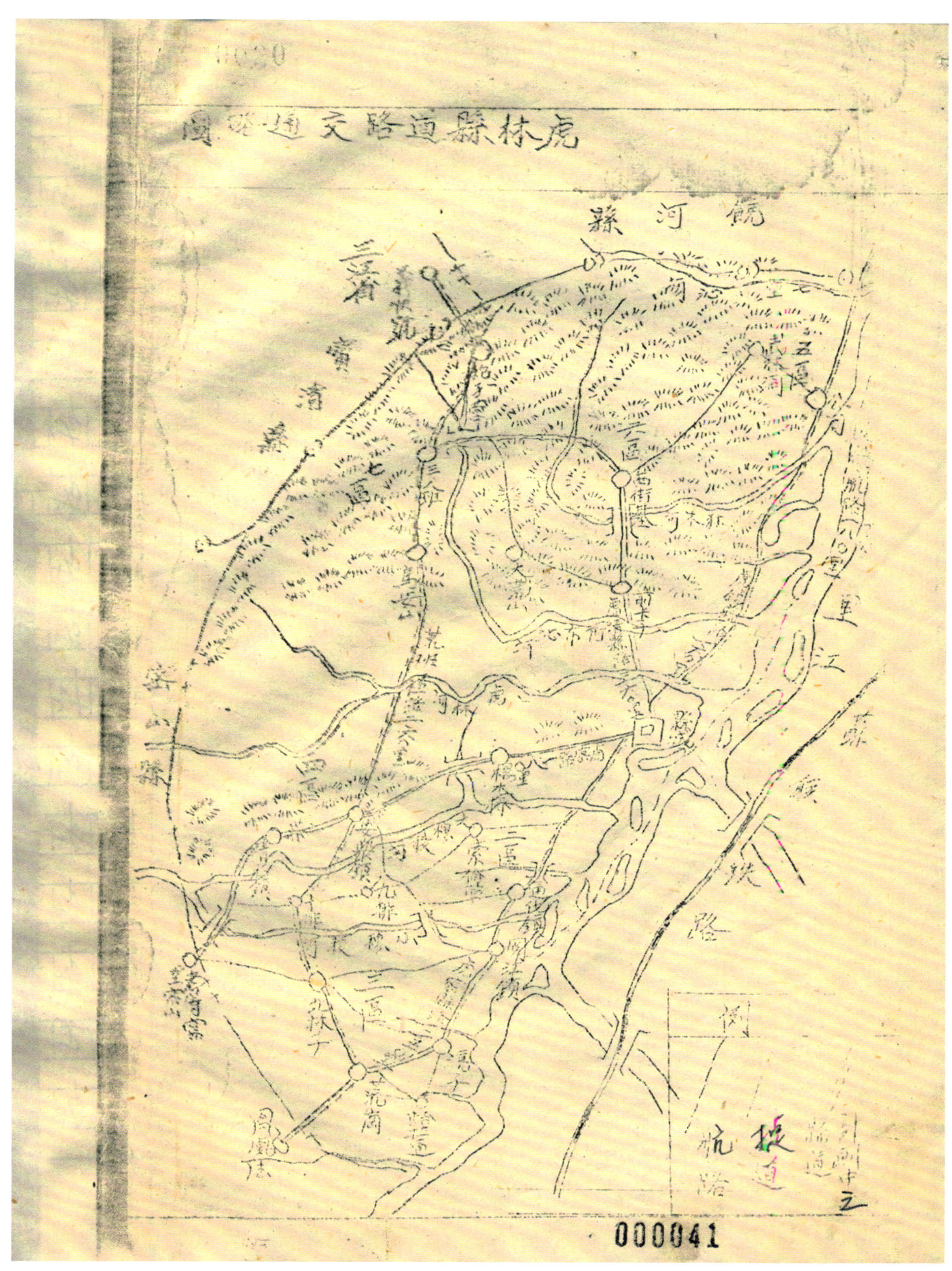

虎林縣道路交通圖
饒河縣
寶清縣
密山縣
鐵路
000041

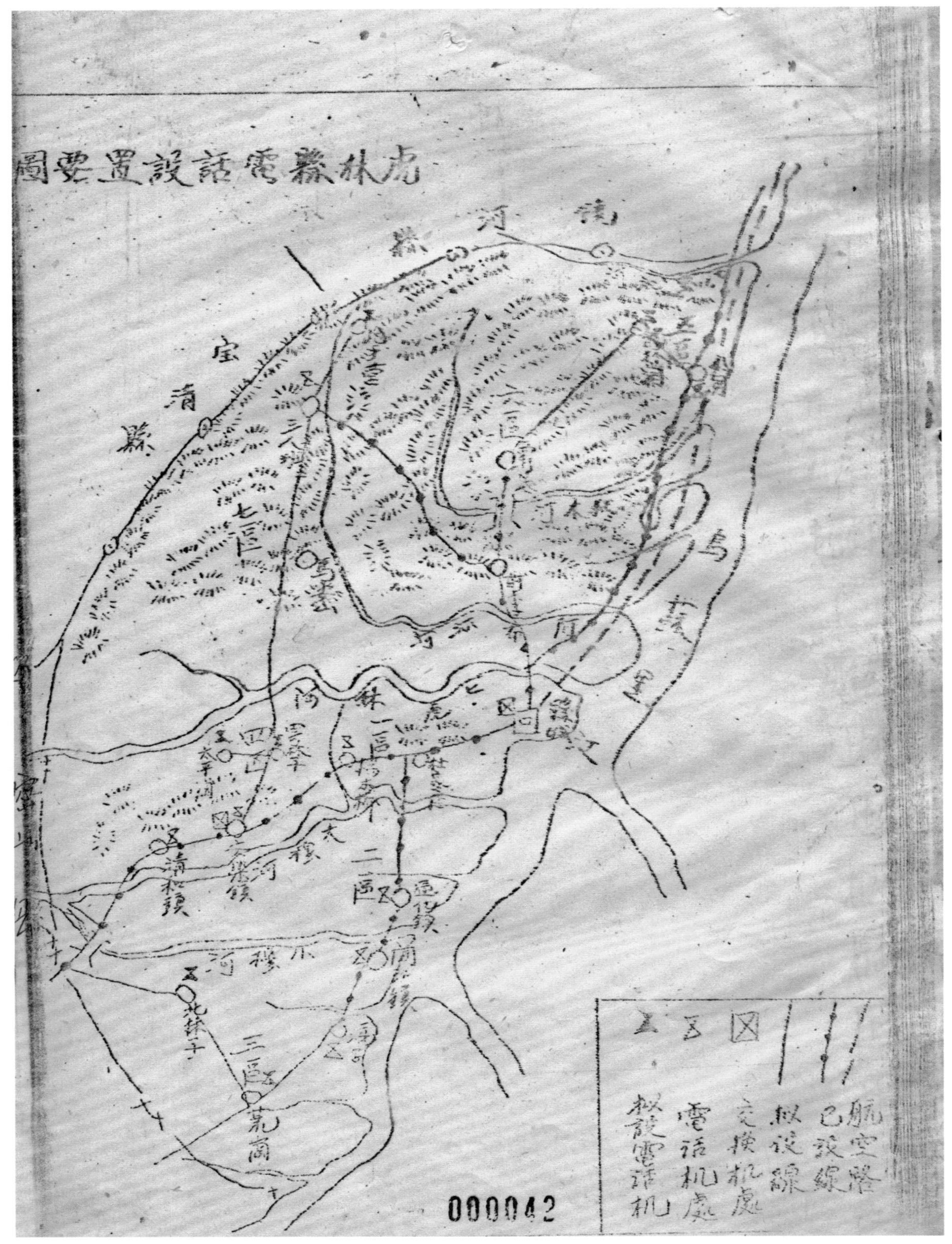
虎林縣電話設置要圖
饒河縣
宝清縣
七區
六區
五區
一區
二區
三區
四區
七虎林河
穆稜河
小穆稜河
清和鎮
北林子
荒崗
烏蘇里
航空路
已設線
擬設線
交換机處
電話机
擬設電話机
000042

0021

虎林縣政概要

第一章 總説

第一項 歷史

虎林居滿蘇國境之烏蘇里江右岸地非膏腴久棄遐荒在清代以前國人鮮跡文獻莫考僅有者無非索倫民族（俗呼魚皮韃子）與俄籍流民採獵其間爰允始生活放距城西南百里迄今猶呼之索倫營村地洵其遺蹟也當清太祖天命年間名斯地曰泥滿河（距縣城地）作打牲部落隸索倫部管轄輒一二年遣官來收名邑貂皮及鹿茸等貢品斯蓋國人及於之縣所謂呢滿河又曰呢瑪河呢瑪口驛禹河者類係俄語譯音意義原因以俄屬沿海洲境有呢瑪一水橫帶西流其終點直射城基截注入江面合其流因城基與河口恰對閘稱河以名若地雍正年間河地入戍亦多查吉林請領採蔘免照（俗呼龍票）賦涉遠來及冬而返藏以江東為發蹤之地而以河口為會集之場久之集人漸夥獲利亦厚遂於江畔陡崖之間捐資建修關帝廟一座虔誠以祀路昭示深山幽谷中采斵金命脈有信義是崇之必要也人心向善曾來群遺自是聞有來返者仰奉廟宇

000843

樓宇文

附近建有樓閣又名其村曰中和鎮至乾隆二年召集並廣後將廟宇重修以增舊地
是概本縣有史以來之紀元建築物也光至烏蘇里江迤東大地係漫山叢曾當地則膏
壤沃野連亘千里山則異草奇獸珍品百出資源饒富邊域冠亞邊城採擭漁獵者廣
其間甚稱邊疆寶庫大有取用不竭之概原來領土之權盡屬中國而俄人覬覦已久
至咸豐十年英法聯軍之役俄乃乘間調停約成索酬迫清重訂北京條約劃烏蘇里
江為界水水利航權雖兩相共惟東岸大地并海參崴良港同時俱隸俄有矣於
是闢為東海濱省（沿海州之擴域也）旋於沿江築成烏蘇里大鐵路之經線距縣城東八
里之呢瑪河岸建橋設驛曰呢瑪站樓閣輝煌成大都邑尤令中國暴棄航權為江水利
儼俄獨有時與參尚未交通齊魯之民多繞海參崴而至呢瑪謀生計者因知瀕江諸山
產蔘茸甚盛採採頗獲多就以為業第俄人初不識受迫蔣河口華官來收此本縣管理
之所由來焉當時並無行政機關純屬人民自治團體舉正直長者為首領遇人有爭則
武斷之此際索倫民族漸受淘汰非入化者都遷遠荒光緒二十年間始由密山府分設呢瑪

000044

00022

□山海稅局於此，且兼理民詞。三十四年復經密山府奏准添置虎林廳，於……

官一員，另有吏數人，處理一切行政事務，隸吉林統制，而密山府直轄之。於是建置都邑，闢

城基，放荒地，勘境界，劃區域，統（此）此時期之一般政治的雛形設施也。惟虎林者，以縣

境有七虎林河，發源於完清交界之七虎林山，水勢頗盛，橫貫中部，因以名廳。再顧

度設名，均由河起。民國三年一月又廢廳爲縣，首委范熾森爲首任縣知事，遂建新署

於大江之濱，北山之陽，取形勢乎鎮邊壘而遠控要域。是年秋落成，遷入，迄無更移。自光

緒三十四年至民國三年，閱六載，是爲廳制。繼自民三設縣以至二十一年，歷十八年，除吏官范熾森、

高汝清、熊炳南、張晉生、趙光印、陳樹楠、樂紹堂、董春方等八任，皆爲縣制，然政治始終

未就軌道。當民八、（西）至十六之八九年間，全俄政變之世，虎勃興，逃犯華僑系堪其產，多越江來縣，

視同桃源。此時人口驟增，商賈俱盛，以鴉片、鹿茸爲特產，以大豆銷俄爲奇貨，加以從航通達，經

濟發展至於極點，以新墾開闢鎮與縣，皆此時期之盛大舉措者也。但極盛極衰，縣城西北半成亂離

錯雜，稱煙區，即今劃爲五六七三個區域也。當民十二迄廿一□地應行煙禁，煙民競特□險□□種，官府莫

众据

据

衆据

林斤于今区旧比

000045

能制揩為特別區域徒以化外炯匪目之而已民十八中俄絶交俄人嚴守鴻渠不許我越雷池半步江東一切出產大都由是絶源天災人禍又相繼而起以至事變全境淪於反滿軍李杜蹂躪遊竄匪氛大熾閭閻騷然卒至大同二年一月友軍入見司令率隊來討声勢赫赫李始亡走蘇聯而遠颺矣自是邊城江天之空浮睹新國王道之幟初派參事官隱岐指導官佐藤澁寬副政委高玉山為警察大隊長高與匪通未幾叛變隱岐佐藤同時殉難縣境復大混亂生靈塗炭邑鎮成墟同時饑擾勃發諸縣俱告失陷茫茫大地水火同深睹凜凜之匪風千里皆愁慘之色听浩浩之江水為斷人怨痛之音誰為厲階至此已極同年八月松田司令官永田大隊長及國軍吉旅宮張兩團長協軍進剿高遂披靡竄匿險山當李杜擾境時曾檄命舊任縣長樂紹奎署理縣政此际已避有不返政治停頓延至二年一月現任縣長金國楨參事官川西佐一郎同銜者命来撫是邦甫下車適逢高逆復率舊羽並煽匪千餘徒夜分四路襲城猛烈異常張閻兩軍共守南街南街闤市也巨商麕集不克支竟退卻匪已三路入

000046

據実際於千鈞一髮之勢獨縣長參事官躬督署中員兵三十餘人據公署而死守此岸抗敵
數百苦戰終宵時而壘傾時而彈罄匪挺進幾瀕危參事官川田文吉也村井兄與其夫人
竟擬自決縣長慨然阻曰死至易爾何急急再持數時不濟寧與共盡言訖仍去採戰
尋達明幸軍團環陣來援取火攻式匪大惶潰死逃脫落舉槍哀號於署側工濟者
約數百多被斃午刻亂定檢屍沉藉檢點匪屍之後斃匪二百三十七具獲械無算我軍僅七
官兵三十餘名商民了無傷者乎無恙此大同三年一月二十八日事也嗚呼遭此總創而元道
蘇醒不復出餘黨自此斂跡無敢輕犯此後急圖增編警團協助軍隊行大拘赤匪殊序遂
告恢復繼以撫輯黎庶重謀農業而縣政即已從此張本除將縣勢一般分紀于舊節外伏
以全縣官民往者之躬負風塵化險為夷今者之政通人和庶民樂業堯天顯何莫非
聖主之德威施之道之大法與夫友邦日本之武勇文治仗義援助所臻成以致之誠宜吾官民
同深愛戴以永誌者也其縣史概如是

第二項 縣制及組織

000047

三

查本縣在中華民國時代定為四等縣分名曰虎林縣政府其組織則縣長以下置總務行政二科每科置科長一員科員若干人此外設有縣公安局地方財政局教育主任等附屬機關徇以邊地貧瘠經費奇絀兼以主政者多以經費不足敷衍從事以致縣政腐化精神頹唐事變後匪亂頻仍一切愈形不堪寧至大同三年一月現任縣長與參事官等蒞任始將胥小巨憝蕩滌一空地方秩序爾得恢復遂遵新縣制改為虎林縣公署依照丁等縣分組成一科三局縣署為之一新政治於此入於軌道矣關於縣組織及員額薪目附表如次

縣公署組織及員額薪目表

縣公署組織		員額薪目					夫役
		科局長	股長	科員	僱員	小計	
總務科	庶務股	一	三	一	一	一一	五
	文書股			一	二		
	會計股			一	一		
內務局	行政股	一	三	一	二	一一	一
	實業股			一	一		
	教育股			一	一		

000048

00024

警務局（一）警務股	警務局（一）司法股	財務局（一）征收股	財務局（一）理財股	薪俸	總計 員	總計 薪
一		一		科長月支一三六元局長月支一八六元	四	四五〇
二		二		每員月支五十九元	一〇	五〇〇
二	一	二	一	每員月支二十五元	一二	三〇〇
三	二	四	一	每員月支二十元	一八	三六〇
一一		一一			四四	一六一〇
二		二		每名月支十元	一〇	一〇〇

第二章 地誌風俗

第一節 地誌

第一項 位置

本縣位於北緯四四、三四至四六、七東經一三〇、五至一三三、三居國境東北之隅而都邑之更偏於縣境極東之端瀕於烏蘇里江之右岸昔隸吉林省管轄自新省制實施遂移隸濱江省距省垣水路約二千二百餘里陸路約一千四百里（以下距離均指縣城而言）東與蘇聯之東海濱省接壤而

000049

以烏蘇里江為國际界北距俄屬烏蘇里鉄路之驛馬站道則八里南及西南均界密山相距三百里西北毘寶清相距四百二十里東北連饒河相距二百六十里當江東大地未經割讓之先則本城原屬國际之中心既劃江水為鴻溝之後則斯土無形乃落於偏端

第二項地势

全縣版圖縱寬横窄成半篩葉形東臨大江西岸如虹西北山嶽嶙峋然屹立地利則西北偏高多成側田東南窪下半為濕地其膏壤佳土祗屬中部現已半隸商租範圍全境河流甚多山嶽次之內可以聯饒密而屏蔽清勃外可以抗驛馬而控制蘇聯當國际航道之終点亦東北边陲之要隘也

第三項面積

縣境南北縱距一百九十里東西横距一百二十三里東南西北斜径二百里西南東北斜径二百六十二里全幅員合成二萬零八十五方里以十畝成垧總計面積一百三十八萬八千二百五十垧其中地質分晰如次

000050

0025

全面積一三八〇二五〇垧

可耕地四七〇八一六垧

沒有土地三三一九〇垧

既墾地二[illegible]垧

未墾地三一〇三六垧

官荒未墾地一三八八二五垧

不可耕地九一七、四三五垧

山林三六四六四一垧

河流一〇八五五三垧

湖沼四一六、四一五垧

三園地一三、八八二垧

道路一三、八八二垧

第四項　戶口沿革

本縣以邊地偏遠交通不便出產物量薄弱治安未能確保之種種原因以致人口增加率極度遲滯興聚維艱在設治之前關於縣內戶口數目從無編查之案可稽僅據鄉村長野老所能相沿傳稱者則此地之雖有國人識以清代為原始尤以保護為媒介但[illegible]後非縣境所

000051

五

有乃成產於烏蘇里江東岸諸山業者必須越江致之本地適成散集之市場久而人口漸增遂称為户口之發端地也欲考昔日人口之陳陳过程当以兩度建修關帝庙之时期而為顯著之標的蓋於雍正年間帝庙創修时則庙宇附近僅有簡陋家屋六七户長住人口五十餘丁其春来冬返者約有二百人以上然皆男性無女且多具有冒險犧牲之性能若其文雅謹如之士彼时因不得覩也及乾隆二年帝庙重修时此地长住户與流動人口俱增三倍人民一切設備漸從久計迄至民國三年改广為縣之際則四鄉均有[illegible]住户矣比經官府查編全縣千餘户男女七千餘衆皆以採蔘為事業兼[illegible]一些至咸丰十年中俄重勘國境劃烏蘇里江為界水之後鴻沟既判各有主权凡江東山林產物漸禁採獵又至民十八年中俄絕交以来東岸遂成厲禁之地自是蔘源斷絕蔘史告一段落矣惟因上述兩種情節不圖竟與一般作業賴生者當頭一大打擊抑於社会趨向亦隨之一大變遷所有植蔘之户幾於不保人口為之劇烈減消曾應如許时光之困德與夫最終圖謀之結果乃於縣境範圍內別開一種新生路者即所謂罌粟之栽培業耳溯斯業以興遷

000052

0026

成香極輻通之勢，四方逐利之徒不遠千里而來者竟如風赴，適遇旱災，迄民十九年經

戶口編查，全縣已達六千餘戶，男女總計三萬四千而有奇，是概戶口之最盛時期也。間於十三

年間本縣亦曾屬行烟禁，對於烟苗尋求種植者，原則上本應嚴禁，不得留以栽種，乃竟業

者復受頓挫，人口增加又漸肅殺，遂有大部烟民跳聚山中，時象擾險，暴力栽種成

為依外烟匪之名，實也事變後，彼號稱烟匪者，竟被反軍誘惑，致忍一蹶而復流為

綠盜，良民不堪其擾，乃多徙避其鋒，未幾烟匪又被官軍封伐，彼摧軍散，結果則

良善咸離，大有十室九空之概，故當大同二年春戶口調查，已減去三分之一，緣滿鮮民

族僅存四千戶，男女不過二萬八千。大同三年一月現任縣長到任後，概念地方安寧再若不恢復

而至確保，則拋家棄業之黎庶，既無歸還原業之期，望而遠道來墾之新民，亦豈

肯冒危以犧牲耶？於是聯合軍警，綏靖地方，使撫綏其耕商，復其業，民皆

得以勞來安集，質言之，已漸露王道之曙光矣。是年十月分還派員施行戶口查

調查，則全縣已回復至五千三百九十二戶，男女二萬八千二百八十二名口。康德二年三月

000053

17

復查已增至五千九百〇一户男女三萬三千四百八十五名回溯近歲时之原状对此關於維持地方治安之努力情况亦可想見一斑矣附最近户口統計及職業調查表如次

一、户口統計調查表

區別	户口別	户數	已成年者 男	已成年者 女	已成年者 合計	未成年者 男	未成年者 女	未成年者 合計	統計
縣城	満人	五七六	一三三七	三七九	一七一六	九二	六四	一五六	一八七二
	日人	六	四一	八	四九	四		四	五三
	鮮人	二六	七四	四八	一二二	二五	二四	四九	一七一
	俄人	二	五	二	七	二	一	三	一〇
	小計	六一〇	一四五七	四三七	一八九四	一二三	八九	二一二	二一〇六
第一區	満人	二三五	六六四	三一六	九八〇	一一〇	五〇	一六〇	一一四〇
	日人								
	鮮人	三五	六五	四二	一〇七	二〇	三〇	五〇	一五七
	俄人								
	小計	二七〇	七二九	三五八	一〇八七	一三〇	八〇	二一〇	一二九七
第二區	満人	五一七	二六三〇	九〇九	三五三九	一六四	六三	二二七	三七六六
	日人								
	鮮人	五一	一七〇	一六一	三三一	九五	三〇	一二五	四五六
	俄人								
	小計	五六八	二八〇〇	一〇七〇	三八七〇	二五九	九三	三五二	四二二二
第三區	満人	五五六	一八一〇	九二八	二七三八	一七〇	一二〇	二九〇	三〇二八
	日人								
	鮮人	九八	一五〇	一三二	二八二	三二	六〇	九二	三七四
	俄人								
	小計	六五四	一九六〇	一〇六〇	三〇二〇	二〇二	一八〇	三八二	三四〇二

000054

18

0027

二、戶口、職業調查表

區別									
第四區	滿 人	二四二三	九四〇七	六八〇九	一六三二六	[illegible]	[illegible]	[illegible]	[illegible]
	日 人								
	鮮 人	二〇	七一	四〇	一一	一〇	五	一五	[illegible]
	俄 人								
	小 計	二四四三	九四七八	六八四九	一六三三七	六二三	三二	九二三	一六六二
第五區	滿 人	一六五	五〇一	一三〇	六三二	四二	一〇	五二	六八三
	日 人								
	鮮 人	四二	一九九	五〇	二四九	三五	二〇	五五	三〇四
	俄 人								
	小 計	二〇七	七〇〇	一八〇	八八〇	七七	三〇	一〇七	九八七
第六區	滿 人	七五一	二三五九	四〇九	二七六八	五四	三六	九〇	二八五八
	日 人								
	鮮 人	一	二	一	三				三
	俄 人								
	小 計	七五二	二三六一	四一〇	二七七一	五四	三六	九〇	二八六一
第七區	滿 人	三九七	一〇八三	二四〇	一三三三	二六	二一	四七	一三七〇
	日 人								
	鮮 人	六	一四	一〇	二四	四	三	七	三一
	俄 人								
	小 計	四〇三	一〇九七	二五〇	一三五七	三〇	二四	五四	一四〇一
總計	滿 人	五六二〇	一九七九一	一一二三	[illegible]	一二七一	六七二	一九四二	三一八五三
	日 人	六	四一	八	四九	四		四	五三
	鮮 人	二七九	七四五	[illegible]四	一二三九	二二一	一七二	三九三	一六二二
	俄 人	一	五	[illegible]	七	二	一	三	一〇
	小 計	五九〇七	二〇五八二	一〇六四	三一八九六	一四九八	八四四	二三四二	三三五三八

19

000055

二二四

民族別	職業別	戸數	已滿年齢 男	已滿年齢 女	合計	未滿年齢 男	未滿年齢 女	合計	統計
満人	農業	五一六	一七七四三	[illegible]	二七三四〇	一一三四	[illegible]	一七〇八	二九〇四八
	商業	一三三	七〇〇	一三六	八三六	二六	一九	四五	八八一
	其他	二〇七	一三四八	三九七	一七四五	一二一	六八	一八九	一九三四
	小計	八五〇	一九七九一	一〇一三〇	三〇六六一	一二七一	六七一	一九四二	三一、八五三
日人	農業								
	商業	一	二		二				二
	其他	五	三九	八	四七	四		四	五一
	小計	六	四一	八	四九	四		四	五三
鮮人	農業	二三三	六三二	四一九	一〇五一	一六八	一七六	三四四	一、三九五
	商業								
	其他	四七	一一三	六五	一七八	三三	一六	四九	二二七
	小計	二七九	七四五	四八四	一二二九	二〇一	一七二	三九三	一、六二二
俄人	農業	二	五	二	七	二	一	三	一〇
	商業								
	其他								
	小計	二	五	二	七	四	一	三	一〇
總計	農業	五三九五	一八三八〇	一〇〇一八	二八三九八	一三〇四	七四一	二〇五五	三〇、四五三
	商業	一三三	七〇二	一三六	八三八	二六	一九	四五	八七三
	其他	二四九	一五〇〇	四七〇	一九七〇	一五八	八四	二四二	二二一二
	小計	五九〇七	二〇五八二	一〇六二四	三一、一九六	一四八八	八四四	二三四二	三三、五三八
備考									

七

000056

0028

第五項 地方區劃

查本縣幅員廣濶居民零落对於地方行政區劃爲因地制宜之計甚有經幾度之變遷當民國初年曾劃全境爲四個區域一爲独木河二爲倒木溝即今之通化鎮三爲荒崗四爲清和鎮至民十九年間又增爲五個區劃一縣城二倒木溝三荒崗四清和鎮五独木河口於此五區之外復闢一特別區域即縣境之西北隅之山嶽地帶俗呼烟溝烟民独自爲政不服縣政統治之地域是也迄至大同三年一月現任縣長来撫之後始將烟溝平定掃除烟匪取銷特別區之名稱同時並應付情勢之需要乃改定全縣爲六個區劃茲將區畫概况附表如次

區劃現勢

區分	地名	面積	四境界址	主要市鎮	村落名數	全區戶口		縣城距離方向里數	警察分駐地址
						戶數	人口		

000057

第一區	第二區	第三區	第四區	第五區
縣城	通化鎮	荒崗	安樂鎮	独木河
三六〇〇	八九〇〇	三〇五三	三七八	三五三二
東距大通 [illegible] 至七虎林河 [illegible] 北至七里 [illegible] 林河	東臨大通 至小穆稜河 北至七星 西南至小 青河北至 大穆稜河	東至 [illegible] 子西至 [illegible] 山間 [illegible] 南至小黑 河北至小 青山	東至大穆 木稜河西 至老等窩 南至小青 山北至七 虎林河	西距大江西 至大沼東 北七子甸 至七虎林 河北至七 里沁河
縣城	通化鎮 閻江鎮	荒崗	安樂鎮 清和鎮	
下小黑河七虎林北大林子 [illegible] 北山屯 [illegible] 北高力屯月牙泡南清河 [illegible] 林子楊樹林子 [illegible] 屯李家店杜 [illegible] 店大楊八林子 [illegible] 家窩子 一八村	通化 [illegible] 閻江 [illegible] 老 [illegible] 徐 [illegible] 馬 [illegible] 南 [illegible] 三四村	[illegible] 林子 閻泡子 [illegible] 一〇村	[illegible] 村	西山河口老 [illegible] 子西北湖 [illegible] 泡 [illegible] 店 [illegible] 武林洞 [illegible] 沁南崗北崗 [illegible] 泡子千家店王家 店王家店 一九村
八六〇	五六八	六〇四	一三四	二〇七
一三三〇	四三二	三四三	三七三三	九八七
/	西南	西南	西南	東北
/	九〇里	三〇	一一〇	一二〇
第一署 駐縣城	第二署駐 通化鎮	第三署 駐流子	第四署 駐安樂 鎮分所 駐清和鎮	第五署 駐公司

000058

第六區	独木河 [illegible] 西街基	東至五區 北閘[illegible]至 [illegible]大[illegible] 南至[illegible] 七屯林河 北至[illegible] 蔚[illegible]山	西街基	東北十子 東北八盆 東街基 西街基 大[illegible] 碱場 老会房子 小西南岔 大荒[illegible] 小荒山子 西大頂子 東大頂子 二[illegible] 子 二道溝子 前[illegible]	一四村	七五	二三八	二一比	二三五	[illegible]西街基 [illegible]者
第七區	三人班 [illegible]	東至六區 小西南岔 西至[illegible] 林山南至七 雲林河北 至義順[illegible]		三人班 腰段 炮手[illegible] 西南岔[illegible] 小楠田地	六村					
合計		[illegible]			一六五村 [illegible]戶 [illegible]					

備攷

查全縣共為一六五村，然其中㳂散家屋為數頗多，名義雖為一村，實際不過三五人家，現因此等㳂家散漫遍野，於治安交通生產教育等內政防害殊甚，遂已規定建設集團村落計劃方案，將此百六十五村合并化為五十七處集團村，制業經呈報核准在案，独以經費尚無的款，故現猶在籌措中也

000059

23

第六項 山脈

縣境西北半壁群山盤結脈源係由極遠圳近之完達山嶺出起伏直至密勁之間而結成巨峯名曰奔松子嶺復由該嶺分成二脈一者為主幹蜿蜒西南行至穆棱通南結成老松嶺而連接於長白山一者為支脈轉成迴峯式逕奔東都而終於饒河中經本縣西境者名曰完林山進至西北邊境者乃復盤結峯出有九個頂大松嶺子馬鞍嶺東大頂西大頂大西南岔小南岔大荒山小荒山二道嶺子等縱橫雜錯形同亂山然本脈純為虎寶兩境之分水脊也故本縣斜枕西山而東濱其水山中半屬森林均係國有其他礦産尚不發見又西南四區境内突起漫山有四門石青山蓮花山興隆山小山等皆與奔松子嶺遥遥接脈原有林木悉被附近居民採伐一空今已成山濯濯毫無樹木生産矣

第七項 河川

一 烏蘇里江 縣境主要河川厥係本江導源於俄属沿海州之老爺嶺上源曰力果河又曰烏苏里河曲折北流至縣境西南之閔江鎮附近與松阿察河合流名為烏苏里

000060

江更北流則左納呢瑪畢肯二川右合穆棱、窝集阿布沁独木饒力畢、杜音諸水而成巨流爲至伯里注入黑龍江以終全長約千七百餘里寬約七八十丈深處二三丈淺亦六七尺水勢平穩魚産頗豐尤以大麻哈魚為本江特産昔日此水本為中國独有自清咸豐十年俄人迫清廷訂北京條約始劃本江為兩國界水水利航权均與我共同乃成為國際河川自本縣閔江鎮入境至與饒河縣交界之別烈炕地方出境計經過縣地長約三百餘里縱斷各縣之處而合壁歷年冬凍春解夏秋均與哈埠通航交通利益殊匪淺鮮

(二)松阿察河　松呼湖系子[illegible]出於密山縣境與蘇俄共有之興凱湖由此流而入縣境百里之閔江鎮附近與俄水力畢河会流乃成為烏蘇里江該河流域全長約三百五十里寬西五丈深二三丈淺三四尺不等其流勢曲尽羊腸轉折無比以源出巨湖故魚產特富惜國人不善捕取甘棄其利而坐患於貧建國後大同三年航政局亦曾派輪探駛數次[illegible]其中航道極度难行

(三)穆稜河、發源於穆稜縣南之老松嶺東北流經密山縣境而入於本縣以至逼之穆樹

林古洼入烏蘇里江（全長約千里，寬四十丈，深可及丈，淺二三尺）可以通行帆船，水大時亦能駛入小輪以通航運，其水勢平穩，為物產富饒河。自四區地方入境時至小山附近而分出支流，曰小穆稜河，至二區之通化鎮注入烏蘇里江，支流長二百里，寬十數丈，深可數尺，亦可通行小舟。

一〇

（四）七虎林河，發源於密山縣之二道崗與七虎林山之間，東流至本縣一區之下水湯而入於烏蘇里江，長約五百里，寬五丈許，深約三五尺不等，為本縣中部之重要河流也。

（五）阿布沁河，源出本縣境七區之大松頂子南麓，流至五區之姜家店地方入於烏蘇里江，因其流域曲折頗多，故長約二百五十里，寬十餘丈，深只三五尺，夏季可由山裡通行小船來縣載運貨物。

（六）獨木河，源出縣境六區之頭道松頂子東坡，流至五區之公司地方注入烏蘇里江，長約二百餘里，寬亦十數丈，深四五尺。此外於縣境內復有小黑河、小青河、楊木橋河、大小木克河、七里沁河等流，為東流入江，無何生產，故從簡略。此本縣河流概況也。

000062

26

0031

第八項　氣候

本地寒暑相差懸殊，夏季最高溫度華氏八十八度，冬季最低時四十三四度，更因傍臨大江，夏多陰雲霪雨，冬多強風大雪，每年至十月下旬為結冰期，四月底五月初間為解冰期，五月中旬草木萌芽，至九月即見秋氣，八月則木葉漸脫矣，以[illegible]最早，穀類多不能產，食之淡澀無味，滋養最薄，僅於色米、豐米等頗為適宜，以其收穫較早，不受寒霜之害，人民種者居多，大豆次之，餘則不甚收穫也。

第二節　風俗

本縣原為土著各省移民者多，其風俗習慣不無因地而有變遷，大致則與內地相髣髴，以貧樸較鄉為尚，重力田而輕遊惰，衣食住極其簡陋，人性憨直，風情樸厚，季節儀式鄉無差別，惟男女智識不開，多而迷信，禮神拜偶，牢不可破，鄉村婦女纏足者仍多，近則纏足者減少，大婚娶之事沿古而簡，定婚時則仍需媒妁以相撮合，自由戀愛之事，正經良户誠不一觀，結婚時則男女相拜天地以成婚，婚禮惟近年

一一

000063

城市之民文明結婚者亦漸習尚喪葬之事富有者則沿舊制貧微者不遑計及
僅求稽埋而已矣管子有言倉廩實而知禮義衣食足而知榮辱正斯之謂也

第三章 財政

本縣自設治迄今二十餘載所有歷任辦理警團教育事宜雖經歷有年而
無成績可言考其原因究屬地方財政困難收入減少以致舉辦各事均行有名
無實凡百事業莫舉此之謂也加以近年水災頻仍匪患連年民敝凋
已達極點維持目前生活猶恤不暇振賦納捐豈有餘力所幸行政經費及警
察補助費悉由省庫撥領按照常年所收地方捐款僅供教育一部分之開支
財有不足之虞其於地方財政之竭蹶狀態亦可想見矣迨縣長到任後萬
日夜心盡力籌措乃於康德元年四月一日首將財務局成立並飭各事人負責
頓捐稅並以舊日捐率有改正必要遂經呈請核示遂及查案統計全年收
入縣稅雜捐額算可達四萬元有奇而全縣支出超過一倍之多須經統籌核

0032

霞數甚鉅当経請准時艱此地方財

減仍至七萬元以上[illegible]准暫由國庫補助以済地方財

政之大概情形也一俟地方草萊開闢民户蕃庶商業興盛捐税有起色

收入定可數出對於縣財政之自立將來不無希望也茲將全年收入支出預

算表附以

康德二年度縣歲入歲出預算

歲入經常部

科目 款	科目 項	預算額	種目	本年度預算額	前年度預算額	比較 增	比較 減	附記
一、使用料手數料		四、六〇〇元		四、六〇〇	一、六八〇	二、九二〇		
	一、使用料	六〇〇		六〇〇	六〇〇			
			一、電話使用料	六〇〇	六〇〇			縣城及黑咀子商会各年額三〇〇元
	二、手數料	四、〇〇〇		四、〇〇〇	一、〇八〇	二、九二〇		

000065

			一、阿片收買手數料〔旁注：阿片手数料〕	四、〇〇〇	一、〇八〇	二、九二〇		一兩二分 二十萬兩
二、雜收入		二〇〇		二〇〇	四〇〇		二〇〇	
	一、罰款	一〇〇		一〇〇	五〇	五〇		
			一、違警罰金	一〇〇	五〇	五〇		
	二、吸烟証	一〇〇		一〇〇	三五〇		二五〇	
			一、吸烟証	一〇〇	三五〇		二五〇	五百枚 每枚二角
三、縣税		四三、五一三		四三、五一三	三六、四二六	七、〇八七		
	一、地捐	二九、六〇〇		二九、六〇〇	一九、五〇〇	一〇、一〇〇		
			一、垧捐	九、六〇〇	一六、〇〇〇		二四〇〇	
			二、阿片栽植認捐	二〇、〇〇〇	七、五〇〇	一三、五〇〇		一垧地十元 二〇〇〇垧地
	二、營業捐	七、二八八		七、二八八	八、九三〇		一、六四二	
			一、商號營業代價捐	四、〇〇〇	三、六〇〇	四〇〇		全縣商人一三七戶 [illegible]

〔旁注：商号 营业〕

000066

0033

	捐目					備考
	二、客貨捐	二〇〇〇	三、七五〇		一、七五〇	[illegible]
	三、旅店捐	三六〇	三〇〇	六〇		每月收四元一户三家二元八户四家三元一户
	四、妓捐	一六八	一二〇	四八		每月收二元 妓女十二名每名
	五、白酒捐	六〇〇	八〇〇		二〇〇	三二年產酒三十万斤百斤二角收
	六、干酒捐	四〇	二四〇		二〇〇	每百斤四角 一万斤
三、雜捐 六、六二五		六、六二五	七、九九六		一、三七一	
	一、客粮捐	一、二〇〇	一、二〇〇			每百元二付七三元
	二、屠宰捐	一、三一五	八七〇	三四五		猪一口七角一、一〇〇口 [illegible]
	三、輪船捐	六	五〇	一八		每隻二元一个月 [illegible] 五隻六个月三隻
	四、風船捐	五〇	七八		二八	每船五角
	五、車牌捐	三、七〇〇	四、三一八		六一八	[illegible]
	六、石炭捐	二〇〇	一、〇〇〇		八〇〇	每一〇〇元二付キ 二元收

31

000067

科目 款	科目 項	預算額	種目	本年度預算額	前年度預算額	比較增	比較減	附記
			七、汽車捐	二〇〇	四八〇		二八〇	一汽車每月五九八輛四〇九六个月二〇〇九
經常部合計		四八、三一三		四八、三一三	三八、五〇六	九、八〇七		
一、國庫補助		五七、五九九		五七、五九九	三〇、〇〇〇八七			
	一、行政費補助	五七、五九九		五七、五九九	三〇、〇〇〇八七			
			一、行政費補助	五七、五九九	三〇、〇〇〇八七			
一、繰越金								
	一、前年度繰越金							
			一、前年度繰越金		一九、五一三			
臨时部合計		五七、五九九		五七、五九九	三、九〇六	二五、六九三		
歳入合計		一〇五、九一二		一〇五、九一二	七〇、四一二	三五、五〇〇		

0034

歲出經常部

預算說明

款	項	預算額	本年度預算額	前年度預算額	比較 增	比較 減	附記
一、祭祀料		六〇〇元	六〇〇元	四〇〇元	二〇〇元		
	一、祭祀費		六〇〇	四〇〇	二〇〇		
二、縣公署費		三七七五六	三七七五六	二七三七一	一〇、三八五		
	一、俸給	一三九二〇	一三、九二〇	一〇、〇八〇	三、八四〇		
	二、雜費	一〇四八〇	一〇四八〇	六、七六〇	三、七二〇		
	三、旅費	一、二〇〇	一、二〇〇	一、六九〇		四九〇	
	四、需用費	九一五六	九一五六	六、六二一	二、五三五		
	五、修繕費	六〇〇	六〇〇	七二〇		一二〇	
	六、調查費	一、二〇〇	一、二〇〇	三〇〇	九〇〇		

33

000069

机密

	七、機密費	一、二〇〇	一、二〇〇	一、二〇〇	
三、警察費		五四〇、三六	五四〇、七六	三五三、六〇	一八、七二六
	一、俸給	三七〇、二〇	三七〇、二〇	二五一、四〇	一一八、八〇
	二、雜給	一、三四八	一、四四八	九六〇	六八
	三、旅費	一、二〇〇	一、二〇〇	一、二〇〇	
	四、需用費	三、八〇八	三、八〇八	七四六〇	五三四八
	五、機密費	一、二〇〇	一、二〇〇	一、八〇〇	六〇〇
	六、討伐費	六〇〇	六〇〇	六〇〇	
四、教育費		六、九二〇	六、九二〇	三、八〇四	三、一一六
	一、小學校費	六、九二〇	六、九二〇	三、八〇四	三、一一六
五、電話局費		三、六六〇	三、六六〇	一、三二〇	二、三四〇
	一、電話局費	三、六六〇	三、六六〇	一、三二〇	二、三四〇

000070

科目 款	科目 項	預算額	本年度預算額	前年度預算額	增	減
六預備費		一、〇〇〇	一、〇〇〇	二、一五七		二、一五七
	一預備費	一、〇〇〇	一、〇〇〇	二、一五七		二、一五七
經常部合計		一四〇一三九				

歲出臨時部

預算說明

科目 款	科目 項	預算額	種目	本年度預算額	前年度預算額	增	減	附記
一營繕費		一九〇〇		一九〇〇				
	一建築費	三〇〇		三〇〇				
			一縣立小學校建築補助費	三〇〇				第五六七區三校建設補助費
	二修繕費	一六〇〇		一六〇〇				
			一警察修繕	一六〇〇				各區警察署建物修繕費

0035
35
000071

一五

臨時部合計	一九〇〇		一九〇〇
歲出合計	一〇五九一二		

第四章 警察 治安

第一節 警察

第一項 警察沿革

本縣警察由民國四年以護邑隊改編設立迄今已二十年迭經歷任主官及警務当局幾度擴充祗以限於地方財政不足終未達到完善目的至大同三年一月現任縣長與參事官到任後鑒於原有警力單薄而且警員知識能力缺乏乃遵照治安維持会要領採取汰弱留強之法將原有行政警察及警察大隊先後裁撤完全遣散另行採用優良之警員除警務局職員外計增設官警三五名分置七署嵩司地方行政職務及治安工作並按各區面積之大小人口之多少平均

000072

00036

分配警察員額甘是警力稍敷支應地方秩序漸克維持所有歷次沿革
及現在組織行政区劃另列詳表於次

(一)民国七年警察所單独設立时之配置狀況

警察所	城區	縣城	所長以下十二名
第一分所	第一區	独木河口	官警七名
第二分所	第二區	倒木溝	仝
第三分所	第三區	荒崗	仝
第四分所	第四區	清和鎮	仝

(二)民國十九年一月警察所改為公安局时之配置狀況

局(分局)名	区名	所在地	局長分局長姓名
公安局		縣城	局長金寶山
第一分局	第一區	縣城	分局長李文升
第二分局	第二區	倒木溝	分局長黃兆琳
第三分局	第三區	荒崗	分局長齊魁禎

37

000073

第四分局	第四區	清和鎮	分局長楊春元
第五分局	第五區	独木河口	分局長李孟才
特別区	即現第六區	独木河沟裡	为胡匪高玉山佔據

一六

(三)大同二年一月佐藤指導官改編警察之配置狀況

局署名	局長	署長	巡官	警長	警士	計	夫役	所在地
警務局	正警 孟德山	副 張振海 謝昌倫	三	三		九	二	縣城
第一署		張人驥	三	二	五	一一		縣城
第二署		楊子臣	一	一	三	六		通化鎮
第三署		黄兆珠	一	一	三	六		荒崗
第四署		王玄乾	二	一	六	一〇		安樂鎮
第五署		李孟才	一	一	四	七		独木河口
合計	一	七	一一	九	二一	四九		

并有警察隊組織於次

警察大隊隊長李度雲
- 第一中隊隊長高玉山(虎林縣)
  - 第一小隊約五〇
  - 第二小隊約五〇
- 第二中隊隊長宋洪山(黄咀子)
  - 第一小隊約五〇

000074

0037

四、自縣長到任後对現警察之配置状况

局署别	警正	警佐	巡官	警長	警士	雇員	計	夫役	駐在地
警務局	孟德山	張任[illegible]、郎景倫	馬幼樵、王立進			三	八	二	县城
第一署		李魁武	王鳴進、莊鳳鳴	三	二〇		二六	二	县城
分駐所			顏明寬	三	一六		二〇	一	县公署
第二署		王浩普	李厚賓	二	八		一二	一	通化鎮
第三署		黄傅芳	孫澤民	二	八		一二	一	灣子
第四署		常煥章	房佑勳	二	一二		一六	一	安樂鎮
分駐所			孟昭宣	一	九		一一	一	清和鎮
第五署		張旭武	鄧心恆	二	一〇		一四	一	獨木河口
第六署		毛[illegible]	李孟才	二	一六		二〇	一	獨木河西街[illegible]
第七署		黄兆琛	馬仲三	二	一六		二〇	一	三人班
計	一	九	一二	一九	一一五		一五九	一二	

除前項行政警察外因感警力仍是單薄治安狀況不能確保乃經呈奉省公署於本年六月自濱江撥進游動警察隊九十名專司武裝剿匪職務此項警員到達後警力立見強化对於地方之安寧秩序今後重賴保持矣

第二項 訓練情形

本縣警察向因未受相當教練故其知識能力甚形缺乏現在為求警員知識向

000075

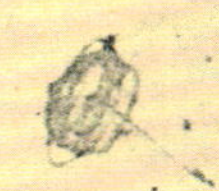

上起見曾於本年三月間設立警察臨时練習所一處其課程由各指導官担任學員各區現任警員輪流抽調前來肄業凡長警年在二十歲以上三十歲以下通達文字素無宿疾嗜好者為合格規定授業二個月為一期藉增淺識将來警員教育普及則知識增長能力自然提高而地方警政自然日見發展矣

第三項 保甲法實施

当時按照保甲制度編成保甲牌並設立自衛团二百六十名各区第一二三四六七区自衛团团員均係有給職薪俸概由地方地畝内抽收按月發給之現在第二区因地方無力担負給費共团員二十名完全取消裁撤第三区亦裁去团丁十九名其餘均照舊設並未增減将來擬按保甲法抽丁办法按户抽丁以減民間担負所有团員額数及保甲牌組織已附表分别記載之

000078

0038

（一）康德九年一至十二月份自衛团員之配置

区分	团別	团員数	駐在地
第一區	自衛团	三七	縣城
第二區	〃	二〇	阅江鎮
第三區	〃	六一	荒崗
第四區	〃	一〇二	安樂鎮
第六區	〃	二〇	独木河東街基
第七區	〃	二〇	三人班
計		二六〇	

（二）康德十年現在自衛團團員之配置

區分	團別	團員数	駐在地
第一區	自衛團	三七	縣城
第三區	〃	五二	荒崗
第四區	〃	九〇	安樂鎮
第六區	〃	二〇	独木河東街基
第七區	〃	二〇	三人班
計		二〇九	

000077

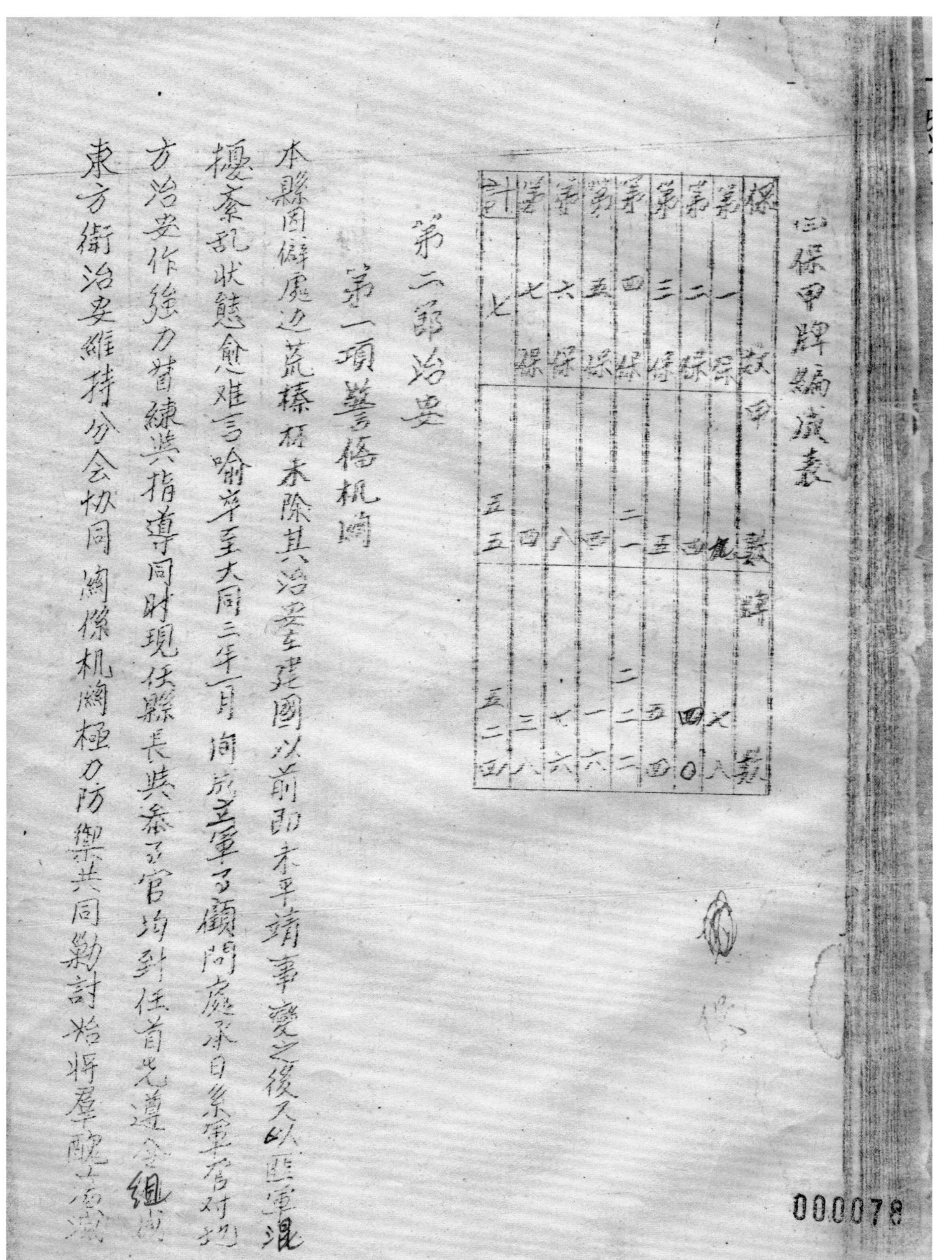

（三）保甲牌編成表

保数	甲数	牌数
第一保	九	六八
第二保	四	四〇
第三保	五	五四
第四保	二一	二二二
第五保	四	一六
第六保	八	七六
第七保	四	三八
計 七	五五	五二四

第二節 治安

第一項 警備机關

本縣因僻處边荒榛莽未除其治安在建國以前即未平靖事變之後又以匪軍混擾秦亂状態愈难言喻卒至大同二年一月间旅立軍及顧問處日系軍官对地方治安作強力訓練與指導同时現任縣長與參事官均到任首先遵令組織東方衛治安維持分会协同滿係机關極力防禦並共同剿討始將厞醜[illegible]

000078

秩序恢復迄至今日已趨入建設途徑漸呈升平景象查敝縣現在情勢就現有兵力如日滿陸軍警察自衛团等分配駐守頗亦足以保持縣境之安謐矣茲將兵力配置狀況分列如次

國友軍及地方自衛团駐紮地方員數及駐紮日期調查表

種別／駐在地	國軍 名称	國軍 開始駐紮日期	國軍 人數	日軍 名称	日軍 開始駐紮日期	日軍 人數	自衛团 名称	自衛团 成立日期	自衛团 人數
縣城	第二十一旅旅部	康德元年八月十五日	三九名						
〃	騎兵機關槍連	〃	八二						
〃	野炮連二排	〃	九二						
〃	騎兵三連一排	〃	八四						
〃							第一区自衛团	康德元年二月八日	三七名
安樂鎮	第三十六團	康德元年十月十一日	一九	滿鐵守備隊	康德元年十一月十二日	二〇名	第四区自衛团	〃	一〇二

000079

地點	部隊	日期	人數
〃	騎兵二連	康德元年十月二日	二三〇
柞木崗	騎兵一連一排	〃	一四〇
楊木橋子	騎兵三連一排	〃	二八
楊家店	騎兵一連一排	〃	二八
九排	騎兵二連一排	康德元年十一月一日	五八
清和鎮	步兵二營機關槍連	康德元年九月一日	八二
獨木河西街基	步兵二十八團	〃	一九
獨木河東街基	步兵六連一排	〃	七〇
〃	迫擊砲連	〃	七八
馬鞍山	步兵六連一排	康德元年十一月十日	三四
三人班	步兵六連	〃	六二
〃	步兵三連一排	〃	三四

第六區自衛團 康德元年十一月八日

一九

二〇名

000080

0040

〃									
炮手营	步兵六连一排	〃	七〇						
武林洞	步兵三连一排	康德元年十月二日	七〇						
〃	机关枪连一排	〃	二〇						
七里沁	步兵连一排	〃	三四						
通化镇	步兵五连一排	康德元年九月二日	三四						
四道迷子	〃	〃	三四						
阁江镇	〃	〃	三五				第二区自卫团	〃	二〇
漉子	步兵六连一排	康德元年八月二日	三四						
北大林子	步兵六连部	〃	七〇						
荒岗							第三区自卫团	〃	六二

45

000081

000082

合計	一五八〇	二〇	二六〇
說明	查本縣兵力除警員另附前表外而本表日滿陸軍及自衛團丁共為一千八百六十員加警察二百四十一員總計二千一百〇一員分駐於二十個村鎮均合配佈情勢尚稱周密合併敘明		

第二項 匪賊現狀

查本縣当康德元年度各区境内盗匪充斥大股者約達二千餘名如謝文東周雅三魯祥王福森等邦猖狂異常截至今茲均已剿除或竄逃他縣目前尚有者不过小股土匪三五十名不等其匪首如武陽安新起意合長勝宝山等是也合計不过四百名散在山裡出沒無常曾經會同駐軍暨各警团协力搜剿並实行十家連坐法認真清查户口則宵小無處潛伏匪勢日見消滅治安較前頗告安謐

0041

第五章 產業

第一項 農業

產業乃國家資源之主要素，興則民裕，枯則本竭，此所以任何國家對於產業之發展，一途從無稍存忽視者也，況本窮處孔公私交困之縣地方乎。獨是吾縣就農業方面觀察，則於地質上實含有一種缺點之特徵，要即地非膏腴，土質磽確，根本竟已失去幾多天賦之地利，故於農耕作業，終難期其美滿結果。兼之僻處邊徼，交通不便，往者之治安又不能確保，夫不利之田疇，肯耘勞不安之境，周不遑處，以致縣境荊棘遍野，阡陌寥落，垂二千餘年之設治歷史，迄今生聚卒未興者，其主因大有在焉。以全境可耕地總達四〇八八六畝之廣，而既墾地僅在二、七五四畝之微，是尚不及二十分之一，其墾務之不振亦可概見。抑於農產之薄弱，鄉村經濟之枯窘，誠皆固然者也。尤以自來地權不清，人民祇圖目前敷衍生計，遑恤其他，因而影及課賦之征收，更非淺鮮。試觀既墾之地上萬餘畝，其已報賦升科者不過三千餘畝，則或非地權所有者欲報賦升科

000083

000084

內未可能者或則墾地含於拾墾章則一任比權負無應付者蓋此等墾戶多屬內地貧極之試原來肩行李數口骨肉貿然奔趨為饑寒之所迫不問官私誰何之土地享有墾權以維其生既無地权何由比賦類斯者正多矣其沒大氣力廣墾博穫為意中可所以本縣農産自來不充年稔之秋僅供自給一遇災祲立告饑饉者此亦一重大原因也容思欲挽此弊必俟政府地制頒定而後澈底釐清以正地權同时交通殊不便利廣徵墾民改良農耕作法則十年修養縣勢可達中平也

住茲將農業机関沿革及農作物概况列表如次

(一)縣農会沿革大要

(1)設立年月日：民國九年三月成立

(2)沿革：查本縣農会未成立以前農業事務均由各區保衛團兼办遂致各自為政不相連絡，后至民國九年三月由地方紳董李慶雲、景其科、刘積中等首出創办，將各區農事連絡一致，組設縣農会。第一期正会長刘積中，副会長

00042

景其科連任八年至民十七年改選顧仲柏為正会長，景其科為副会长。洞大同元年虎境被匪盘踞，而顧会長於同年秋為匪所戕，会務以副会長任成寿代理至康德元年十二月，会務日繁，改選劉積中為正会長，景其科為副会長。此沿革之大概也。

(3) 農会組織、查本縣農会現以正副会長各一員，文牘兼会計一員，庶務一員，会董七員，会員二十員而組成之。

(4) 現在狀況、查本縣農会於事變後匪軍軍擾，昕代農会担任雜項費用頗鉅，以致虧欠过甚，並因各區民戶拖納無如，近来天災人禍相逼而来，地方贅斯凋瘵極点，該会現況頗呈困頓，对農業振興殊無講求能力也。

(二) 普通農作物

康德

種別	年産量	種別	年産量
黄豆	二五八〇石三斗	水稻	七三〇石
小豆	五六〇	陸稻	二〇〇
吉豆	一八〇	雜粮	二〇八九

000085

元年冬調查

其他豆類	高粱	谷子	包米	小麥	大麥	稗子	蕎麥
七二〇	一八六六	二七八九八	一八二六一	五八〇	五〇二	二二〇	二一〇

(三)特用農作物

康德元年冬調查

種別	年產量	種別	年產量
菸葉	二八、〇〇〇斤	瓜子	
青麻	六、九〇〇	蔬菜	九六〇、〇〇〇斤
線麻	四、八〇〇	其他(野菜)	二〇七、三四五斤
小麻子	一八斗		
蘇子	四八斗		
芝麻	三〇斗		
落花生			

-00008

0043

（四）農產物每石現時價格

種目	大同元年	大同二年	康德元年	康德二年
大豆	五元 〇〇	八元 〇〇	九元 〇〇	一五元 〇〇
高粱	五 〇〇	六 〇〇	七 〇〇	八 〇〇
谷子	四 〇〇	六 〇〇	八 〇〇	一〇 〇〇
小麥	二五 〇〇	二六 〇〇	二八 〇〇	三〇 〇〇
蕎麥	一〇 〇〇	九 〇〇	一〇 〇〇	一〇 〇〇
大麥	三 〇〇	二 〇〇	四 〇〇	八 〇〇
玉蜀	三 〇〇	四 〇〇	七 〇〇	一〇 〇〇
小豆	四 〇〇	六 〇〇	七 〇〇	九 〇〇
水稻	二〇 〇〇	六 〇〇	二〇 〇〇	二四 〇〇
陸稻	一四 〇〇	一二 〇〇	一三 〇〇	一五 〇〇

000087

(五)每垧大豆收支比較　　康德元年冬調查

品名	摘要	數量	單價		金額	
穀物	大豆	2石5斗	斗	9角	22元	5角
基桿	豆桿	300捆				
其他						
收入合計					22	5

種類		摘要	金額			種類	數量	金額	
籽種		1斗	1元	角	公課各物稅	畝捐	1年	元	6角
施肥	肥料					車牌捐	1		2
	送糞費					牲畜稅	1		3
	散糞費					村公費	1	1	3
播種費	前作株處理	1工		8		總隊部費			
	壓地	1		8		出產稅			6
	播種費	2	1			地方稅			5
	鎮壓	半工		5		奬學稅			
除草及培土	第一回	3	3			公營捐			2
	第二回	2	2			商務費			
	第三回					特別捐			
收穫	收穫費	3	3			其他			8
	運搬費	1	2		生活費	被服費	1年	1	2
	調整	1	1			營繕費	1	1	3
販賣費				2		其他		1	4
農具償却			1	5					
租賦				8		合計		25	2
備考		查本縣所產大豆平均每垧產二石五斗單價9角合值22元5角一年共支25元2角淨賠2元七角是按自作農核之合併聲明							

（六）土地現市價格

種別	最高數	中平數	最低數
旱地	七〇元	六〇元	二〇元
水田	一〇〇	八〇	五〇
山林	五〇	四〇	一五
宅地	一〇〇	八〇	六〇

地畝以畝爲單位

山林係指私有者而言

附記：全縣地質以一二三等區水窪濕地居多因積滁日久地性多變爲白鹻土不甚適耕五六七等區因近山澗故多含有沙石之粘土質尚堪耕種其土地最佳者首屬四區境內全爲腐植質土性瀕河兩岸且爲沖積土地味肥沃其適農耕種植素爲本縣農産之中心今之商租範圍是也

第二項 商業

本縣商業因遭兵匪連年交鬨之害損失已至賠累不堪縣長蒞任以來力加維持至今始漸恢復舊觀肅清匪患現在營業雖無盈餘然尚不致賠累欲望本縣商業得其充量之發達勢非至續鐵路暢通俾水陸交通互相銜接之後不易爲功現在

000089

仍在守関抢残之喘息时期兹将现在商业机关沿革及商行状况附表如次

(一)縣商会沿革大要

(1)設立年月日　於民國四年四月成立

(2)沿　革　查本縣商会雖係於民國四年設立初無会長之称而以總理名義主持会務迨民七年奉令改商会組織將總理改為会長洎民十八年復奉令將商会改為委員制改称会長為主席內分執行監察兩部及康德元年又奉令恢復商会舊制仍選任正副会長經理会務此商会沿革之概要也

(3)商会組織　查縣商会現以正副会長各一員文牘一員会計一員稽查一員会董八員会員十三員而組織之

(4)現在狀況　查縣商会於事變後商業備受蹂躪今猶喘息未蘇形勢蕭

000090

0045

二）宽城商工业资金阶级概况表

康德二年八月　日

地域	资本阶级	资本金额	户数	商行内容摘要
	一等	六〇〇〇	一	雜貨商
	二等	五〇〇〇	六	〃
	三等	四五〇〇	一	藥行
	四等	四〇〇〇	一	雜貨商
	五等	三二〇〇	一	〃
	六等	三〇〇〇	四	糧貨三家油坊一家
	七等	二五〇〇	三	雜貨商
	八等	二〇〇〇	二	〃
	九等	一六〇〇	一	〃
	一〇等	一二〇〇	二	〃
	一一等	一〇〇〇	二	寓棧一家食堂一家
	一二等	八〇〇	二	雜貨商
	一三等	五五〇	一	〃
	一四等	四五〇	一	澡塘
	一五等	四〇〇	二	雜貨一家澡塘一家
	一六等	三六〇	一	藥鋪
	一七等	三五〇	一	雜貨商
	一八等	三〇〇	四	茶食店三家藥鋪一家
	一九等	二五〇	一	鞋鋪
	二〇等	二四〇	一	木鋪
	二一等	二〇〇	八	雜貨四家旅館二家洋鐵鋪一家鞋鋪一家
	二二等	一〇〇	二三	雜貨床子十一家飯館[illegible]家[illegible]
	二三等	八〇	二	飯店
	二四等	七〇	一	理髮家
	二五等	六〇	一	飯店
	二六等	五〇	二六	飯館[illegible]家雜貨床子十五家[illegible]二家[illegible]
	二七等	三〇	二〇	飯館八家洋鐵鋪五家飯館七家
合計			一一九	
第二区	一等	四〇〇〇	二	雜貨商

俟地方治安达到完满铁路交通早日实现则商业尚可为之一振兴

000091

	二等	三〇〇	一	雜貨商
	三等	二〇〇	一	〃
	四等	五〇	一	飯店
合計			五	
第三区	一等	六〇〇	一	雜貨商
	二等	三〇〇	一	〃
	三等	二〇〇	一	〃
合計			三	
第四区	一等	一〇〇〇〇	二	燒燬
	二等	九、〇〇〇	一	雜貨商
	三等	五、〇〇〇	二	雜貨商皮貨商各一家
	四等	三〇〇〇	一	雜貨商
	五等	二五〇〇	二	〃
	六等	二〇〇〇	三	〃
	七等	一六〇〇	一	〃
	八等	一五〇〇	二	〃
	九等	一、〇〇〇	一	〃
	一〇等	九〇〇	一	〃
	一一等	八〇〇	一	〃
	一二等	五〇〇	四	雜貨藥行各二家
	一三等	三〇〇	八	雜貨六家茶食一家米舖一家
	一四等	一五〇	二	鉄炉药舖各一家
	一五等	一二〇	三	药舖
	一六等	一〇〇	六	茶食二家洋貨舖一家皮貨一家煤炭舖二家
	一七等	五〇	一七	飯館七家鉄炉三家茶食三家屠宰二家药行豆付坊各一家
	一八等	三〇	三	洋鉄舖二家飯館一家
	一九等	二五	一七	切面二家鞋商二家雜貨[illegible]各[illegible]家豆腐[illegible]商[illegible]三家
合計			七七	
第六区	一等	二〇〇	一	雜貨商
	二等	一〇〇	三	〃
	三等	五〇	一	飯館
	四等	二〇	一	豆付房
合計			六	
總計			二一〇	

燒

（三）商業貨品現前價格

品名	冬季 數量	冬季 平抑市價	夏季 數量	夏季 平抑市價	備攷
大布	每尺	元一八角	每尺	元一七角	
花旗布	〃	二四	〃	二二	
線呢	〃	三四	〃	三二	
人造絲製品	〃	三〇	〃	二五	
絲製品	〃	八〇	〃	七五	
針織品	一個	一〇	一個	〇八	
化粧品	每瓶	七〇	每瓶	六〇	
膠皮足袋	每双	九〇	每双	八〇	
棉花	每斤	七〇	每斤	六〇	
棉線	〃	一〇〇	〃	八〇	
各種糖	〃	.一六	〃	一五	
鮮菜	〃	八〇	〃	二五	
煤油	〃	二〇	〃	一六	
面粉	〃	一二	〃	〇九	
烟草	每盒	〇七	每盒	〇六	
豆油	每斤	一四	每斤	一五	
燒酒	〃	一八	〃	一六	

000093

豆餅	粳米	雜糧	糖製食品	食鹽	罐頭食品	紙	紙製品	各種酒品	火柴	磁料品		
每片	每斤	〃	〃	〃	每甬	每斤	每百張	每瓶	每包			
三〇	〇七	〇二	六〇	一〇	五〇	一〇	二五	四〇	一〇			
每片	每斤	〃	〃	〃	每甬	每斤	每百張	每瓶	每包			
四五	〇八	〇一五	四五	一二	三五	一〇	二〇	三〇	〇八			

第三項工業

本縣工業極不發達除四區有燒商三家专以所産包米釀製白酒外餘者無非鉄炉木舖藝爾理髮油房等均係小本經营人工造作並無利用機器者市肆不典故工業前途一时亦难發展也

000094

第四項林業

本縣森林在一二三四等区者均被砍伐殆尽惟五六七等区尚有森林十八處松樹約占三分之一雜樹約占三分之二計共面積五萬一千六百九十餘垧均係國有林業現已遵令禁止砍伐中將来如何開發惟听政府指示辦理此亦本縣境內天然富源

第五項水產

查本縣適處為蘇里江右岸又有松阿察河大小穆稜河七虎林河阿布沁河獨木河諸水貫澈其中按之生產而言对於漁業一途早應發達云如交通不便銷運艱难更兼歷來官府不加提倡人民罔知謀業以故諸大水產沉浮於東流之中寧非可惜自縣長到任以來曾經詳加考查然以大穆稜河內水勢平穩魚產特丰大數人公用舊式方法精設魚梁子有四处處再次而以鈎網捕釣每年約計出產边花魚鯉魚各三萬餘斤鰱魚六[illegible]鰲花魚二萬斤鯽魚七萬八千斤黑魚四萬五千斤雜

000095

魚一萬三千斤再即烏蘇里江年可捕出大麻哈魚二萬餘斤此項魚産僅供當地需用因交通不便故不能向外輸暢銷若一捕獲過盛即有供勝於求之患非特不能營利反以虧害暴棄致遭賠累此所以水産不興之一大原因也將來鐵路築成以後魚業方法加以改良國家再有奬勵提倡之方策則本縣漁業前途發達正未有艾

第六項 牧畜

查本縣牧畜事業亦不興旺一般農民所有飼養之家畜家禽如牛馬羊豬鷄鴨等原不過均為自家需用為限一無當作牧養營業者事變以來前受匪類殘害其損失不下有三分之二迄於現在餘存之家畜家禽數目亦屬無多附表以次

家畜家禽調查表

種別／區別	馬	牛	騾	驢	豬	羊	犬	鷄	鴨	鵝
縣城	三五	一四	一	一	四五	二五	八三	一二〇	八〇	五〇
第一區	一五五	七一	一三		七四		一八〇	三一六	一一三	一〇

0048

第二区	四七八	二一〇	一	[illegible]	六八六	一三	三〇三	五九九五	二三八	八八
第三区	四一三	一四九	三	一	一四三	[illegible]	七三三	一〇五八	二八六	三七
第四区	三〇二一	六三八	一二五		一三八九	三	一四二一	三九八	一九二六	九〇
第五区	一〇六	七一			八四		八四	九九		
第六区	六九	五一			一八二		一四七	四五七	一八	
第七区	七八	五一	三	二	一六八		三九五	三二〇	四二	
合計	四三五五	一二四五	一四六	四	五〇四〇	四一	六八五五	一九六三	二六七二	二七五

第六章 交通

第一項 陸路

查本縣主要陸路厥為宽盛一綫歷年結束之後江航斷絶去省去京悉出此路故以之增為國道六是不可比此路自縣城發端運至盛山交界之老爷窝地方接入盛山縣道為止全長一百七十五里寬二丈八尺係民十七八九三年間本縣官督商

000097

農協力與密山縣修之弧形土路也 其行程去縣城西南二十里首經鄉村高乃營又五里而李家店十里而杜家店二十五里而楊木橋村渡過楊木橋河又二十五里而樺木崗又二十五里而達安樂鎮西行十五里而至清和鎮五里而富太東十五里而蘇尔德二里而过大穆稜河渡口十三里而經小山三里復过小穆稜河渡口再十二里而依老爷窩為縣境終点矣计經二鎮八村三道河口由老爷窩距密山縣城百二十里由密山而臨梨樹鎮三百六十里則是虎梨间距六百五十五里均屬旱路平时皆以馬車通行極称困頓必待河水成冰始有私營汽車駛来運輸平均每日可以往復二次須經二十四小时而抵梨樹鎮改乘火車復須三十六小时可達濱江省城由縣城至梨樹鎮每一人汽車乘費二十元火車至省每一人約需三等乘費十三元是由本縣去省途程總長一千四百餘里閲时六十小时耗資三十四五元方可達到此就交通之最致捷者餘如虎饒縣道由縣城至饒河交界之七里星路長一百六十里虎清縣道至寶清交界之義順號三百六十里又虎密縣道至密山交界之鳳凰德二百五十里又

000098

0049

縣屬各區道由縣內東南三一區荒崗起縱貫二四兩區而至西北七區之三大路為止
計長二百六十里以上四路總長九百五十里疇昔俱未修治幾同蜀道坎坷萬分
非冬期駕駛雪橇不得一往直前若待春融解凍泥水成渠舍步履跋涉斷難通行
縣長到任以來良以交通乃一縣命脈暢阻則文野繫之處茲荒僻閉塞之中
宜其政治經濟都難發展刻當王道實施之際尤不能不效法周道康莊普現
於邊疆樂土之上而與赤化之鄰邦爭放國色爰將四路建築方案以及工料費額
等項分別編具計劃書圖業經呈報省署核定并請援助經費要望在案至於能
否奉准尚未可知但此誠為全縣官民所同深期待者也所堪慶幸者今當
政府對於本縣安樂鎮與梨樹鎮間之鐵路接綫刻正積極建築中預定本年
八月當可完成將來實行通車時則本縣人民叨沐福利自非淺鮮抑猶企望
者以安樂鎮尚距縣城一百二十里此段交通仍為不便且縣城宜居偏端寔為
物貨集散中心如能將鐵路延至縣城使當水陸交通之樞紐則縣勢益見

000099

63

二九

勃興邊前戍為邊疆重鎮可与對岸俄屬之呢嗎以相抗衡絶無遜色尤於國防邊政經濟民生俱關切要為國為民同殷此望

第二項 水路

本縣既濱烏蘇里江右岸而水利航權又為滿蘇所共有故每自四月底解冰後起以迄九月底水漸結凍止其間五個月之時期向與哈爾濱輪帆互通凡百貨物悉賴灌輸軍艦亦不時駛駐游弋鎮懾同時大小穆稜七虎林阿布沁諸河流全通舟楫轉入大江來縣從事於物質散集之工作當是時也輪泊江城帆楊河川脈絡貫通精神煥發縱陸路未能同諸水路併馳齊驅然亦足使吾縣形勢丕振生氣勃發一般商店均於斯際購儲百貨以備十月後江封輪絶閉塞期間而坐行銷售也惟是斷航時期攸長又兼商户數不能居為儲藏以故每屆初春不待輪艦重來物質已告匱乏或則虽有價亦奇昂寔於社會生計損害殊甚事變後本縣及沿江各地因被匪軍陷害己一

000100

0050

年之久不克通航，縣内閉塞已極，鄉質尺缺，民不聊生，所多惟以交通是盼，不意久旱之望雲霓。迨至大同三年始將匪患解除，航政恢復，始准派定數輪常川航虎，而虎哈間水路路程二千二百餘里，航行速者七八日可達，稍遲緩須十餘日，平均每一星期可到客輪一隻。由哈至虎三等乘費每人十元零八角，二等加倍，普通客貨每一甬（三十斤）運費七八角，特貨九角，由哈起航至虎為之終点，對於載運上既不能專輸虎哈兩地客貨，若其混合收費，則運虎之貨勤受沿江各地貨物之擁擠，不克遂意而來，延誤至最後，封江亂致躭擱難以運到，其結果必昔缺貴，是即社會間感受交通不便之影響也。對此極扒敦請航政方面予以調齊焉。

第三項　航空

本縣自康德元年秋始與哈尔濱通行定期郵航，每星期五日到着一次，專以傳遞郵訊為使命，不收包裹，主要官員遇有緊急公務亦可給費達

000101

乘軍用機有時亦到但係專辦特務與地方交通不生關連

第四項 郵政

縣城設有三等郵局一處歸哈尔濱郵政管理處統轄之内置局長一員信差二人郵差三人衹通郵件不辦匯兑普通郵訊極感困滯歷來與哈埠通訊夏季以水運傳遞約需十四五日可達冬季江封後即以陸路轉遞由虎林至梨樹鎮如用早班（馬車或雪橇）則到哈亦須十四五日若用汽車則須六七日是為郵遞最敏捷者至於營業狀况每月約發出平信二千件掛號信四百件航空二百件包裹二十件共可收費三百餘元惟因本縣既無中央分行郵局又不通匯實於商民滋困且夕近聞該局為應付一般社會之需求起見將擬呈請總局准開匯兑云

第五項 電信

縣城原有電報分局一處現已奉令改為電信電話株式會社仍歸哈尔

000102

0051

濱電信電話管理處統轄四五局長一員處理局務工事二人专司修理线杆等工事配達手一人作局內雜役該局名為電信電話机關實則僅管電信一事而已其電話業務未曾辦理至於電信一事施行中就有多太之不便利例如由縣城向哈爾濱拍電轉折甚多不克迳達必須由本縣轉至饒河饒河又轉至撫遠撫遠轉同江同江轉富錦富錦至富之後始可迳達哈埠是一電信之通必須兩日行程此就捷者若遇各地線桿發生任何故障時則動恨日期自不可計而自哈拍虎之電亦必轉折如前以其通電不速業務甚為頹廢潮增航空以來該局益受影響每月收費平均約計六十元左右其業務狀况可想見諸

第六項 電台

三十 關於無線電台祇有駐縣城內軍事顧問處設置軍用收音机一架專為軍事通訊利器對於社會消息概不傳播

000103

第七項、電話

本縣電話事業乃係地方組設暫歸縣公署辦理者當大同二年以前僅有虎饒一綫原係利用電信綫勉可通話洎大同二年一月間縣長到任起鑒於荒僻地帶匪乱無常消息如不灵敏急難之時何以應援於是極積策劃務期完備斟酌緩急情形分為四期建設第一期為縣城與四區安樂鎮一段并由該鎮轉接密山並使通話第二期為縣城與六區（獨木河西街基）轉至七區（三人班）間樹桿掛線已於二月初完成第三期為五區之公司與（武林洞間）又由一區樺樹林子與二區通化鎮轉至三區荒崗以迄密山之楊木崗間二月底完成第四期為安樂鎮與通化鎮間電桿已經樹立因材料中缺尚未掛綫又由三人班延至炮手營間一段均待材料購到同時成功已完成通訊網矣更因業務漸次紛繁勢非專設處理机關不足以資應付周至故待三年度預算業批准時即行依照預算規定組織

000104

68

縣電話局成立後愈見起色矣附具電話草圖於次

第七章 金融

查本縣僻處邊陲設治較晚户口星稀又與赤俄接壤外華巨商大賈均行裹足不前而小本營業亦不過數十餘家向未設有銀行錢號及錢庄各金融机關溯自十年以前赤俄國体未更本縣產粮售於俄商者甚多金錢俄幣尚可輸入更有哈洋流通市面兼之商號附帶滙兌尤可周轉此金融最盛之時期也迨事以後兩國實行絕交粮石既無銷路生机由此頓絕加以灾患連年商民交困從前附帶滙兌之商號現已無力支持並將本縣市帖奉令收回以國幣為本位又無來源而金融之艱窘市面之蕭條寔有不堪言狀者也現在金融之寔情也倘由國庫提倡設立分行或暫貸款接濟則商民得賴昭蘇之慶政治亦來剝復之機蕞爾邊區得饒生氣藉此亦可招來墾民固此

000105

69

邊陲此未來之希望也

第八章 教育及宗教

第一節 教育

第一項 教育行政机關

查本縣教育行政机關成立於民國九年五月名爲勸學所置所長一人辦理一縣教育行政沿至民國十四年七月教育考成毫無進展因將勸學所長降格爲教育主任迨大同三年一月改組縣制遵將教育主任名義取銷編爲内務局教育股一部凡事依照定章而行教育行政始就軌道

第二項 學校教育之概況

本縣學校教育發軔於民國四年五月初設縣城國民小學校繼於九十兩年添設清和鎮安樂鎮國民小學校各一處迨十六年發展教育縣城及安樂鎮兩校添設高級各一班改稱縣城爲第一高初小學校安樂鎮爲第二高初

廿一

000106

0053

小學校清和鎮爲第三小學校次年八月添設通化鎮第四小學校十九年添設荒崗第五小學校該五校經費來源除一所縣城第一校由地方收捐處撥月支領其他四校各由本區自行負担事變以來經費支絀學生避難星散各校先後停頓自現任縣長下車伊始深以教育事關重要一般華人學子虛擲光陰良堪惋惜遂竭力籌款以促各校之恢復至三月一日已成立三校即縣立第一（完全）小學校縣立第二（完全）小學校及縣立第三小學校是也及八月又恢復第四第五兩小學校所有各校經費均由縣署發放之以免從前各區自負之困難并於可能範圍内期推廣教育務使兒童人人就學爲目的曾派專員調查現在全縣學齡兒童未就學者尚有二千五百零八名之衆擬由各區籌款創設區立小學校二十五處計分三十二班俾兒童隨地求學故於同年八月創設區立第一小學校九月創設區立第二小學校并改良私塾八處學生已達三百七十三名至康德二年春季始業全縣學生增至四百

7

000107

五六十名現仍極力計劃籌款擬再添設縣立独木河三人班名村之初級小學校以達教育普及之思想恢復本縣學校教育之大概情况也

第三項 社會教育

本縣因浩劫之餘經費奇窘恢復學校一途猶虞不逮而言社會教育定無餘力故對民衆教育館講演所圖書館閱報社等尚付闕如第念當茲日滿協和之際欲求文化民情精神恰洽則對日語之講習誠為不可或缺之事爰於康德元年七月間特在縣城小學校內附設日語講習所並贊助鮮民協會創設日語講習所凡此二處足供縣民分入學習至於教員揀選多由日系職員與譯員等義務兼任成立以來成績尚佳斯概社會教育之一班云尔

第二節 宗教

縣民普通宗教較為顯著者祇有佛教理教二種所謂理教者其集會

000108

00054

之場曰尊善堂附設城內約計信徒二百餘名每值會期則萃聚一堂專以勸戒煙酒為宗旨同為健康體育之道其意甚屬正確至於佛教一途學理淵深良非清心修養之士不得窺其門墻者一般信男善女雖多焚香禮拜奉祀惟虔但無非修求個身之福壽而已對於佛學意旨莫由得知此即所謂盲從者也餘如基督天主耶蘇等教縣內暫皆無有也

第九章　社會事業

第一項　慈善團体

處今王道國家仁愛之下激於民族協和互助精神凡關社會救濟事業誠為地方當前急務莫容或缺惟本縣僻處邊隅年來深受時代之影響淪湯不安之波及已屬官民交困殘喘餘生從不敢圖噎廢食稍涉敷衍然於實際設施之間其未克暢遂所願廣濟宏施者良亦情勢所深限者也本縣原

00010

並官公共濟機關祇有私人獲義善團曰直東会係民元年間本營旅此富善
之士捐資而成初無非救助本營同鄉為原則第善門既開亦未嘗不隨遇
施緣其基金係持方法蓋即購買縣城街基叁段劃分地號約租商人建修
市房按工程之優劣建費之輕鉅以為設定佔用年限之標準期滿卻將建房
無條件交還該会管業經租以作事業經費爲康德元年春縣署遵奉政府功
令力促救濟機關之劃一與夫社会事業之必備爰將該会改為地方慈善團
体名曰虎林縣慈善救濟院置正副院長各一經理一員工若干人凡有善士
以及地方正直紳董皆聘為該院董事名義院務無巨細悉由董事議決而
行縣公署有監督統轄以已建市房三十九間街基四號總計價值一萬五千七百元
為常備基金年可收益三千九百八十八元為事業經費院内附設收容所一部以收
養孤老殘疾無依之輩而重人道施療所一部以施診貧病引種牛痘時疫
藥品而拯貧危義地一處以施捨棺木抬埋標誌登簿存查而保遺骸此外

000110

臨時捐資風雪施衣種種設施雖非擧擧大業亦足以應濟一般急告急難此概實施之現狀也至於計劃方案項懇募添之習藝所濟良所育嬰所貧民學校等均在可能範圍力圖逐次實現中

第二項　義倉積穀

本縣四周人民稀少土地多未開墾以致積穀事業殊難厲行查此案係前民十六年間開始舉辦原定征收章每耕地一畝征谷五合全縣額征土地三千六百二十坰九畝三分預計每年可征谷一百八十一石之譜旋以征存之谷倉保存租積自建鎮遠去款而且本縣農村向打糧場谷類潮濕貯藏輒致腐霉損失堪虞因之改谷為錢每畝地折收吉大洋三分每年可額征一千零八十餘元其徵法歷年均隨田賦附征不費人員奔走之勞可收一舉兼得之功於是自民十六起迄至大同二年止歷時六載除民二十年與大同元年間因受變亂而致停征大同二年征又停減外總共征積谷款吉大洋四千八百十四元八角七分五厘按一三折成哈幣三千七百零三元

七角五分此款並未出貸自奉令經縣公署提收後業已交存殷實商舖保管
中此本縣前此辦理義倉積谷之大概情形也近復迭奉功令对於義倉之整
飭不遺餘力尤以实行征谷期符名実為要首因乃迭召倉長及地方士紳等
從長討議足綜眾成謂欲整个縣之義倉勢非建築倉廒仍征谷粮儲藏
備荒不足以稱基本符資遂擬將前存谷款移充建倉經費等情業經
検附工料預算書簡式等件呈請省署核示去訖至於能否邀准尚未奉令
如蒙照准当即速建倉廒為前題就中如大同二年康德元年民户積欠谷款
為数甚多又自本年五月以来居民迭罹水火交災瘟疫满目食宿無地
備顧
皇竟如喪家之犬呼籲乏門嗷嗷幾類東洲之鴻揆諸積谷原為救災之義
則既災歉無追征之可能正擬上書陳情暫請豁免

第十章 衛生

第一項 街市清潔

000112

0058

本縣建國以前並無衛生機關之組設對於辦理街市及鄉村等衛生事務統由警務局暨各警署負責辦理毫無成績迨康德元年夏季經召集地方官紳開會討議添設衛生組一處附置於警務局內由商民各戶按月征收衛生清潔費俾資購置衛生車馬器具以及僱傭清潔夫等用途專司掃除街市道路拉運一切穢物之工作並令商民等各於門外設置垃圾箱以盛塵芥每日午後則由清潔夫驅車收拾一次傾棄郊外商民私用廁所均令內置糞箱以免穢物四溢妨害清潔亦由清潔夫每七日運除一次以有覆蓋之衛生車運棄遠郊並規定每年春秋兩季照例由警察署普飭人民實行大掃除凡任何家屋各須實行清潔工作以重衛生至於鄉村衛生事宜責成區署檢查之自是本縣之衛生行政較前大為起色矣

第二項　預防檢驗

77

000113

本縣為預防疫癘傳染前曾擬定預防疫病條例分行各署屬飭遵
細心調查按旬具報遇有疫病發生首將患者隔離施以消毒治療以杜
傳染並於每年春季由縣公署揀派官醫分赴鄉村與人民施行防疫
注射三次為已復查縣城以前僅有滿人土娼六家妓女十一人業務頗為並
未實行檢黴辦法本年春季又增加朝鮮妓館二家妓女八人值此江運
開通地方日見發達而娼業亦呈活躍氣象為保持人民健康計对彼娼
妓實有檢黴必要乃自本年四月一日起由警務局指定醫士專司檢驗
其檢驗日期定為每月一日及十五日共兩次令各妓女齊投警局受驗倘
有毒性發生立即停止營業違則必究其缺點者以本縣自來並無醫
療機關僅有中西醫士五名兼理藥商者三人為慎重民命起見对此輩
醫士業經認真考試合格者方准領證作業否則概行取締以免庸
醫害人之弊此預防檢驗之大概情形也

下

000114

第三項 取締飲食及浴塘業者

查本县各飲食商舖浴塘屠宰諸業在昔均任自便漫無管理其妨害於衛生關係者不知凡幾今特規定取締規則責成各管警署切实檢查倘有飲食品腐爛不潔概行查禁售賣以防毒菌傳染至於澡塘設備尤須雅潔務合衛生為要旨凡遇傳染病者以及患各痲疮均不得入塘洗浴違則必罰以及理髮舖等均在衛生管理之例又本縣城內原有肉商四户前此因無屠宰場之設備对於畜類宰殺均在自家任作毫無限制乃於康德元年十一月間責成警務局嚴飭各肉商聚資建設私立屠宰場一處地在縣城西街空曠之地頗為適宜惟設備仍欠完善現正籌劃改良自此場設定以來凡為肉商宰殺之畜該場復派警察隨時監視稍有疫病之畜輒禁屠售以於人類健康不無補益云尔

000115

三六

第十一章結論

歷观本縣現勢已由混亂形態而展轉化為綏靖景象亦即不復沉寂的將擡踵逆進於建設途徑載治載興洽合时宜然而浩劫之餘已類矣百孔千瘡真元久乏其為政也範圍廣泛引經披緯必晰綱目其為治也端緒紛紜錯節盤根務審緩急矣知其緩急而後折衝調整雖沉痾痼疾不難以奏起復功也但泥末諸実施往往言其難則难重九鼎言其易而易如鴻毛者是又在人事策進之努力与否並財政源流之供量若何以為興廢利鈍之關鍵云尔要之事業成功雖賴立志而巧婦無米炊難為炊斯固実着問題良非徒託空言所克厥现成效者也職等嘗依現地时势幾經潜心研虑之餘乃得到应行補救之急公要政大抵有四一為可耕荒地应速轉民興墾也俾資開拓疆土發展產業而期活躍一般經济二為集团部落應速実施完成也俾以資助長

000116

三、伪满洲国的经济统治

伪吉林省长官公署为查禁私运面粉小麦出口给伪虎林县政府的训令（一九三二年三月二十日）

吉林省長官公署訓令虎林縣

事由	擬辦	決定辦法	備考
奉國務院電令飭屬查禁私運麵粉小麥出口一案令仰遵照查禁由			
附件			

號 第 字 文 收

訓令 字第 號 年 月 日 時到

吉林省長官公署訓令

民字第87號

令虎林縣

案照大同元年三月十五日奉

國務院刪電開荒亂之後民食爲重聞有私運麵粉小麥出口請即飭屬查禁等因奉此自應謹遵

院令嚴禁外運以維民食除分電外合亟令仰該縣即便

遵照辦理此令

大同元年三月廿日

長官熙洽

監印王者興

校對龔雲章

伪吉林省公署为禁运粮食出境事给伪虎林县政府的训令（一九三二年三月二十五日）

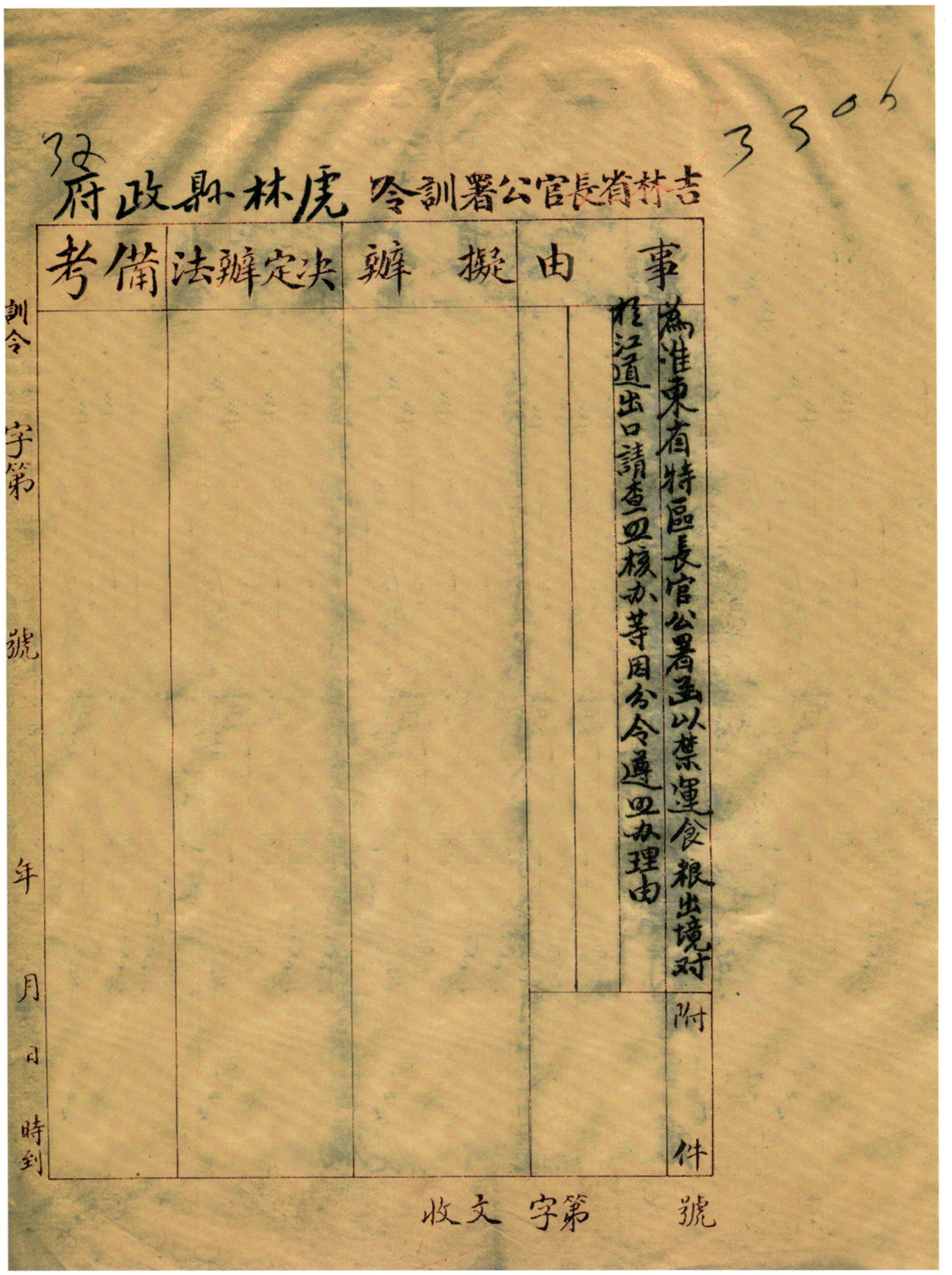

3306

32

吉林省長官公署訓令 虎林縣政府

事由	擬辦	決定辦法	備考
為准東省特區長官公署函以禁運食粮出境對松江道出口請查照核办等因令遵照办理由			
附件			

訓令 字第 號 年 月 日 時到

收文 字第 號

吉林省長官公署訓令

民字第147號

令虎林縣政府

案准
東省特別區行政長官公署函開查運糧出口曾經懸為厲禁值茲肇造新邦須培元氣民生疾苦以食為天此項禁糧問題關係尤為切要爰經本署召集各機關首領道裏外兩商会及糧業各法團代表開会討論食糧關係民生權衡輕重首以申令禁止輸出為宜即經議決酌收村於小麥紅糧麵粉等純粹之食糧無論在綏滿各站均應一律嚴

33

禁出口以維民食一俟本年秋收後體察情形再行斟酌辦理至禁運出境期內如有不肖商人偷運出境者查將運輸之糧即予扣留嚴行查究以儆奸回至於國境之內仍准商民自由運輸至若何限制黑河三江口等處之江道尤為出口要隘不久即將開凍惟隸屬貴省或江省應如何查禁以收共策共力之效除呈報暨分別函令外相應呈請查照核辦並希將辦理情形見復為荷等因准此除分令暨函復外合亟令仰該縣長即便遵照轉飭所屬一體查禁為要此令

大同元年三月廿日

吉林省長官公署印

長官熙洽

監印王肯綬

校對龔雲章

伪吉林实业厅为停征稻田水利保护费给伪虎林县政府的训令（一九三二年三月三十一日）

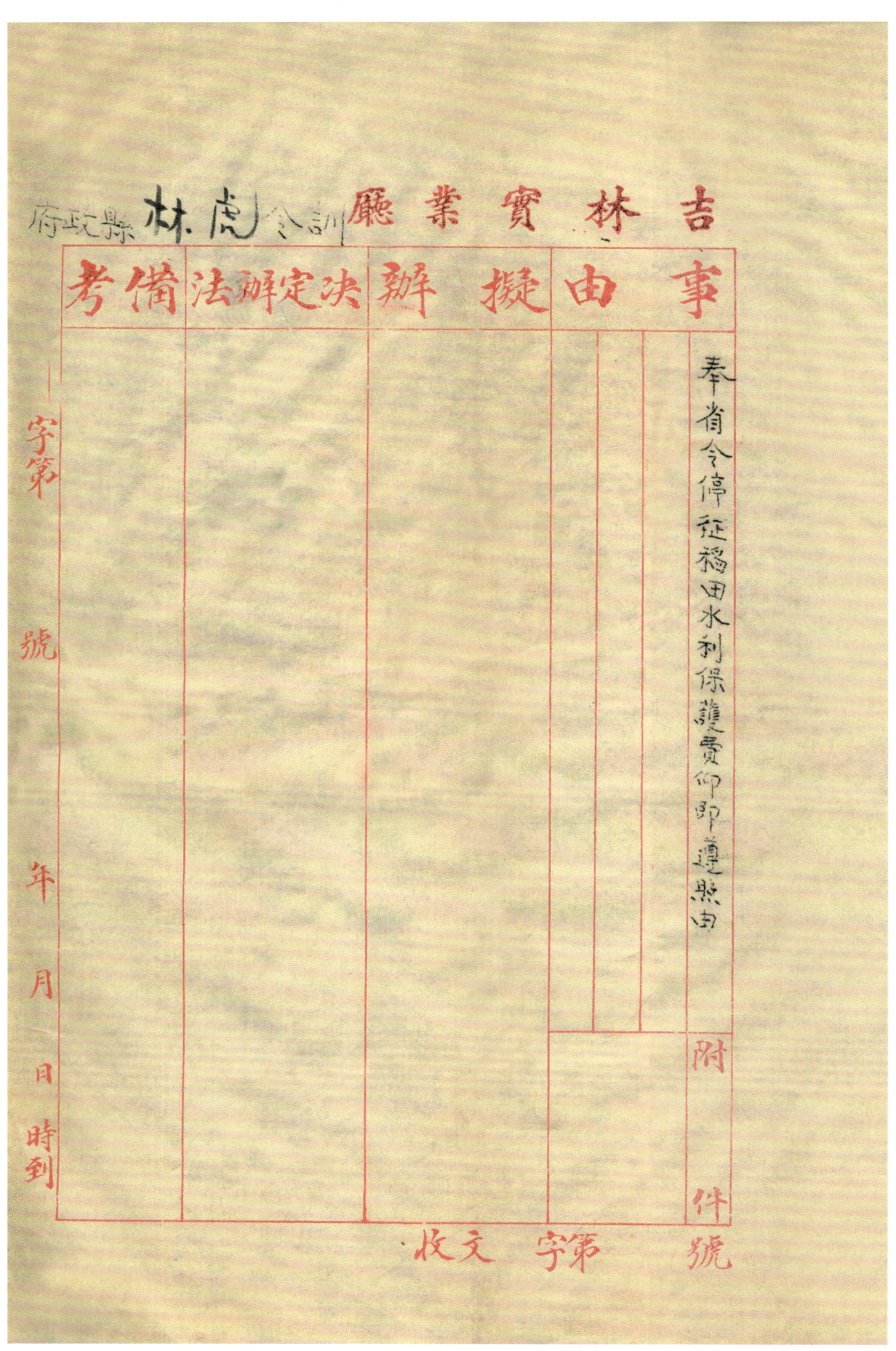

吉林實業廳

訓令虎林縣政府

事由	擬辦	決定辦法	備考
奉省令停征稻田水利保護費仰即遵照由			

附件

第 字 號　年 月 日 時到

收文 第 字 號

吉林實業廳訓令　字第26號

令虎林縣縣長

案查前據署理盤石縣縣長何殿華呈為韓民租納稻田水利保護費

請核示等情到廳當經指令並轉請建設在案茲奉

長官公署民字第三一七號指令內開呈悉查省府於民國十七年七月據已

裁建設廳呈准徵收水利保護費原為營建全省水道藉充補助而利農

功現在工事既未着手建設廳并已裁撤留此稅則殊與提倡稻田本旨不

符應由該廳剋日通令各縣將此項稻田保護費即予停徵以免苛擾該

各縣奉令停徵日期暨徵存稅款若干務須分別具報仰并轉飭遵照此

令等因奉此合亟令仰该县长遵照办理具报此令

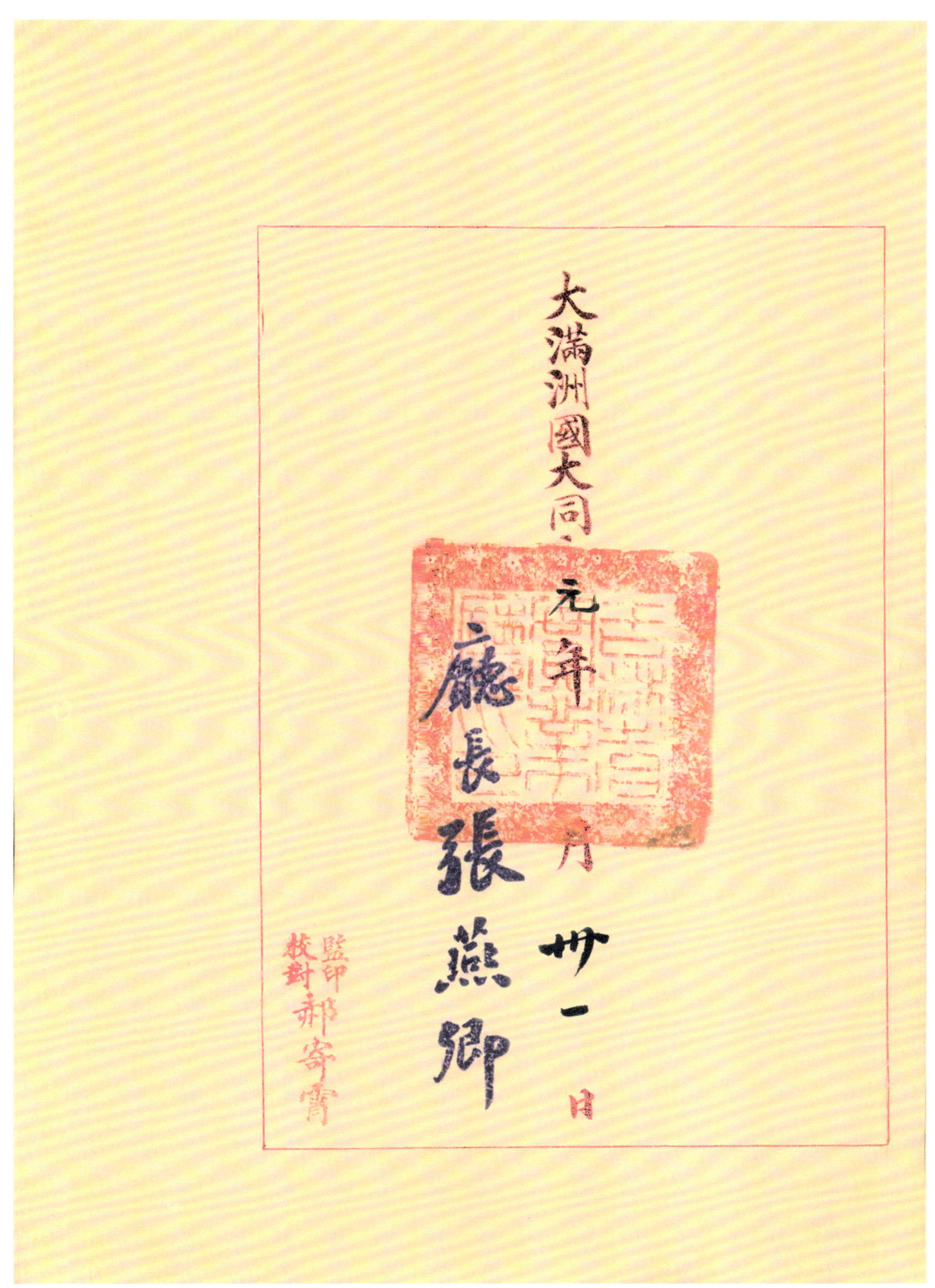

大滿洲國大同元年　月卅一日

廳長張燕卿

監印
校對郝寄霄

伪吉林省公署为调查公共土木工程规定表式查明列报事给伪虎林县公署的训令（一九三二年四月二十九日）

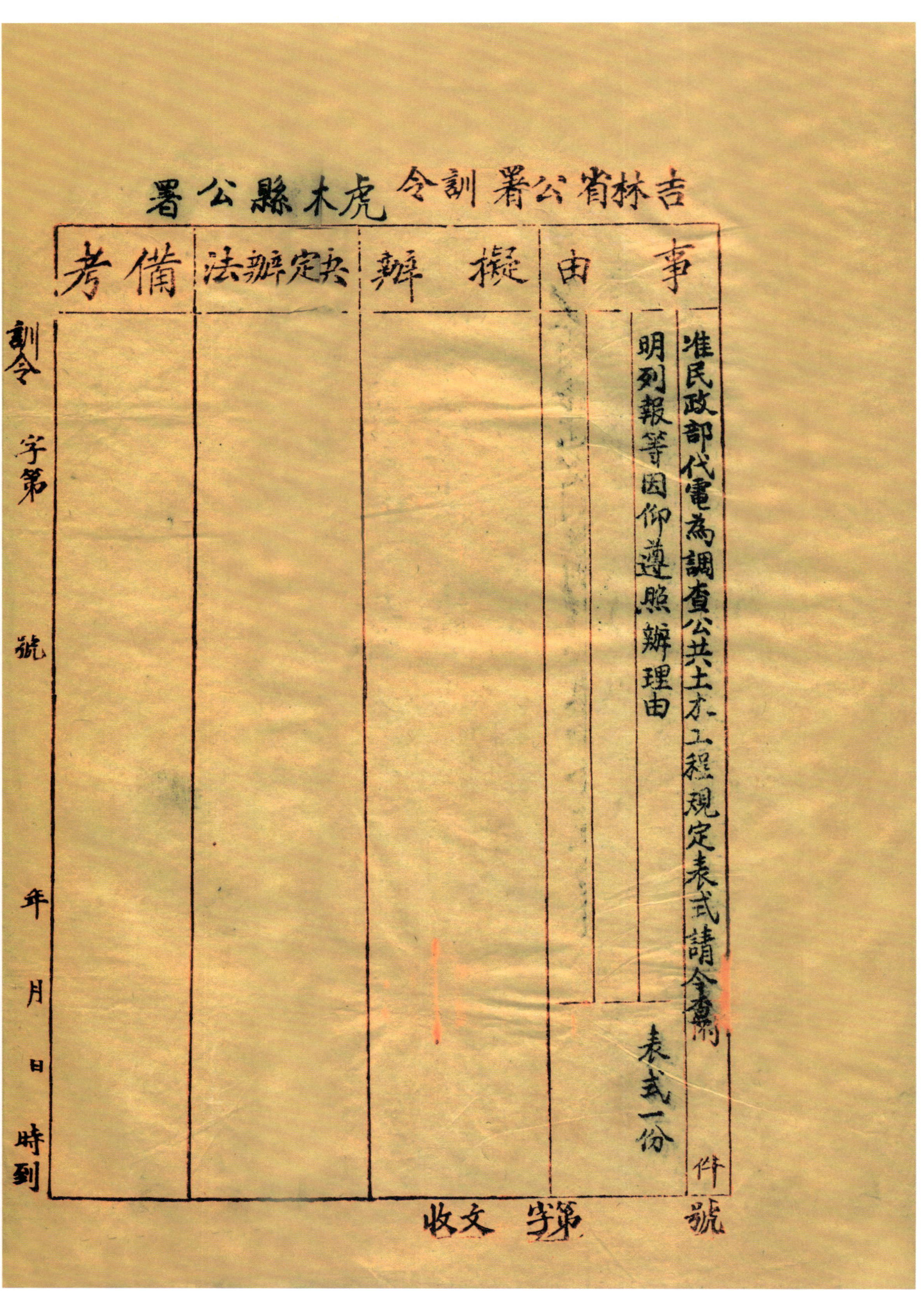
吉林省公署訓令
虎林縣公署

事由	擬辦	決定辦法	備考
准民政部代電為調查公共土木工程規定表式請令飭明列報等因仰遵照辦理由 表式一份 件			

訓令 字第 號 年 月 日 時到

收文 字第 號

吉林省公署訓令

民字第521號

令虎林縣公署

為令遵事准民政部漾代電開本部成立伊始對於各省區各市縣所有公共土木工程如道路橋樑河堤港灣水道諸大端以及其他公有建築物除已完成者俟專案查勘外其已興未竣各工程之現在狀況以及預有計畫必須興修之一切建築亟應切實調查以資考核茲經規定調查表式發由各省區轉令所屬各就轄境確切查明依式詳

晰列報除分電外即希查照辦理等因准此除分
行外合亟照抄原表式令仰該署即便遵照確切
查明依式詳晰列表二份呈候查核存轉此令
附抄發調查表式一份

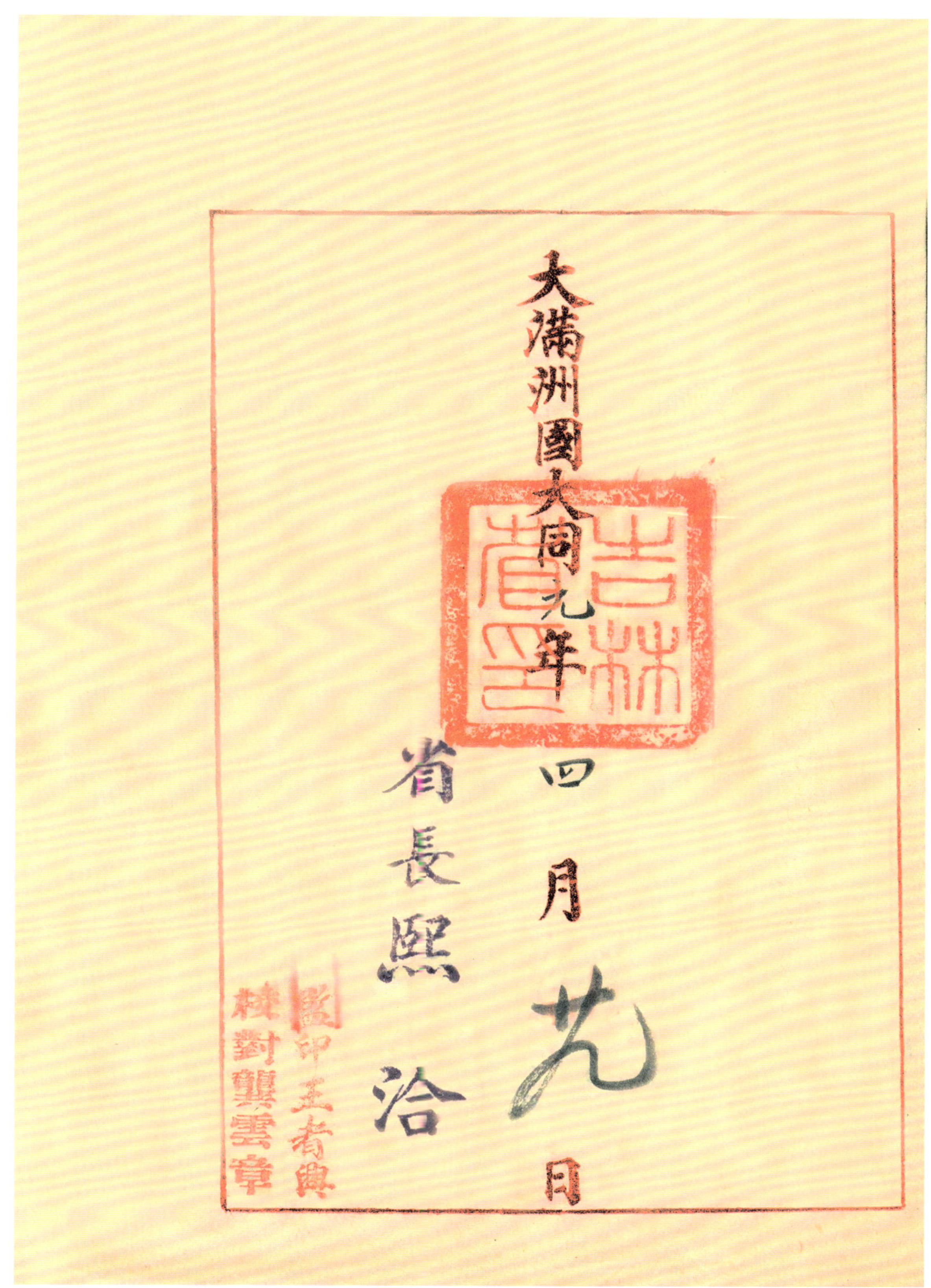

大滿洲國大同九年四月廿九日

省長熙洽

監印王春興

校對龔雲章

伪吉林省公署为填报河川道路调查书事给伪虎林县公署的训令（一九三二年五月十七日）

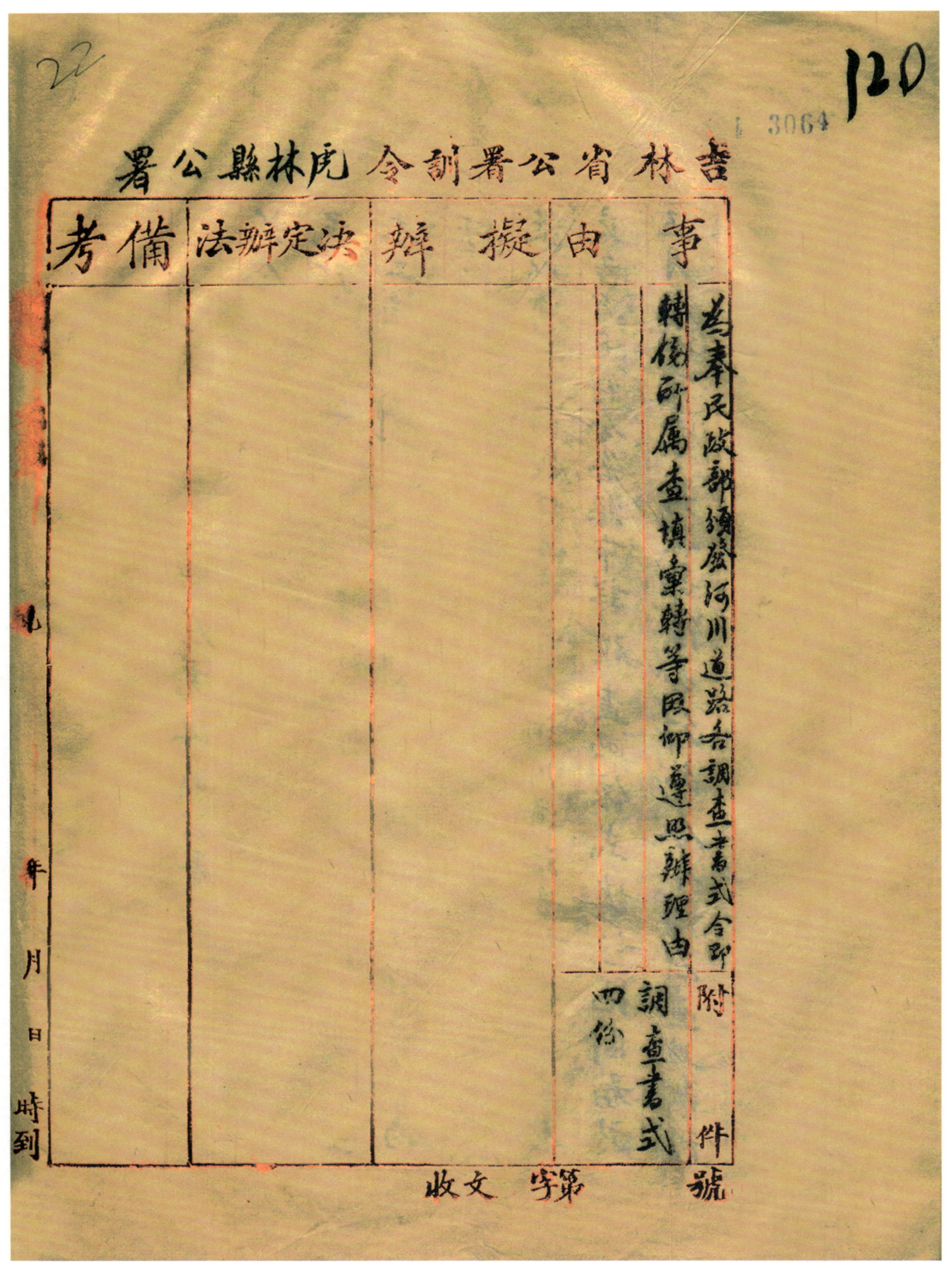

22

120

3064

吉林省公署訓令 虎林縣公署

事由	擬辦	決定辦法	備考
為奉民政部頒發河川道路各調查書式令即轉飭所屬查填彙轉等因仰遵照辦理由 附 調查書式 四份 件			

年 月 日 時到

號 第 字 文 收

吉林省公署訓令　總字第29號

令虎林縣公署

為令遵事案奉

民政部木字第二二三號訓令內開案查關於公共土木工程現狀業經檢附調查表式電達各省區飭屬查填在案茲以河川道路尤關國計民生亟須專案澈查以資設計特由本部規定河川道路各調查表式發交各省區轉令各縣市詳確查照依式填註務於五月底以前彙齊報部除分行外合令該省查照辦理

23

勿延為要此令附調查書式四份等因奉此查公共土木工程現將狀表前奉部電頒發到署業經分飭查填在案茲奉前因除分行外合亟抄同原發書式令仰該署即便查照依式填註地圖及詳細表各二份務於五月二十五日以前呈送到署以憑存轉此令

計發調查書式四份

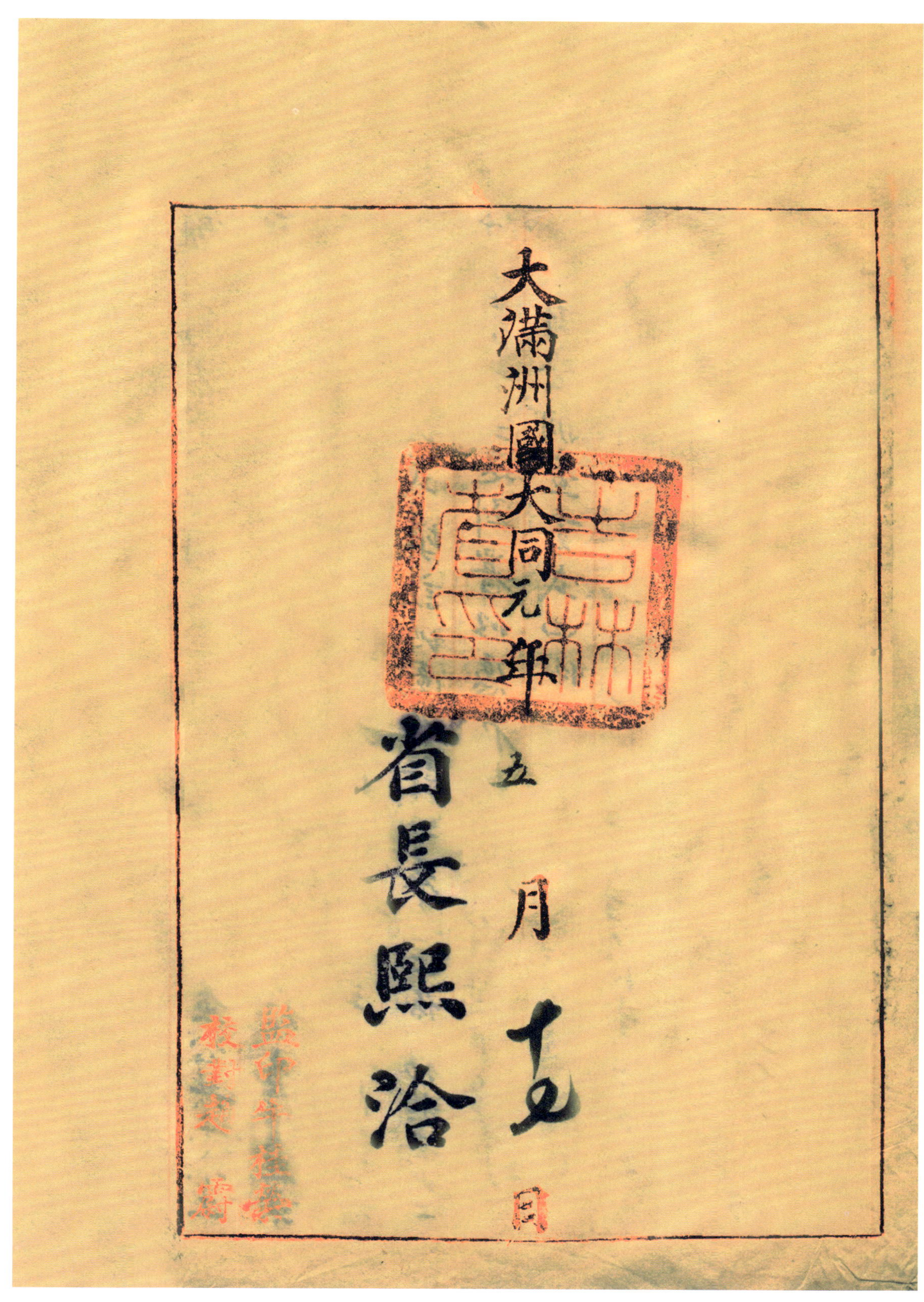

大滿洲國大同元年五月十五日

省長熙洽

監印

校對

伪吉林实业厅为饬各县送检通行使用的度量衡器一份给伪虎林县公署的训令（一九三二年五月十九日）

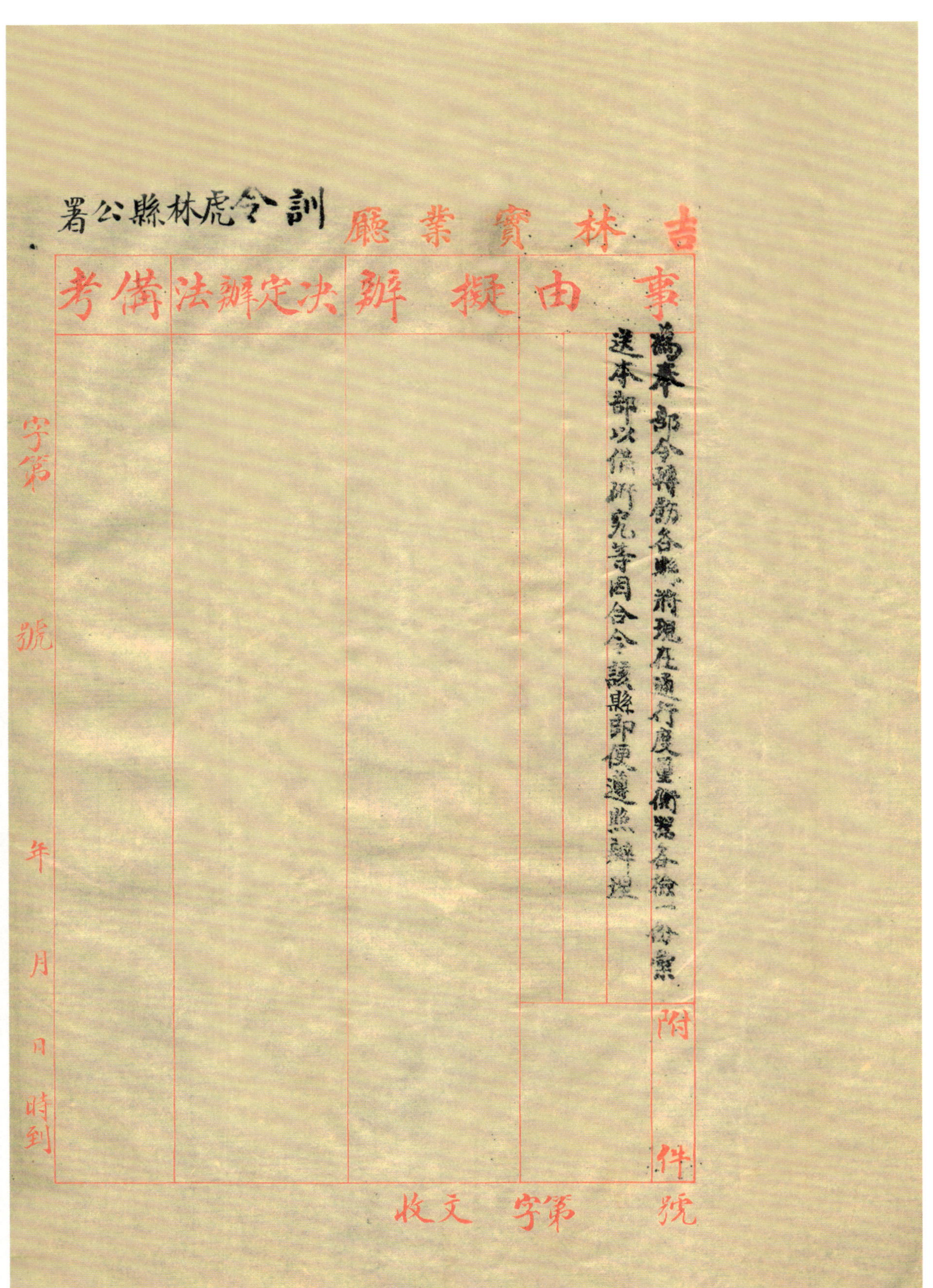
吉林實業廳

訓令虎林縣公署

事由	擬辦	決定辦法	備考
爲奉部令轉飭各縣將現在通行度量衡器各檢一份彙送本部以供研究等因合令該縣即便遵照辦理			
附件			

字第　號　年　月　日　時到

號　字第　文收

吉林實業廳訓令　　字第56號

令虎林縣縣長

為令遵事案奉

實業部第四號訓令內開為令遵事查度量衡為人民通用之品關係人民生計及社會經濟至為重要亟宜籌劃統一制度合行令仰該廳轉飭各縣將該縣境內現在通行使用之尺升秤各檢一份彙送來部如一縣之中使用數種尺升秤者須一併檢呈以備考覈事關要政勿稍延誤為要切切此令等因奉此除分行外合行令仰該縣即便遵照辦理迅速檢送來廳以憑彙轉

勿稍迟延切切此令

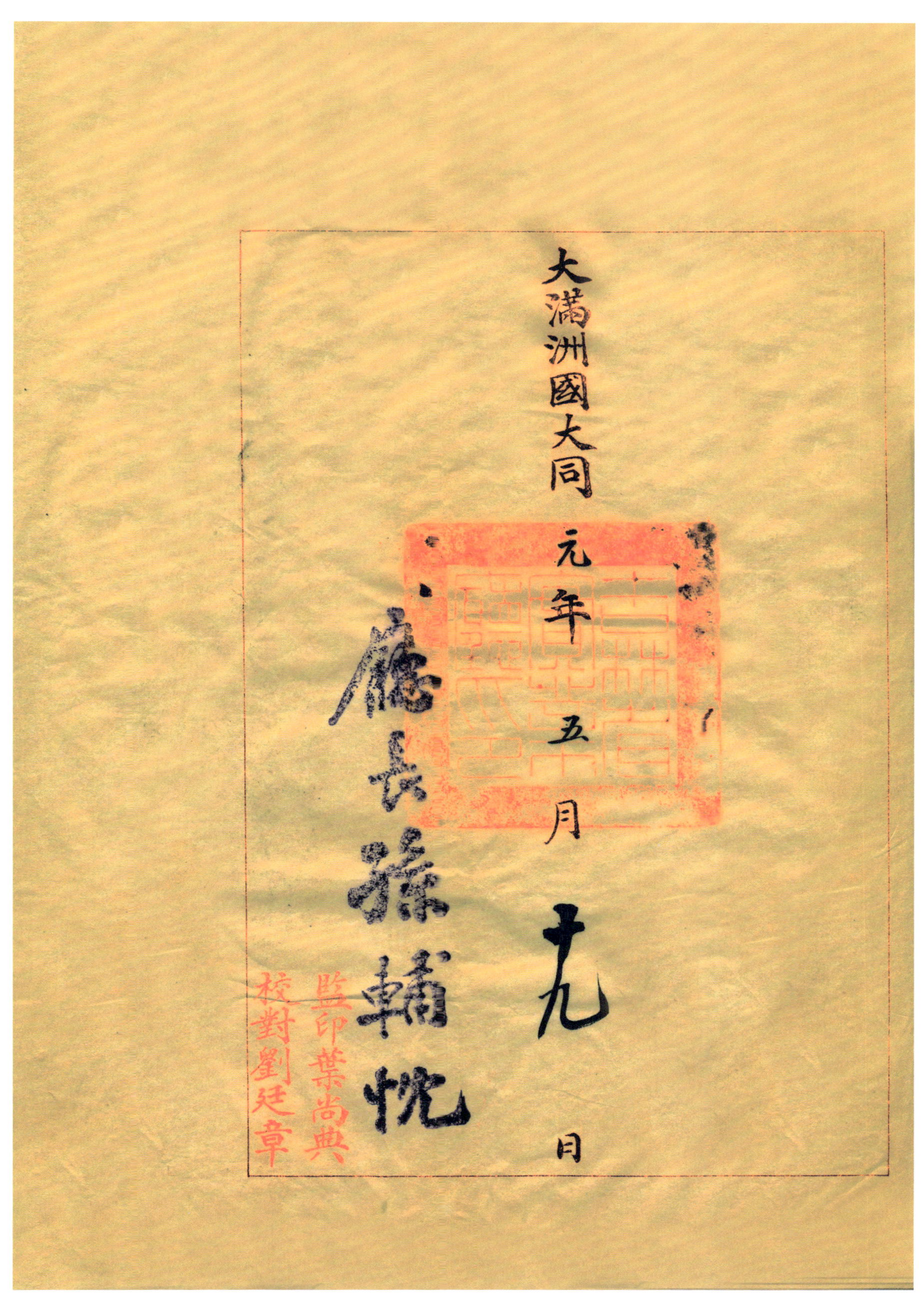

大滿洲國大同元年五月十九日

總長孫輔忱

監印葉尚典

校對劉廷章

伪吉林省公署为裁撤伪清理田赋局归并伪民政厅事给伪虎林县政府的训令（一九三二年五月二十四日）

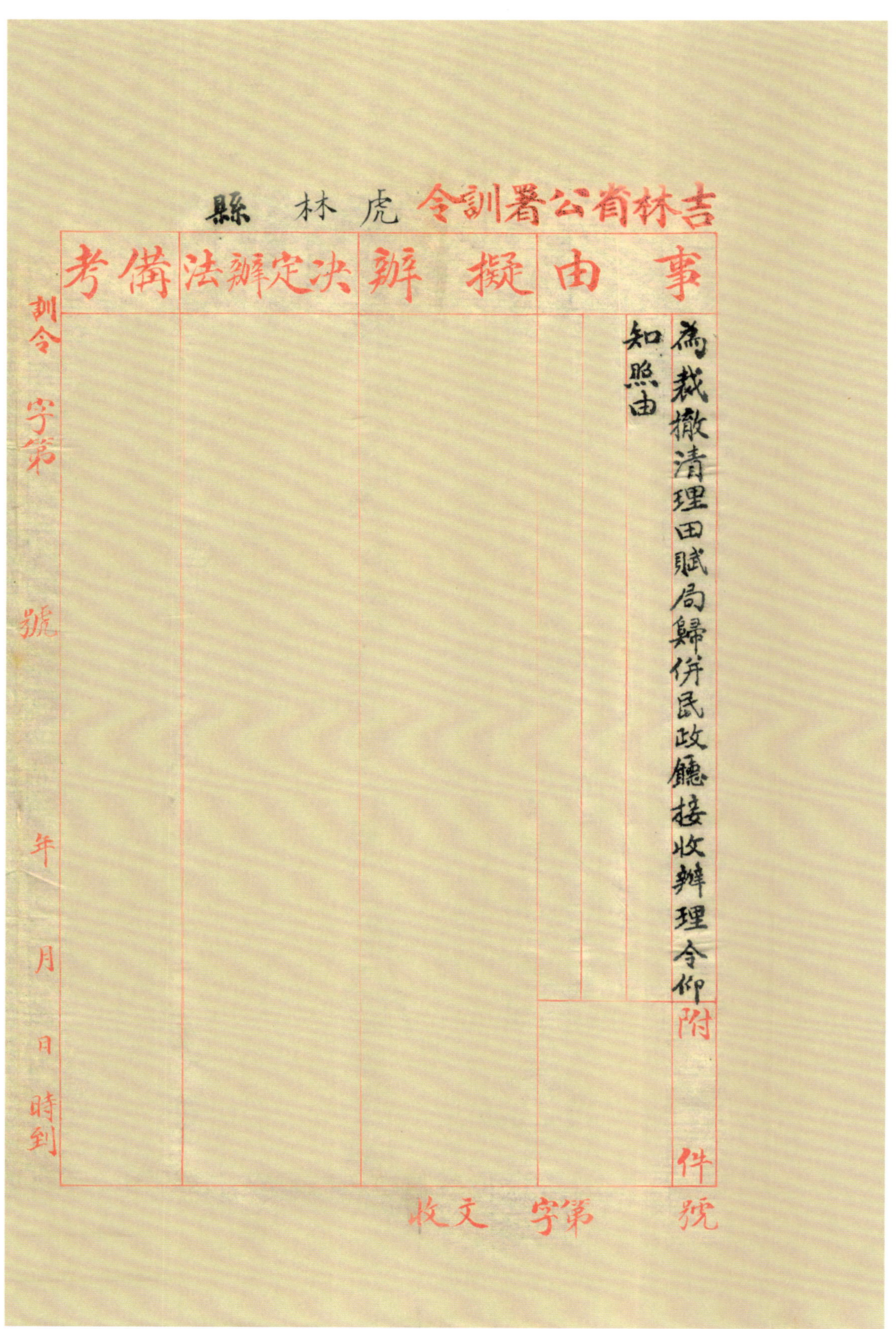
吉林省公署訓令 虎林縣

事由：為裁撤清理田賦局歸併民政廳接收辦理令仰知照由

擬辦

決定辦法

備考

附件

訓令 字第 號 年 月 日 時到

收文 字第 號

吉林省公署訓令

民字第645號

令虎林縣

爲令知事查關於土地事項按照省公署官制第十條第五項之規定應歸民政廳掌管所有吉省清理田賦局自應即予裁撤其承辦一切事務即由民政廳接收辦理以符法令而專責成除呈報並分行外合令該縣知照此令

大满洲国大同元年五月廿四日
省長熙洽
監印 牛指棠
校對 王法炎

伪吉林省公署为取缔农民买卖牲畜办法事给伪虎林县政府的训令（一九三二年五月二十八日）

吉林省公署訓令 虎林縣

事由	擬辦	決定辦法	備考
由 為奉民政部規定取締農民買賣牲畜辦法飭屬遵辦			
附件			

收文 字第 號

訓令 字第 號 年 月 日 時到

吉林省公署訓令

民字第667號

令虎林縣

案奉

民政部地字第二四九號訓令内開查近來匪患未平到處滋擾

蹤跡所至非但財物一空即農民豢養之牲畜亦爲之蕩盡蓋因春

耕在即正農民需用牲畜之時此搶彼售甸易出脫長此以往在匪

徒利用時机搶掠不已而人民坐失農時貽患無窮嗟我小民何

以堪此亟應設法杜絕以資救濟而利民生茲由本部規定取締農

民買賣牲畜辦法四條由各省長轉飭各縣署及徵收局會同布

告咸使聞知俾匪徒掠得牲畜無處出售庶可以戢匪氛而案黎庶
除分行外合行抄附辦法令仰該省署即便轉飭所屬各縣局遵照
切實奉行俾收實效切切此令附取締辦法一件等因奉此除分行外合
行抄粘辦法令仰該縣即便轉行村會一体遵照並逐明白布告咸
使聞知此令
附取締辦法一件

大滿洲國康德 年 五 月 廿八 日
省長熙洽
監印李祥榮
校對王法炎

伪吉林省公署为催报地方公共土木工程调查表事给伪虎林县公署的训令（一九三二年五月二十八日）

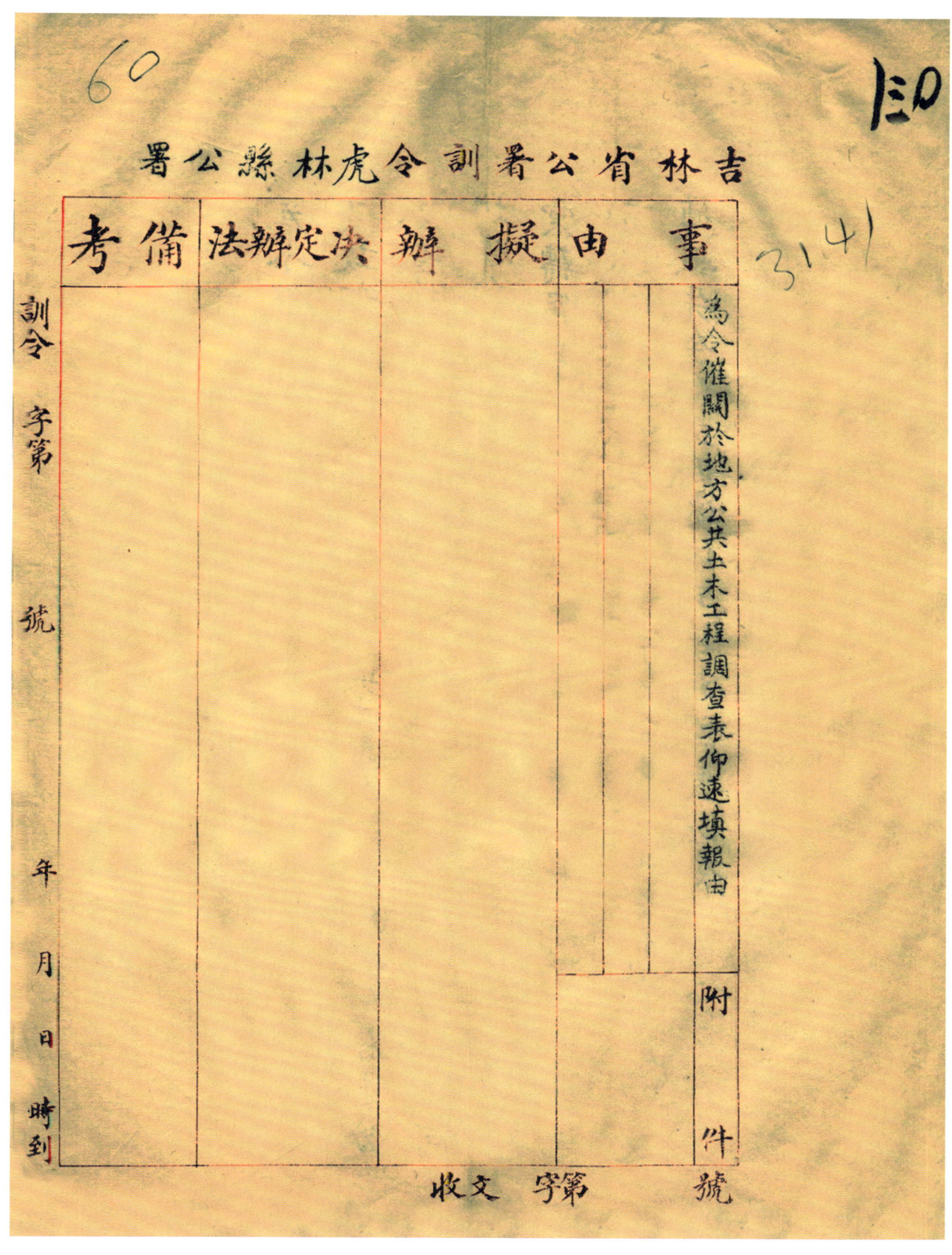
60

130

吉林省公署訓令虎林縣公署

事由	擬辦	決定辦法	備考
為令催關於地方公共土木工程調查表仰速填報由			
附件			

31.41

訓令　字第　號

年　月　日　時到

收文　字第　號

吉林省公署訓令民字第662號

令虎林縣公署

為令催事案查前奉

民政部漾電飭查各市縣公共土木工程曾經抄同原表分令查填在案閱時已久僅據延吉市政籌備處及濱江阿城樺甸額穆各縣公署查報前來其餘迄未據覆致稽彙轉案關

部令查報之件未便再延除分行外合再令仰該縣即便遵照先今令文迅速依式填報為要此令

1

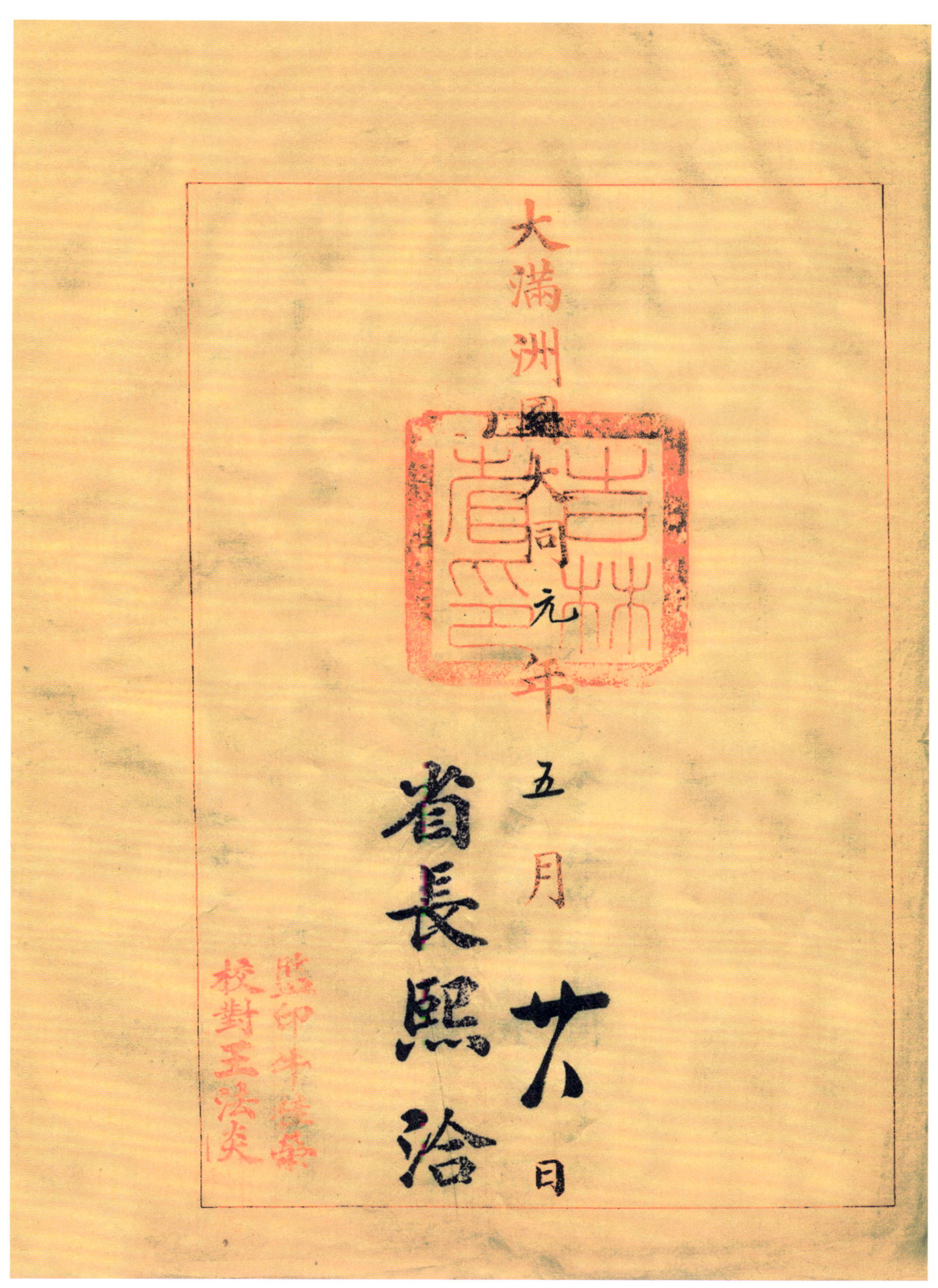

大滿洲國大同元年五月廿日

省長熙洽

監印牛[illegible][illegible]

校對王法炎

伪吉林省公署为编列报送地方金融状况报告书事给伪虎林县公署的训令（一九三二年五月二十九日）

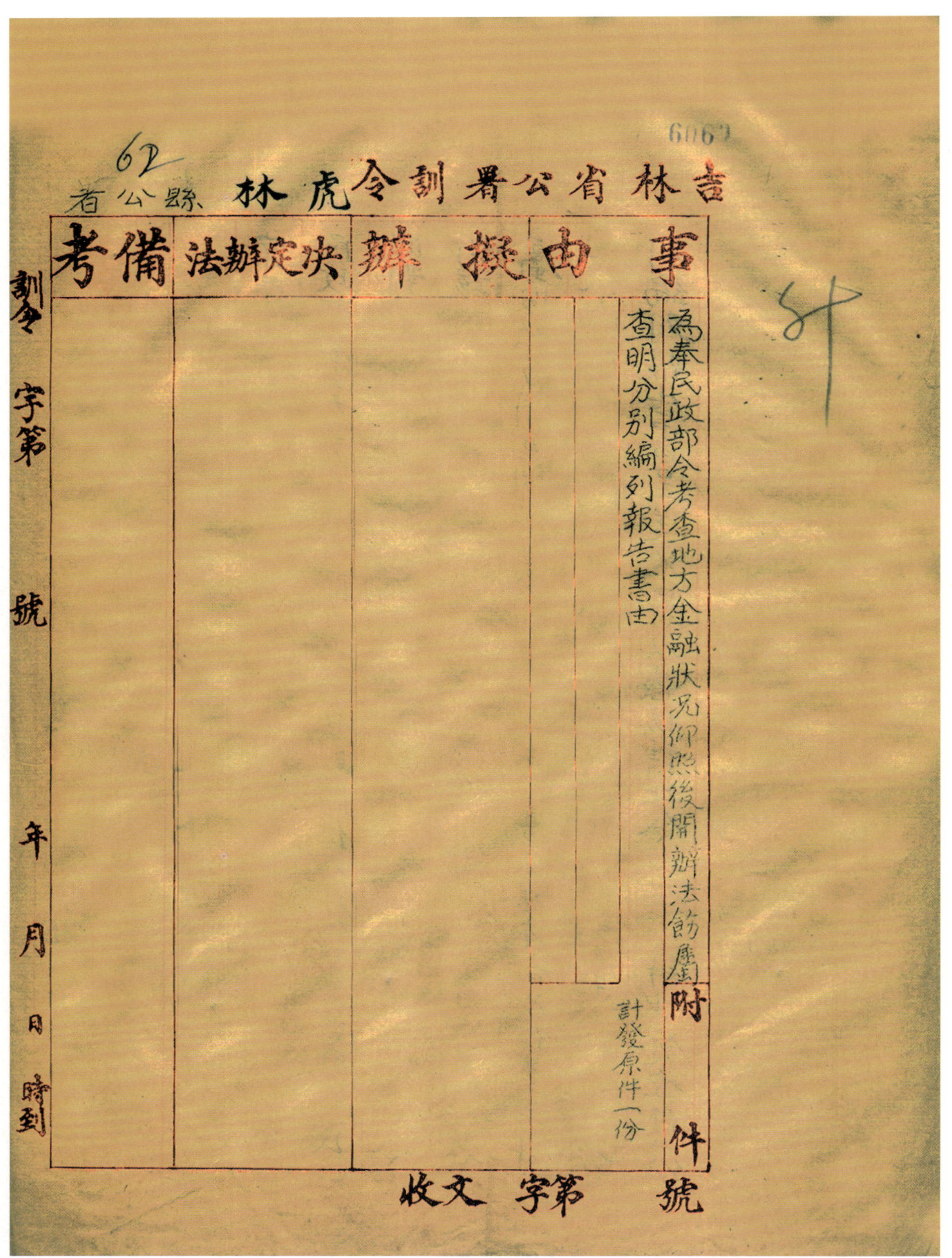

6062

62

吉林省公署训令 虎林县公署

事由	拟办	决定办法	备考
為奉民政部令考查地方金融狀況仰照後開辦法飭屬查明分別編列報告書由			
附件 計發原件一份			

訓令 字第 號

年 月 日 時到

收文 字第 號

吉林省公署訓令 總字第85號

令虎林縣公署

案奉

民政部第二五一號訓令內開查地方金融關係人民生計本部職司民政對於各省地方金融狀況急待考查俾明真像除分行外合亟令仰該公署即將所屬地方金融緊迫情形及其救濟辦法分飭各屬按照另開五項辦法分別編列報告書彙送本部以便查考等因奉此除分行外合亟照抄原件令仰該縣即便遵照各項辦法分別編列報告書呈送來署以憑核轉此令

計抄發原件一份

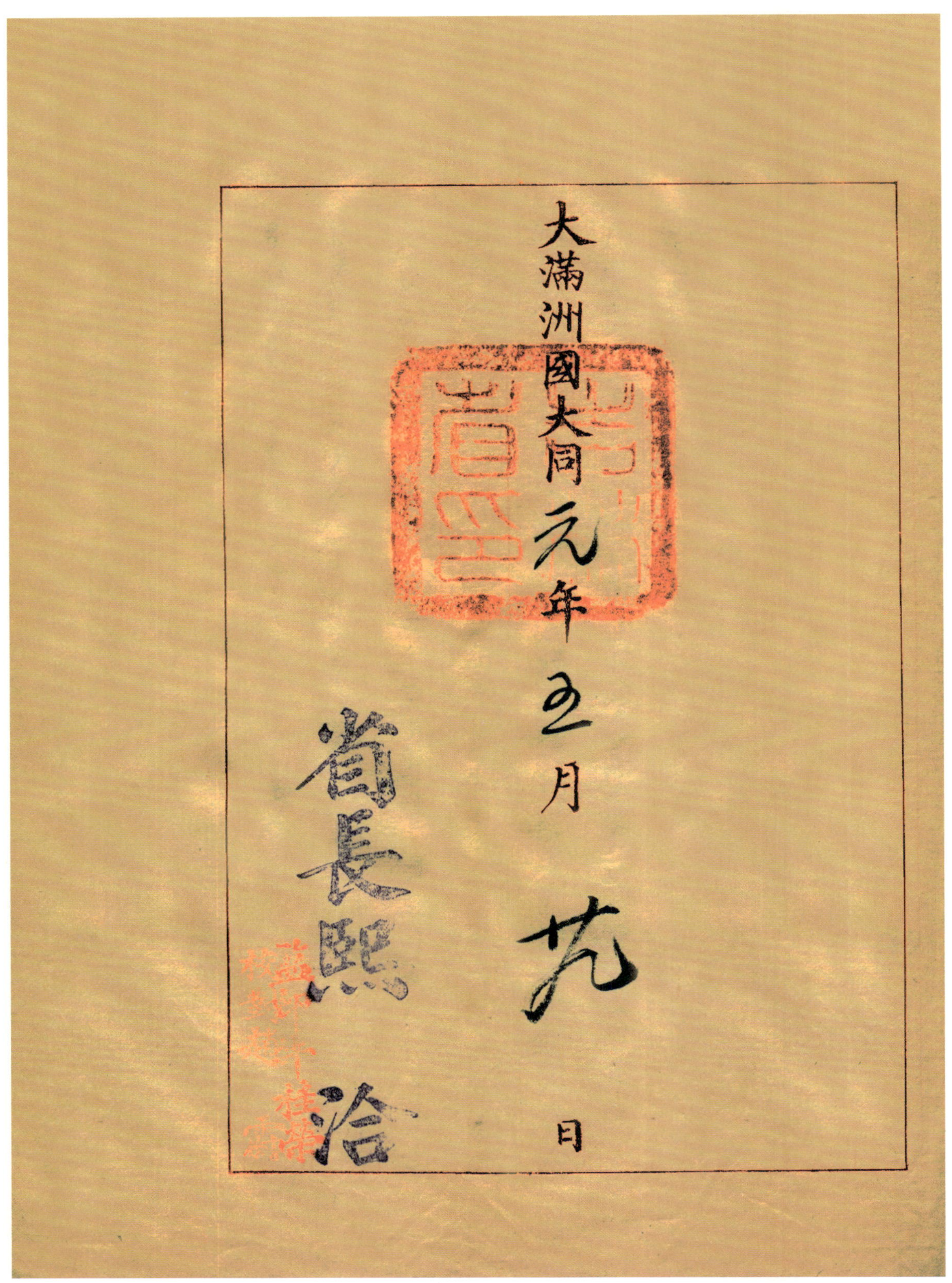

大滿洲國大同元年五月　日

省長熙洽

計開

一　金融緊迫實際情形報告書

二　已發流通券地方須有後開各項之報告書

甲　發行額　種類　數量　發行責任者　擔保之種類

數量　及預計價格　兌换機關

乙　流通狀態　流通券之兑换價值之變動及其變動原因

丙　流通券之價格　所採維持方法及其實效

三　據去年十二月所制定之奉天省縣市緊急處理辦法由官銀號借款以充縣行政費之縣須有後開各項之報告書

甲　借款額　擔保之種類　數量及預計價格

乙　至現在之已經償還額

四　關於前次中央新政府發給接濟春耕費之報告書各省轉令各縣各縣轉令縣民使之作成後開之報告書

甲　配分方法　配分額數

乙　其實績

五　曾發行縣市公債地方須有後開報告書

甲　發行額

乙　發行責任者

丙　募債方法及其條件

丁　償還方法及其期限

戊　擔保之種類數量及預計價格

巳　應募額及現金運用方法

伪吉林省公署为报送地方财政状况预算、决算明细表事给伪虎林县公署的训令（一九三二年五月二十九日）

附：支出预决算明细表

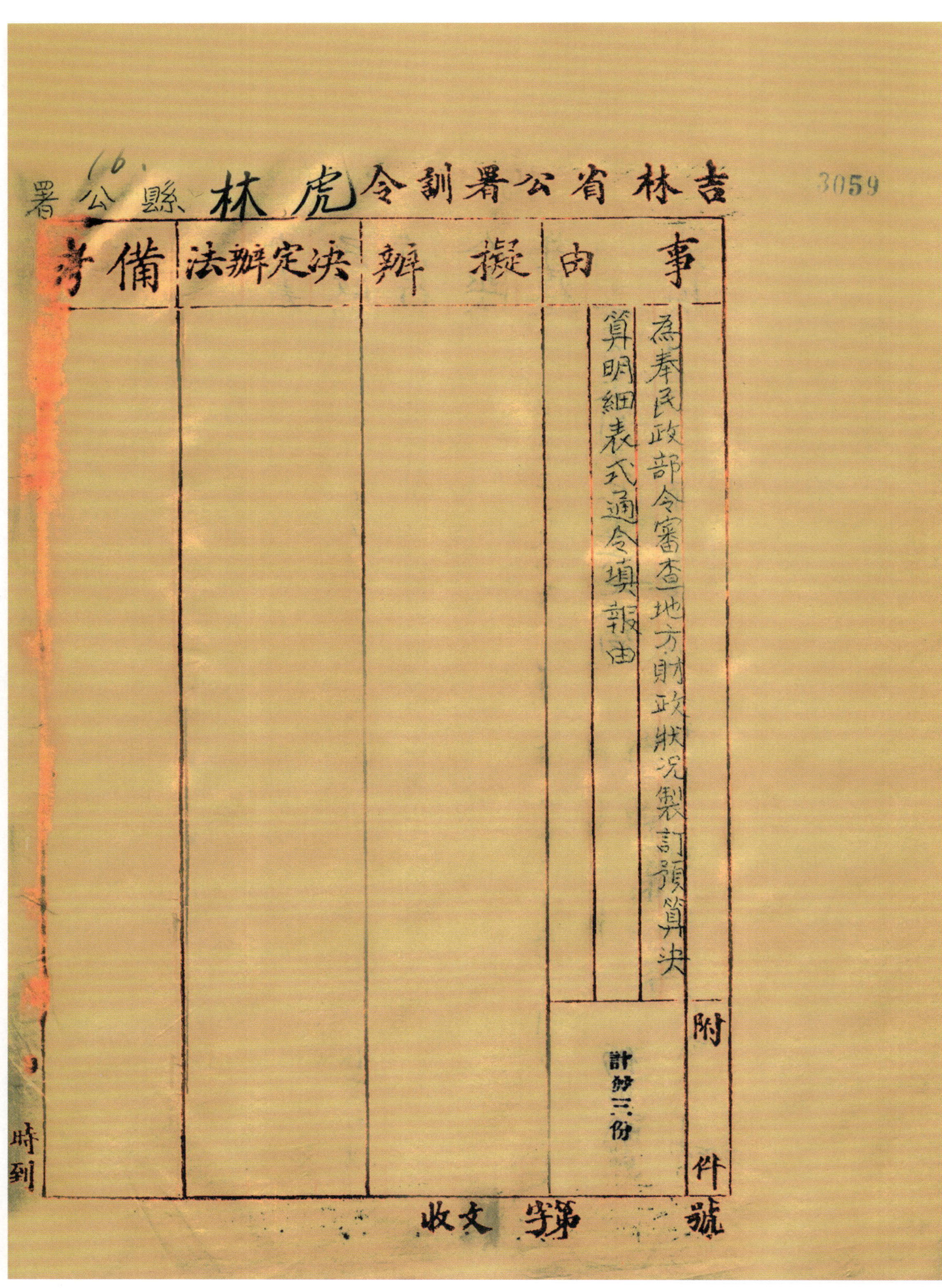

3059

吉林省公署训令 虎林县公署

事由	拟办	决定办法	备考
为奉民政部令审查地方财政状况制订预算决算明细表式通令填报由			

附件：计纱三份

到时

第 号 字 收文

吉林省公署訓令

總字第84號

令虎林縣公署

案奉

民政部第二五二號訓令內開查本部現爲審查地方財政收支狀況特行製訂預算決算明細表式通令填報俾資參考除分行外合亟檢同表式令仰該公署即將所屬各市縣公署民國十九年全年度二十年度（二十年度由去年七月起至本年四月止）月別收支決算明細書及大同元年五六七三個月月別預算明細書分飭查明照表填列彙送本部以憑核辦等因奉此除分行外合亟照抄表式令仰該

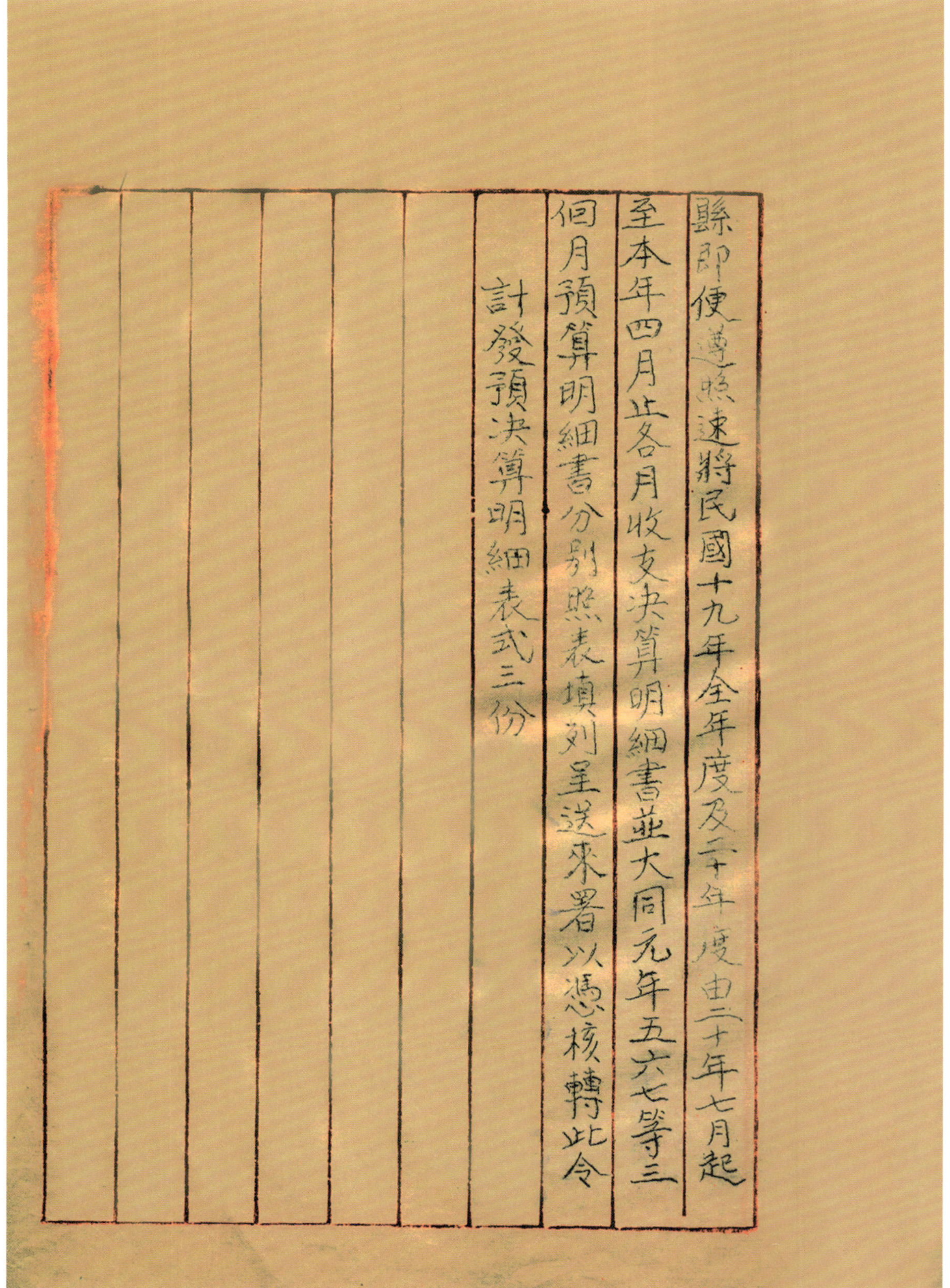

縣即便遵照速將民國十九年全年度及二十年度由二十年七月起

至本年四月止各月收支決算明細書並大同元年五六七等三

個月預算明細書分別照表填列呈送來署以憑核轉此令

計發預決算明細表式三份

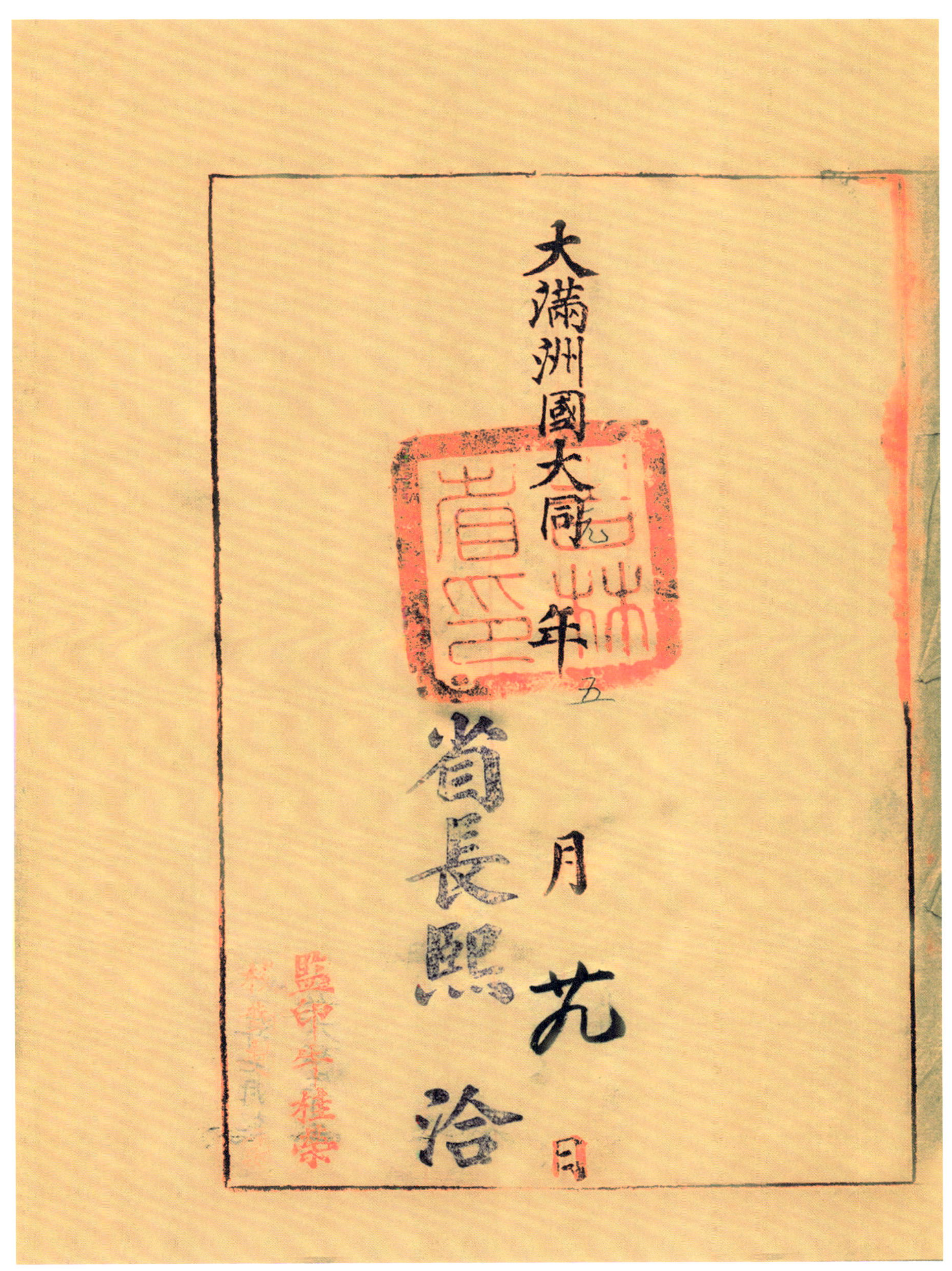

大滿洲國大同　年五月　日

省長熙洽

監印李桂榮

支出豫決算明細表　　　　年度（期）各機關名

月別 項目							說　明
各機關名							
薪　俸							
各項津貼							
旅　費							
物品費							
文具費							
消耗品費							
修理費							
酬　金							
印刷圖書費							
交通通信費							
臨時費							
雜　費							

收支豫决算對照表　　年度　各機關名

區分 / 月別	收入額		支出額		超過或不足		說明
·							
··							
··							
··							
··							
合計							

支出豫决算明細表　説明

一 各機關欄	省公署分別各廳縣市公署分別各處局
二 説明欄內	將人員數每員所得數或物品數目及單價詳細記明
三 薪　俸	係指月薪之薪俸
酬　金	係指按日給與傭員之薪金
各項津貼	係指賞與及因公受傷住院費等項
旅　費	係指赴任調任出差之旅費
物品費	係指能保存之器具
文具費	係指各項辦公用品
消耗品費	係指電燈費自來水費薪炭費及其他一時的消耗品
修理費	係指修理器具及建築物之零星修理
印刷圖書費	係指印刷品廣告費報紙圖書及永久保存之簿册
交通通信費	係指郵費電報電話費車馬費
臨時費	係指交際招待捐助情報等費
雜　費	係指清潔洗濯照像搬運匯水各種手續費而言

收入豫決算明細表

月別 項目							說明
稅種							
〃							
〃							
〃							
〃							
合計							

（說明）將各種稅名記於項目欄內

伪吉林实业厅为调查历年发放林场承领及经营状况事给伪虎林县公署的训令（一九三二年五月三十日）

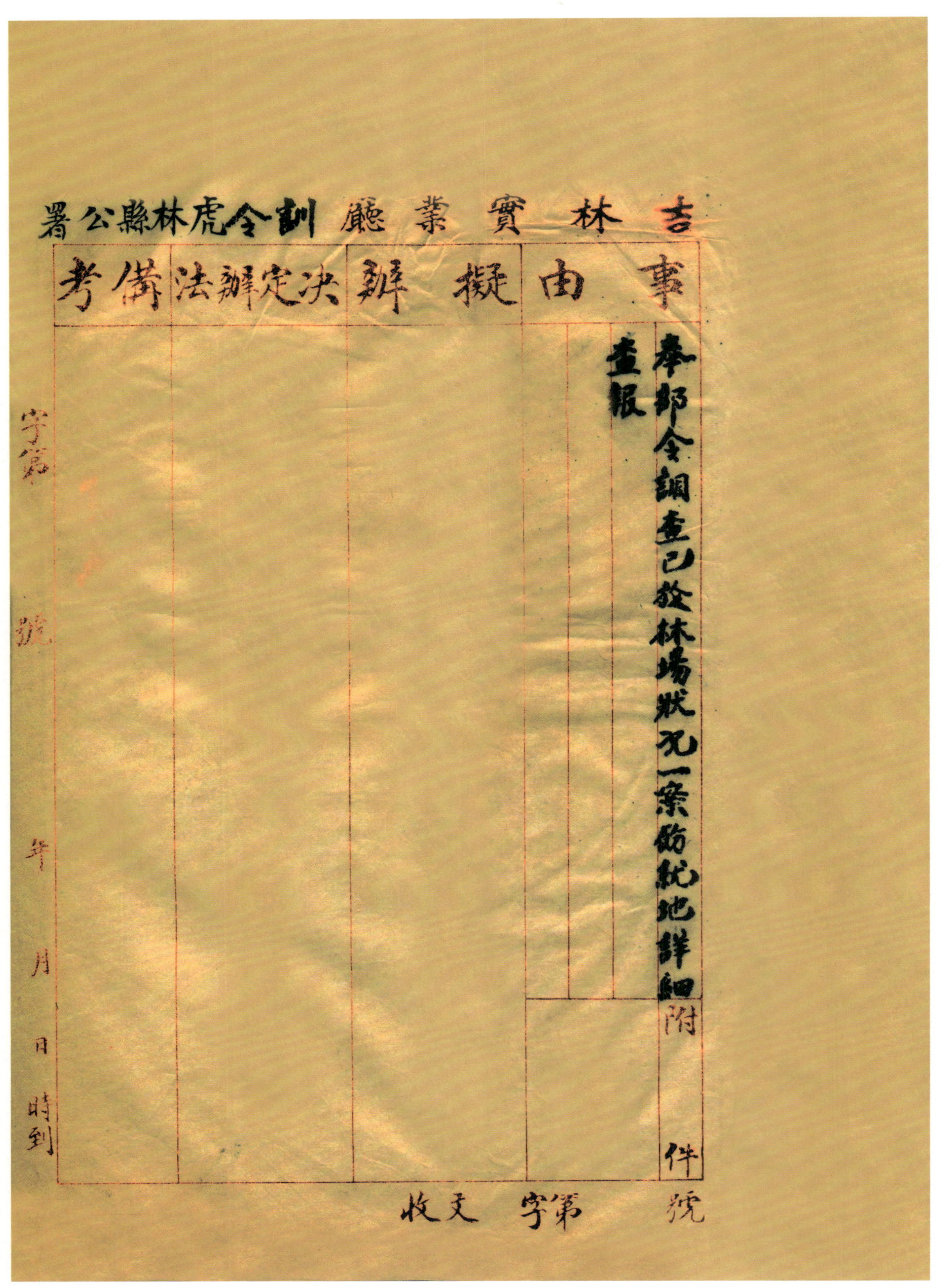

吉林實業廳 訓令虎林縣公署

事由	擬辦	決定辦法	備考
奉部令調查已放林場狀况一案飭紉地詳細查報 附　件			

第　字　文　收　　號

字第　　號　　年　月　日　時到

吉林實業廳訓令　字第64號

令虎林縣縣長

案奉

實業部第十七號訓令內開為令遵事查森林事業

關係水旱民生至為重要本部成立伊始亟欲週知全國

林場發放情形藉定整理計劃除分令外合行令仰

該廳遵照迅將歷年發放林場所在地名暨承領商人

姓名住址承領年月林場面積並立木蓄積森林狀

況等項至遲限於七月末日分別查明彙案呈報以憑

核辦勿延爲要此令等因奉此除分行外合亟令仰該
縣遵照就地詳細查報限六月三十日以前呈廳彙轉
切勿延誤是爲至要此令

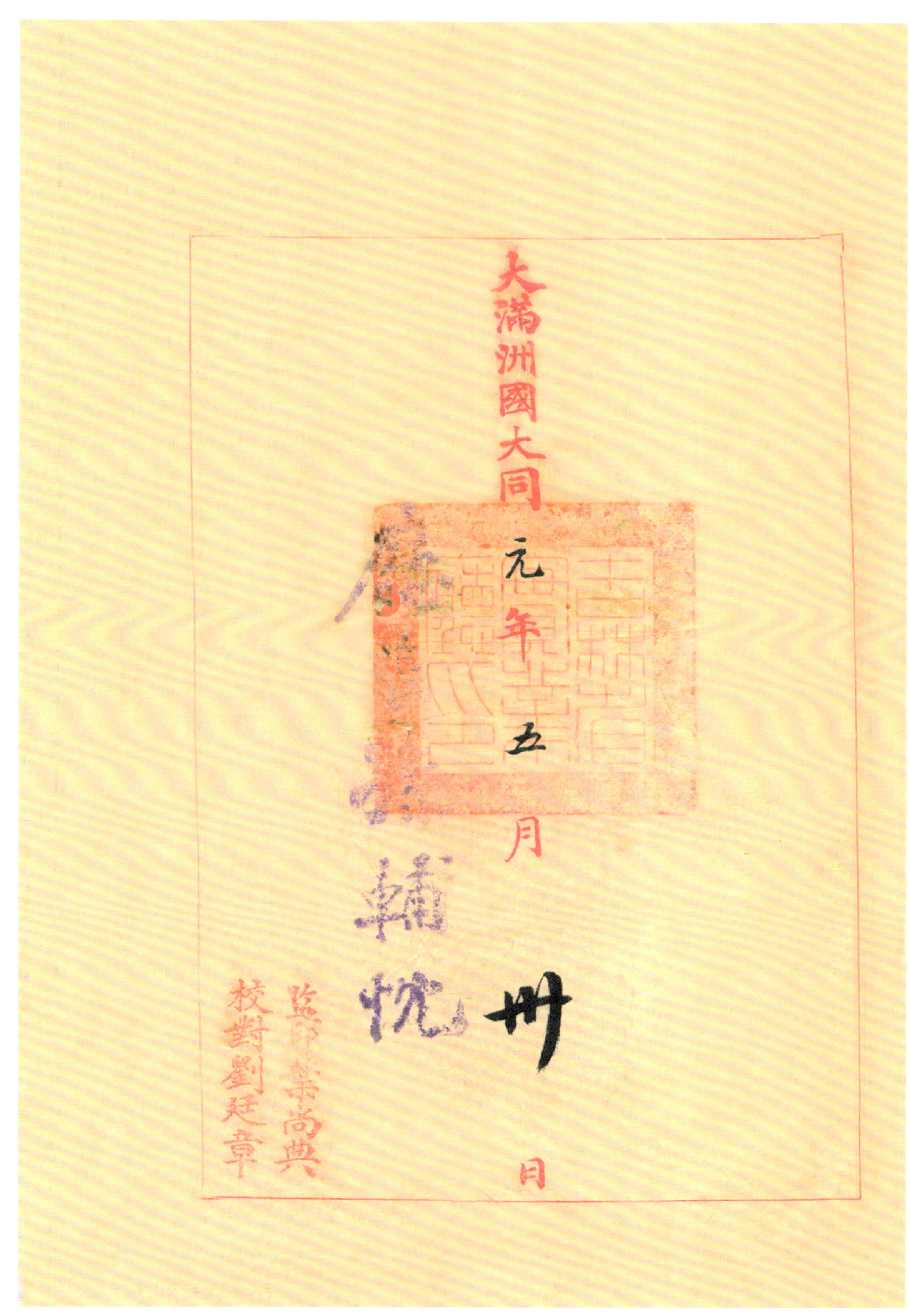

大滿洲國大同元年五月　日

册

輔忱

監印葉尚典

校對劉廷章

伪吉林全省清理田赋局为清赋事宜于一九三二年六月十六日起即归伪民政厅接洽事给伪虎林县公署的训令

（一九三二年六月十四日）

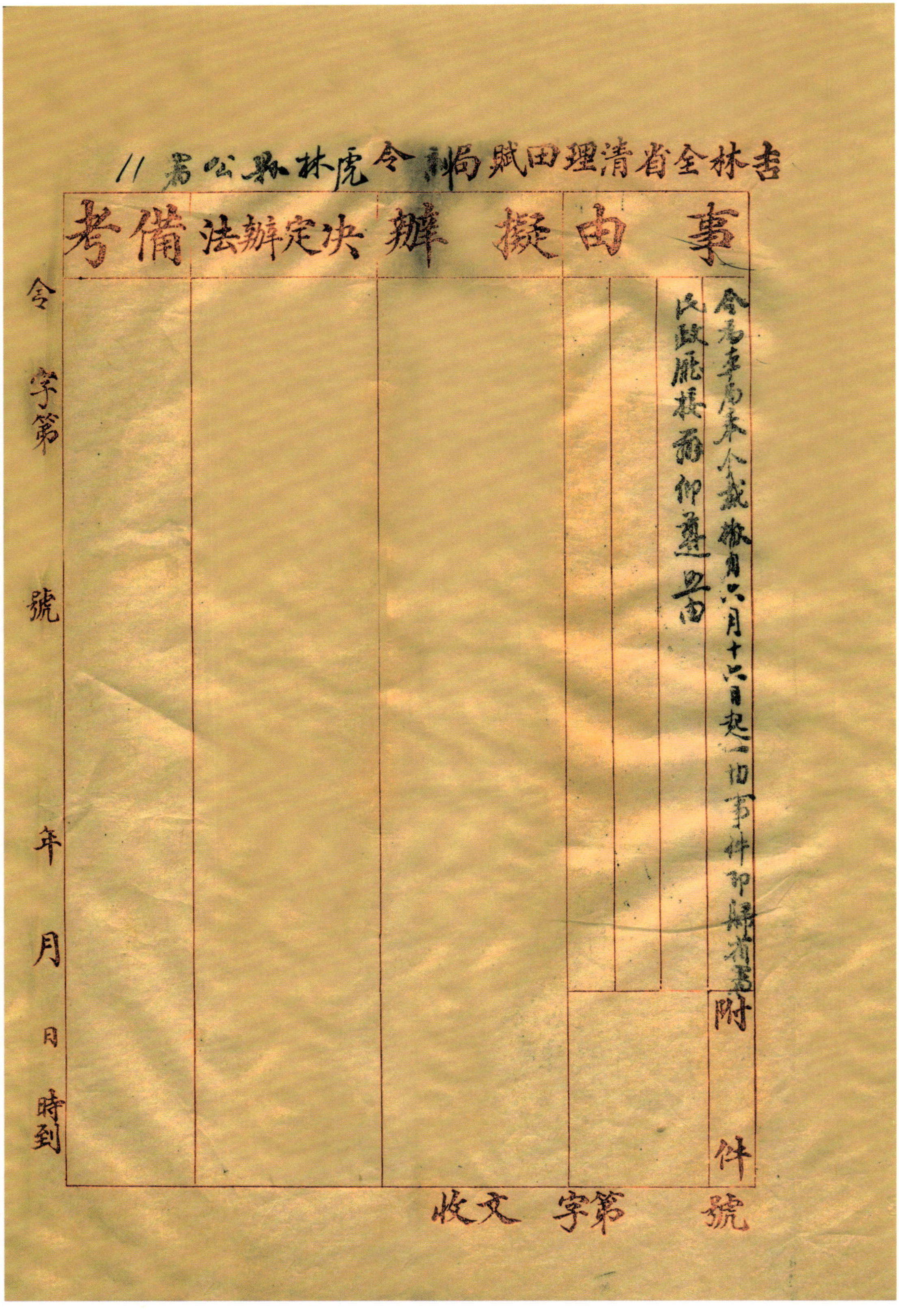

吉林全省清理田賦局訓令 令虎林縣公署 11

事由	擬辦	決定辦法	備考
令爲本局本今裁撤自六月十六日起一切事件即歸省署民政廳接洽仰遵照由			
附件			

收文 字第 號

令 字第 號

年 月 日 時到

吉林全省清理田賦局訓令　字第刑十號

令虎林縣

案查前奉

吉林省公署訓令開於土地為宜撥出省官制之規定應歸民政廳掌管將財清理田賦局歸併民政廳核辦令飭等因當經擬訂結束辦法呈奉

吉林省公署第三二四九號指令内開據呈該局結束清賦為宜應有某所關於各種地畝款項名目複雜分别清算極費鈎稽非短期所能竣事擬儘六月一個月内清結完竣到府令

據虎林縣公署處來文內稱局卷宗自前尚未移交到廳，在六月十五日以前暫由局續收，嗣自六月十六日起再歸廳收，廳完全接辦，以期便捷而免延誤，仰即遵照，並由局分行各機關知照。此令。等因。奉此，自應遵照辦理，除分別函令外，合令該局仰即遵照，自六月十六日起一切文件均按前署核辦。此令。

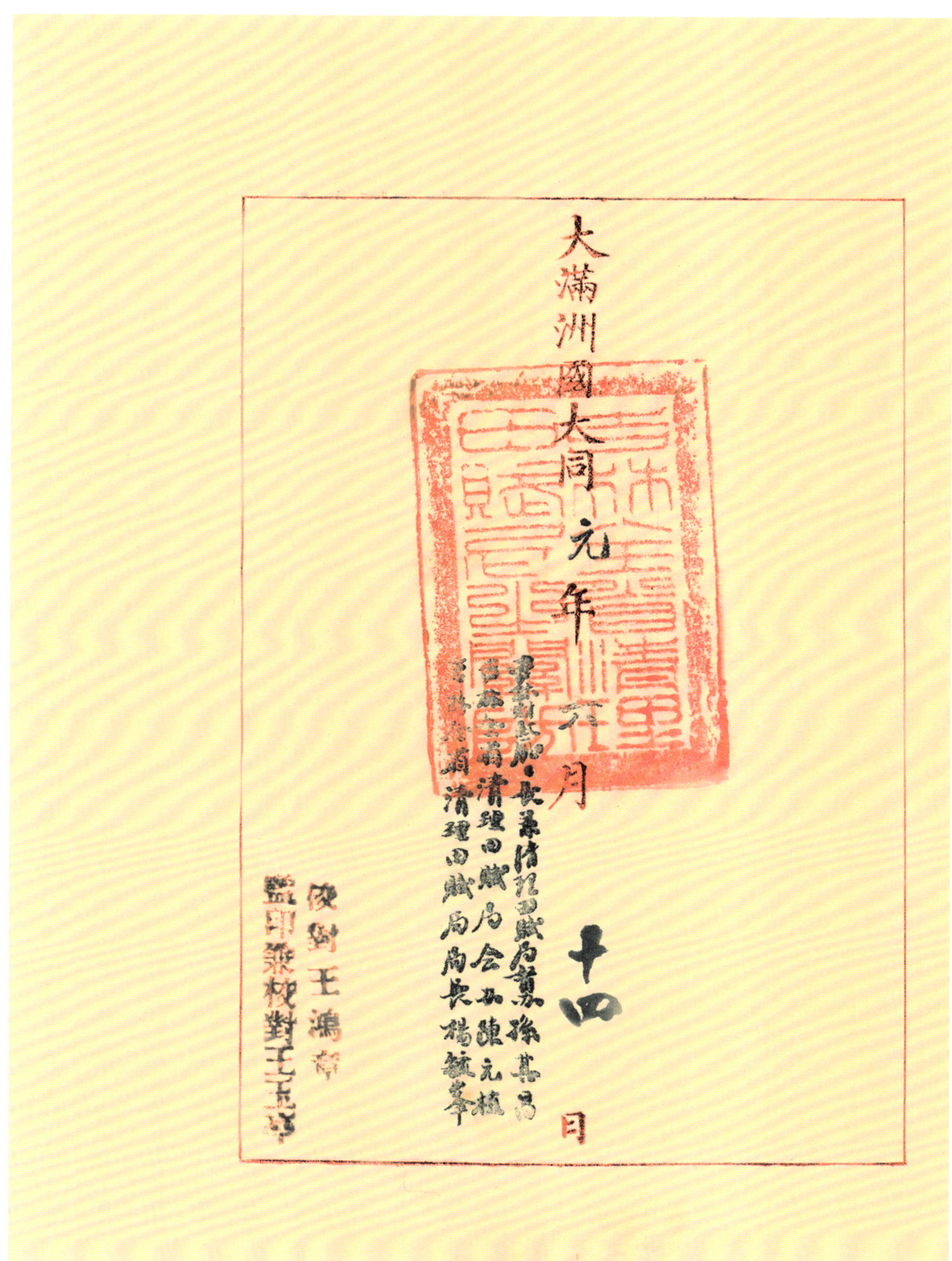

大滿洲國大同元年六月十四日

吉林省長兼清理田賦局督辦孫其昌

吉林省清理田賦局會辦陳元植

吉林省清理田賦局局長楊毓峯

校對王鴻[illegible]

監印兼校對王玉[illegible]

伪吉林实业厅为调查填报各省牧场和水产状况事给伪虎林县公署的训令（一九三二年六月十四日）

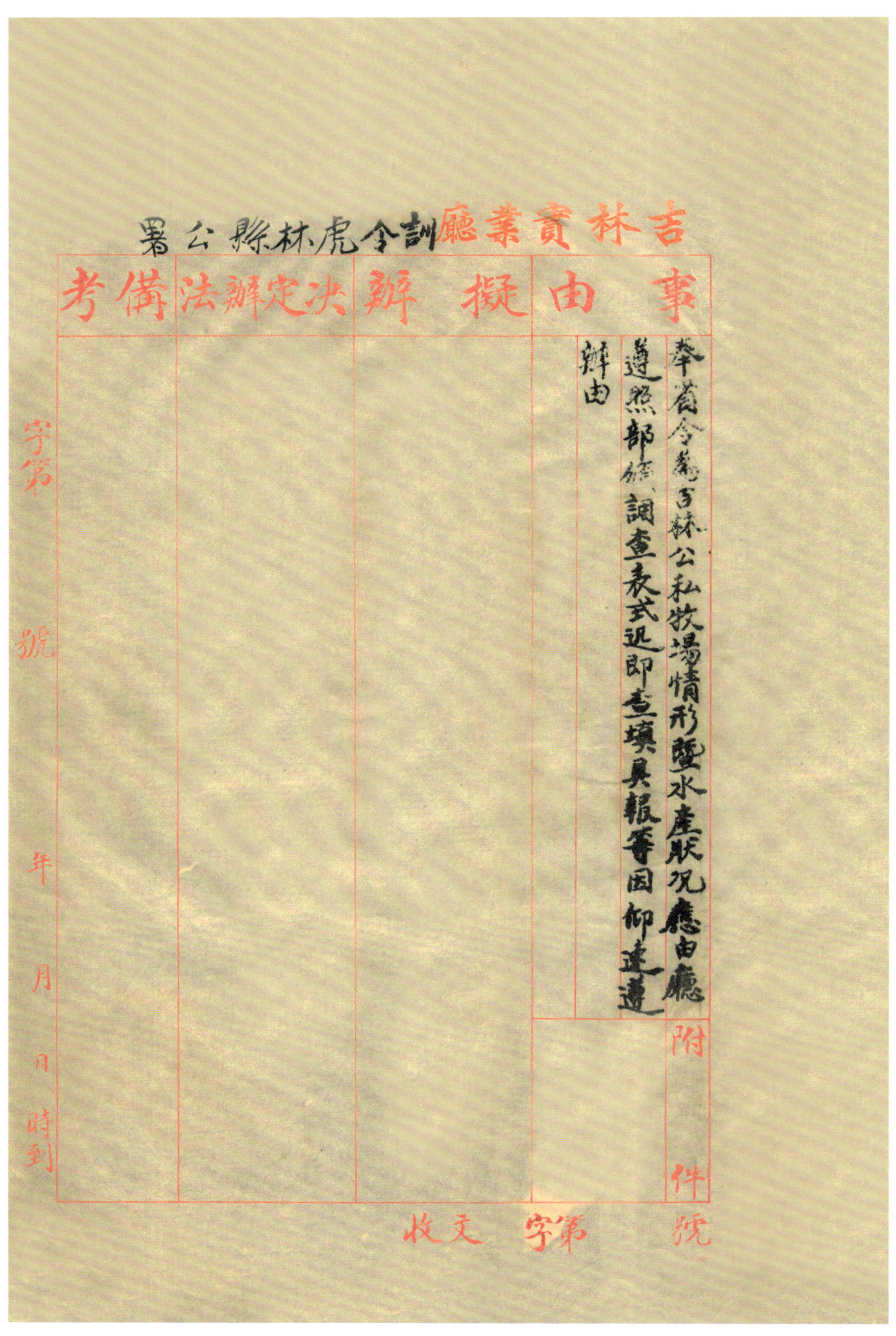
吉林实业厅训令虎林县公署

事由：奉省令为吉林公私牧场情形暨水产状况应由厅遵照部颁调查表式迅即查填具报等因仰速遵办由

拟办

决定办法

备考

附件

第　字　号　年　月　日　时到

第　字　收文

第　号

吉林實業廳訓令　字第88號

令虎林縣縣長

為令遵事案查前奉

實業部第二十號及第五十一號兩令業經令飭各該縣遵照在

案茲復奉

省公署省第七三一號訓令內開為令飭事大同元年六月一日奉

實業部第二十八號訓令內開查本部為調查各省公有私有牧

場情形暨水產狀況除擬定調查表式通令各該省實業廳

遵照查填除分令外令由本署轉飭該廳迅即查填具報等

因奉此合行令仰該廳迅即遵辦並依式填表一份呈署備查此

令等因奉此除呈覆並分令外合亟令仰該縣查照令飭各

令迅速分別依式填表三份具報以便存轉案關 部令勿稍延

忽致干究詰切切此令

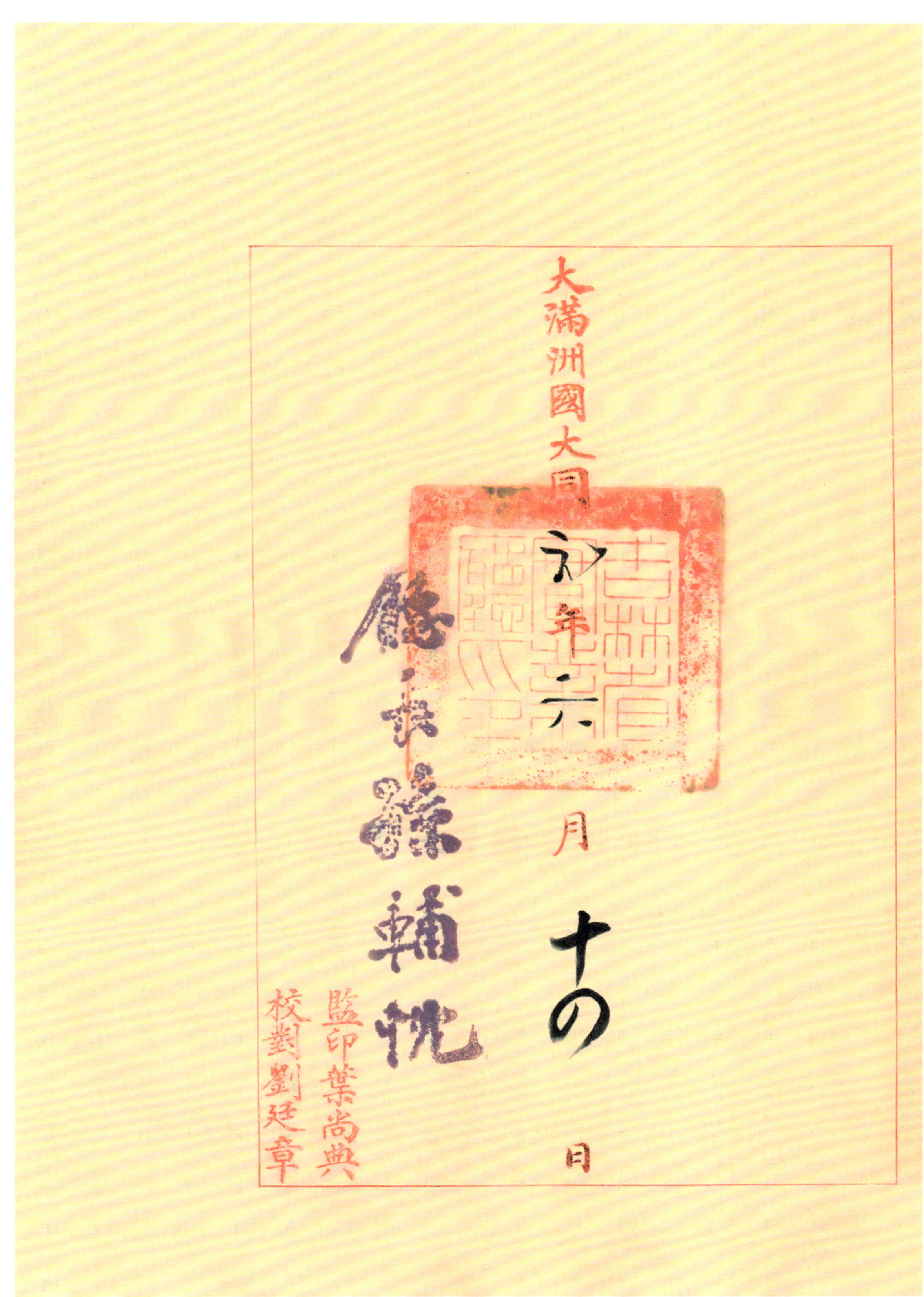
大滿洲國大同　年　月　日
監印葉尚典
校對劉廷章

伪吉林实业厅为调查「被匪蹂躏」区域农民家禽家畜损失数目给伪虎林县公署的训令（一九三二年六月十四日）

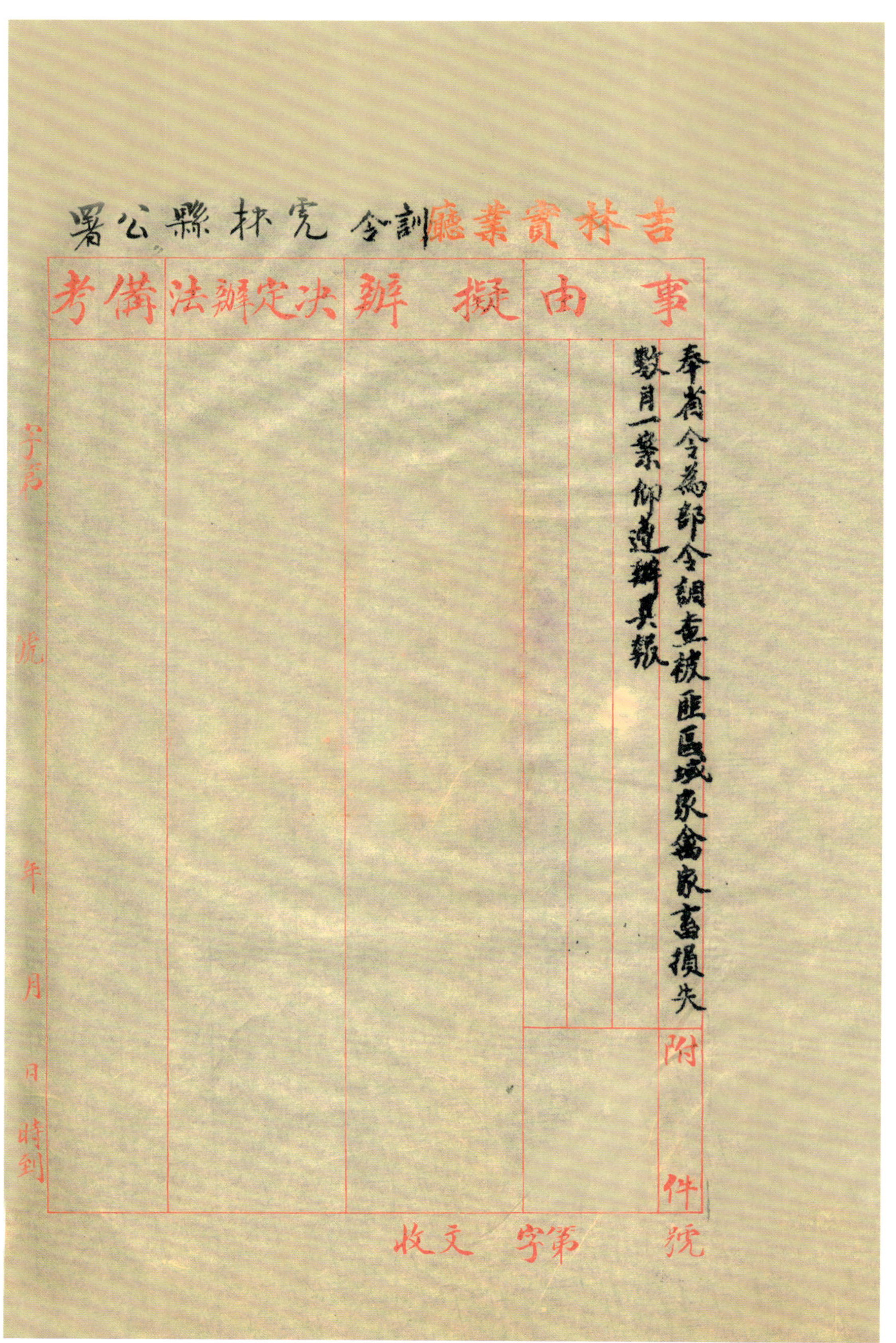
吉林實業廳訓令虎林縣公署

事由：奉省令為部令調查被匪區域家禽家畜損失數目一案仰遵辦具報

擬辦

決定辦法

備考

附件

字第　號　年　月　日　時到

收文　字第　號

吉林實業廳訓令

字第89號

令寬城縣縣長

案奉

省公署第七三六號訓令內開：為令飭事。大同元年六月一日奉

實業部第二十九號訓令內開：查自事變以來，各省所屬各縣被匪騷擾之區，家禽家畜被害甚巨，大有不敷應用之勢。若不積極設法補救，不免有誤農作。除分令外，合亟令仰該省長分飭所屬各縣，調查被匪區域農民家禽家畜損失數目，並應如何補救，擬具辦法，一併呈部核奪等因。奉此，合行令仰該

廳即便飭屬分别遵辦具報以憑核轉此令等因奉此除行分
外合亟令仰該知即分别遵辦報候核轉切切此令

大滿洲國大同二年六月十四日

監印葉尚典

校對劉廷章

伪吉林省公署为调查土木工程及道路、河川现状速报事给伪虎林县公署的训令（一九三二年六月十七日）

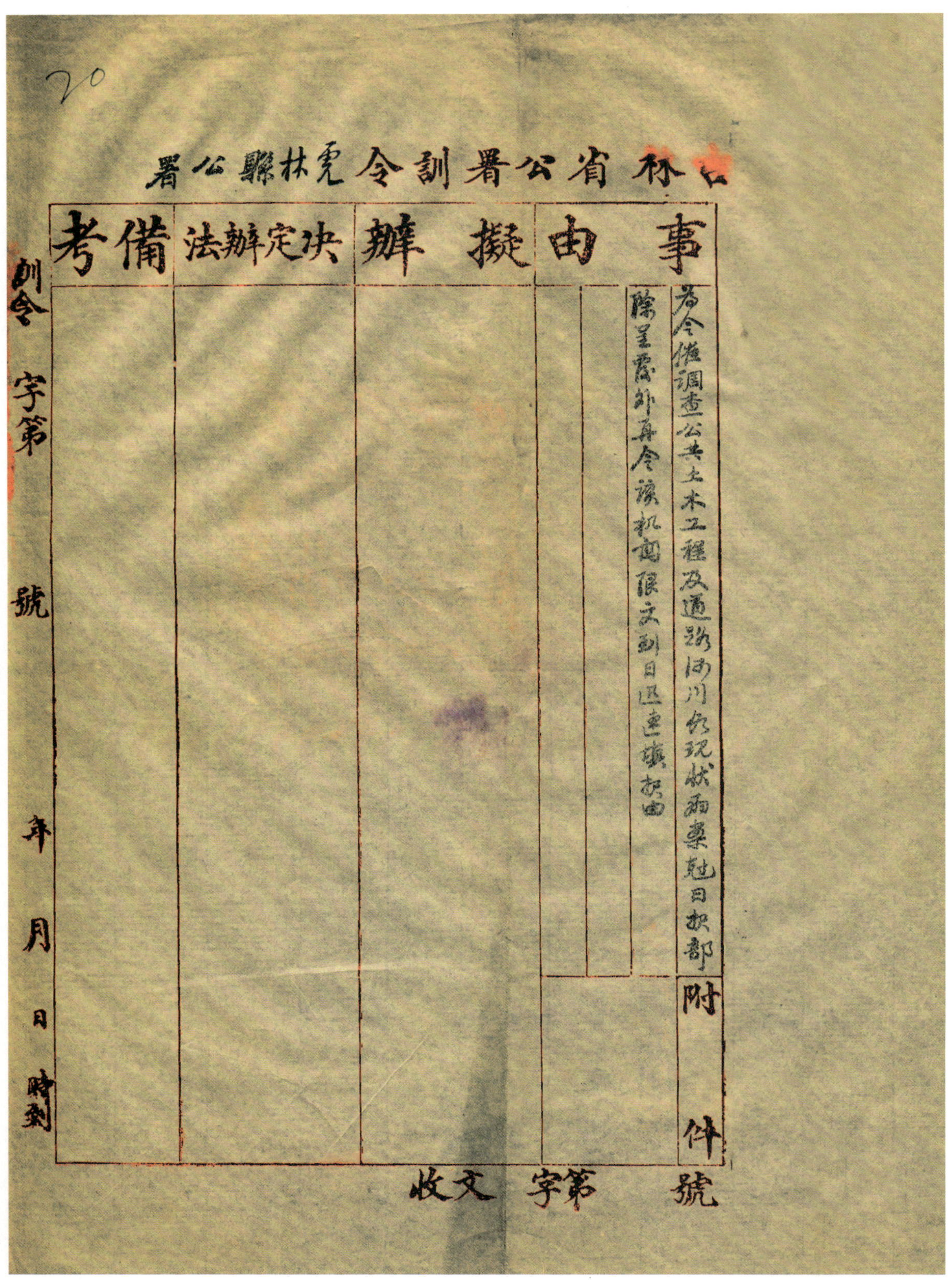
20

吉林省公署訓令虎林縣公署

事由	擬辦	決定辦法	備考
為令催調查公共之土木工程及道路河川的現狀兩案趕日報部 除呈覆外再令該縣剋限文到日迅速填報由			
附件			

訓令 字第 號

年 月 日 時刻

收文第 字 號

吉林省公署訓令總字第140號

令吉林縣公署

為令遵事案奉

民政部第三百三十一號訓令內開為令催事案查本部調查各省區公共土木工程及道路河川各現狀業經檢同表式於四月漾日代電及本部土字第二二二號訓令先後電令飭屬查填並限於五月底造報並因另在案茲查調查公共土木工程已逾兩月仍未據報來部而調查道路河川又已逾限未報案關土木設施亟待考核除分行外合亟再令該公署查照前次電令飭屬迅即分

案查填魁速具报为要此令等因奉此查该案予隔月余仅据延吉等数县查报前来其余各县迄未据覆致稽汇转

案掏

部令未便再延除分令外合再令仰该县即便遵照先令各

令限文到日迅速依式填送勿再延误为要此令

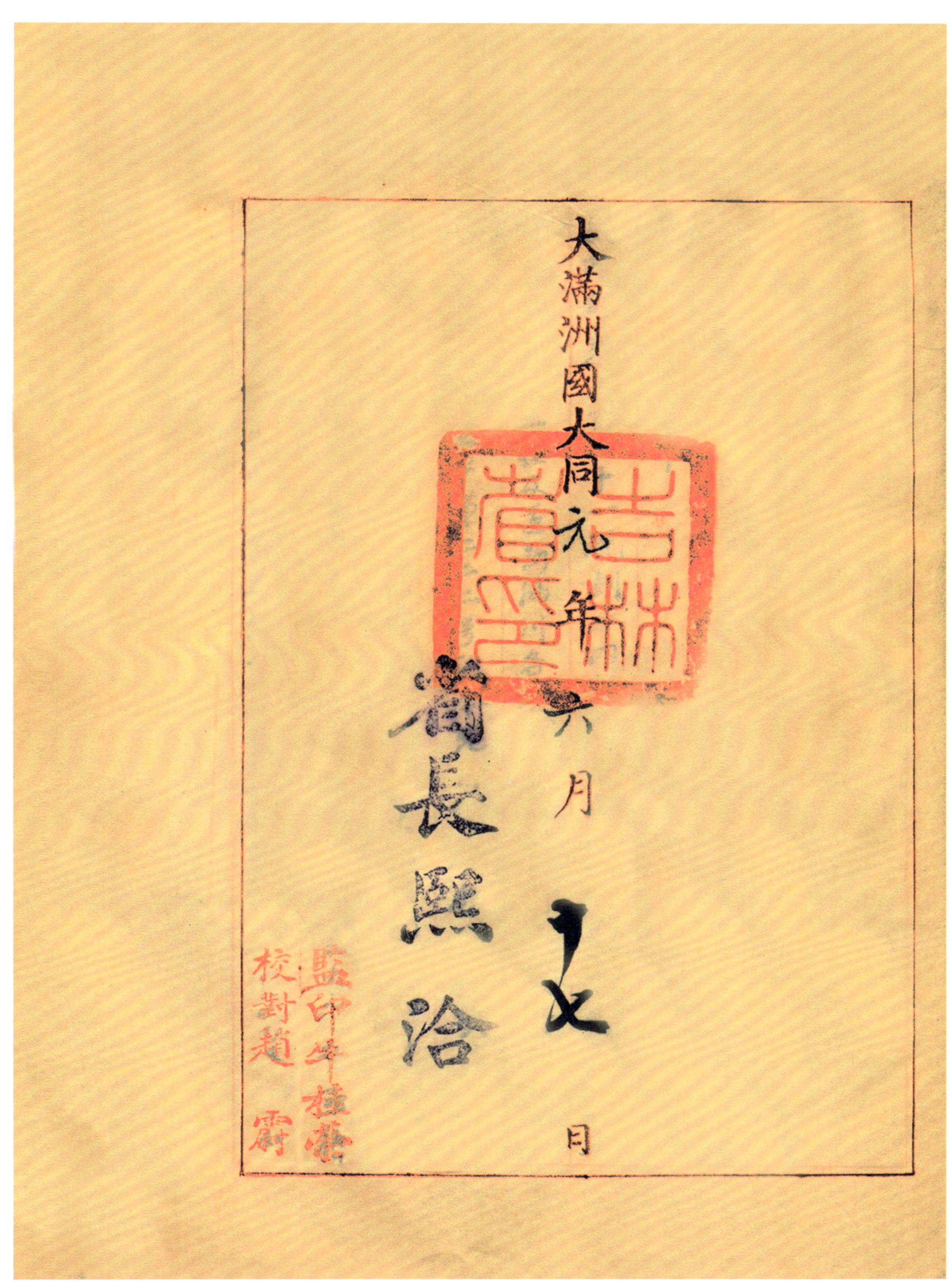

大滿洲國大同元年六月[illegible]日

省長熙洽

監印牛樹棠

校對趙　尉

伪吉林省公署为解缴省署政府公报费事给伪虎林县公署的训令（一九三二年六月二十四日）

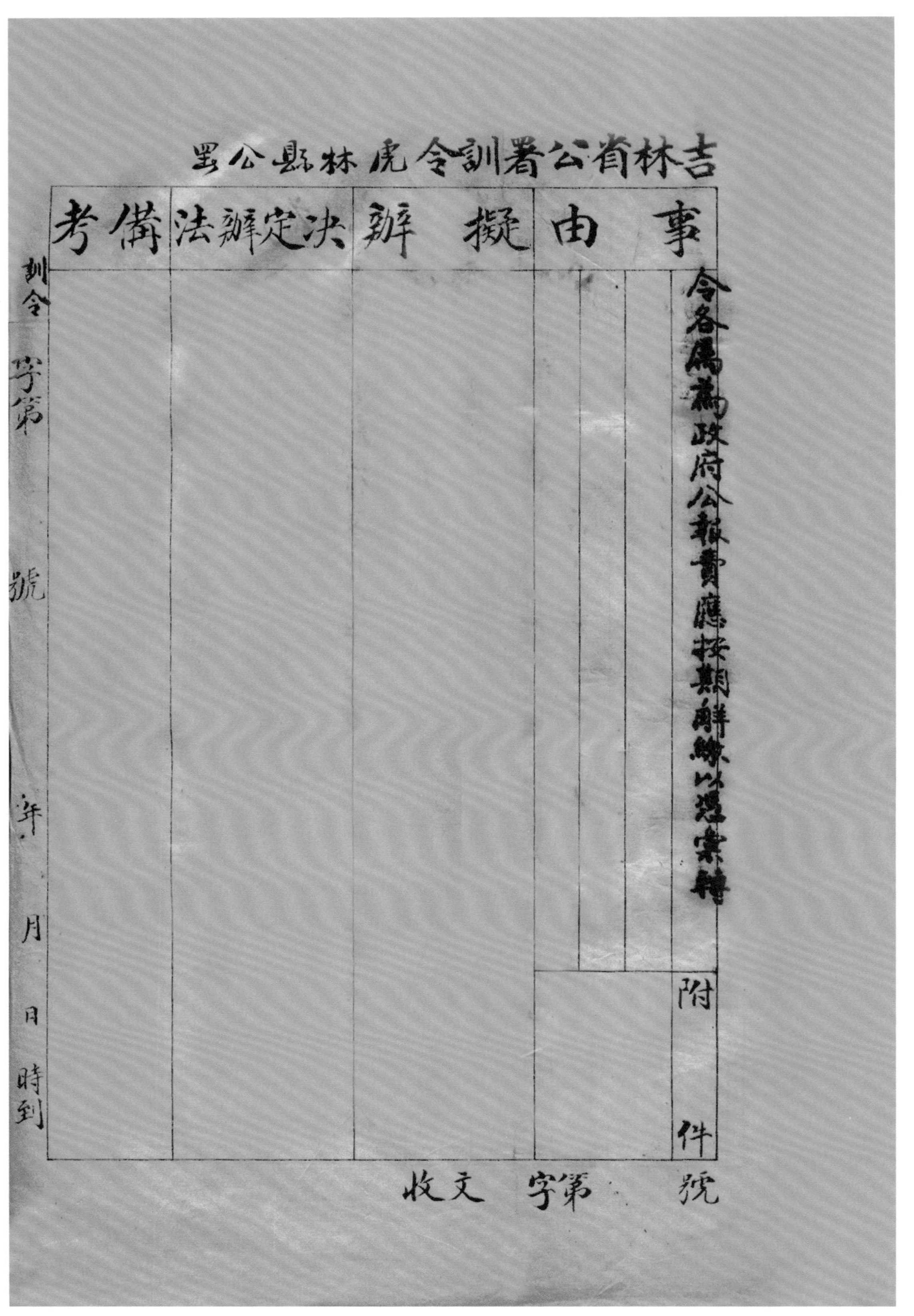

吉林省公署訓令虎林縣公署

事由	擬辦	決定辦法	備考
令各屬為政府公報費應按期解繳以憑彙轉			
附件			

收文 字第 號

訓令 字第 號

年 月 日 時到

吉林省公署訓令

總字第170號

令虎林縣公署

為令催事查購閱政府公報解費期限前已遵照

部令飭屬照辦在案茲查各屬依限解署者固不乏人

而遲延未解者亦屬不少現已逾期多日本署急待彙

解合再令仰遵照前令將每月應解報費務於是月

十日以前解署以憑彙轉勿稍延悞為要切切此令

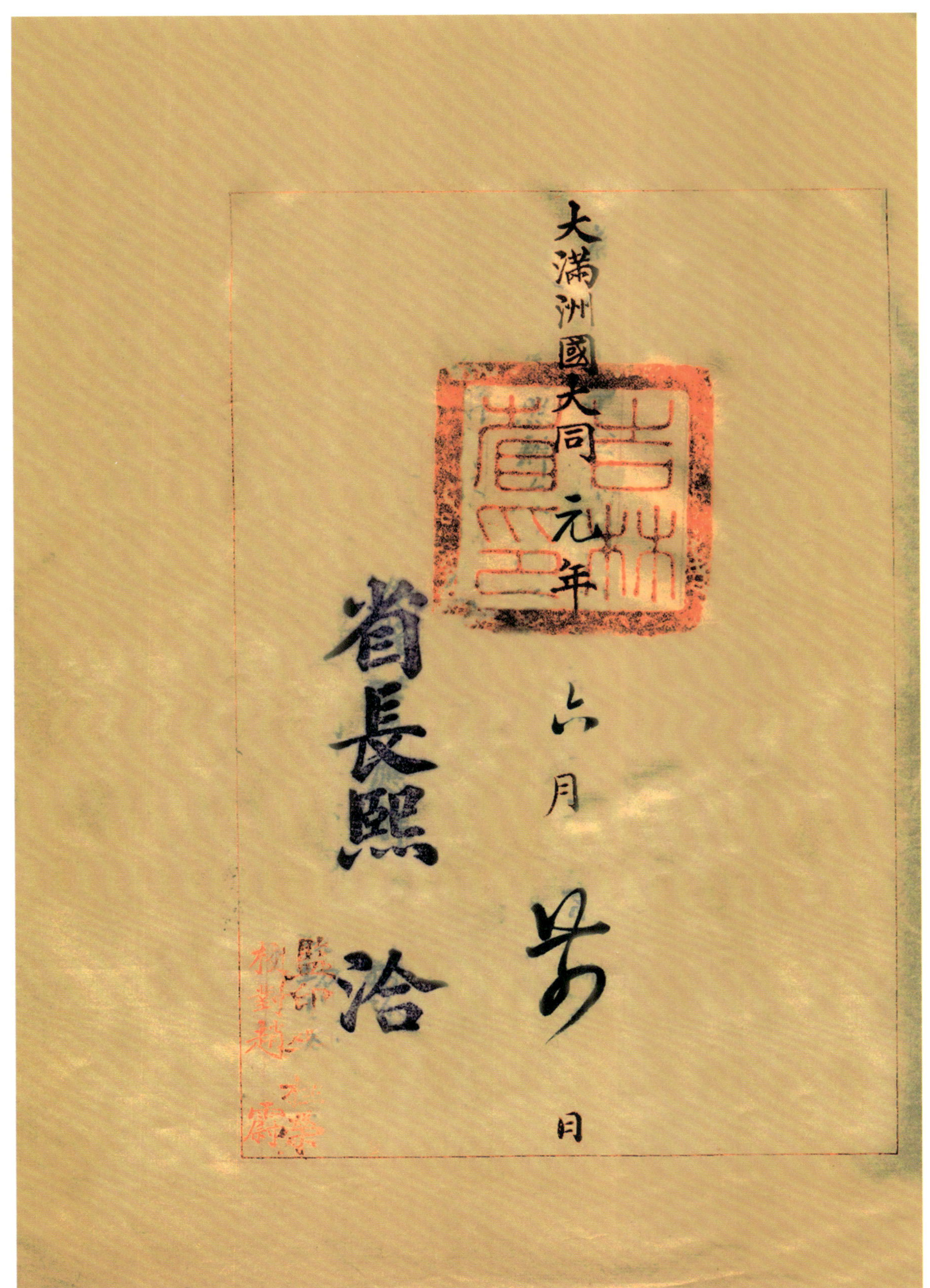
大滿洲國大同元年六月 日
省長熙洽

伪吉林实业厅为调查农村状况事给伪虎林县公署的训令（一九三二年六月二十五日）

吉林實業廳訓令虎林縣公署

事由	擬辦	決定辦法	備考
爲奉部令調查農村狀况一案仰遵照依限查報由			字第 號 年 月 日 時到
附件			

收文 字第 號

吉林實業廳訓令

字第101號

令虎林縣縣長

為令遵事案奉

實業部第四十七號訓令內開為令遵事本部成立伊始亟欲明悉

各地農村狀況以謀並頒辦法其應急須調查者計有下列八項一、

匪賊及其他被害之程度（以範圍）二、農業金融系統三、本年之農業

金融狀況比較歷年如何及其預想四、至收穫止之食糧狀況五、

本年之農業勞働工資比較歷年如何六、耕作工役畜充足與否之狀況

七、現在業經實施者及將來可實施之農村救濟方法八、對於

現在農村應行緊急辦理等項並其具體之方法仰即轉飭所
屬各縣迅速遵令具報限於七月十五日以前呈送到部以憑核辦
所填數目務須詳實填註并加以說明勿得玩忽致誤公務切切此
令等因奉此除分行外合亟令仰該縣遵照辦理限於六月
三十日以前呈覆到廳以便彙轉毋得稍涉延玩致干究詰切切
此令

大滿洲國大同元年六月廿五日

孫輔忱

監印葉尚典

校對劉廷章

伪吉林实业厅为饬将属境所有官办和民营工厂等事业类商业状况呈报给伪虎林县公署的训令

（一九三二年六月三十日）

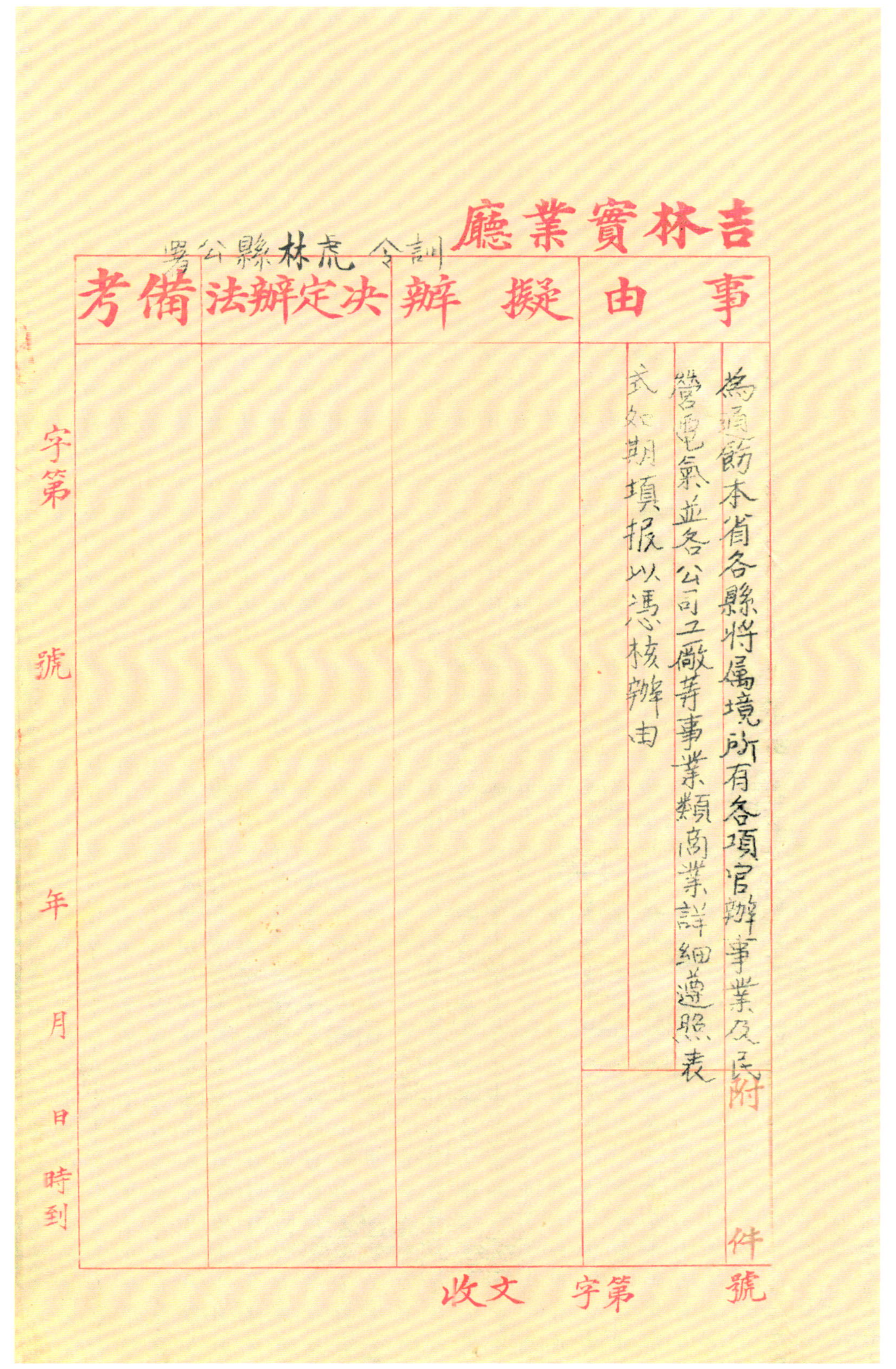
吉林實業廳

訓令 虎林縣公署

事由	擬辦	決定辦法	備考
為通飭本省各縣將屬境所有各項官辦事業及民營電氣並各公司工廠等事業類商業詳細遵照表式如期填報以憑核辦由			

附件

收文 字第 號

字第 號 年 月 日 時到

吉林實業廳訓令

字第 113 號

令虎林縣縣長

為令遵事案查本省各縣屬境各項官辦事業及民營電氣並其他各種工業礦業林業等類商業以前雖經呈報註册登記有案惟自事變以還關於各類事業狀況及有無改組停業並最近創設開辦等情形未據各該縣分別呈報本廳無案可稽際茲新國家肇建伊始各類實業均待着手進行亟須詳細調查俾資考証茲特規定調查表式三種隨令附發除分令外合亟令仰該縣即便遵照分別依式各查填三份限

文到十五日內呈報來廳以憑核辦毋稍延悮切切此令

附發各種表式三份

大滿洲國大同元年六月卅日

監印葉尚典

校對劉廷章

伪吉林实业厅为更正农产物调查表给伪虎林县公署的训令（一九三二年六月三十日）

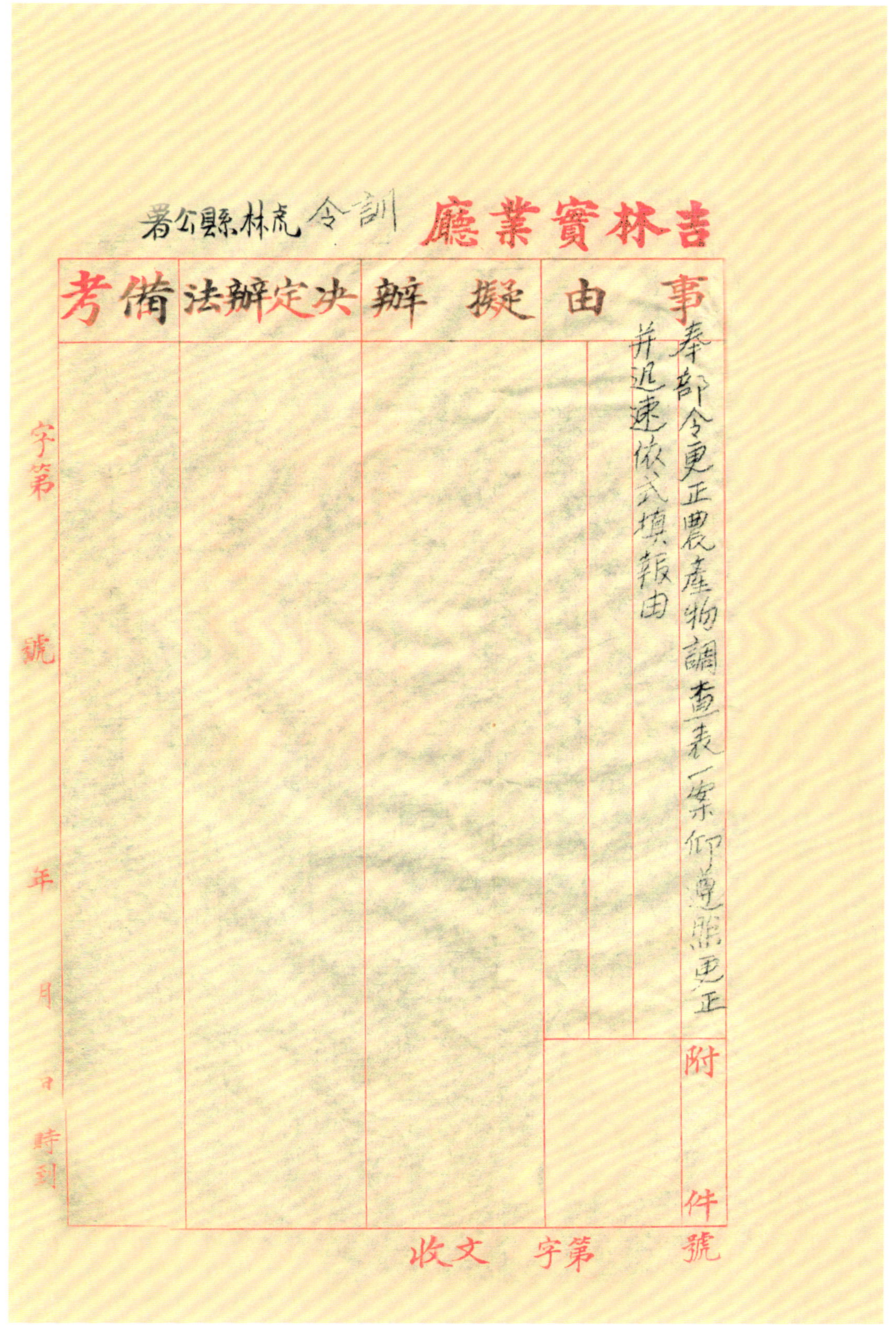

吉林實業廳　訓令　虎林縣公署

事由	擬辦	決定辦法	備考
奉部令更正農產物調查表一案仰遵照更正并迅速依式填報由			第　字　號　年　月　日　時到
附件			

收文第　字　號

吉林實業廳訓令

字第116號

令虎林縣縣長

為令遵事案奉

實業部第六十三號訓令内開為令遵事查農產物收穫量[illegible]調查業經本部訓令第四十九號令飭該廳轉令所屬各縣實業局一體遵辦在案茲撿同第一次調查表式百叁拾陸部仰即配發各縣每縣四份并仰轉令所屬迅速詳細查明依式填註呈部核辦至本調查原定於夏至施行茲以印刷繁忙稍有遲誤各縣填造時准即自入手調查之日起再查本調查表内尚有印刷錯誤之處如第五行第[illegible]

（大豆）誤為黃豆（大石）第七行吉豆（綠豆）誤為吉石（綠石）第二十六行綫麻（小麻子）誤為綫麻（大麻子）又第二十八行蓖麻（大麻子）誤為蓖麻（小麻子）合仰一併轉令所屬一體遵照更正切切此令附發農產物調查表二百三十六份等因奉此查此項農產物收穫量預測調查表業經轉發飭遵在案茲奉前因除令行外合亟檢同原表令仰該縣轉飭遵照更正並迅速詳細查明依式填報勿稍延忽切切此令

附發農產物調查表四份

大滿洲國大同元年六月卅日

代長孫輔忱

監印葉尚典

校對劉延章

伪吉林省公署为一九三二年七月一日施行伪国币与旧货币换算率给伪虎林县公署的训令（一九三二年七月一日）

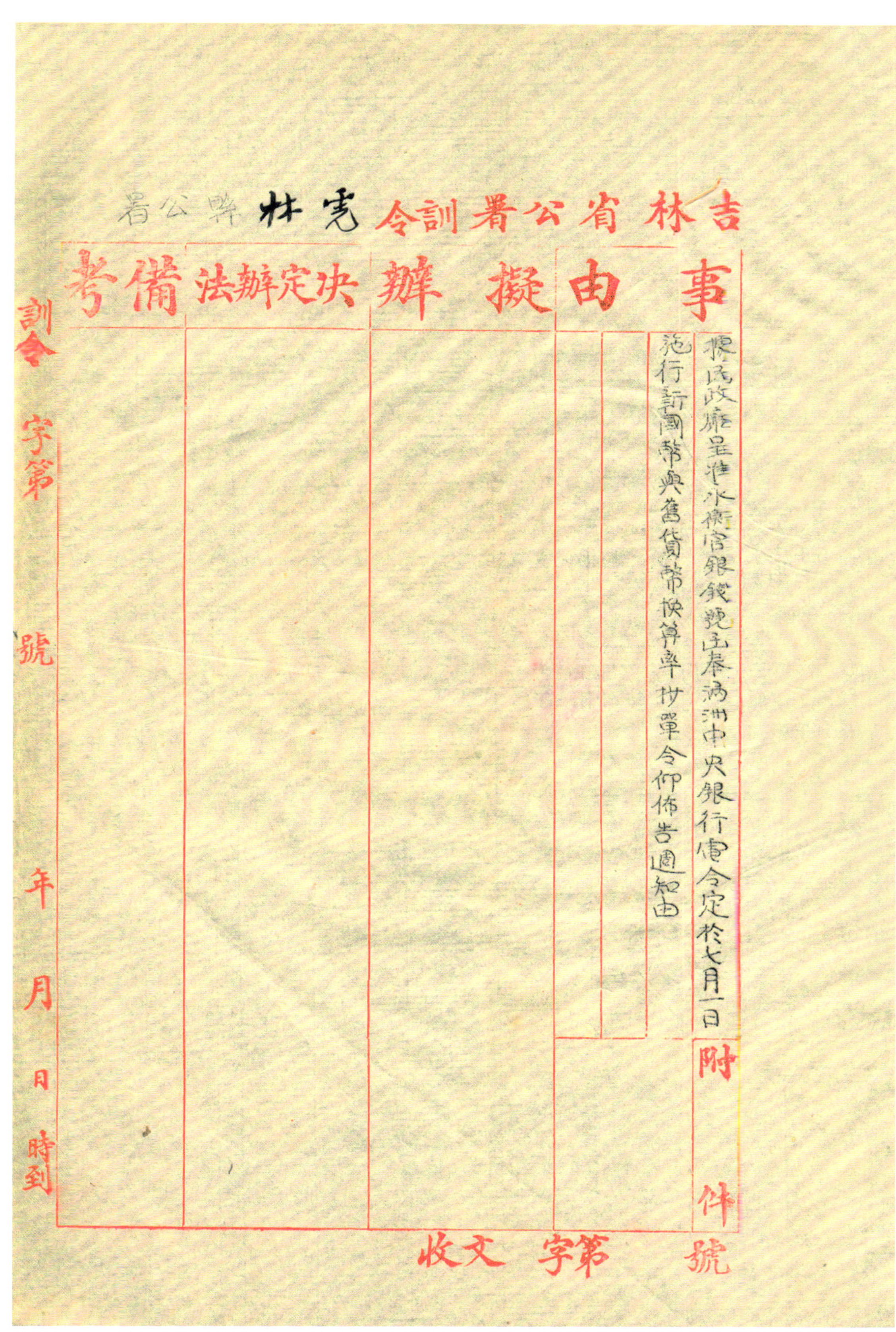
吉林省公署訓令 虎林縣公署

事由	擬辦	決定辦法	備考
據民政廳呈准永衡官銀錢號函奉滿洲中央銀行電令定於七月一日施行新國幣與舊貨幣換算率抄單令仰佈告週知由			
附件			

訓令 字第 號 年 月 日 時到

收文 字第 號

吉林省公署訓令

民字第863號

令虎林縣公署

為通令事民政廳案呈准永衡官銀錢號函開案奉
滿洲中央銀行總行電令舊貨幣整理法業經財政部令第三十五號公告定於
七月一日施行並依據該法第十三條規定新國幣與舊貨幣之換算率等因附
抄清單轉行到號除佈告並分行外相應照抄清單函請查照附抄換算率清
單一份又奉
令開中國交通銀行在哈發行之大洋票(以有監理官印者為限)應與奉吉黑三省
從前四行號在哈發行之大洋票(亦以有監理官印者為限)一併辦理等因由廳呈送到

著除分行外合亟抄粘清單令仰該縣即便分轉所屬，並佈告民衆一体周知此令

計抄粘換算率清單一份

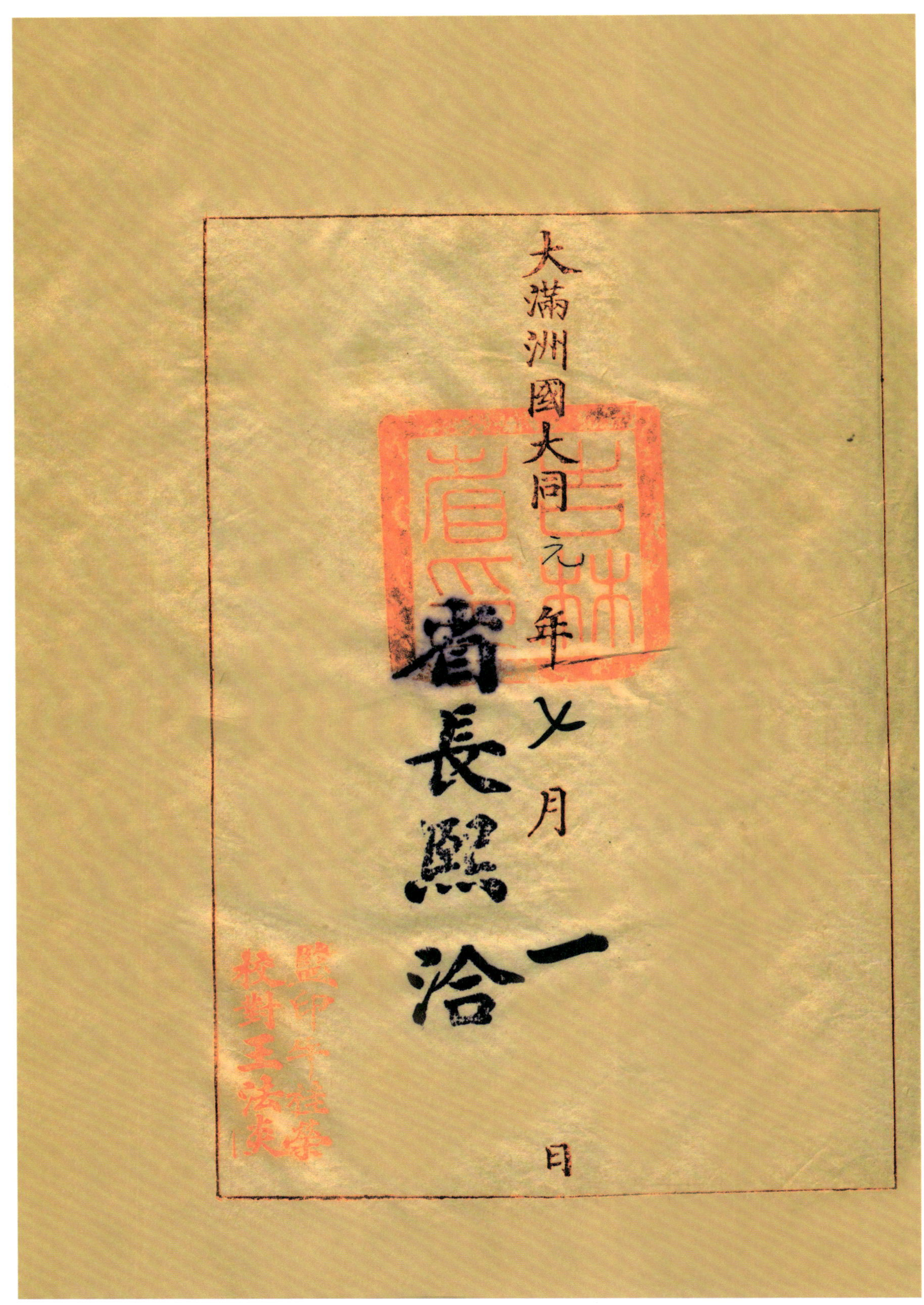

大滿洲國大同元年七月　日

一

署長照洽

監印午桂榮

校對王法炎

伪吉林省公署为检送现行会计账簿式样给伪虎林县公署的训令（一九三二年七月十日）

吉林省公署訓令　虎林縣公署

事由	擬辦	決定辦法	備考
為奉部令飭送現行會計賬簿式樣以憑彙轉由			
附件			

訓令　字第　號　年　月　日　時到

收文　字第　號

吉林省公署訓令

總字第276號

令虎林縣公署

案奉

民政部訓令地字第四四零號查會計賬簿盈虧所據登載方式精確為先至於計算權利稽核損益咸以賬簿為憑現在東西各國所通用者均係新式簿記既無流弊復便稽核故會計賬簿之組織及記錄方法之研究遂為收支管理上之重要關鍵無不日新而月異查事變以前各地方行政機關及公共團体（即各法團）所用之會計賬簿凌乱紛歧相沿已久加以各機關長官多守成規罔知改革一旦發生弊端或新舊任交接時期每感鈎稽困難當茲新國肇建百政更新之

時對於各地方行政機關及公共團体之會計賬簿式樣亟應切實調查以備一律改為新式簿記而資劃一除分行外合亟令仰該省轉飭所屬民政廳市政公署各縣公署及公共團体將現行各種賬簿式樣各檢一份彙呈本部以憑核辦切切此令等因奉此除分行外合亟令仰該縣立即遵照速將縣署及公共團体現行各種會計賬簿式樣尅日送署以憑彙轉毋延此令

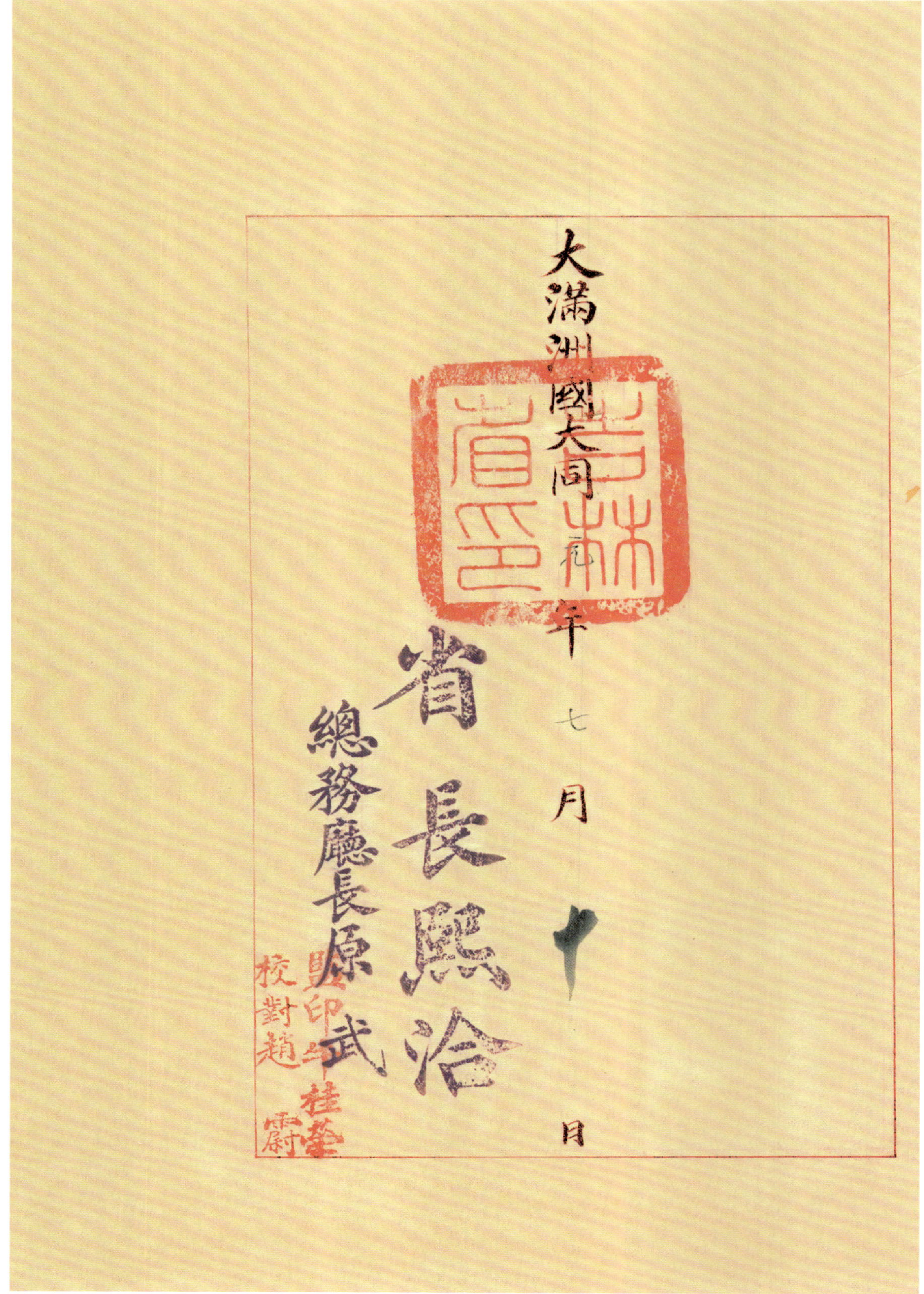
大滿洲國大同元年七月十日

省長熙洽

總務廳長原武

監印呂桂馨

校對趙霨

伪吉林省公署为调查填报各县食粮盈亏数目表事给伪虎林县公署的训令（一九三二年七月十七日）

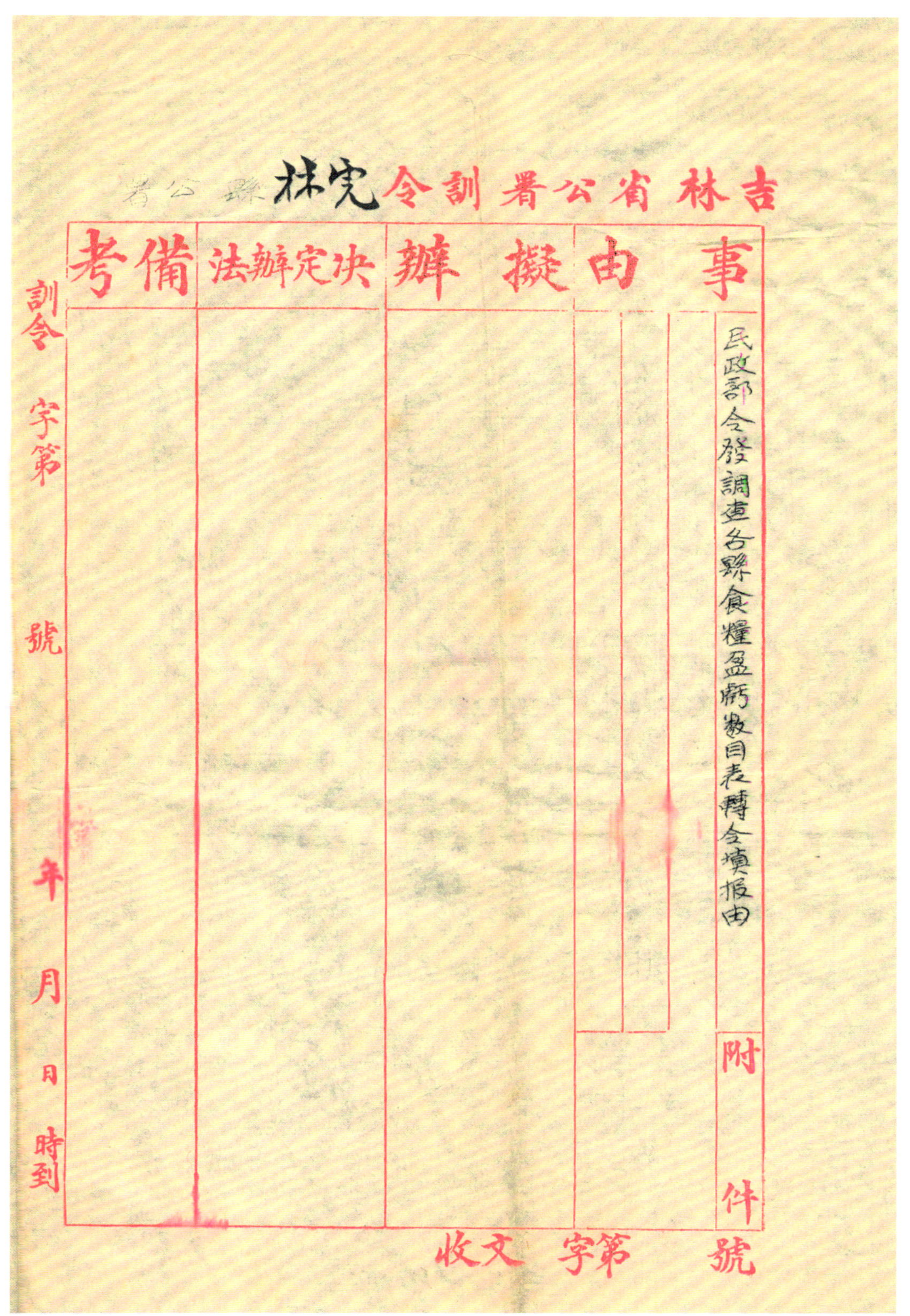
吉林省公署訓令虎林縣公署

事由	擬辦	決定辦法	備考
民政部令發調查各縣食糧盈虧數目表轉令填報由			
附件			

文收第　字　號

訓令　字第　號

年　月　日　時到

吉林省公署训令　民字第79号

令虎林县公署

案照大同元年七月十二日奉
民政部地字第四九三号训令开查民为邦本食为民天当兹青黄不接之际匪徒扰害之余人民食粮是否充足实为重大问题关于各县新粮上市以前食粮盈亏情形极待调查综核俾可预谋救济之方兹规定调查表式令发该省仰即转饬所属各就辖境切实调查限文到一月内依式表报以凭考核切切此令附发表式一份等因奉此除分行外合亟抄同表式令仰该县即便遵照认真调查限文到二十日内填表二份呈候存转奉文日期仍先报查此令

计抄发表式一份

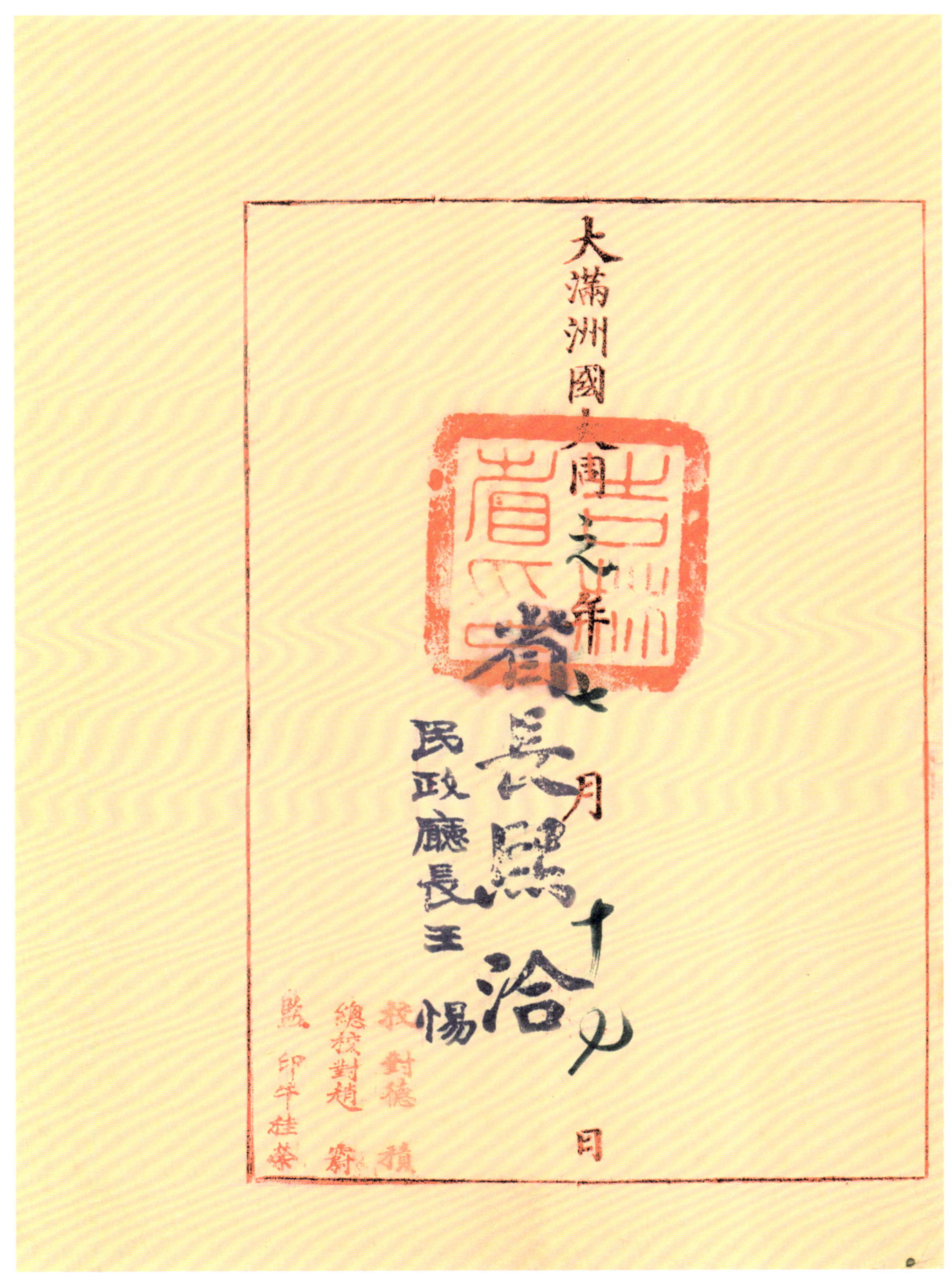
大滿洲國大同之年七月十九日
省長熙洽
民政廳長王一愓
校對　德積
總校對　趙爵
監印　竿桂榮

伪吉林省公署为修改整理农务报告准酌延期事给伪虎林县公署的训令（一九三二年七月二十二日）

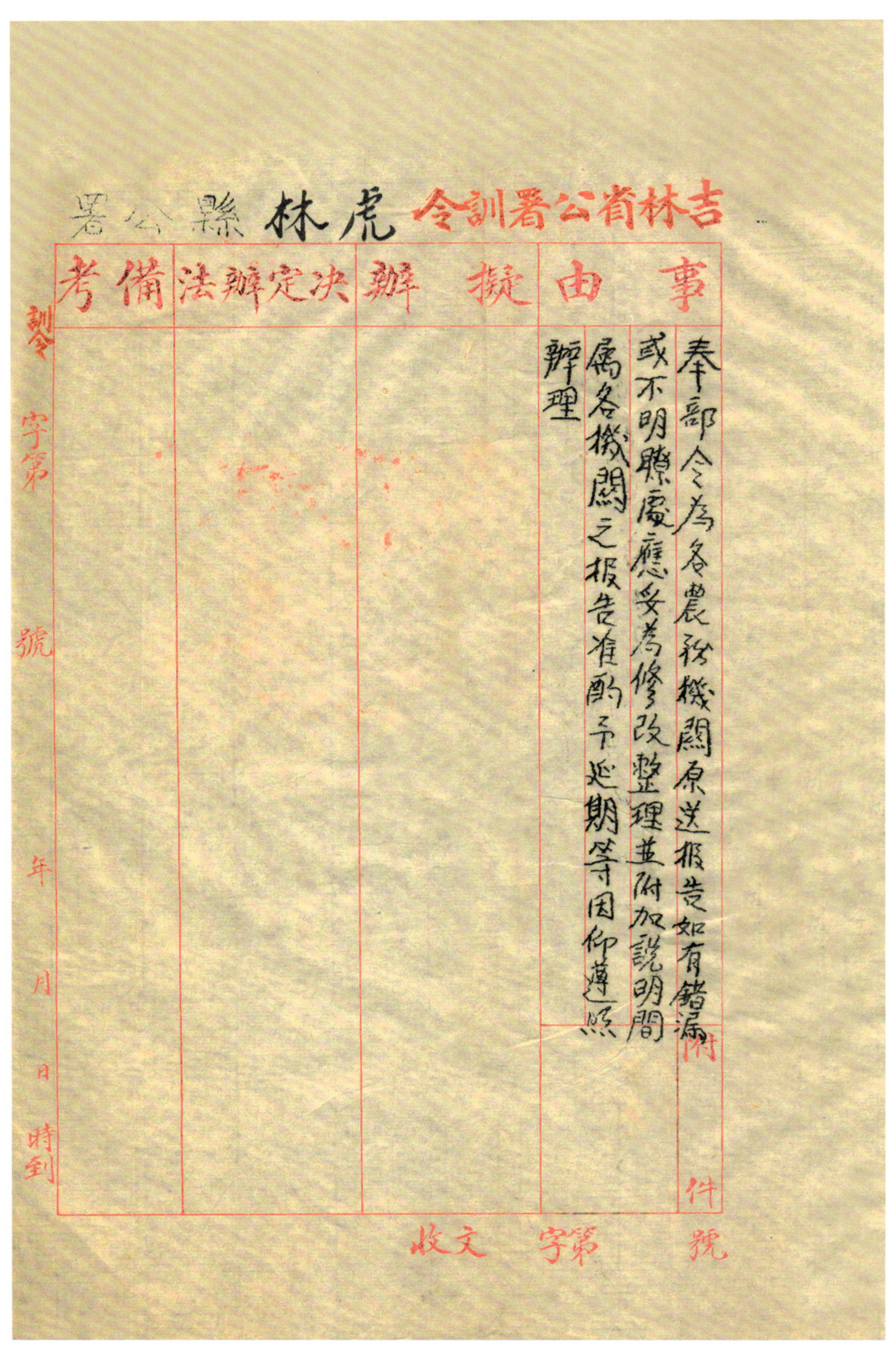

吉林省公署训令 虎林县公署

训令 字第 号 年 月 日 时到

事由	拟办	决定办法	备考
奉部令为各农务机关原送报告如有错漏或不明瞭处应妥为修改整理并附加说明间属各机关之报告准酌予延期等因仰遵照办理 附件			

收文 字第 号

吉林省公署訓令

實字第9號

令虎林縣縣長

為令遵事案奉

實業部第七十一號訓令內開查關於農務方面之各省直屬間屬及監督各機關應填之各種調查報告業經分令填造在案茲查本部所調查之該省所屬各機關計有直屬機關者立農事試驗場及附屬種子交換所間屬機關各縣農事試驗場及附屬種子交換所各縣苗圃被監督機關者

縣區鄉農會等處以上各處對於調查一事項如有錯誤或遺漏之處應即妥為修改加以整理其各該機關之業務內容如有不甚明瞭之處並應附加說明一併從速呈部備閱屬各機關對於報告尚需相當時日應准酌予延期合行令仰該省一併遵照辦理等因奉此除分行外合亟令仰該縣遵照轉飭所屬各農事機關遵照辦理此令

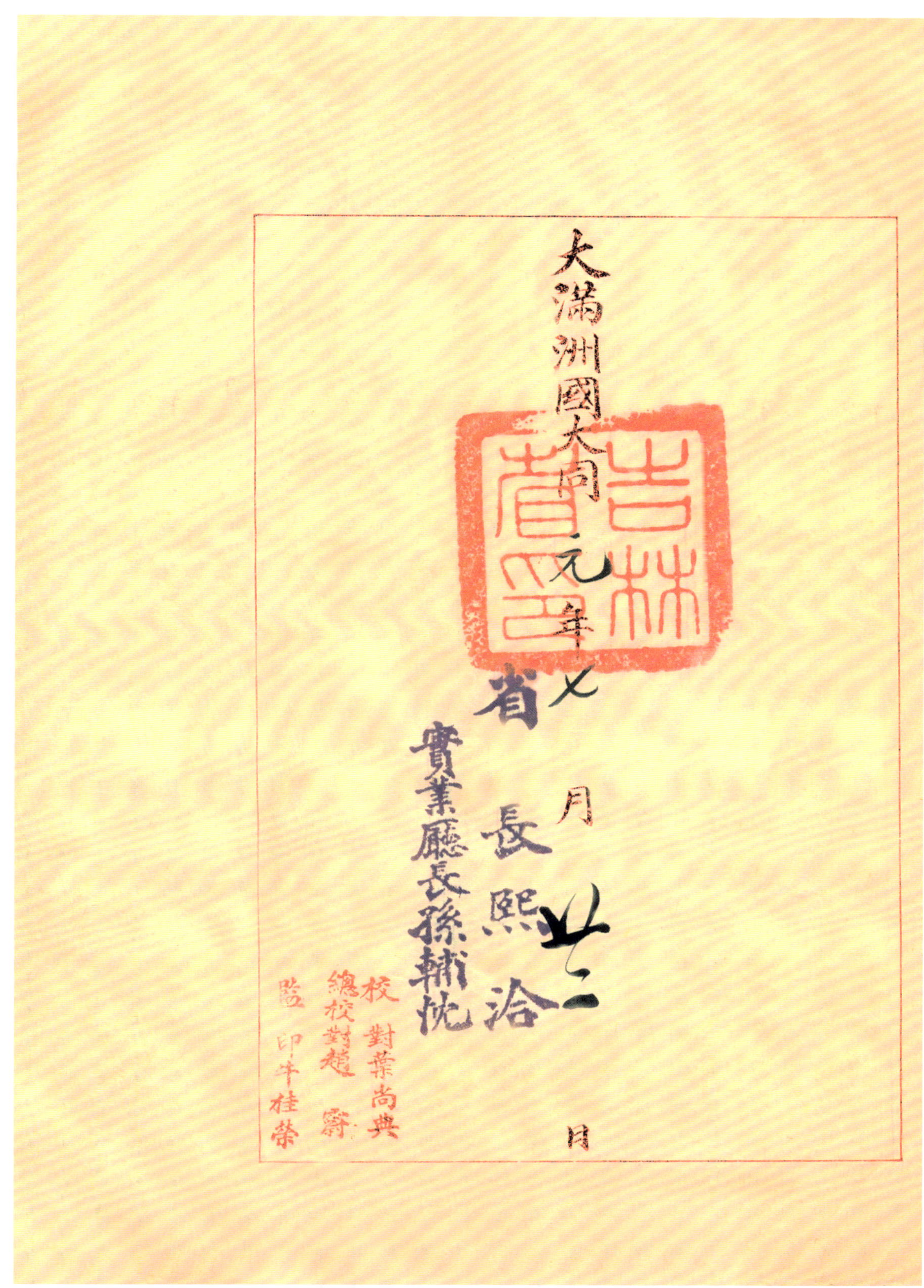
大滿洲國大同元年七月廿二日

省長熙洽

實業廳長孫輔忱

校　對葉尚典

總校對趙　爵

監　印牟桂榮

伪吉林省公署为公布电气事业暂行取缔规则事给伪虎林县公署的训令（一九三二年七月二十二日）

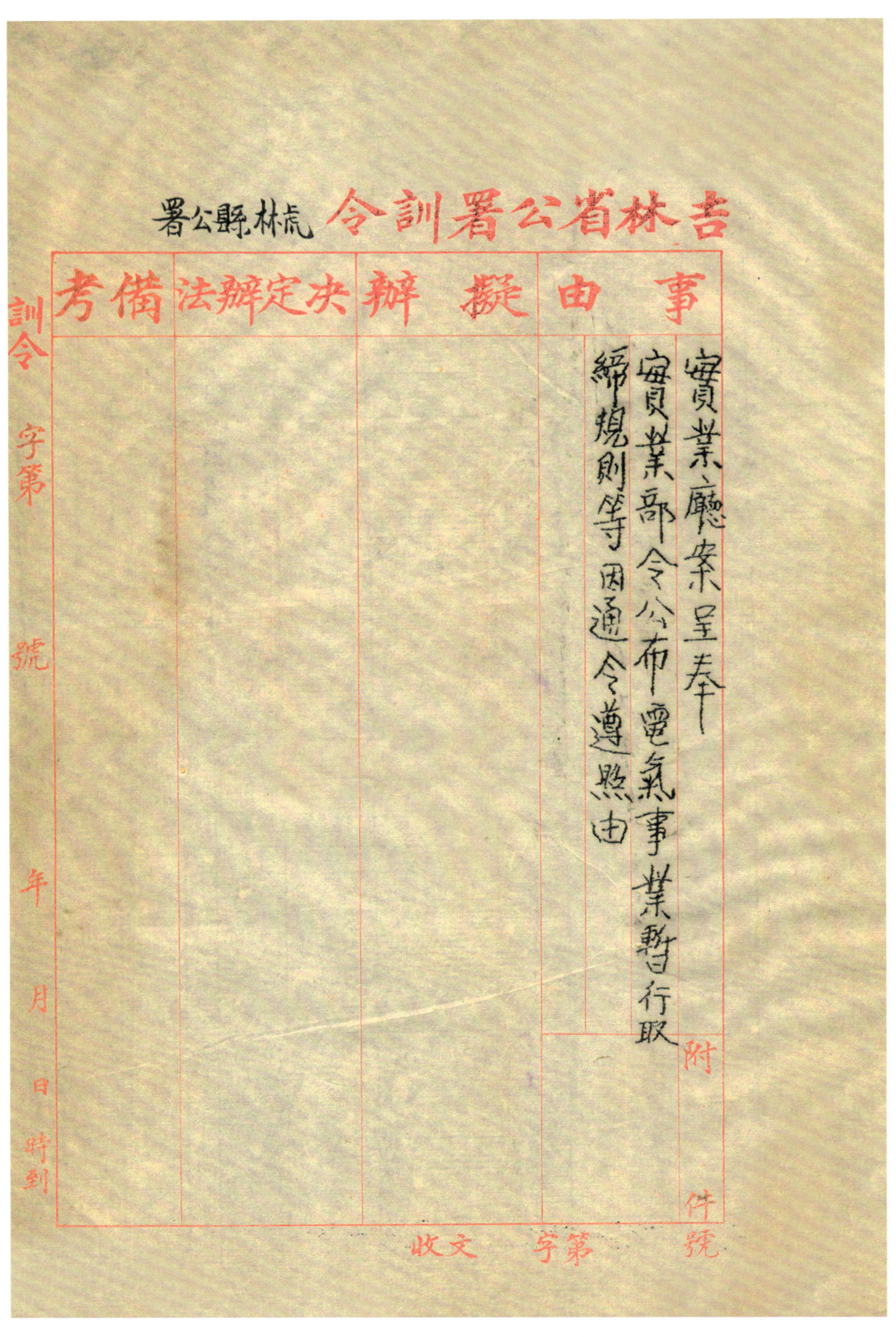

吉林省公署訓令　虎林縣公署

事由	擬辦	決定辦法	備考
實業廳案呈奉實業部令公布電氣事業暫行取締規則等因通令遵照由			

附件號

訓令　字第　號　年　月　日　時到

收文　字第　號

吉林省公署訓令

實字第8號

令虎林縣縣長

爲令遵事實業廳案呈奉

實業部第一號訓令開查電氣事業爲公共事業與一般人民有密切之關係其統制良否與社會安寧國民福利均有重大之影響首本部鑒於有統制之必要茲特製定暫行取締規則以部令公布之除教令第三號規定外概依本規則嚴重取締以期求統制不致發生障碍其各遵守毋違此令附發規則一份等因奉此除分令

外合亟抄發規則令仰該縣轉飭一體遵照此令

附發電氣事業暫行取締規則一份

大滿洲國大同元年七月　日

省長熙洽

實業廳長孫輔忱

校　對葉尚典

總校對趙　爵

監　印牛桂棻

伪吉林省公署为查报各省面积及耕地与可耕地之百分比给伪虎林县公署的训令（一九三二年七月二十二日）

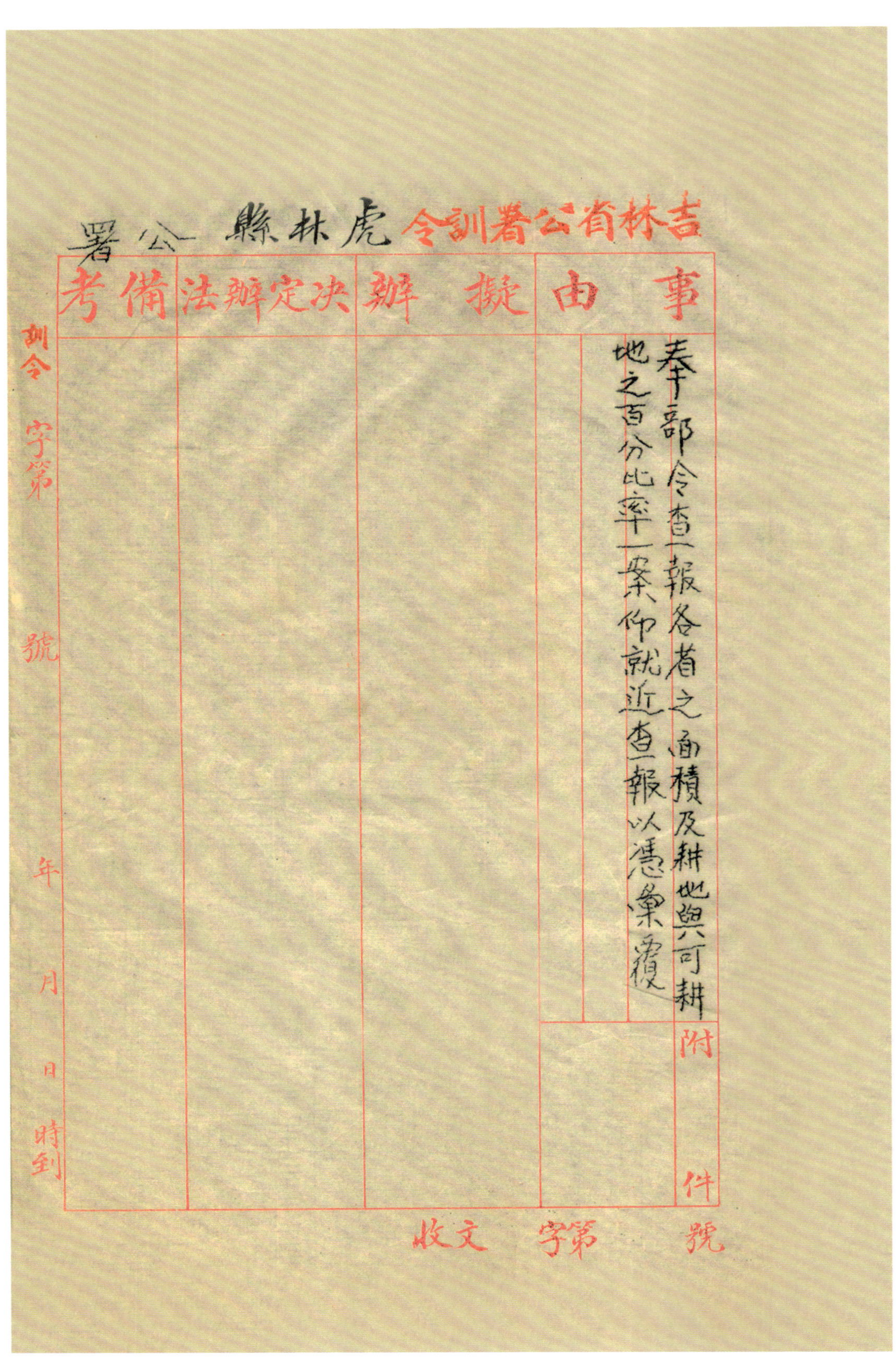

吉林省公署训令 虎林县公署

事由：奉部令查报各省之面积及耕地与可耕地之百分比率一案仰就近查报以凭汇覆

附件

拟办

决定办法

备考

训令 字第 号

年 月 日 时到

收文 字第 号

吉林省公署訓令

實字第7號

令虎林縣縣長

為令遵事案奉

實業部第八十三號訓令内開為訓令事

本部成立伊始凡百政務均待着手進行

查各省之面積及耕地與可耕地之百分比率

如何為農務行政上之根本要務對於此項亟

須調查俾資考證除分行外合亟令仰該

省切實詳查迅速具報為要此令等因奉

此除分行外合亟令仰該縣遵照迅就該管境内詳確查報以憑彙覆切切此令

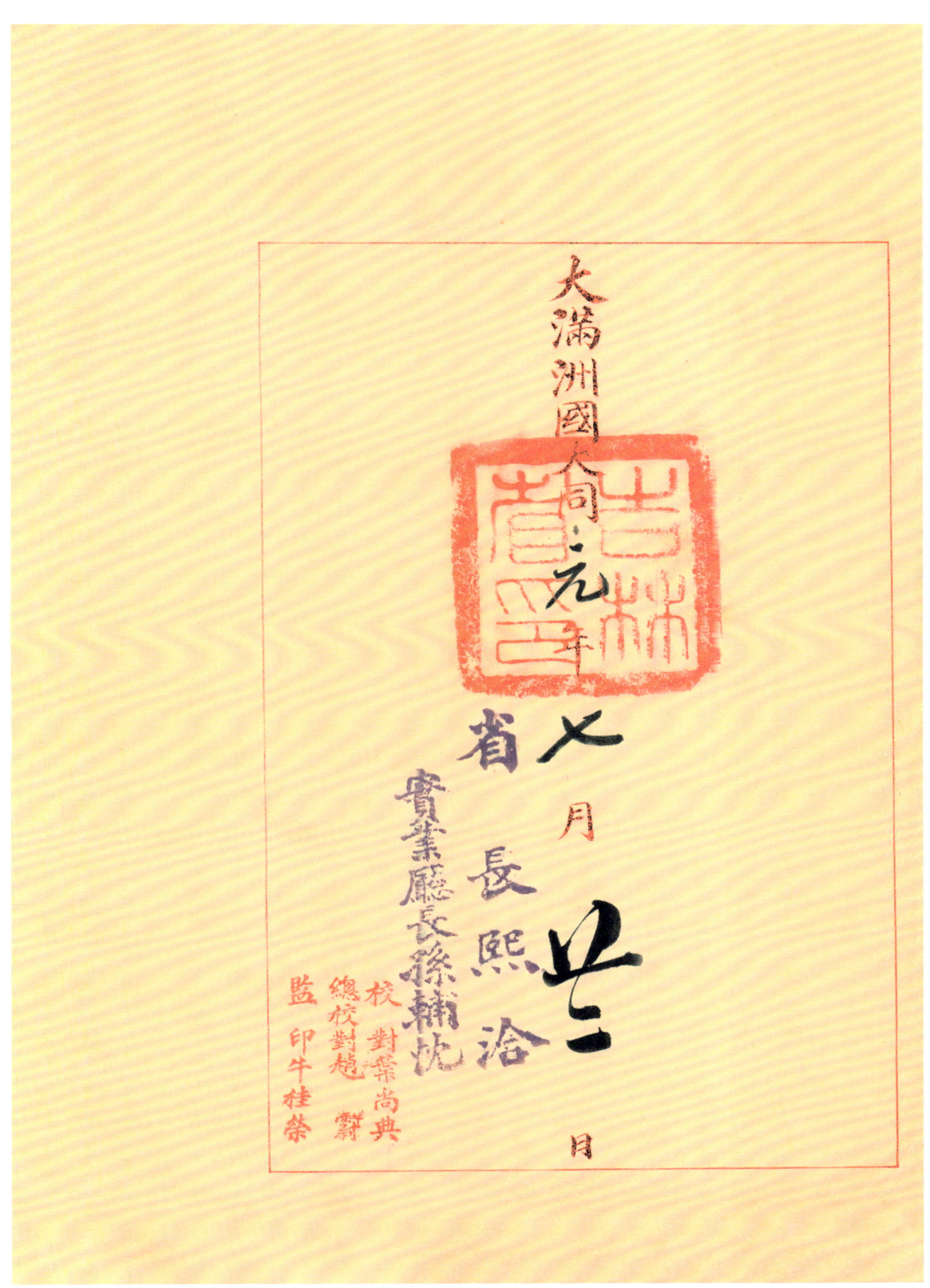

大滿洲國大同元年七月　日

省長熙洽

實業廳長孫輔忱

校對葉尚典

總校對趙　霽

監印牛桂榮

伪吉林省公署为取缔私帖及其他类似纸币之证券暂行办法给伪虎林县公署的训令（一九三二年七月三十日）

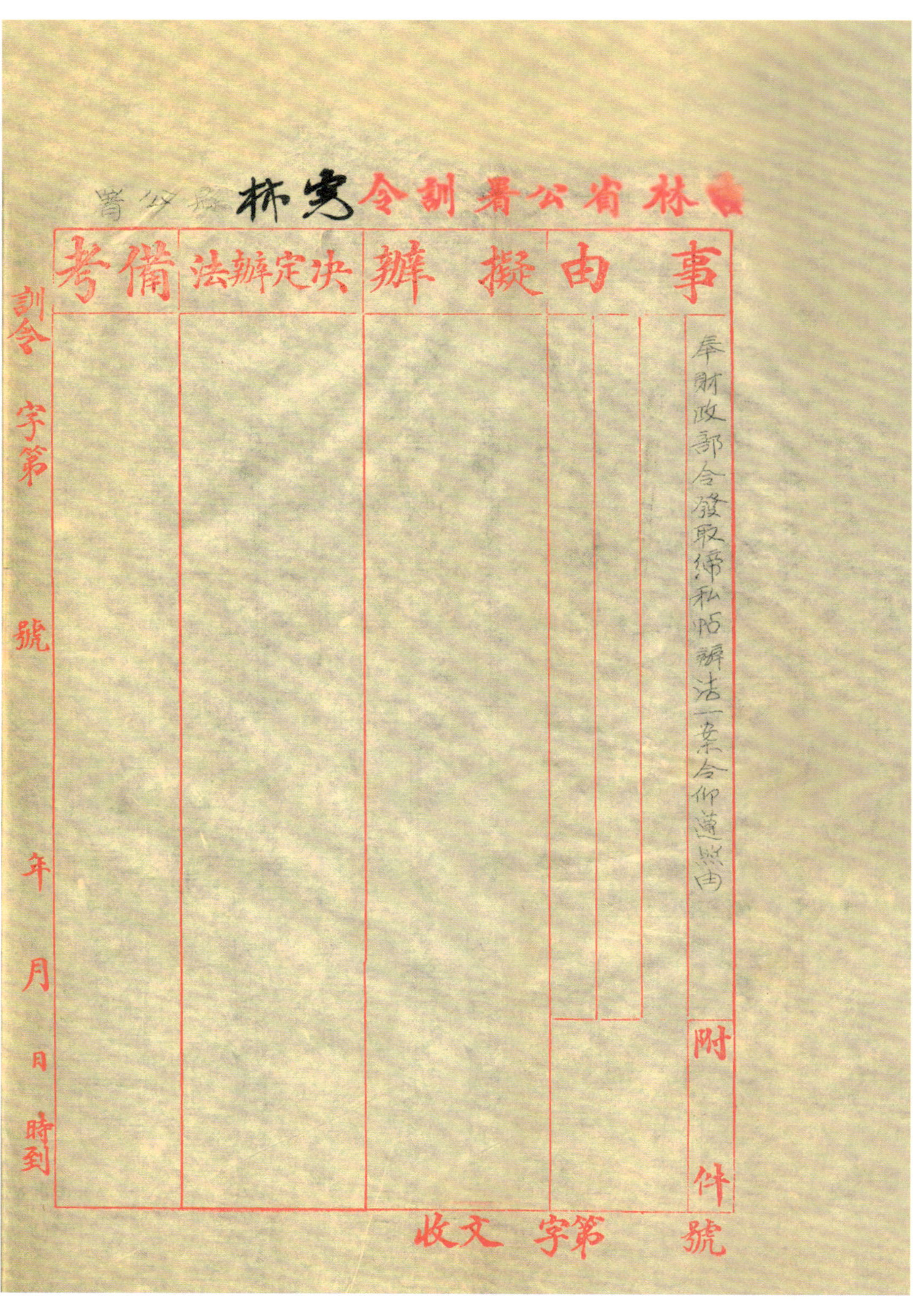

吉林省公署訓令

事由	擬辦	決定辦法	備考
奉財政部令發取締私帖辦法一案令仰遵照由			

附件

訓令　字第　號

年　月　日　時到

收文　字第　號

吉林省公署訓令

民字第112號

令虎林縣公署

案照大同元年七月十五日奉

財政部第四一號訓令内開查取締私帖及其他類似紙幣之證券暫行辦法

業於七月五日以教令第五十三號公布並登載政府公報俾衆周知在案惟

該案之實施非俟各地方行政機關之徹底取締難期完全結束除分行外

合亟令仰該省長對於所屬各機關嚴加監督勵行照辦並飭所屬將一般

状況及其他事項隨時具報本部以便考核切切此令等因奉此查本省各屬

原出私帖先經節次申禁已被收銷淨盡乃自上年事變以後聞又有擅自

發行者似此紊乱金融妨害幣制實屬令人可恨茲既奉令前因自應澈底

締禁除由□□另手擬法呈請

部示俟奉核准另令飭知暨分行外合亟抄粘令仰該縣即便遵照此令

計粘抄部頒管行办法一件

大滿洲國大同元年七月廿日

省長熙洽

伪吉林省公署为工业会议和商业会议同日同地召开事给伪虎林县公署的训令（一九三二年八月十日）

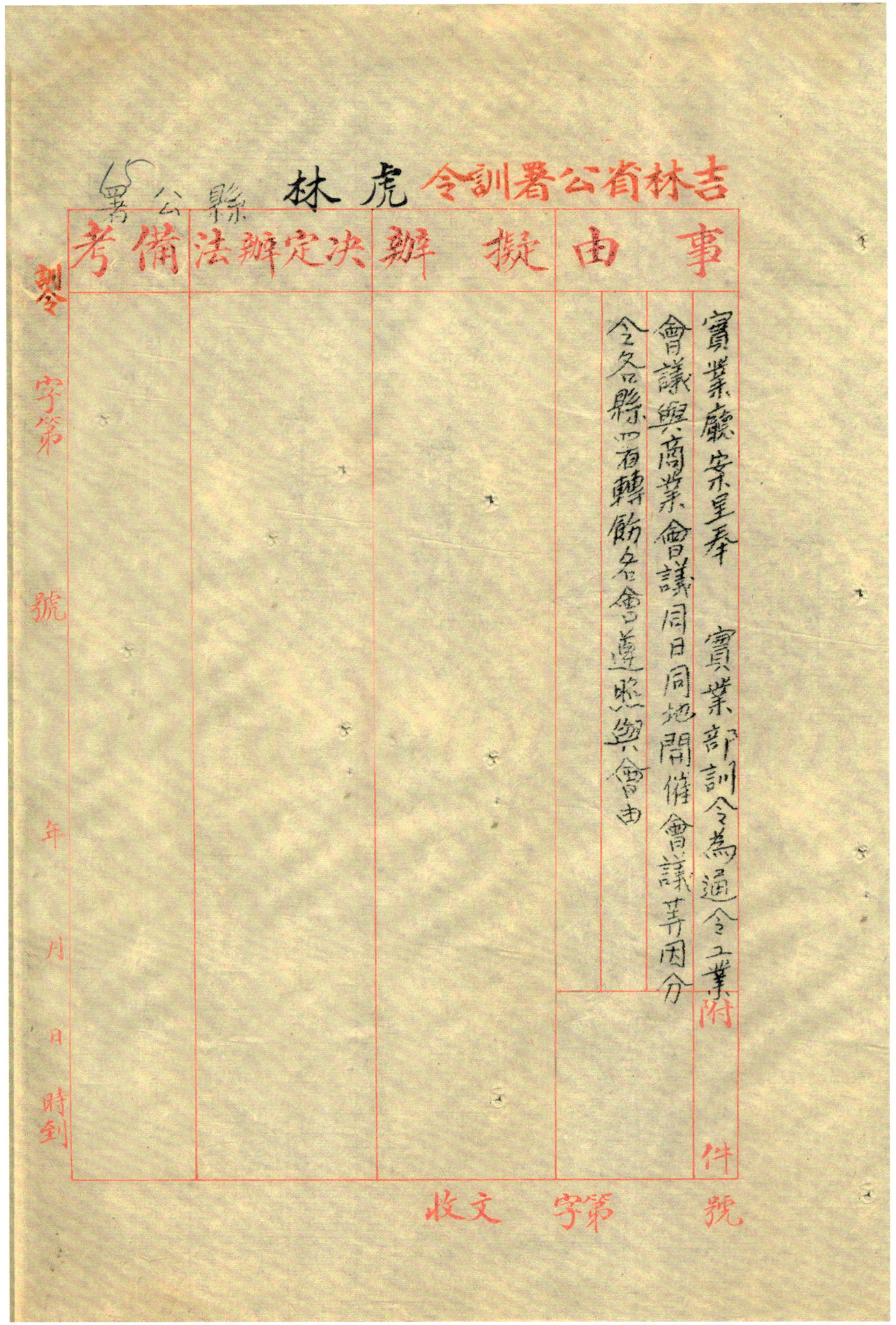

吉林省公署訓令　虎林縣公署

事由：實業廳案呈奉　實業部訓令為通令工業會議與商業會議同日同地開催會議等因，分令各縣四有轉飭各會遵照與會由

附件

擬辦

決定辦法

備考

收文第　字第　號

訓令第　字第　號　年　月　日　時到

吉林省公署訓令

實字第21號

令虎林縣公署

實業廳案呈奉

實業部第一零七號訓令內開：為訓令事，本部為指導商業改良，溝通聲氣，諮詢情況，討論救濟起見，定於本年九月一日召集全國各省縣鎮商會會長在新京開催會議，籌情業經本部訓令第八十號通令在案。唯查工商關係至為密切，際此商業會議之期，並開工業會議，實為至便。茲特於本年九月一日起五日間在前記地點召集全國工會會長、商會會長開催關於工商之会议，除商会之调查提议等事项照前令办理外，各工商会对于上（印）有提议事件，限于八月二十日前送部，俾便审查。该工商会会长等（会长不能到席可派代理人）仍须于八月底到部报到，毋稍延误。除分令外，合即令仰该厅遵照转饬所属各工会、商会一体遵照，切切，此令。等因。奉此，除分令外，合亟令仰该县转饬县镇各商工会遵照届期前往与会，毋稍延误，切切，此令。

大滿洲國大同元年八月十日

吉林省印

省長熙洽

校對葉尚典

總校對趙霨

監印牛桂榮

伪吉林全省清理田赋局为吉清字第七万八千三百四十一号部照作废给伪虎林县公署的训令（一九三二年八月十日）

吉林全省清理田賦局訓令 虎林縣公署

事由	擬辦	決定辦法	備考
令虎林縣公署發交票照短少吉清字第七萬八千三百四十一號新照一張仰該縣迅佈告作廢並將佈告日期送報省署備查由			

附件

令 字第 號

二一年二月廿二日時到

收文 字第846號

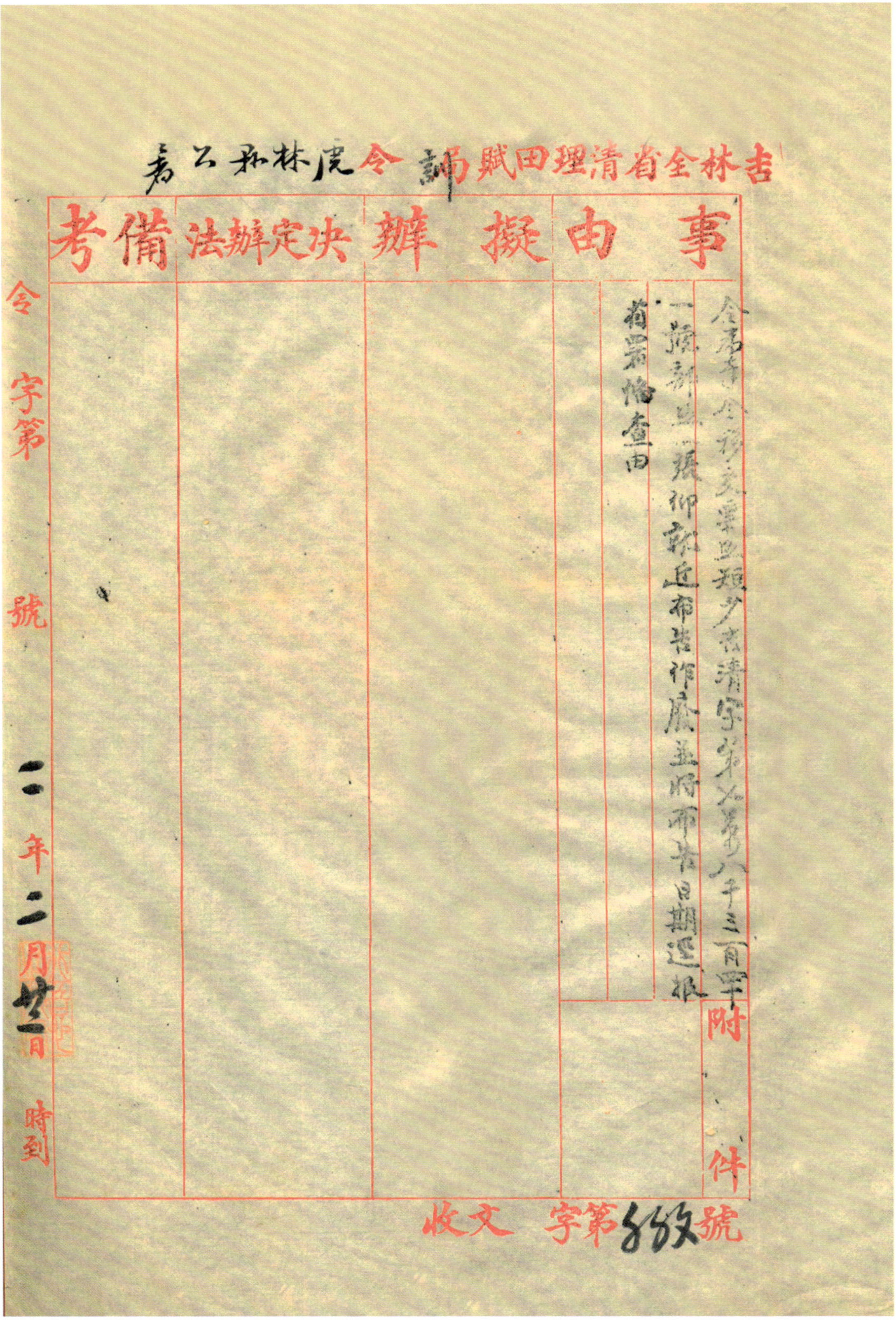

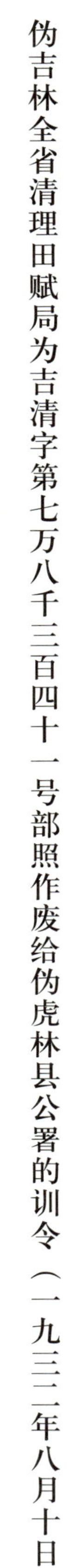

吉林全省清理田賦局訓令

字第  號

令虎林縣公署

案查本局前奉

吉林省公署訓令，據准民政廳據稱業已分令各該縣知照，並將票照文卷等件造冊函交民政廳派員攜赴各在案。茲查吉清字部照項下短少第七萬八千三百四十一號部照一張，查此項部照係照修正沿邊清丈規則第二十三條之規定，入原領外科熟地之補照，始能換給清字部照。現在該項部照既已短少一張，誠恐留落在外，發生糾葛，除呈報並登公報廣告作廢外，合

並令仰該縣即便遵照就近布告作廢如有發現前項撤銷部
照趕緊更名冒充情事即將該人扣留專案呈候究辦再本
局不日裁撤仰將布告日期呈報
省公署備查此令

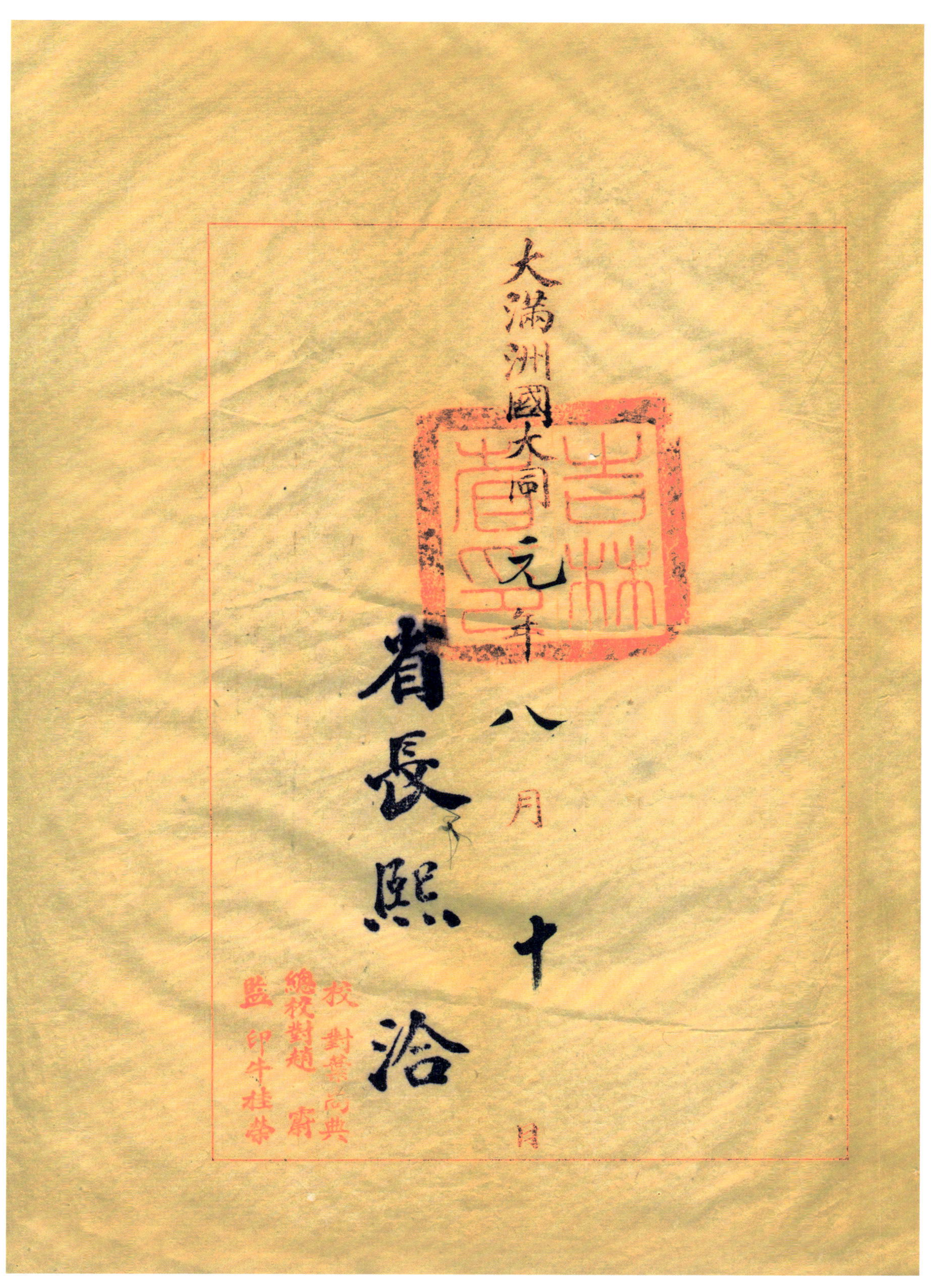

大滿洲國大同元年八月十　日

省長熙洽

校對葉向典

總校對趙　霨

監印牛桂榮

伪吉林省公署为调查境内交易所情况列表遵限呈报事给伪虎林县公署的训令（一九三二年八月二十日）

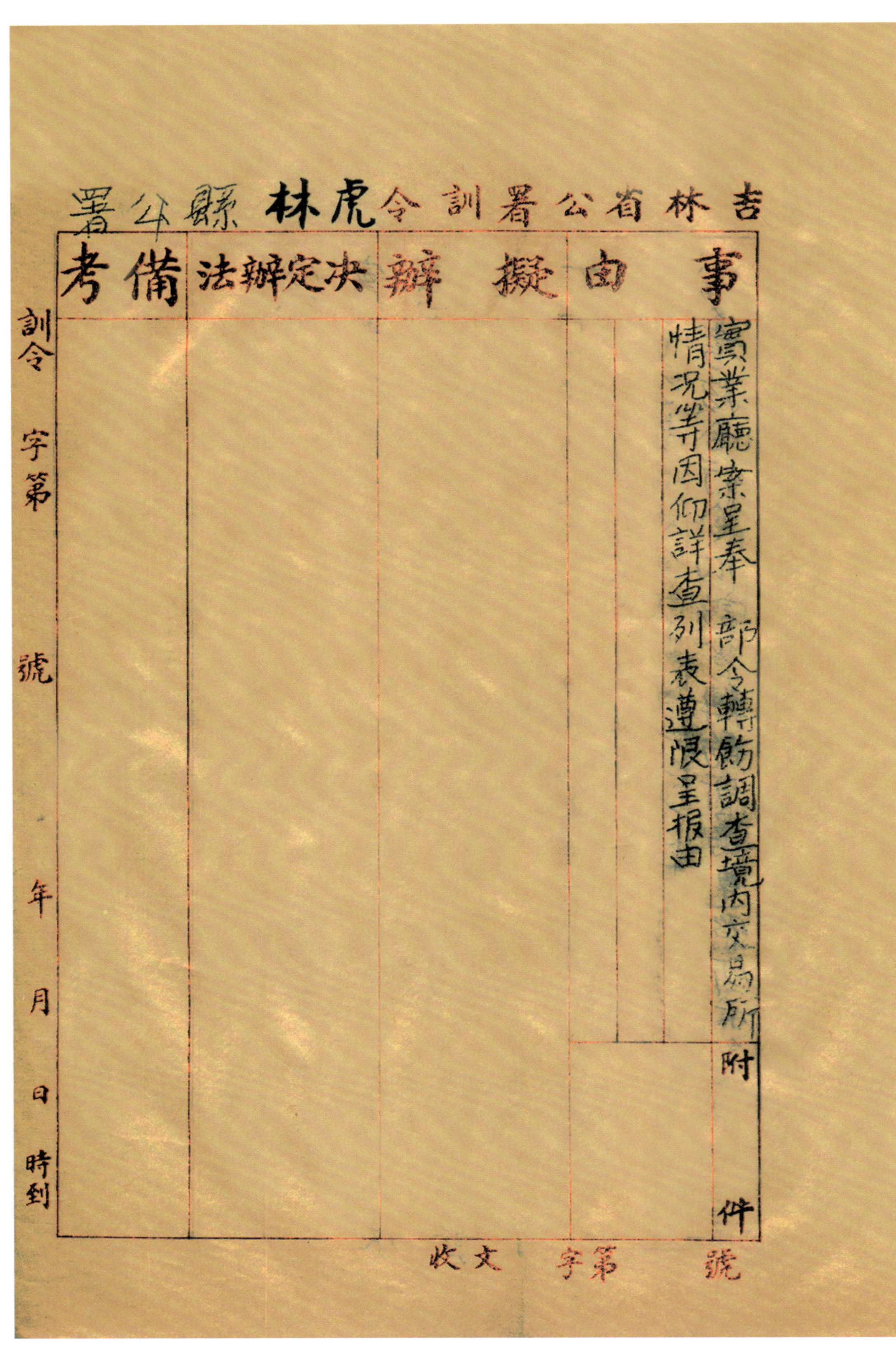

吉林省公署训令 虎林县公署

事由：實業廳案呈奉部令轉飭調查境內交易所情況等因仰詳查列表遵限呈報由

附件

擬辦

決定辦法

備考

訓令 字第 號

年 月 日 時到

收文 字第 號

吉林省公署訓令

實字第29號

令虎林縣公署

案奉

實業部第一八號訓令開為令行事查本國商業漸次殷繁各省市縣商人以買賣證券錢鈔糧食貨物為營業而有類似交易所之性質者自屬不少究竟此種商業共有若干家内部組織是否完善營業是否合法已否請求立案店號店主資本總數店員數以及成立年數等項均應詳細調查以便考核合行令仰該省轉飭所屬遵照所示各節詳查列

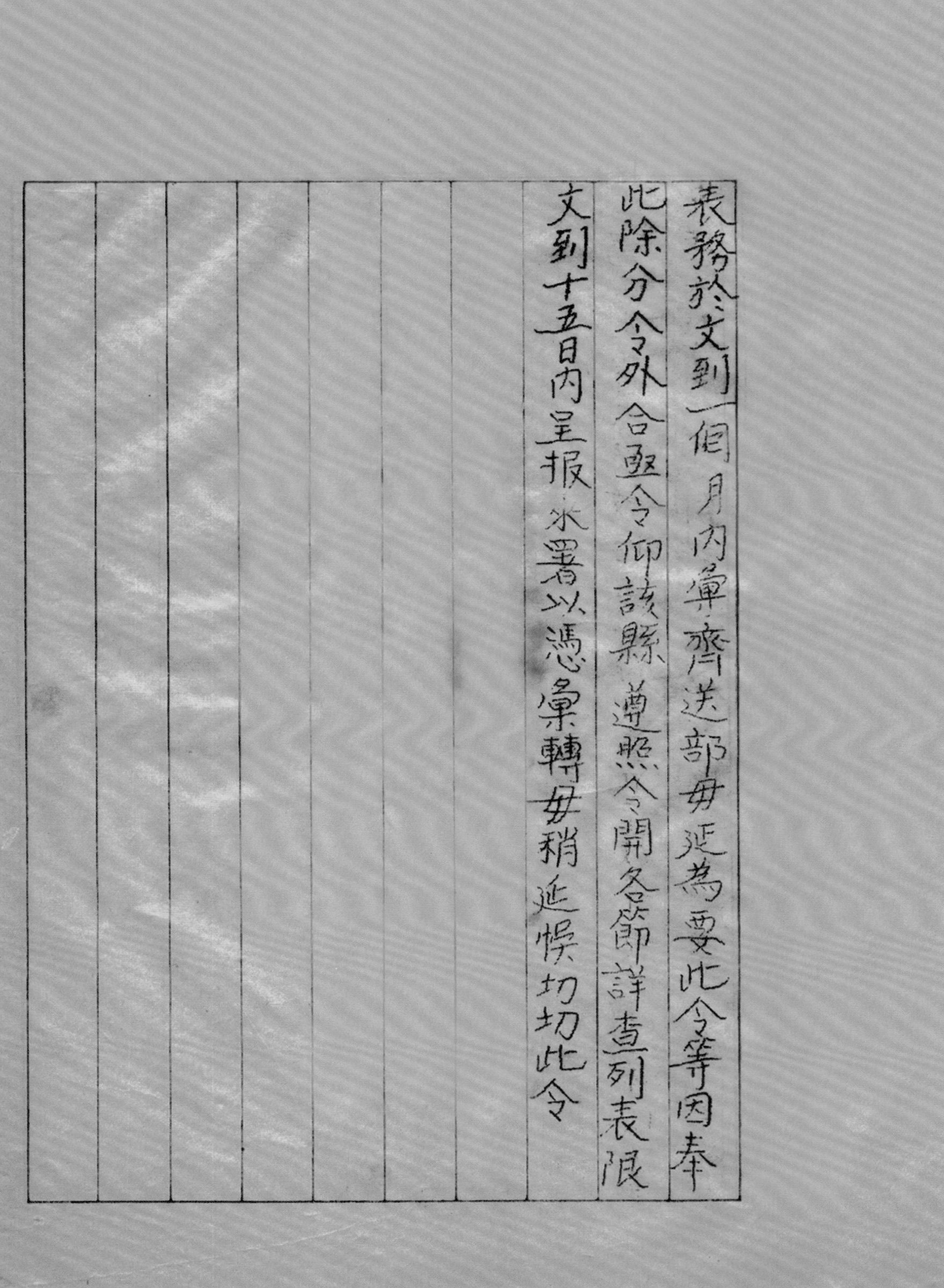

表務於文到一個月内彙齊送部毋延爲要此令等因奉
此除分令外合亟令仰該縣遵照令開各節詳查列表限
文到十五日内呈報來署以憑彙轉毋稍延悞切切此令

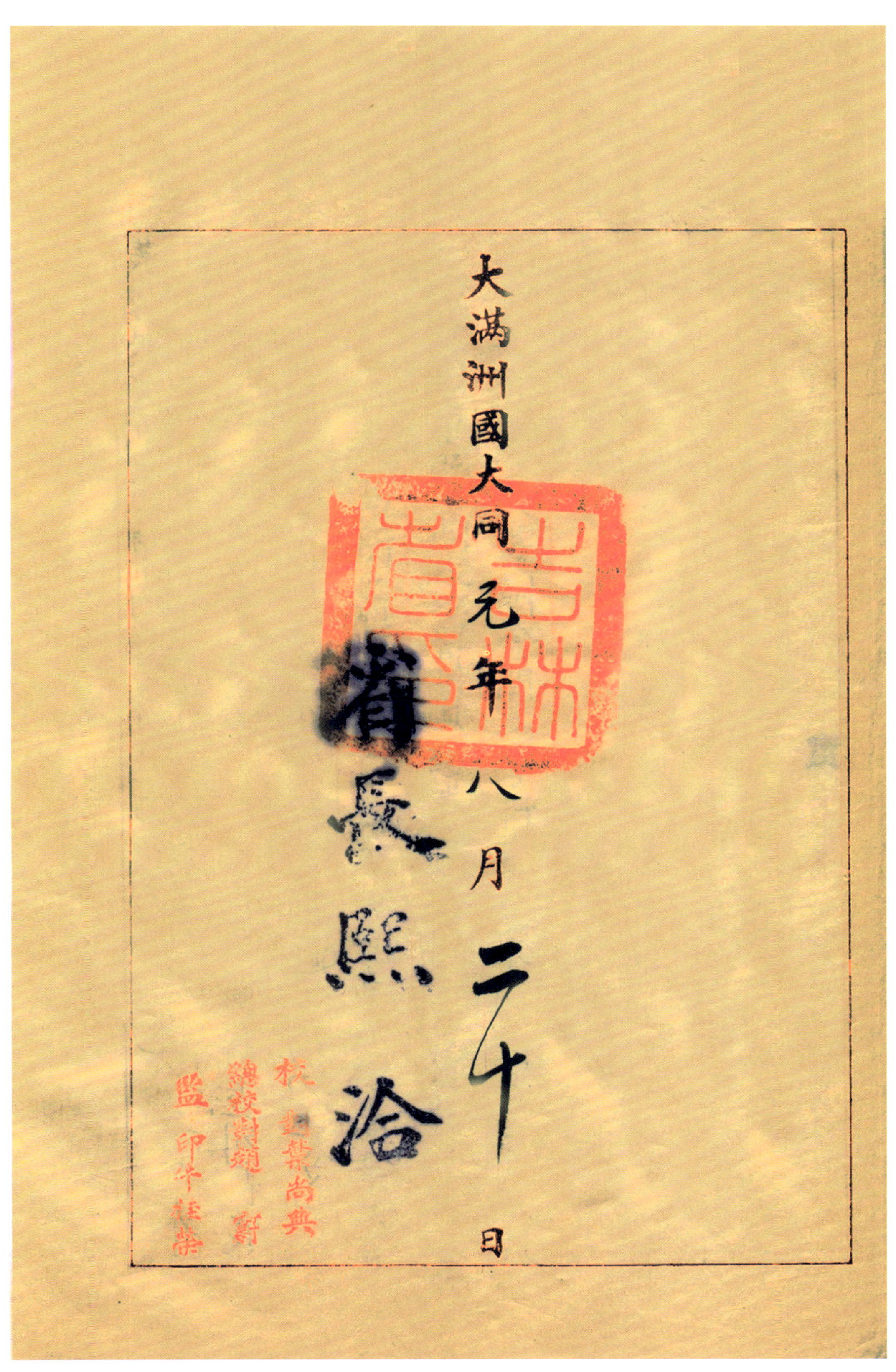
大滿洲國大同元年八月二十日

吉林省長

省長熙洽

校對龔尚典

總校對趙尉

監印李桂榮

伪吉林省公署为克速呈报农村状况事给虎林县公署的训令（一九三二年八月二十日）

吉林省公署训令虎林县公署

事由	拟办	决定办法	备考
实业厅案呈奉部令为令催呈报各县农村状况附件 一案，令仰遵照克速呈报由			

训令　字第　号　年　月　日　时到

收文　字第　号

吉林省公署訓令

實字第27號

令虎林縣公署

實業廳案呈奉

實業部第一二五號訓令內開為令催事查關於調查各縣農村狀況業經本部於六月十四日訓令第四七號令行該廳轉飭所屬各縣署呈報在案迄今逾限多日尚未呈報到部有碍事務實非淺鮮合行令催該廳轉飭所屬遵照前令迅速遵呈報勿再稽延此令等因并奉遵令到署查此案前經實業廳遵行令飭遵辦限期呈報在案迄今逾限多日僅據方

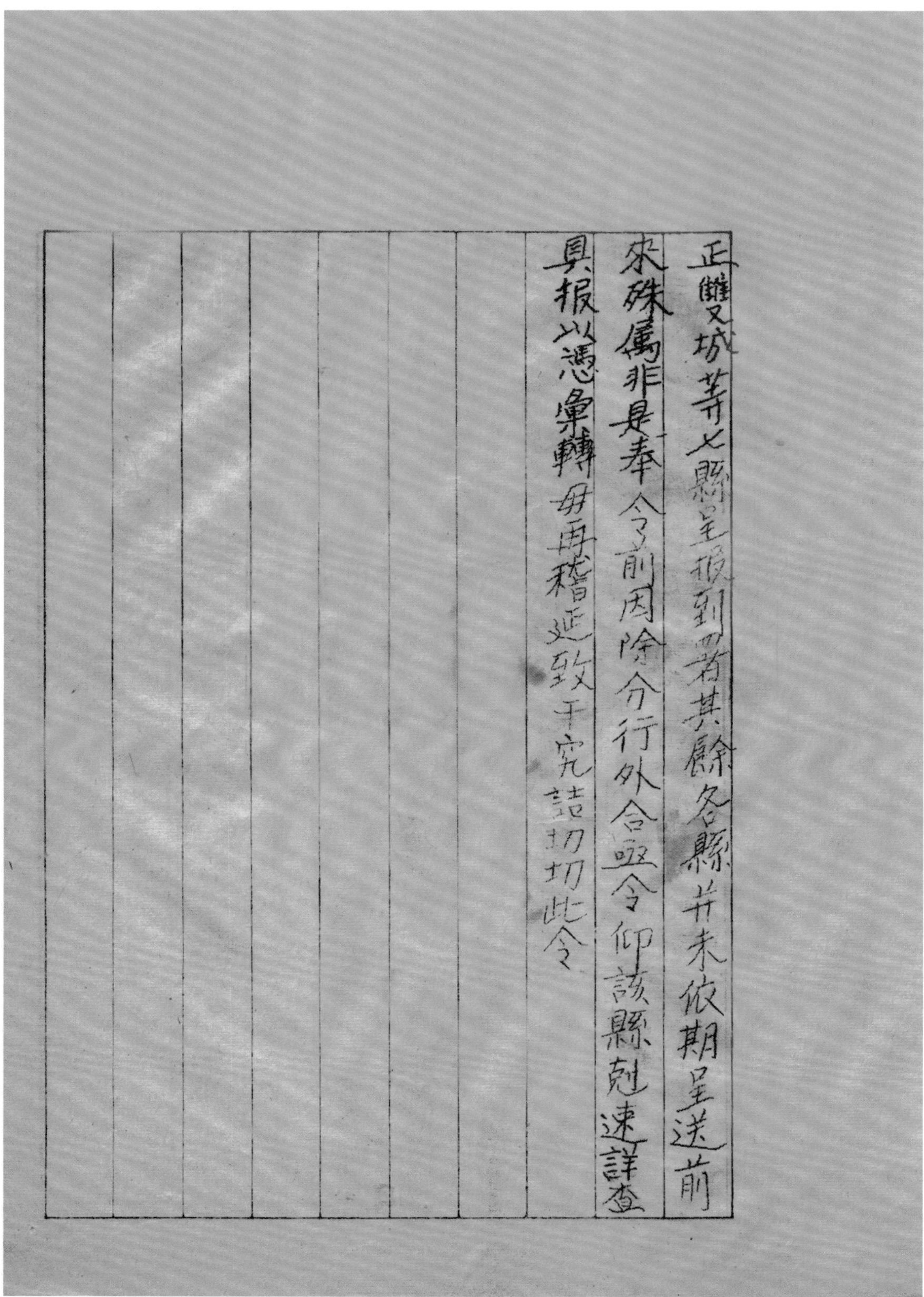
正雙城等七縣呈報到署其餘各縣并未依期呈送前
來殊屬非是奉令前因除分行外合亟令仰該縣剋速詳查
具報以憑彙轉毋再稽延致干究詰切切此令

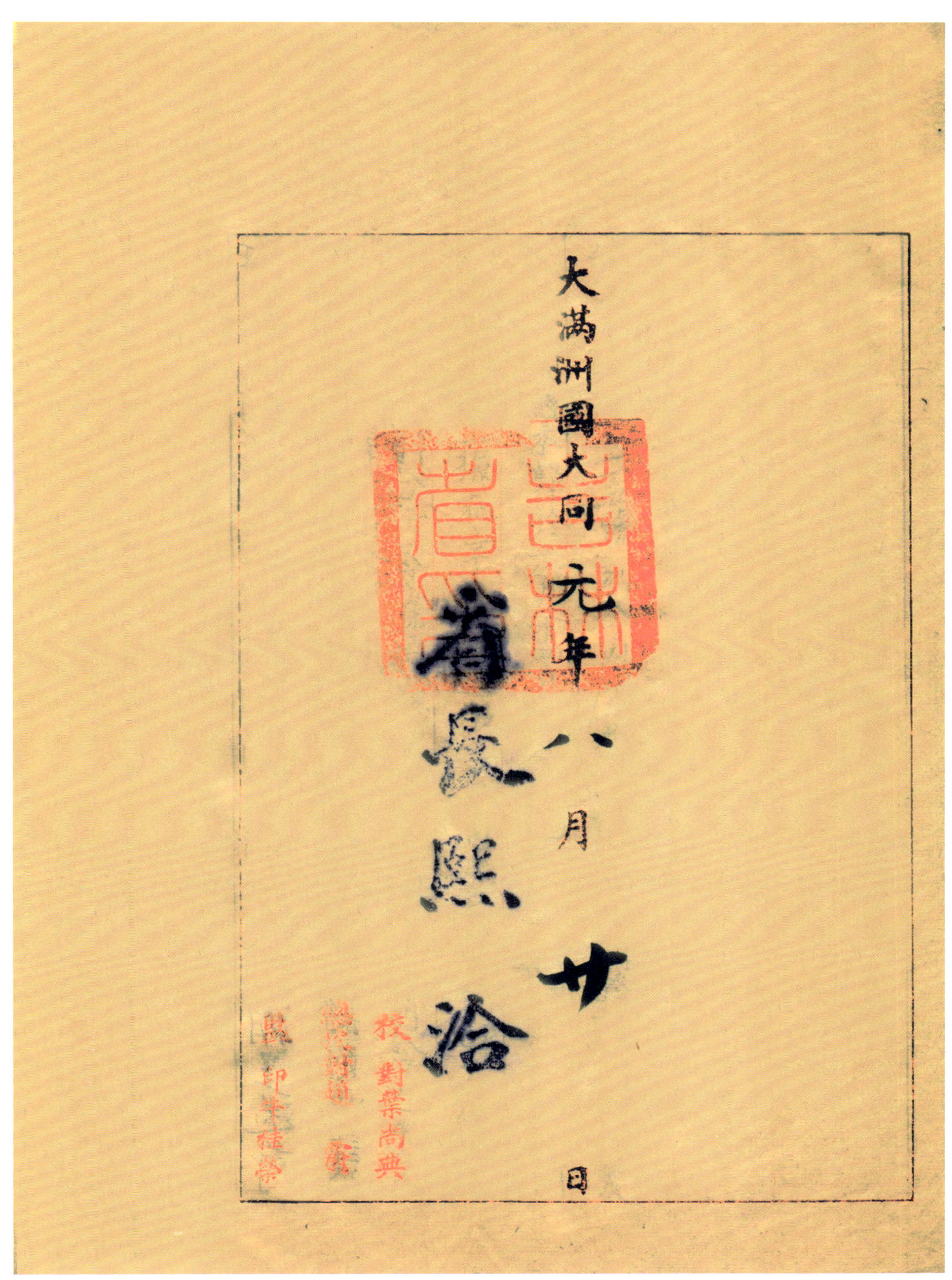

大滿洲國大同元年八月廿日

省長熙洽

校對榮尚典

監印牟桂榮

伪吉林省公署为转饬各县商会速填商情调查表克日具报事给伪虎林县公署的训令（一九三二年八月二十日）

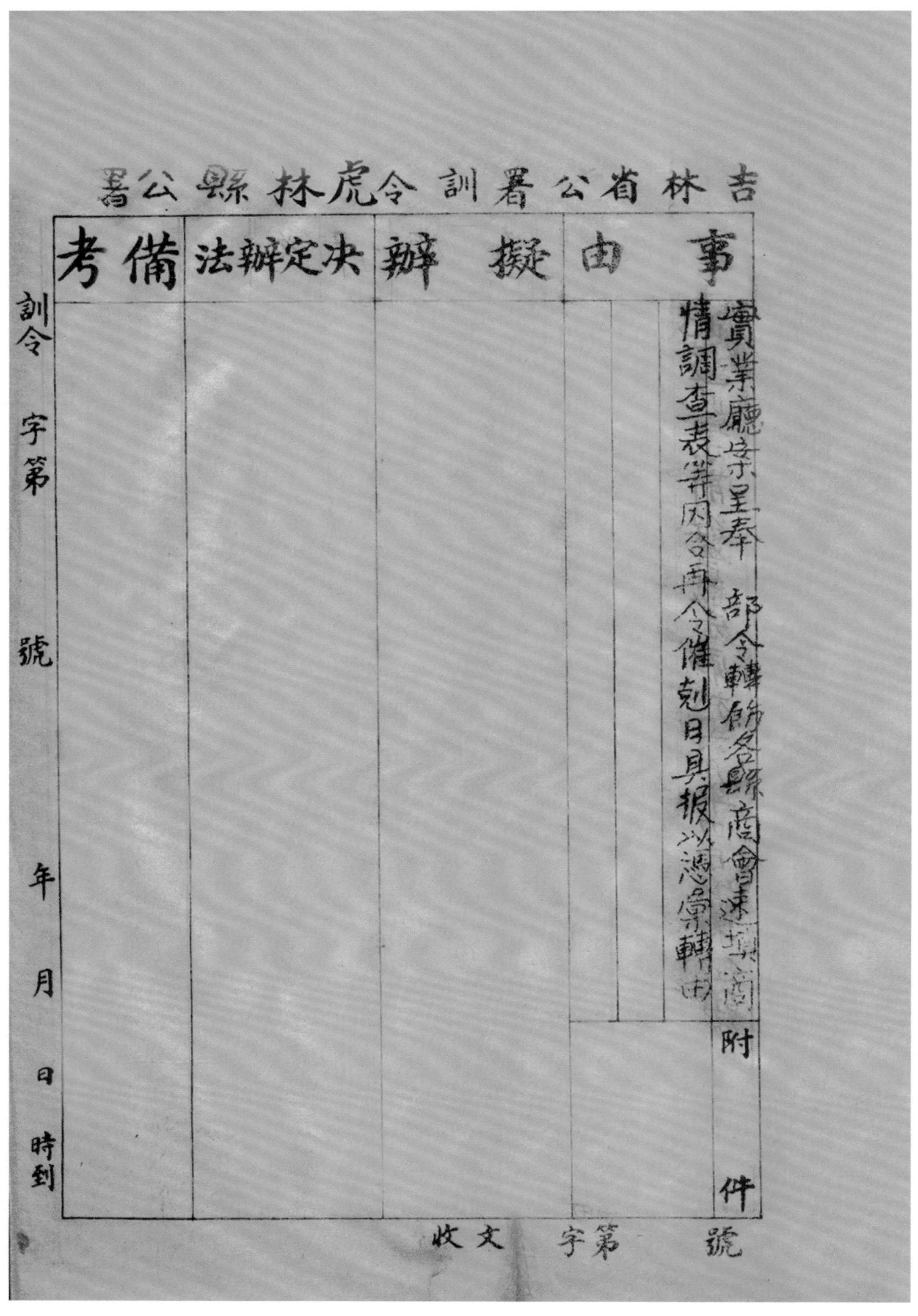

吉林省公署训令虎林县公署

事由：实业厅案呈奉　部令转饬各县商会速填商情调查表等因令再令催克日具报以凭汇转由

附件

拟办

决定办法

备考

训令　字第　号

年　月　日　时到

收文　字第　号

吉林省公署訓令

實字第28號

令虎林縣公署

為令催事案奉

實業部第一一七號訓令開案查本部為明晰商業現況起見

頒發商情調查表一種令發各省實業廳轉發各商會填註

限一月內報部前曾令知在案現已逾限多日迄未送到殊屬非

是合再令仰該廳轉飭所屬商會速將前頒商情調查表詳細

填註於文到十日內呈由該管實業廳彙轉送部毋得延宕此令等

因奉此查此案前經實業廳於六月十四日以第八六號訓令通行

通飭遵照限期查填具報在案除長春等十縣業已如限填報前來其餘各縣逾限多日迄未遵送殊屬非是奉令前因除分行外合再令催該縣遵照剋日呈送來署以憑轉報勿再延悮切切此令

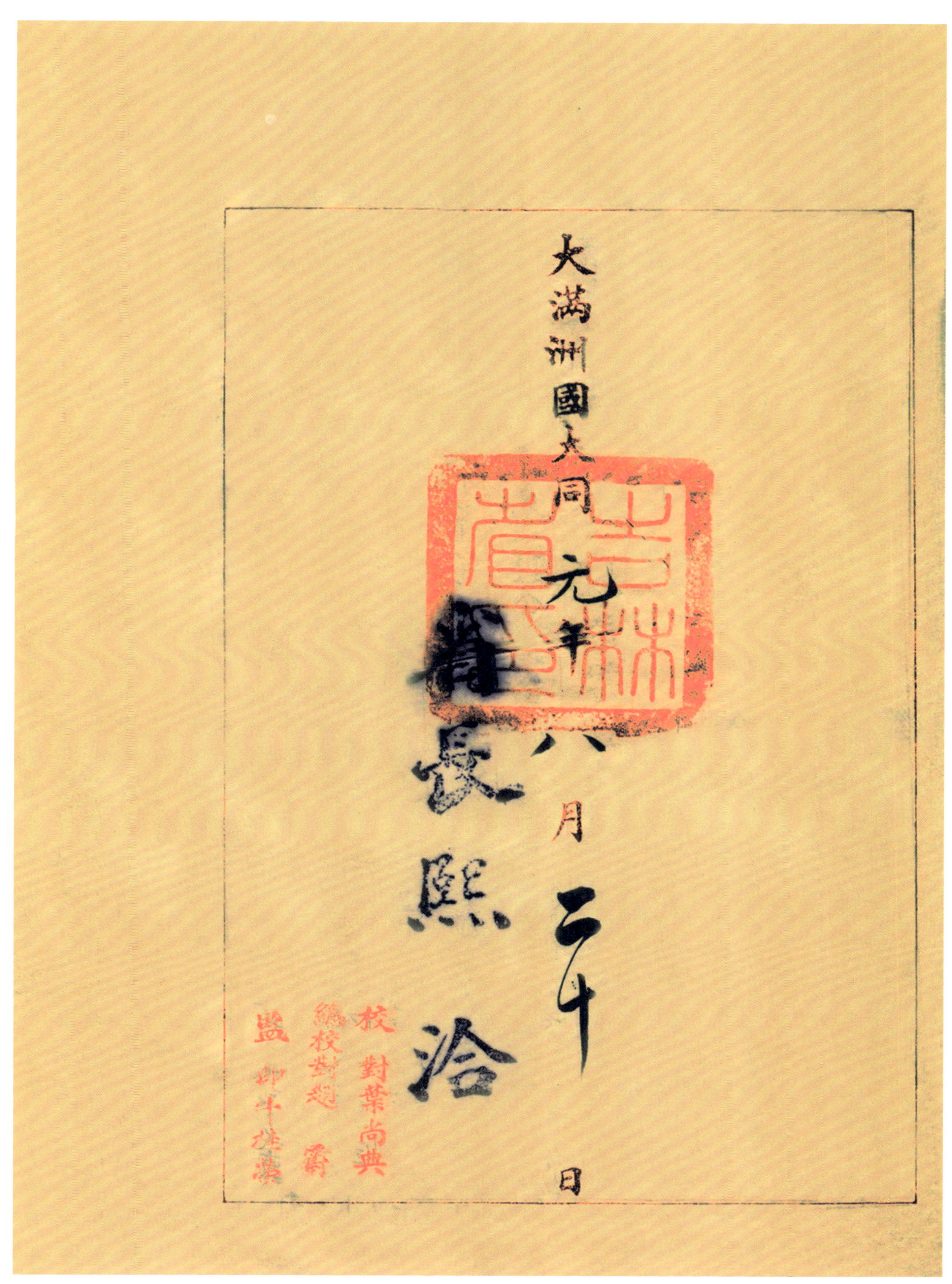

大滿洲國大同元年八月二十日

省長熙洽

校對葉尚典

總校對趙　爵

監印牛煥藻

伪吉林省公署为查填具报属境度量衡制造器具商号表事给伪虎林县公署的训令（一九三二年八月二十一日）

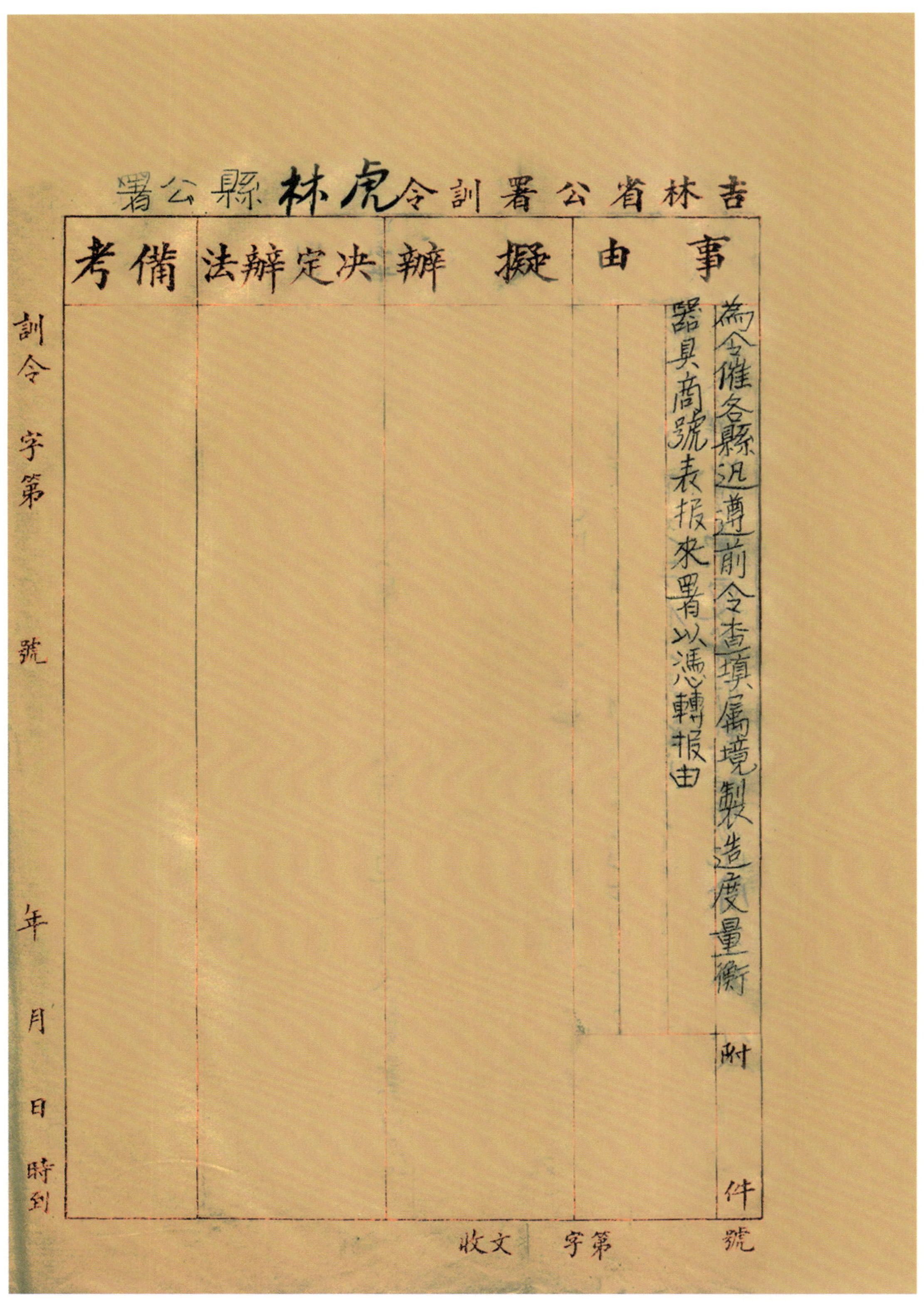

吉林省公署訓令 虎林縣公署

事由	擬辦	決定辦法	備考
為令催各縣迅遵前令查填屬境製造度量衡器具商號表報來署以憑轉報由			

附件

件號

收文 字第 號

訓令 字第 號

年 月 日 時到

吉林省公署訓令

實字第31號

令虎林縣公署

實業廳案呈前奉

實業部訓令調查度量衡劃一推行經過及關於度量衡器具製造商號附發單表飭轉令查報一案遵於五月十八日由廳以第五五號訓令通行通飭查填具報在案兹僅據長春等十五縣如期填報到廳及扶餘等十二縣以境内並無此等商號無憑表報呈覆前來其餘各縣逾限多日迄未遵送殊屬非是應請分别令催以便彙覆等情到署據此除分令外合亟令

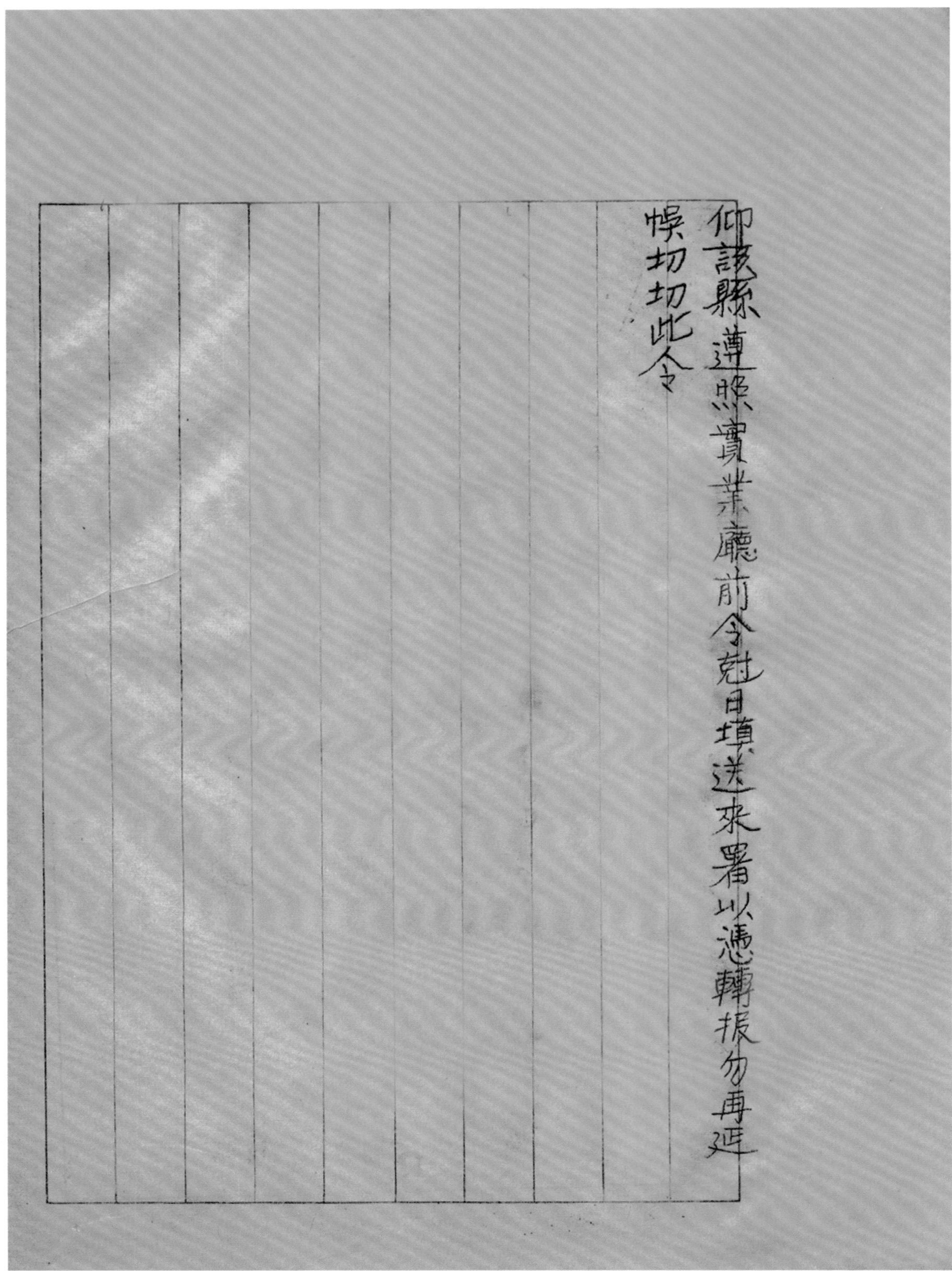
仰該縣遵照實業廳前令尅日填送來署以憑轉報勿再延
悞切切此令

大滿洲國大同元年八月廿日

省長熙洽

校對葉尚典

總校對趙府

監印李桂馨

伪吉林省公署为填具农务方面各机关调查报告事给伪虎林县公署的训令（一九三二年八月二十六日）

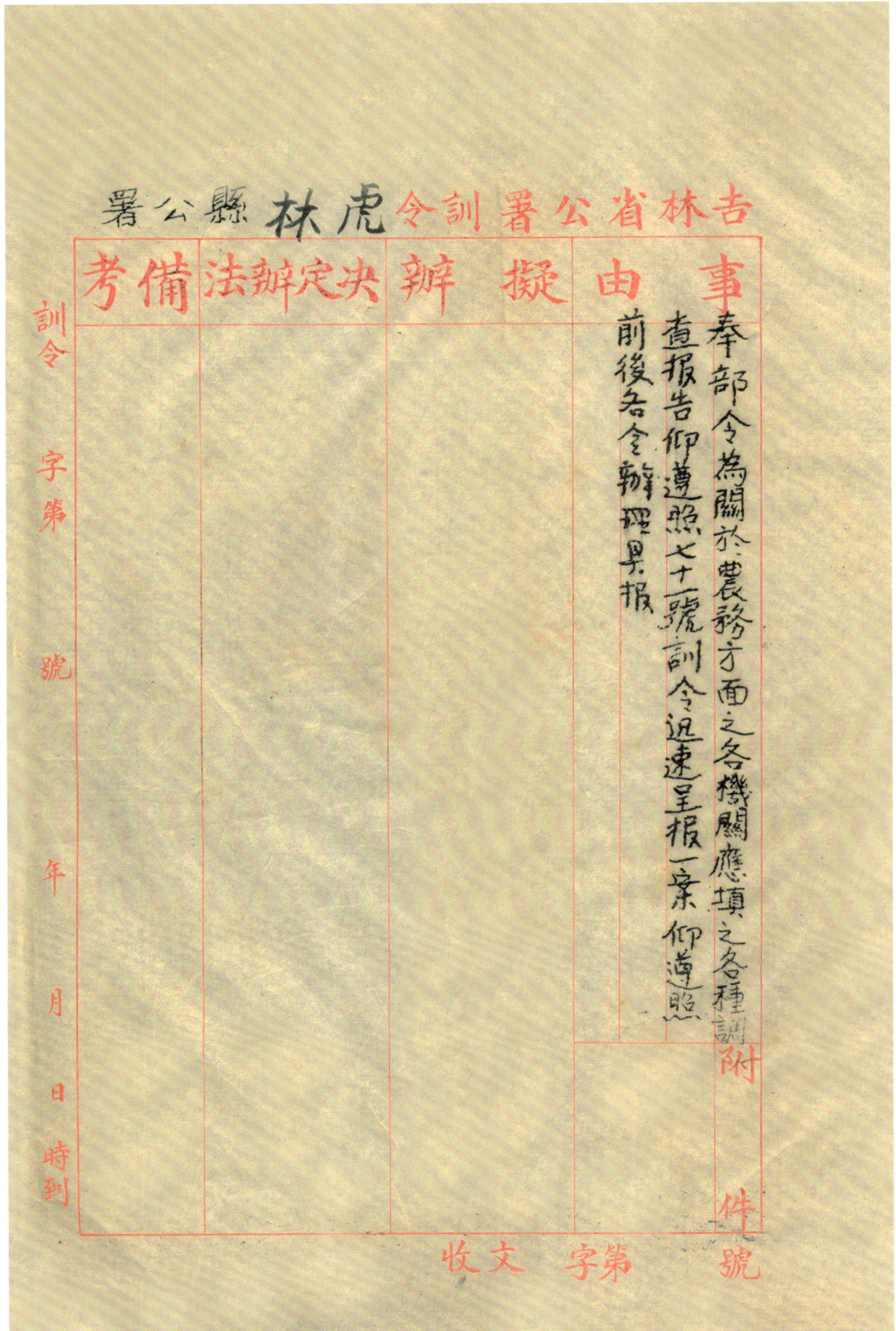
吉林省公署訓令虎林縣公署

事由：奉部令為關於農務方面之各機關應填之各種調查报告仰遵照七十一號訓令迅速呈報一案仰遵照前後各令辦理具报

擬辦

决定辦法

備考

附件

訓令　字第　號　年　月　日　時到

收文　字第　號

吉林省公署訓令

實字第34號

令虎林縣公署

案奉

實業部第一四號訓令內開：爲令催事，查關於農務方面之各省直屬間屬及監督各機關應填之各種調查報告，業經本部於六月二十八日訓令第七一號令行造報在案，迄今一月，尚未呈送到部，以致本部對於事務上諸多窒碍。合行令催該省遵照前令，迅速呈報，勿再稽延。此令。等因，奉此。查此案前奉

實業部第七一號訓令，業經轉飭遵照在案，迄今月餘，仍多未

遵辦殊屬玩忽奉令前因除分行外合亟令仰該縣迅即
轉飭所屬各農事機關遵照前後各令分别辦理具報切勿
再延致干究詰此令

大滿洲國大同元年八月廿日

省長熙洽

校對葉尚典

總校對趙爵

監印牛桂榮

伪吉林省公署为取缔买卖家畜抬价事给伪虎林县公署的训令（一九三二年八月二十七日）

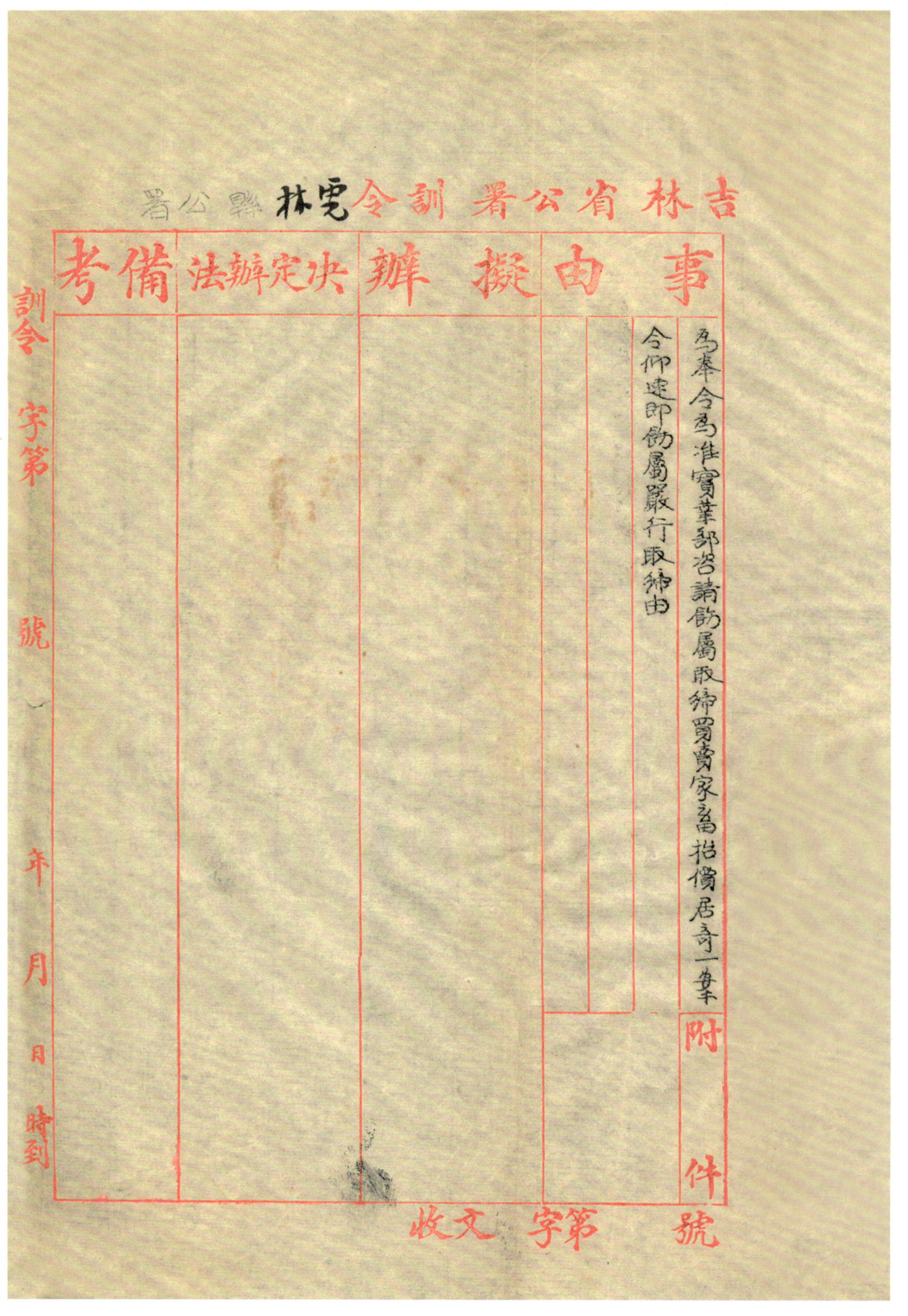

吉林省公署訓令 虎林縣公署

事由：為奉令為准實業部咨請飭屬取締買賣家畜抬價居奇一案令仰速即飭屬嚴行取締由

擬辦

決定辦法

備考

附件

訓令 字第 號 年 月 日 時到

收文 字第 號

吉林省公署訓令

民字第218號

令史林縣公署

案奉

民政部地字第七一七號訓令內開案准

實業部實農鑛漁字第三三號咨開爲咨行事查自去歲事變以來各省縣有慘遭匪患者耕作用畜多被搶掠茲值農田耕作之際農民需用牲畜勢必通融購買而一般爲利是圖者每有抬價居奇情事實與農業之進展有莫大之關係除分令外相應咨請貴部查照轉飭所屬對於此項貪取暴利不法之價格嚴行取締以維農業而利民生等因准此除咨覆并分行外合行令仰該署查照速即通飭所屬嚴行取

饬以重民生切切此令等因奉此除分行外合亟令仰该县即便转饬所属一体遵照

查明现况从严饬禁查禁情形仍报备核此令

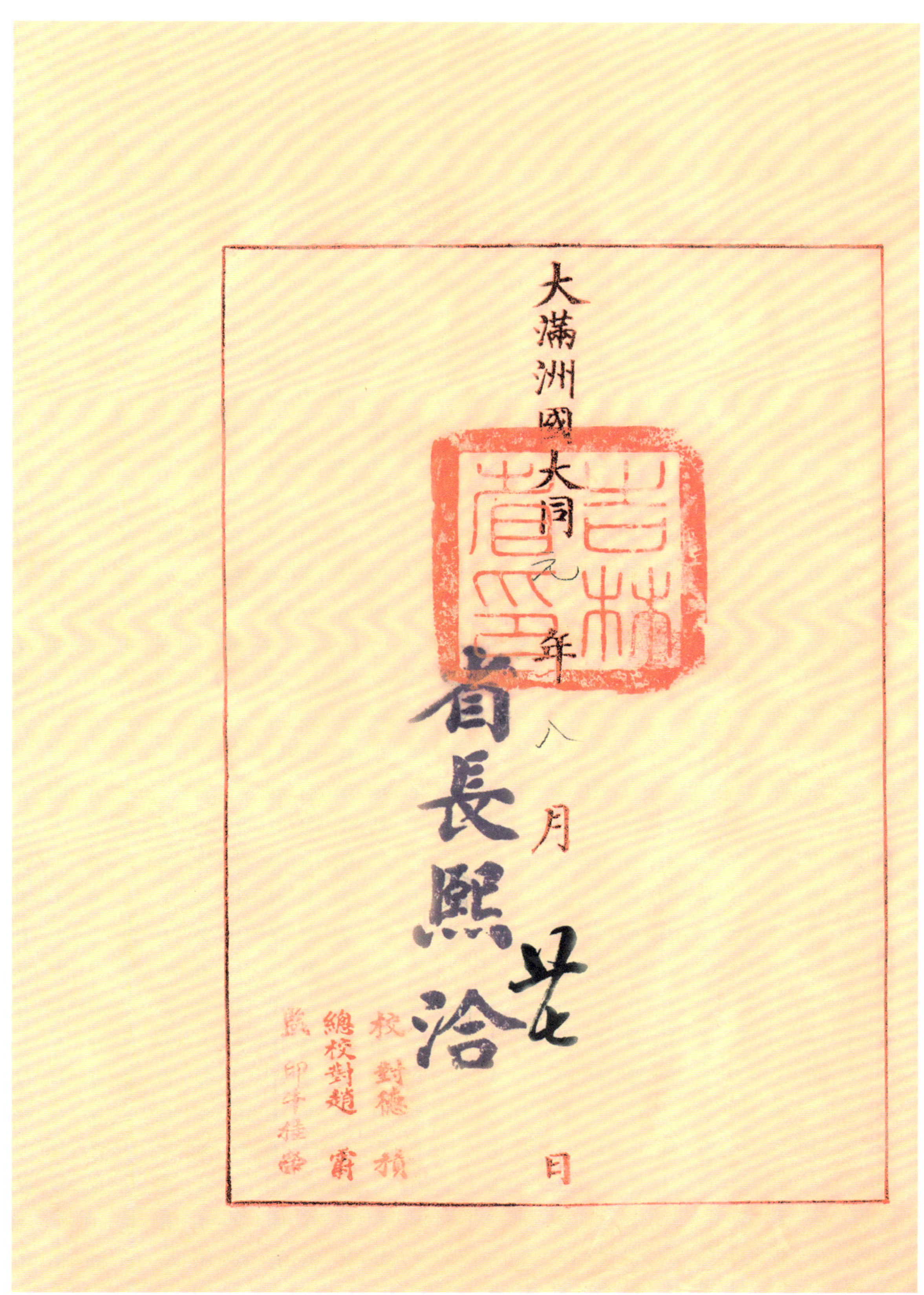
大滿洲國大同元年八月日

省長熙洽

校對德穎

總校對趙爵

監印李桂榮

伪吉林省公署为饬查请领无地主之地耕作许可证件数及土地总面积遵照呈报事给伪虎林县公署的训令

（一九三二年八月二十八日）

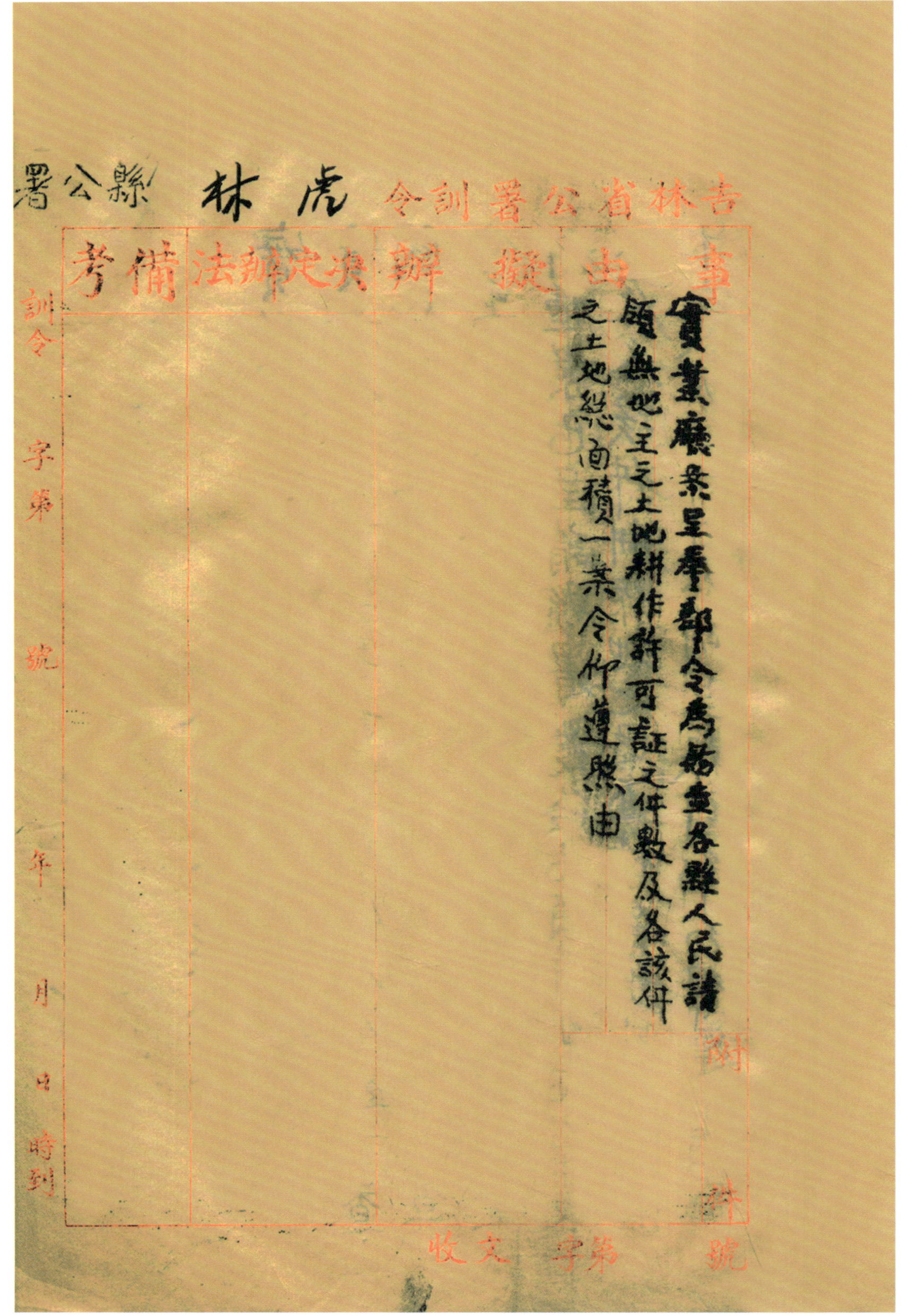

吉林省公署训令 虎林县公署

事由：实业厅案呈奉部令为饬查各县人民请领无地主之土地耕作许可证之件数及各该件之土地总面积一案令仰遵照由

拟办

决定办法

备考

附件

训令 字第 号

年 月 日 时到

收文 字第 号

吉林省公署訓令

實字第36號

令虎林縣公署

實業廳案呈奉

實業部第一二六號訓令內開：爲令遵事。查關於無地主之土地耕種事件，本部亟待調查，合亟令仰該廳即便將該管各縣人民之希望耕種業已呈請縣署發給此項許可証之件數以及各該件耕作地之總面積等詳細查明，限本年八月三十日以前呈報到部，勿得遲延。切切。

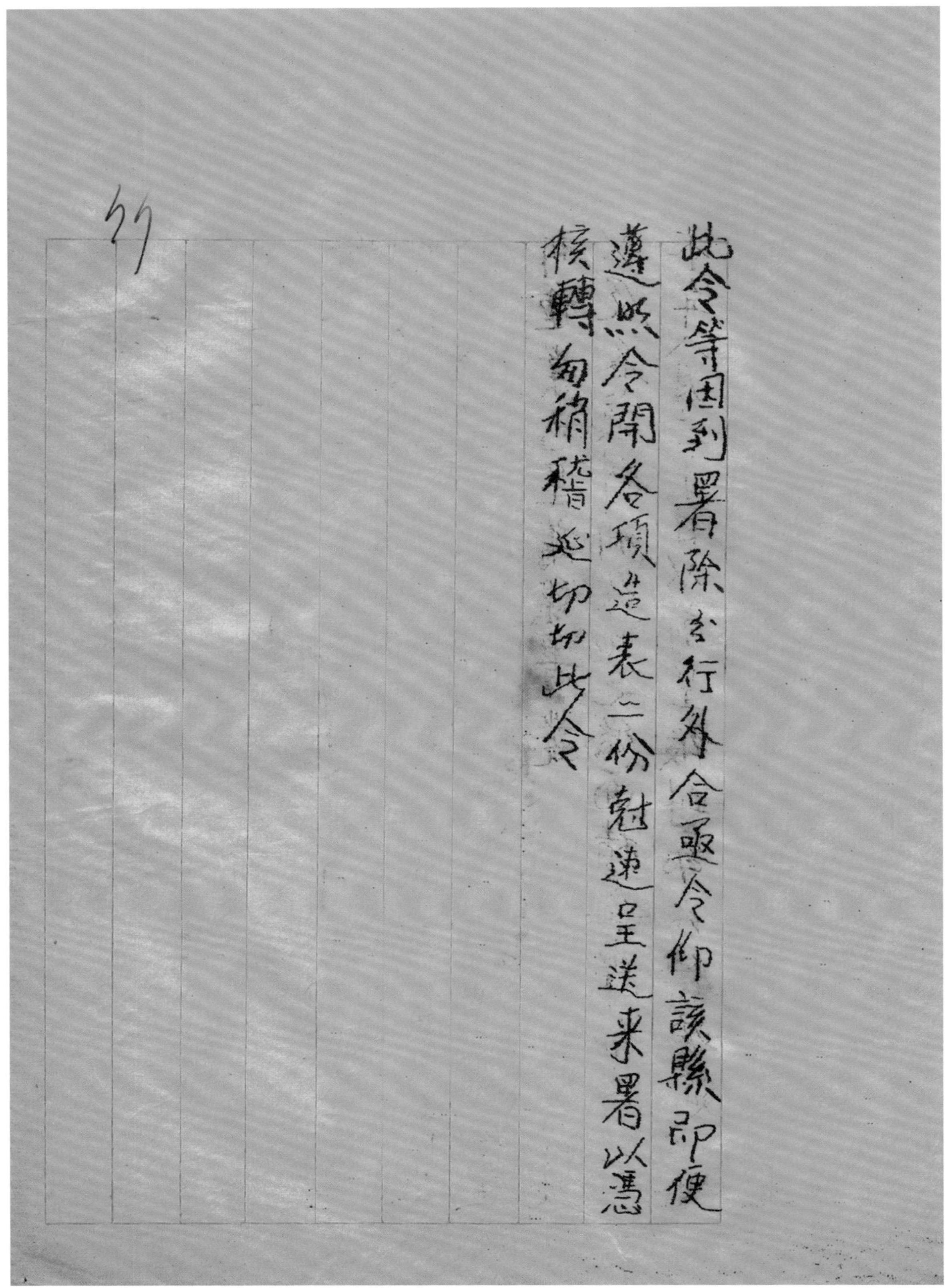
此令等因到署除分行外合亟令仰该县即便
遵照令开各项造表二份尅速呈送来署以凭
核转勿稍稽延切切此令

大滿洲國大同元年八月廿日

省長熙洽

校對葉尚典

總校對趙爵

監印仵桂棻

伪吉林省公署为查明呈报境内所受水灾范围、程度、现状事给伪虎林县公署的训令（一九三二年九月三日）

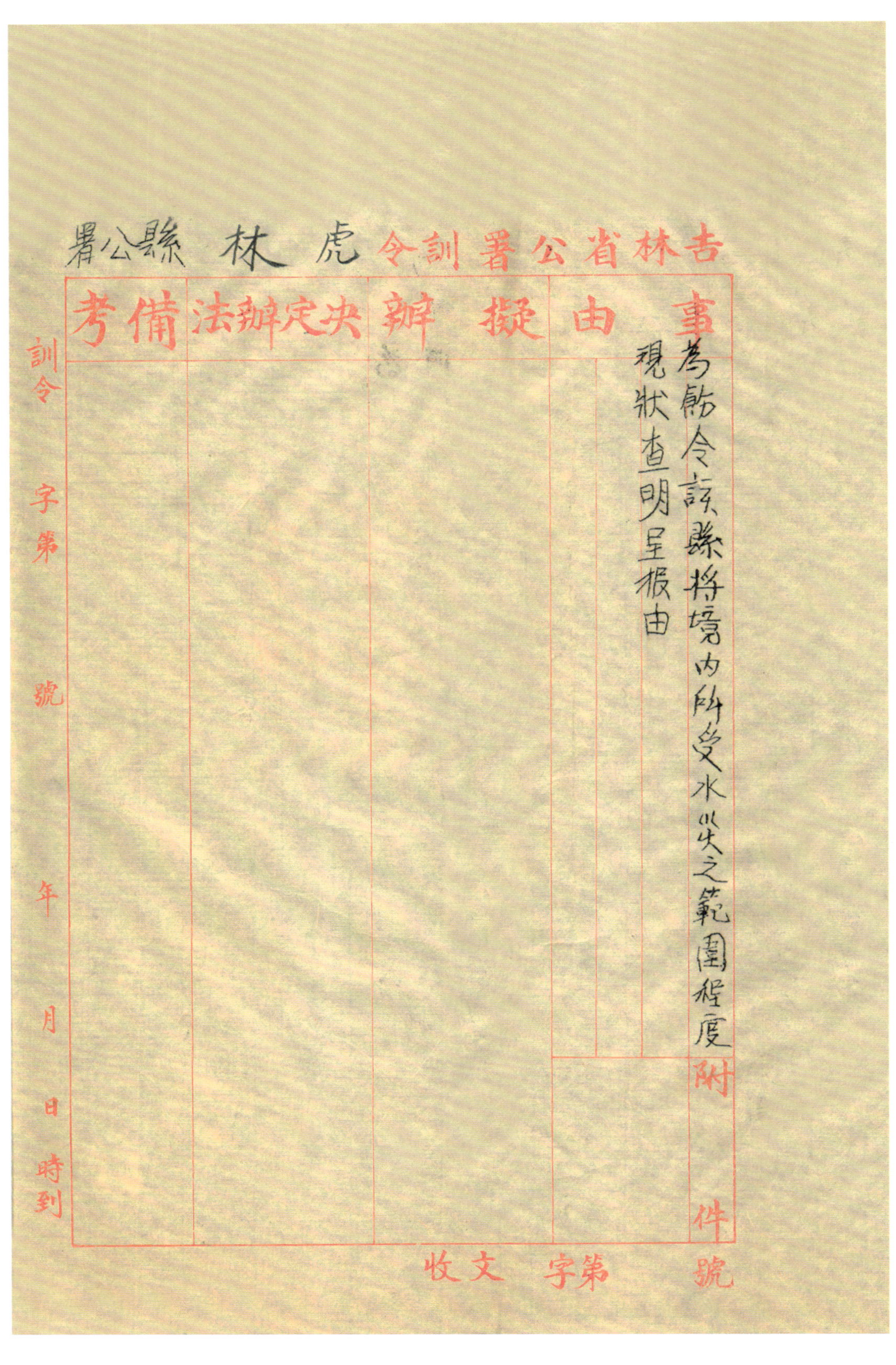
吉林省公署训令 虎林县公署

事由	拟办	决定办法	备考
为饬令该县将境内所受水灾之範围程度現狀查明呈报由			
附件			

训令 字第 号 年 月 日 时到

收文 字第 号

吉林省公署訓令

實字第39號

令虎林縣公署

案奉

實業部第一三四號訓令内開：爲令遵事。查本年自入夏以來，霪雨連綿，山洪暴發，江水氾濫，水患頻聞，而北滿被災之鉅尤爲有史以來所僅見。桑田滄海，人民魚鱉，兵燹之餘，繼以天災，受害之區，自以農村爲最。本部職司所在，亟待詳查，除分行外，合亟令仰該省署，迅將該管各縣所受災害之範圍、程度等現狀詳細調查，并將被災地市街及農村等分别註明，呈部備核，勿延。切切。此令。

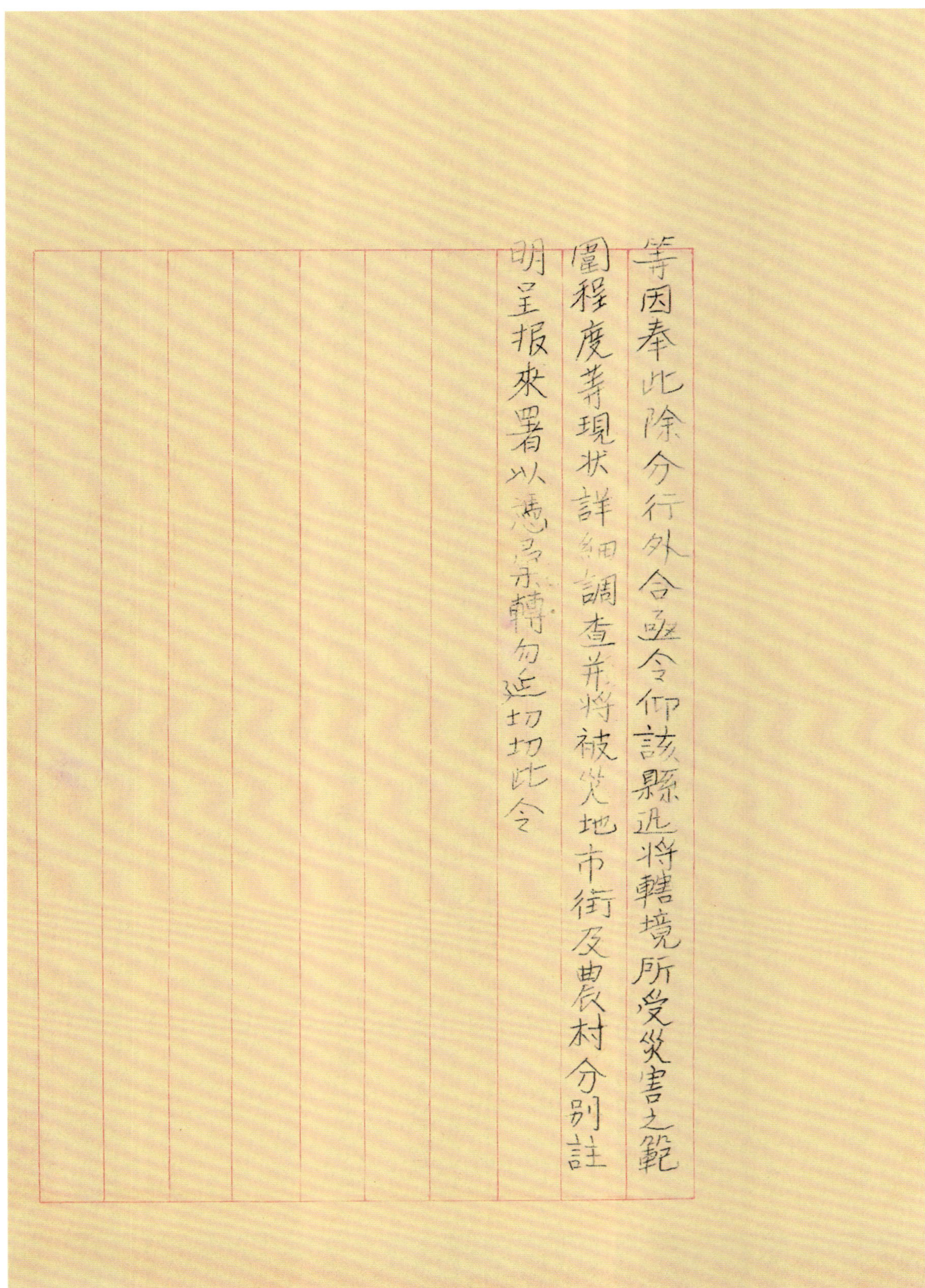

等因奉此除分行外合亟令仰該縣迅將轄境所受災害之範圍程度等現狀詳細調查並將被災地市街及農村分別註明呈报來署以憑彙轉勿延切切此令

大滿洲國大同元年九月三日

省長熙洽

校　對葉尚典

總校對趙霨

監　印牟桂森

伪吉林省公署为调查县内耕地面积及土地利用状况给伪虎林县公署的训令（一九三二年九月十一日）

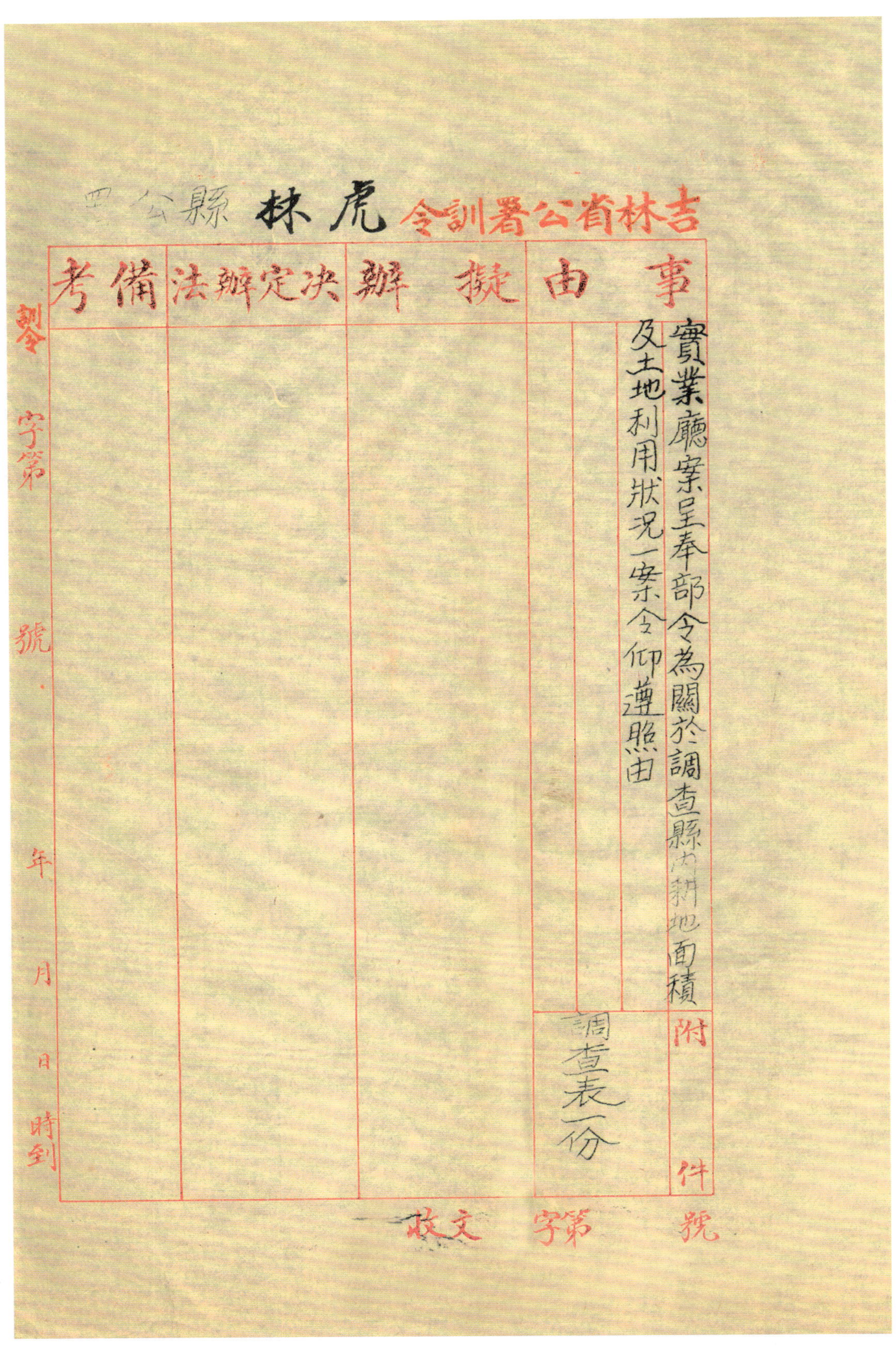
吉林省公署訓令 虎林縣公署

事由	擬辦	決定辦法	備考
實業廳案呈奉部令為關於調查縣內耕地面積及土地利用狀況一案令仰遵照由 附件：調查表一份			

訓令 字第 號 年 月 日 時到

收文 字第 號

吉林省公署訓令

實字第43號

令虎林縣公署

實業廳案呈奉

實業部第三五號訓令內開：為令遵事，本部對於開墾地目之變換，亟須奬勵，以圖擴張耕地、增殖農産之計。惟目下各處土地狀況，本部尚未詳悉。茲特附發調查表式，合行令仰該廳即便轉令各縣遵照表列各項詳細查明填註，迅速呈部，以憑核辦。此令。附發耕地面積及土地利用狀況調查表四十五份等因。到署。除分行外，合亟令仰該縣遵照辦理，迅速依式造表二

份送署以凭存转勿违此令

附发耕地面积及土地利状况调查表一份

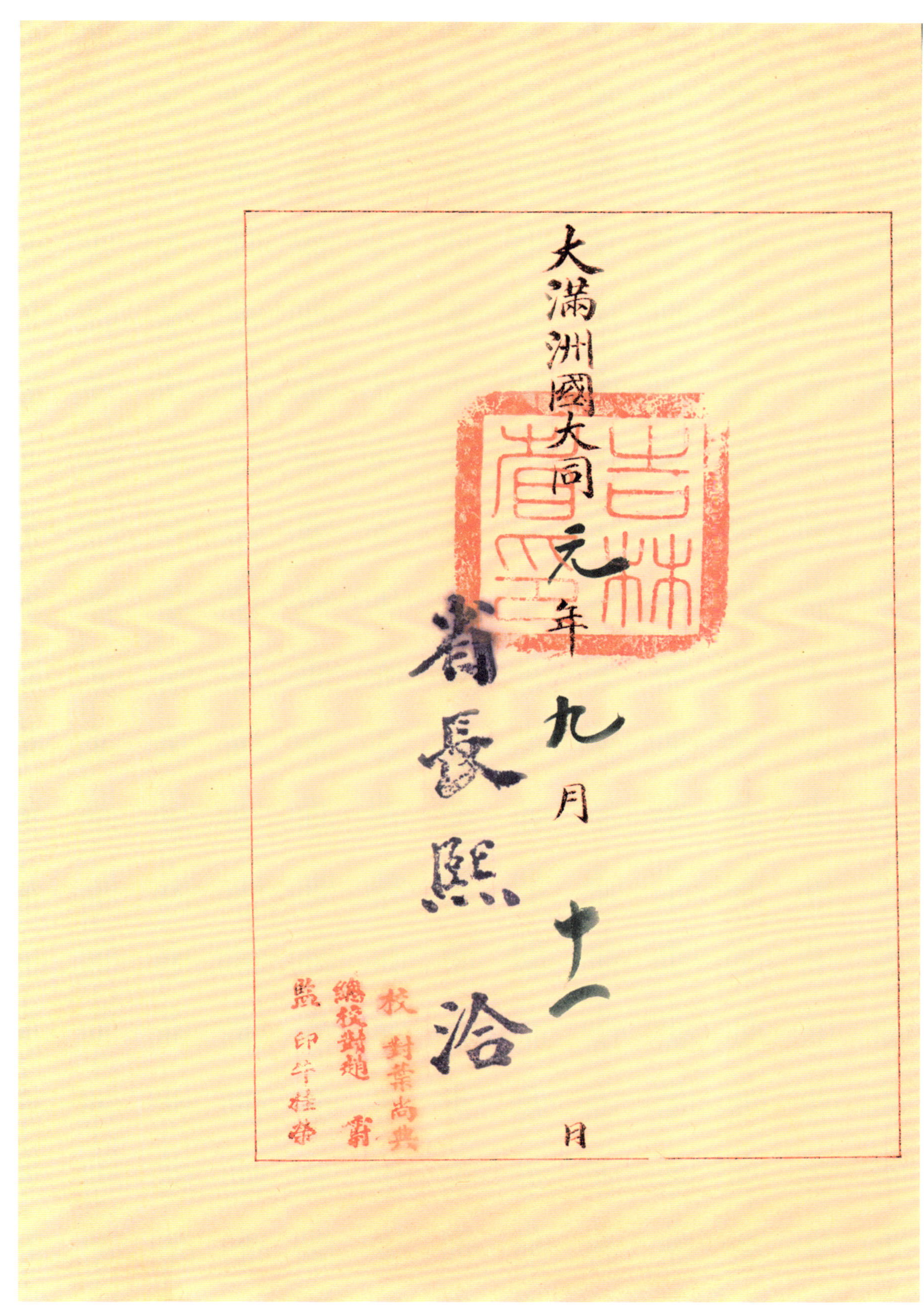

大滿洲國大同元年九月十一日

省長熙洽

校對葉尚典

總校對趙霨

監印牟桂[illegible]

伪吉林省公署为地方财政文件概报省署查核事给伪虎林县公署的训令（一九三二年九月十一日）

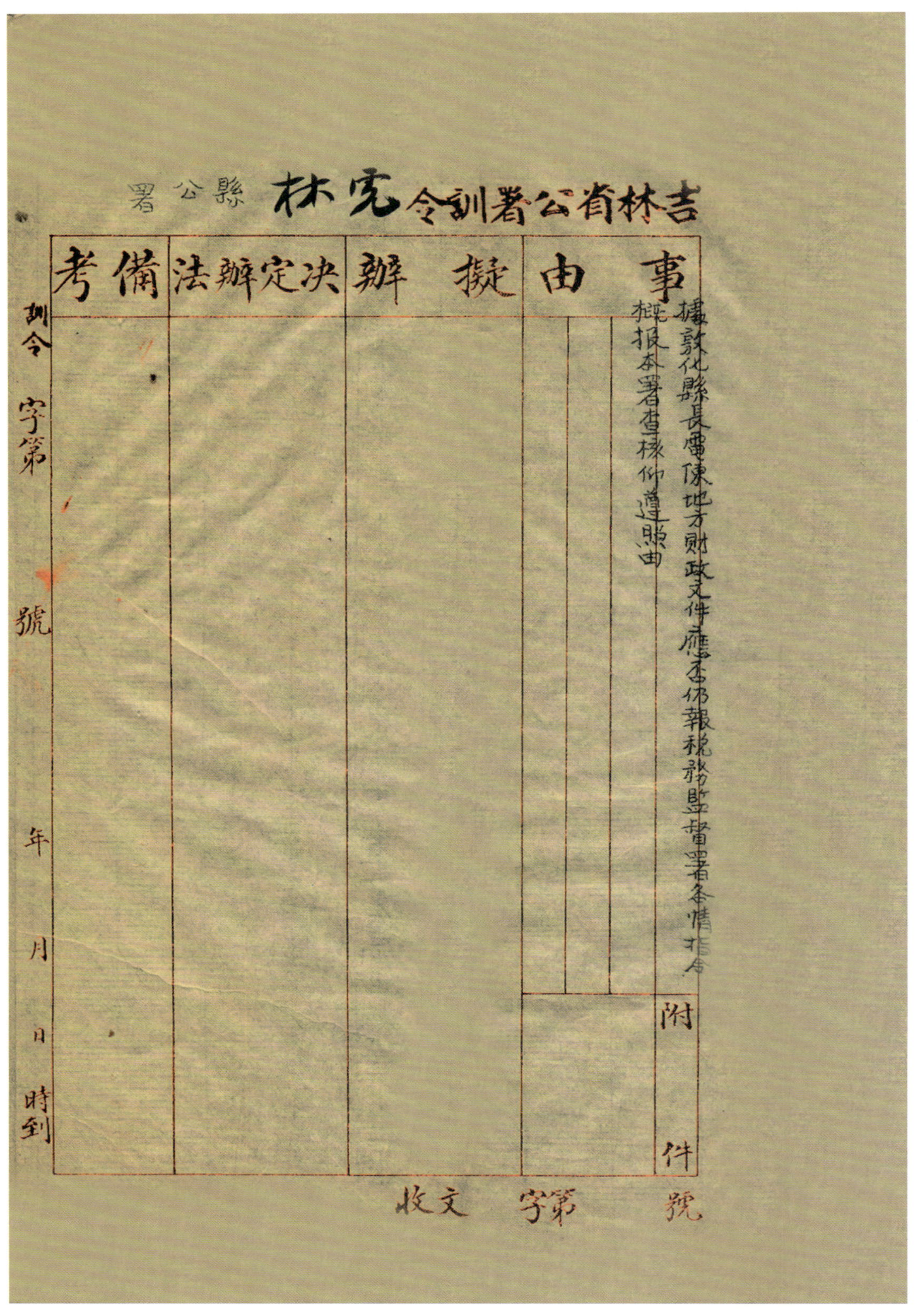

吉林省公署训令 虎林 县公署

事由	拟办	决定办法	备考
据饶化县长电陈地方财政文件应否仍报税务监督署各情指令概报本署查核仰遵照由			
附件			

训令 字第 号 年 月 日 时到

收文 字第 号

吉林省公署訓令

民字第244號

令虎林縣公署

案據敦化縣縣長彭壽佳代電稱：竊查吉林財政廳遵令裁撤，奉有行知，凡屬應解廳領之款，自當按照隨時間分別繳領，原無疑問。第如財務處經收均捐等項，商會經收營業附稅，此等款目純屬地方性質，前因票據請由財政廳製發，是以歷來如公安局經收之違警罰金數目，均分類按月冊報財廳有案。此後應否仍報稅務監督署，抑即逕呈鈞署，暨將來應用上項票據，是否逕向鈞署請領之處，職縣一時莫之依據，謹電陳明，仰祈鑒核指示遵行等情。除指令准代電

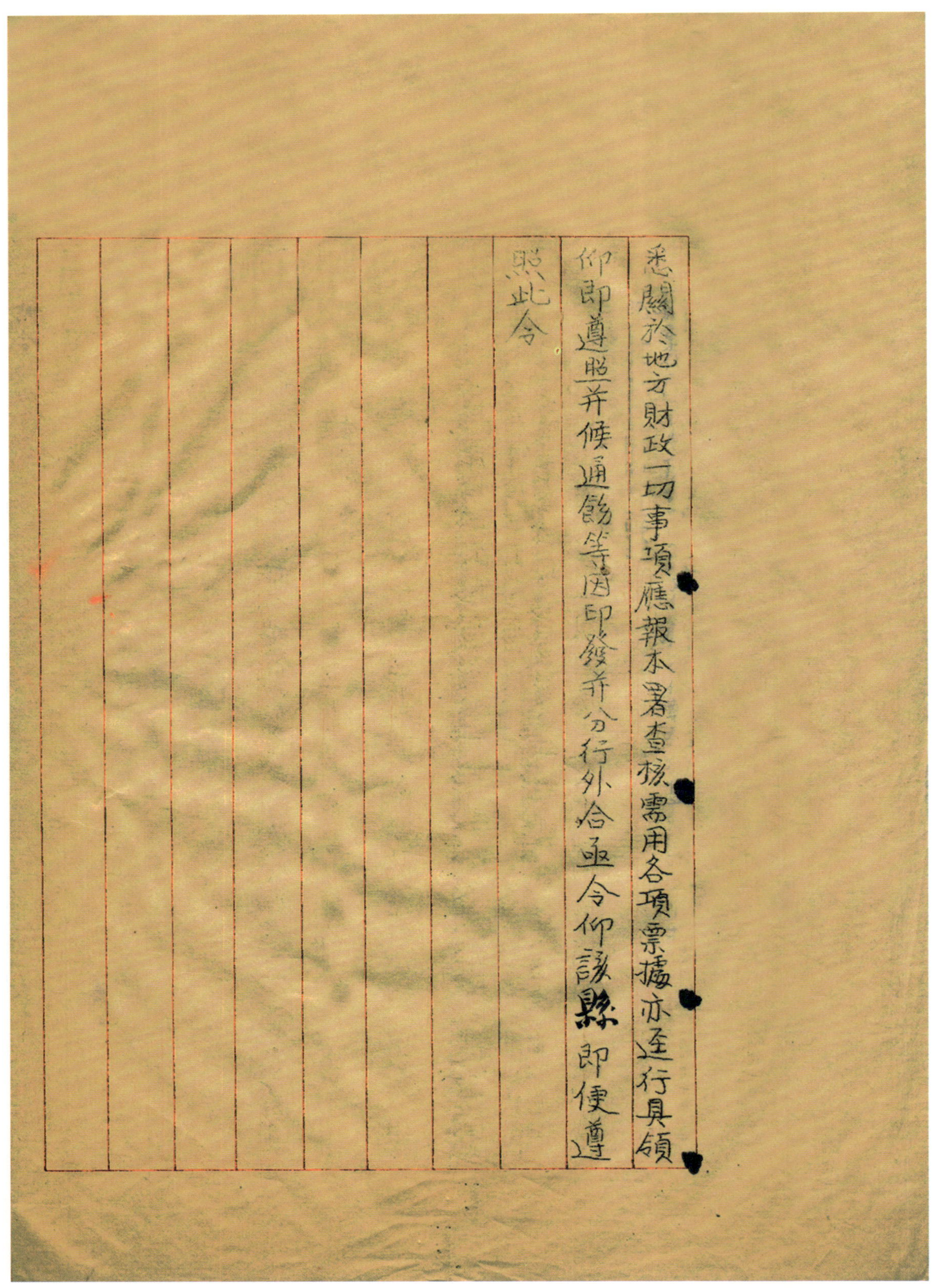

悉關於地方財政一切事項應報本署查核需用各項票據亦逐行具領

仰即遵照并候通飭等因印發并分行外合亟令仰該縣即便遵

照此令

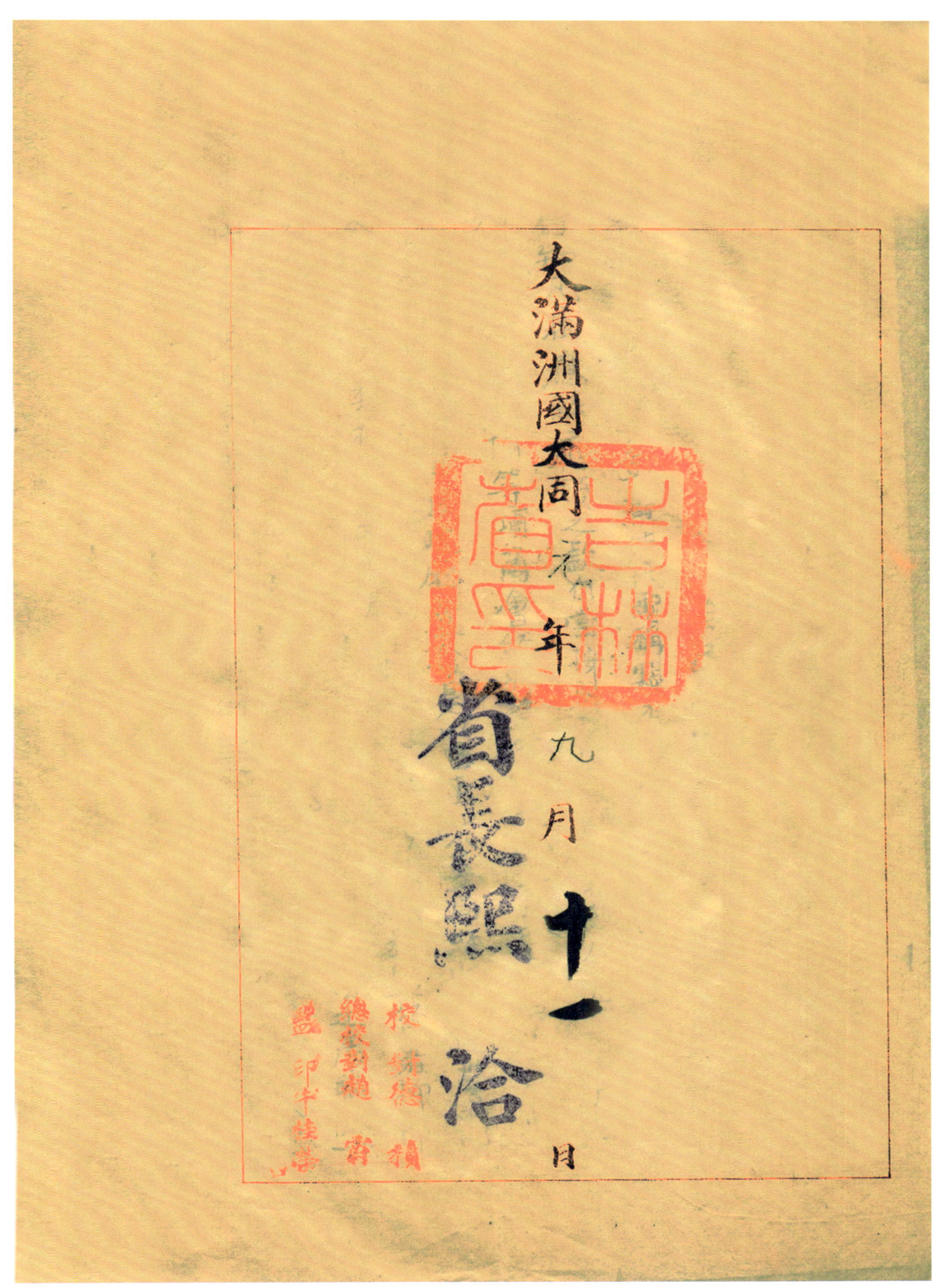

大滿洲國大同元年九月十一日

吉林省長（印）

省長熙洽

校對德禎

總校對趙霄

監印牛桂崟

伪吉林省公署为征集木材标本并填具调查表送署事给伪虎林县公署的训令（一九三二年九月十四日）

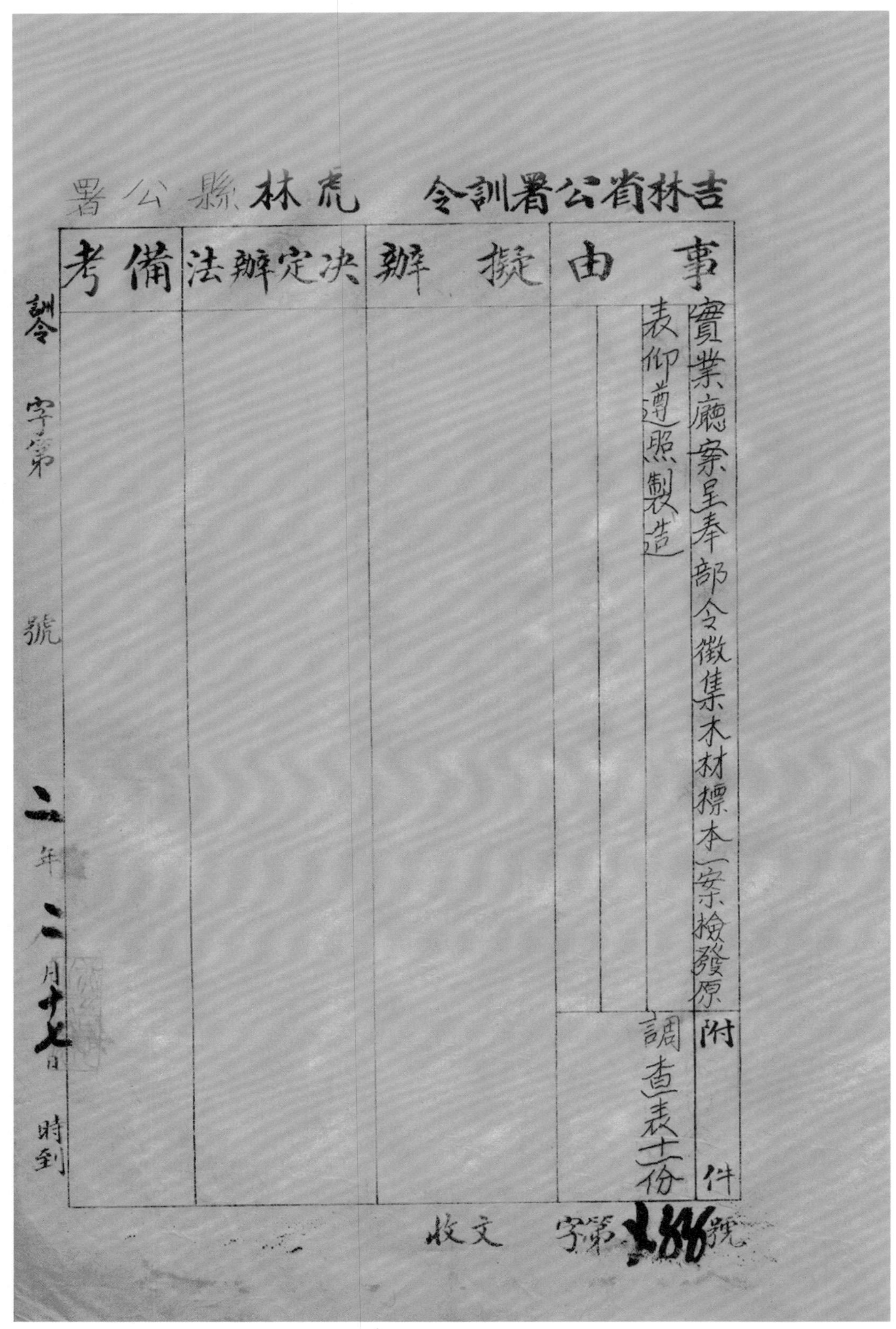

吉林省公署訓令　虎林縣公署

事由	擬辦	決定辦法	備考
實業廳案呈奉部令徵集木材標本一案檢發原表仰遵照製造 附件：調查表十一份			

訓令字第　號

二一年二月十七日到時

收文　字第1886號

吉林省公署訓令

實字第45號

令虎林縣公署

實業廳案呈奉

實業部第一三三訓令内開為令遵事本部現擬徵集各種木材標本以備參考茲製定調查表一種隨文令發仰該廳將所轄林區各種木材製成標本按照表列各項詳細填載至標本尺寸應較表式加大一倍其厚薄以半英寸為率並將表格貼於標本之上藉資識別限一個月内彙寄來部甬備陳列除分令外仰即遵照辦理為要此令計發木材標本調查表五百份等因到署除分行

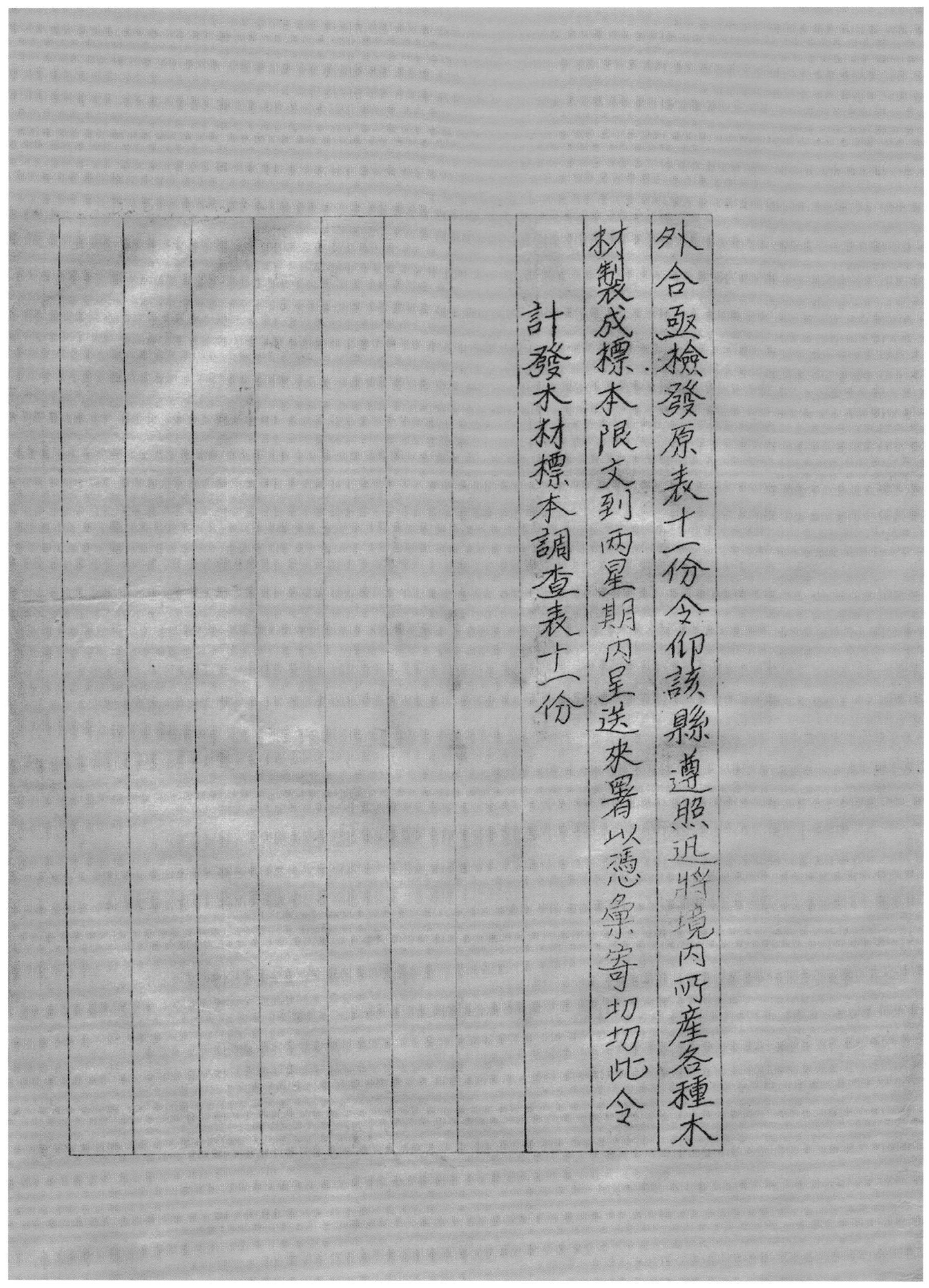

外合亟檢發原表十一份令仰該縣遵照迅將境内所産各種木材製成標本限文到兩星期内呈送來署以憑彙寄切切此令

計發木材標本調查表十一份

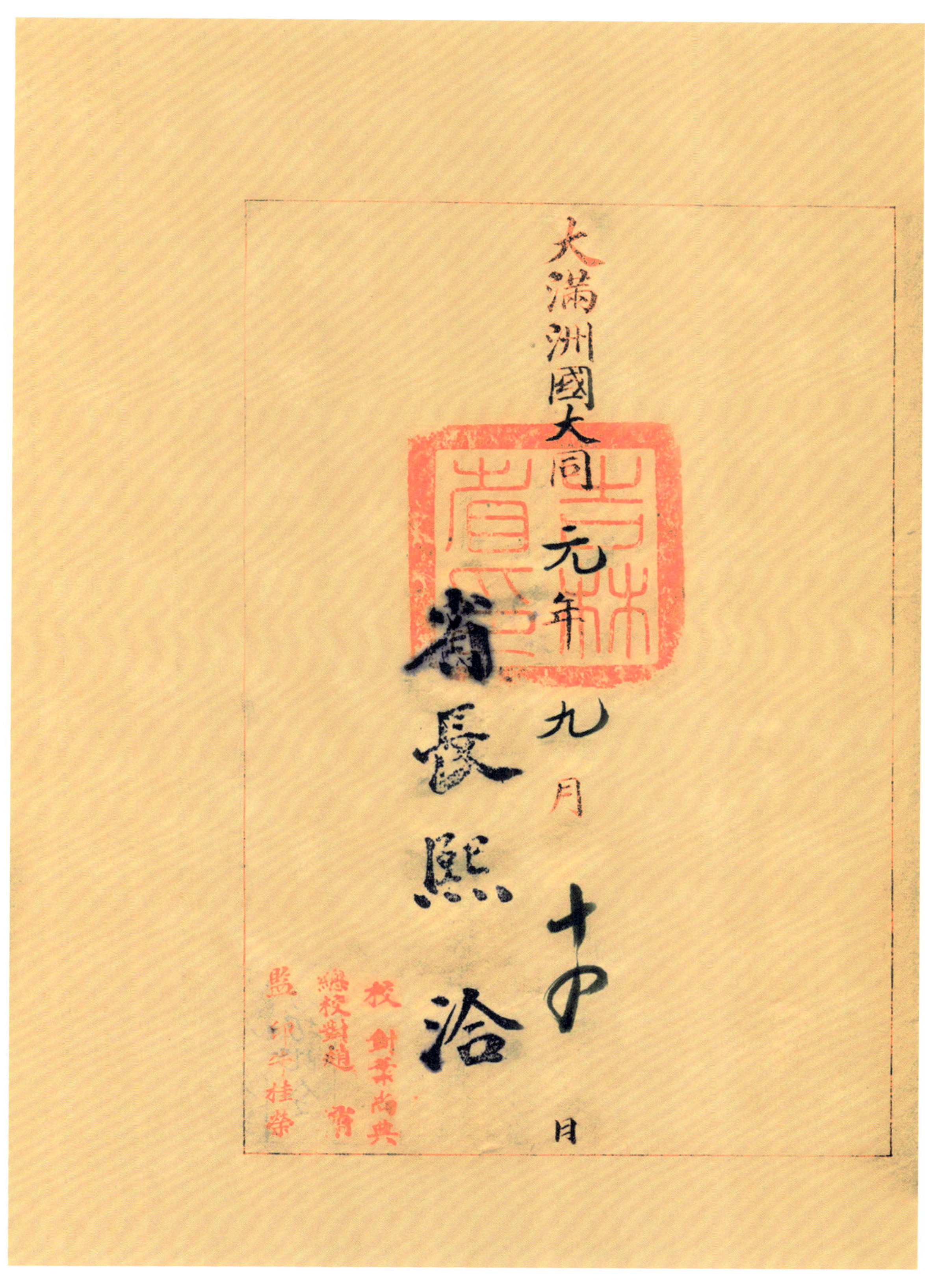

大滿洲國大同元年九月十四日

省長熙洽

校 劍華尚典

總校對趙霄

監印[illegible]桂榮

伪吉林省公署为饬呈报秋分耕作状况及县农况给伪虎林县公署的训令（一九三二年九月十八日）

吉林省公署训令 虎林縣公署

事由	擬辦	決定辦法	備考
實業廳案呈奉部令為附發秋分耕作狀況暨報及縣農況報告仰轉發所屬赴期填造呈部勿延一案令仰遵照由 附件：附發二冊			

訓令 字第 號

二年 二月 廿二日 時到

收文 字第 8111 號

吉林省公署訓令

實字第 50 號

令虎林縣公署

實業廳案呈奉

實業部第一三六號訓令內開為令遵事查秋分（九月二十三日）耕作狀況季報前經本部訓令第四十六號第八十七號及一百二十一號先後令飭該廳轉令各縣查明呈報各在案茲查本年北滿各地水災奇重所有秋分縣農況報告應一併同時呈報以資參考茲特附發秋分耕作狀況季報及縣農況報告八十八冊仰即轉發各縣每縣各二冊並留存該廳四冊以作豫備及

参考之用並仰轉飭各縣迅速查填並照本部八月改訂之耕作狀況季報及縣農況報告要領（附日語譯文）之各欄空白處妥為填註作成秋分耕作狀況季報及縣農況報告書以一冊留存縣署一冊呈送本部勿延為要此令等因附秋分耕作狀況季報及縣農況報告八十八冊請轉發飭遵等情到署查此案迭經本署及該廳迭行令飭遵照查報在案奉令前因除分行外合亟檢同原冊令仰該縣即便遵照仍依期迭行呈部並分報本署備查勿違此令

附發秋分耕作狀況季報及縣農況報告二冊

大滿洲國大同元年九月十八日

省長熙洽

校　對葉尚典

總校對趙　爵

監　印牛桂馨

伪吉林省公署为预防水患给伪虎林县公署的训令（一九三二年九月二十三日）

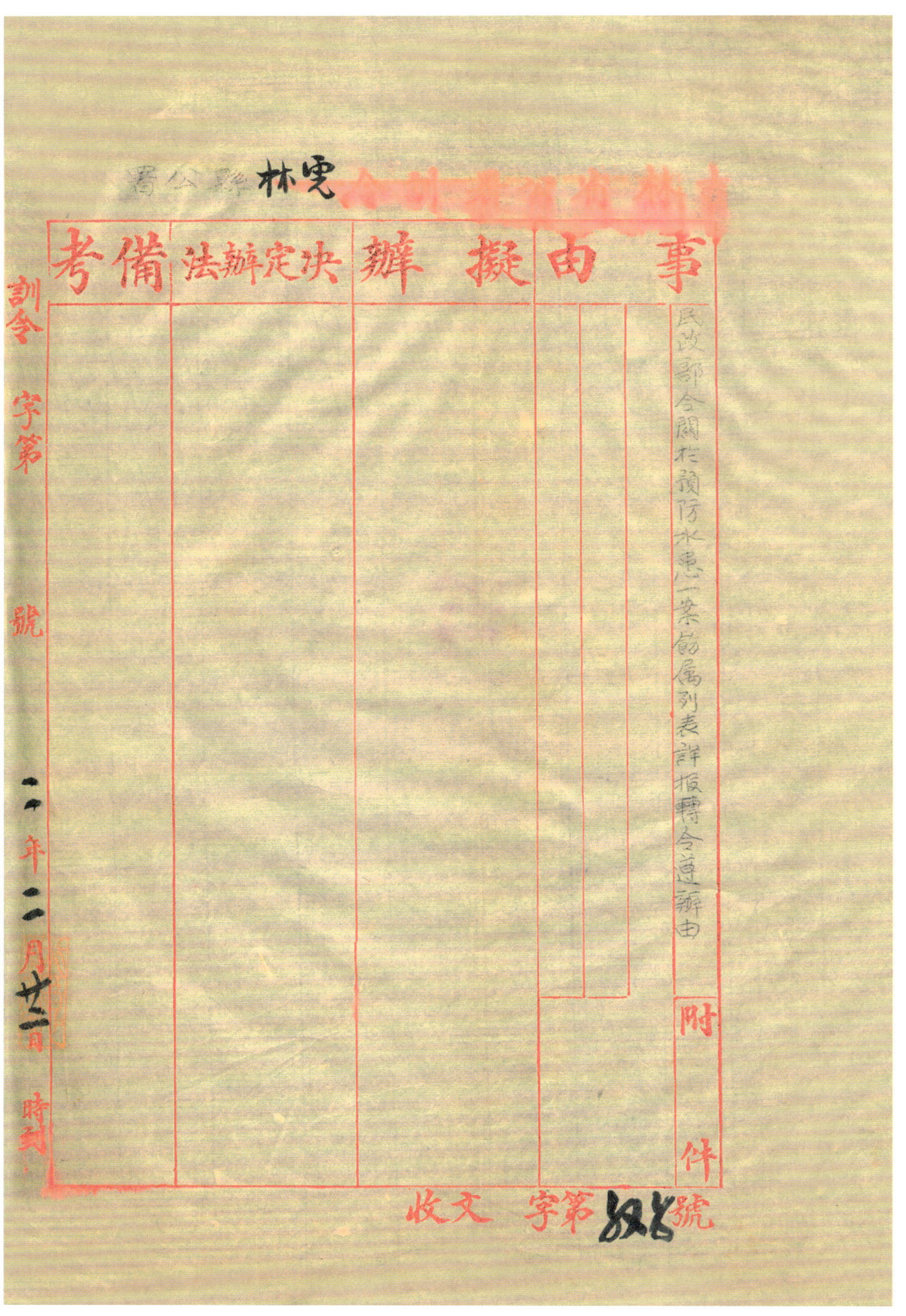
虎林縣公署

事由	擬辦	決定辦法	備考
民政部令關於預防水患一案飭屬列表詳報轉令遵辦由			

附件

訓令 字第 號

二年二月廿二日 時刻

收文 字第 [illegible] 號

吉林省公署訓令

民字第276號

令虎林縣公署

案查關於預防水患一案前奉

民政部元代電當將已報之長嶺方正汪清農安雙陽樺甸等縣查無安設

治局所擬辦法列單電復並於漾日電催各縣迅將預防辦法妥速具復各在

案現奉

民政部木字第八七三號指令內開敬代電暨清單均悉查各縣江河流域

起止方向及江河河床氾濫狀況現在堤岸長短寬窄高低度數並修築

堤防各項計畫歷年有無水患情形以及各縣或無江河流域而每遭霪雨

有無洩水滴渠並預防辦法並應分晰詳切列表呈報以憑攷核該署单
列各縣所報預防水患辦法对於上述各節多所忽畧仰即分別嚴飭詳細列
報另行並飭未報各縣詳切查明轉報備核勿延爲要此令等因奉此除令
行外合亟令仰該縣即便遵照關於此項預防水患辦法無論已報未報均
速再照上開所指各節詳細查明分晰列表剋日送署以憑轉報毋得遲
誤切切此令

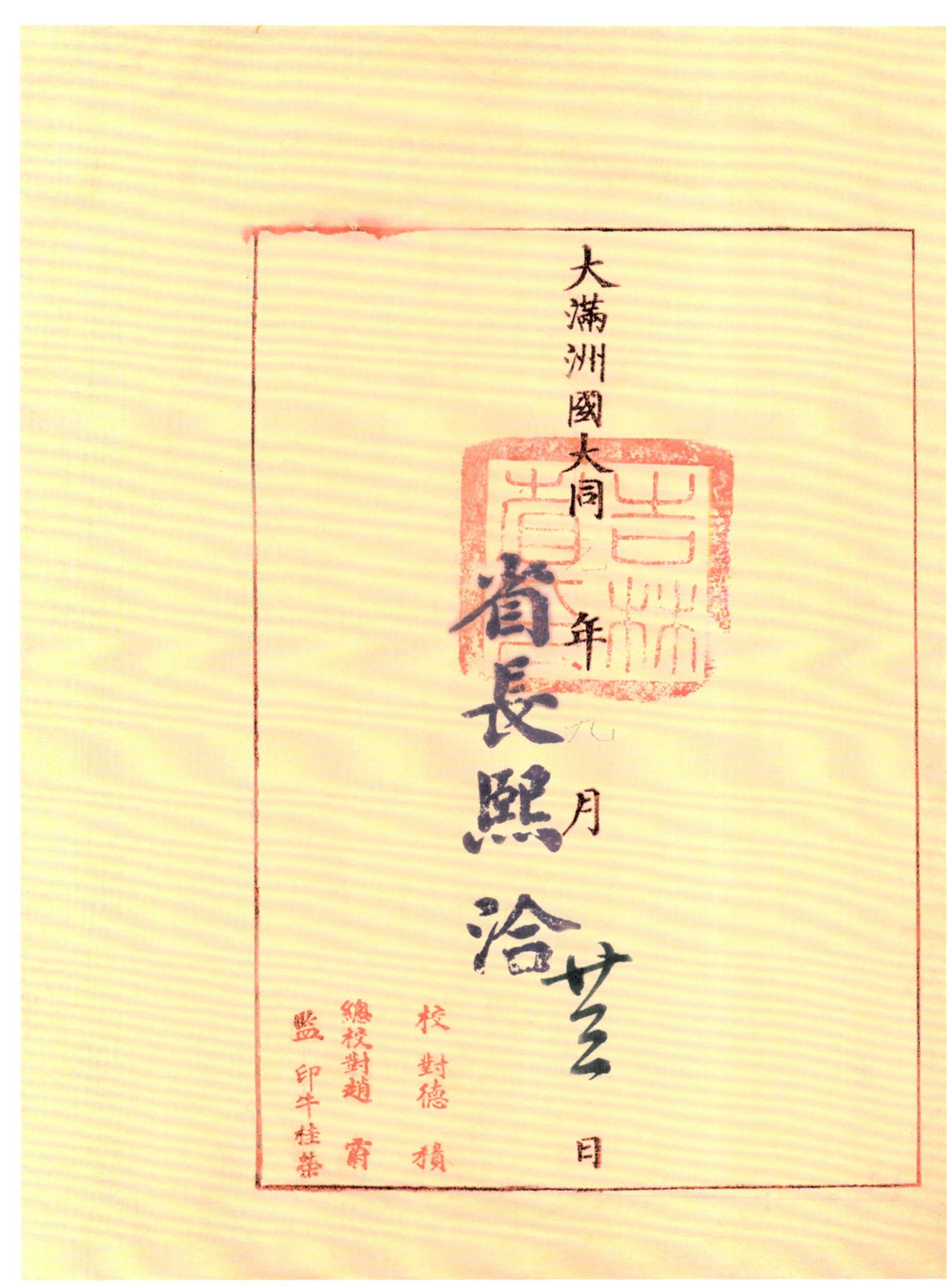

大滿洲國大同元年九月廿日

省長熙洽

校對德積

總校對趙霨

監印牛桂榮

伪吉林省公署为饬呈报灾情及秋收成粮情况给伪虎林县公署的训令（一九三二年九月二十三日）

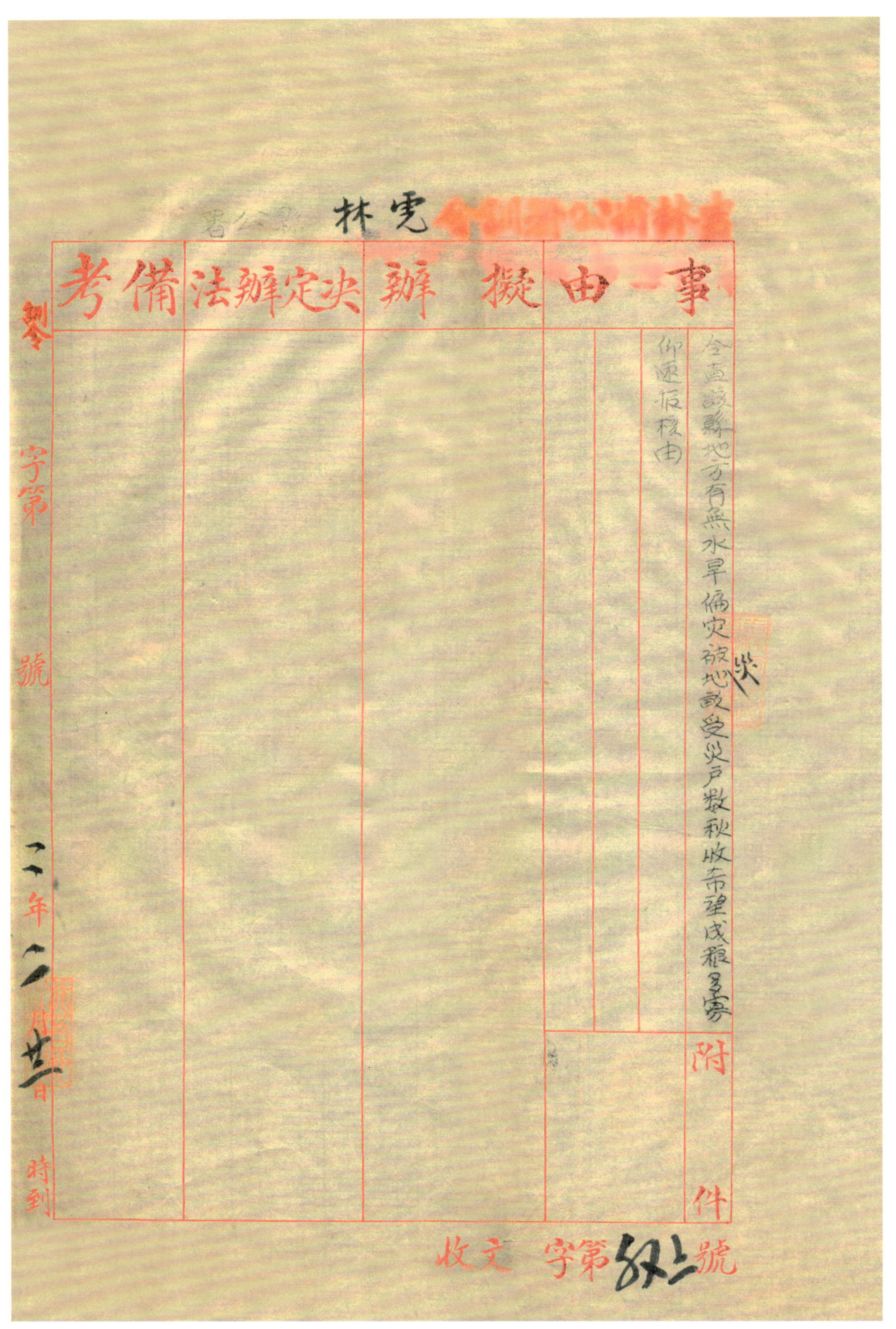

虎林縣公署

事由：令查該縣地方有無水旱偏災被地畝受災戶數秋收希望成糧多寡仰速据核由

擬辦

決定辦法

備考

附件

訓令 字第 號

二一年一月廿三日 到 時

收文 字第 81二號

吉林省公署訓令

民字第275號

令吉林縣公署

案奉

民政部北字第七六八號訓令内開：案查本年大水爲災，北滿尤甚，人民慘罹浩劫。本部軫念實深，前經令飭該省將受災區域從速查報，迄尚未據復到。現奉

執政及

國務院垂念災民，特發賑金，以資救濟。本部職司所在，責無旁貸，爰於部内設立臨時辦理水災協議會，專司其事。分派專員馳赴各省調查實在災況，以便設施。茲派委員前往該省詳晰調查，仰即查照，會同切實查察，究竟該省被

災縣分若干被災地畝若干每縣災民若干統計災民若干各縣存糧若干秋成希
望若干受災輕重情形糧價有無增漲運道是否便利本省公款已撥數目慈
善團体已捐數目均須逐一查明詳晰具報至目前急賑應如何散放將來冬賑
應如何準備該省財力及善團捐款預計尚能撥助若干皆須一一統籌切實
計議妥擬具体辦法迅速送部核奪總以極力籌措實惠及民為要至於賑款本
屬有限用度亟應撙節事務之費稍多賑恤之金即少國帑寥寥深懼博施
之难濟瘡痍在望尤覺目擊而心傷是以公家少一分之虛縻災民即多一分
之實惠是在賢有司之經營而本部所深盼者也除令該員遵照外合行令仰該
署遵照上列應行調查各事項妥慎辦理隨時具報切切此令等因奉此查此次
濱江依蘭樺川富錦同江雙城賓縣榆樹葦河德惠雙陽和龍琿春方正

等十四縣際報大水爲災田禾淹没業已由本公署委派參事官張書翰爲水災
救濟專員飭令攜款糴糧馳往各處會同地方賑濟會及紳學各界分別辦理急
賑並籌撥款在案該縣與其他各屬雖未據有報告但究竟地方暘雨如何有無
水旱偏災及被災地段受災戶數預計秋收約得幾分希望現在轄界積存糧食多
寡糧價有無增漲均與民食民生不無關係自應飭速查報以便彙核辦理除
分行並將委員現辦各屬災賑情形先行呈部外合亟令仰該縣公署即便查
照統限於文到五日內據實具報備查此令

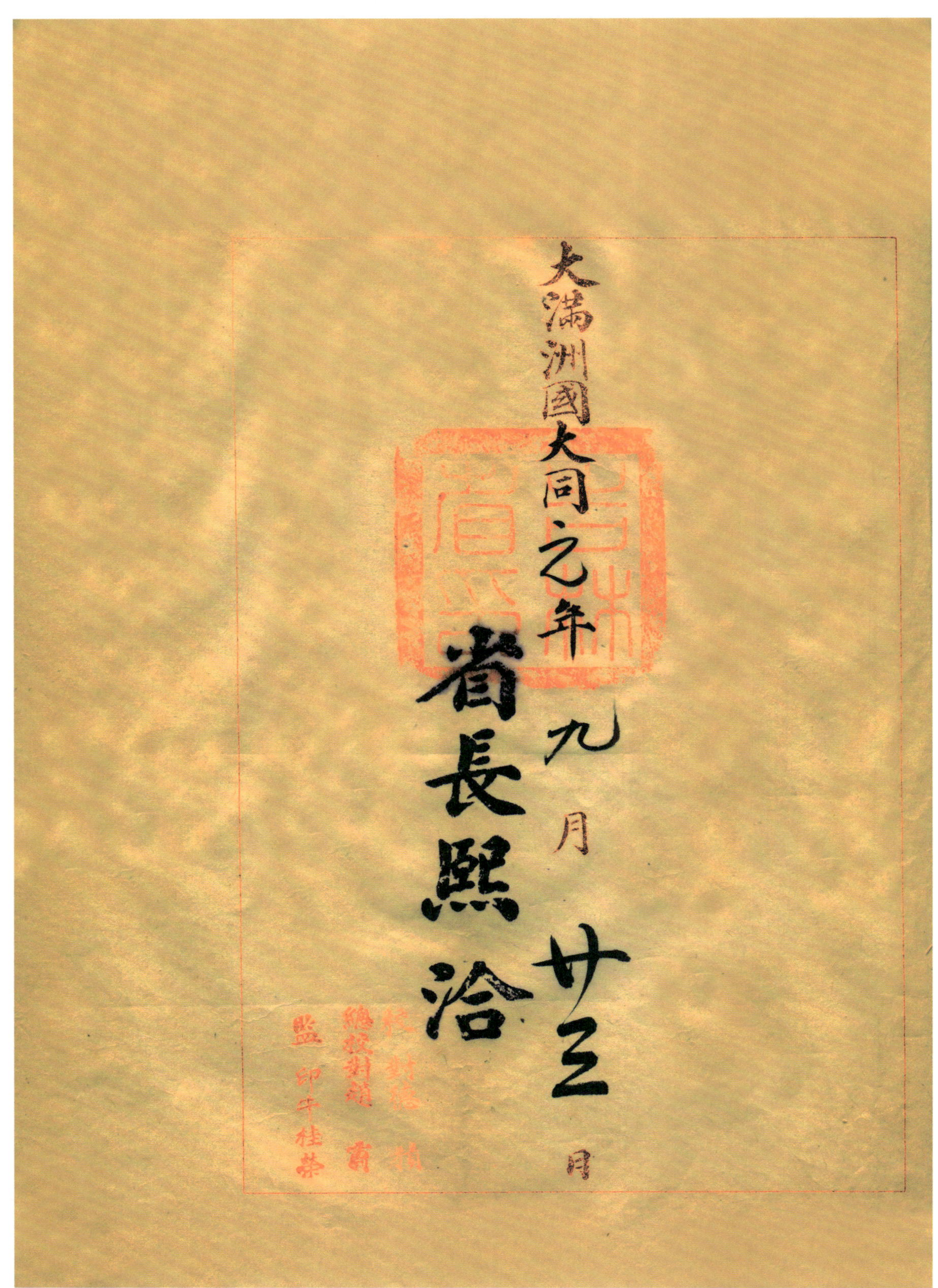

大滿洲國大同之年 九月 廿三日

省長熙洽

校對德 楊

總校對趙 爵

監印牛桂榮

伪吉林省公署为调查农家副业情形给伪虎林县公署的训令（一九三二年九月二十七日）

吉林省公署训令 虎林县公署

事由	拟办	决定办法	备考
奉部令调查农家副业情形一案令仰遵照			

附件

训令　字第　号

二十一年九月廿日　时到

收文　字第818号

吉林省公署訓令

實字第56號

令虎林縣公署

為令遵事案奉

實業部第一四零號訓令內開為令遵事查本部對於農家副業情形亟須調查合行令仰該省長即將該省農家副業狀況副業種類以及副業獎勵計劃暨振興意見等項迅速查明詳細具報如有舊存副業獎勵規章并仰呈部一份以資參考此令等因奉此查此案前經實業廳須發養雞法及改良羊種并其他有關農家副業各事項迭行令飭遵照在案乃各

縣對於農家副業多不注意從未據報殊乖振興農業之本

旨奉令前因除分行外合亟令仰該縣即便遵照令內指飭

農家副業狀況副業種類以及副業獎勵計劃暨振興意見等

項均須詳細列表呈報二份以憑彙報勿稍延忽切切此令

重

大滿洲國元年九月廿日

省長熙洽

校對葉尚典

總校對趙霸

監印牛桂榮

伪吉林省公署为详查私帖及类似证券状况给伪虎林县公署的训令（一九三二年九月三十日）

吉林省公署训令

虎林县公署

事由	擬辦	决定辦法	備考
准財政部理財司長函詳查私帖及類似証券狀况令仰迅速查覆由			
附件			

訓令字第　號

二年二月廿日　時到

收文字第 398 號

吉林省公署訓令

民字第 288 號

令虎林縣公署

案准

財政部理財司長函開查私帖及其他類似證券之取締一事於七月十二日以財政部訓令第四十一號對貴署所轄各該縣公署在監督指導之餘其一般狀況及其他參攷事項應逐件报告業已通知在案復自今春以來徵之各種情报在舊安敦化等地方如稱爲救濟券或流通債券粮券者由各縣財務局或各地方團体有相當之流通自在想像之中仍應將最近之狀況確實詳查火速見復等因准此查此

部令經本署於七月三十日具文呈覆擬、先從清查入手[illegible]

部核示同日抄同部頒暫行辦法通令遵照在案茲查各縣具報到省者尚屬寥寥准函前因合亟令仰該縣、迅即查明所屬境内有無發行私帖及類似證券並將流通額數最近狀況、詳晰具報以憑彙轉毋再玩延切切此令

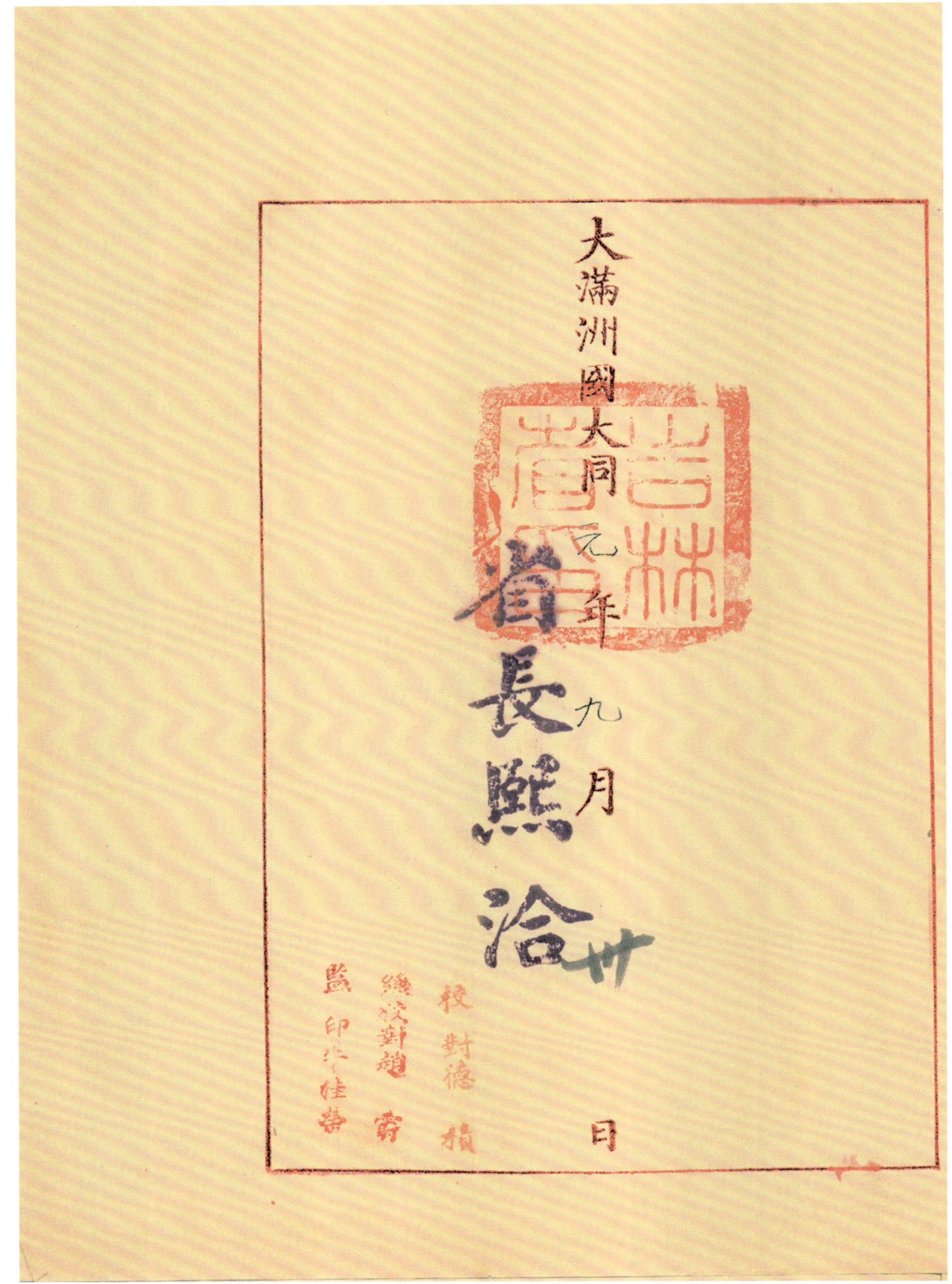

大滿洲國大同元年九月　日

省長熙洽

校對德楨

繕校對趙霽

監印

伪吉林省公署为催查填具水产调查表报转核夺事给伪虎林县公署的训令（一九三二年十月十九日）

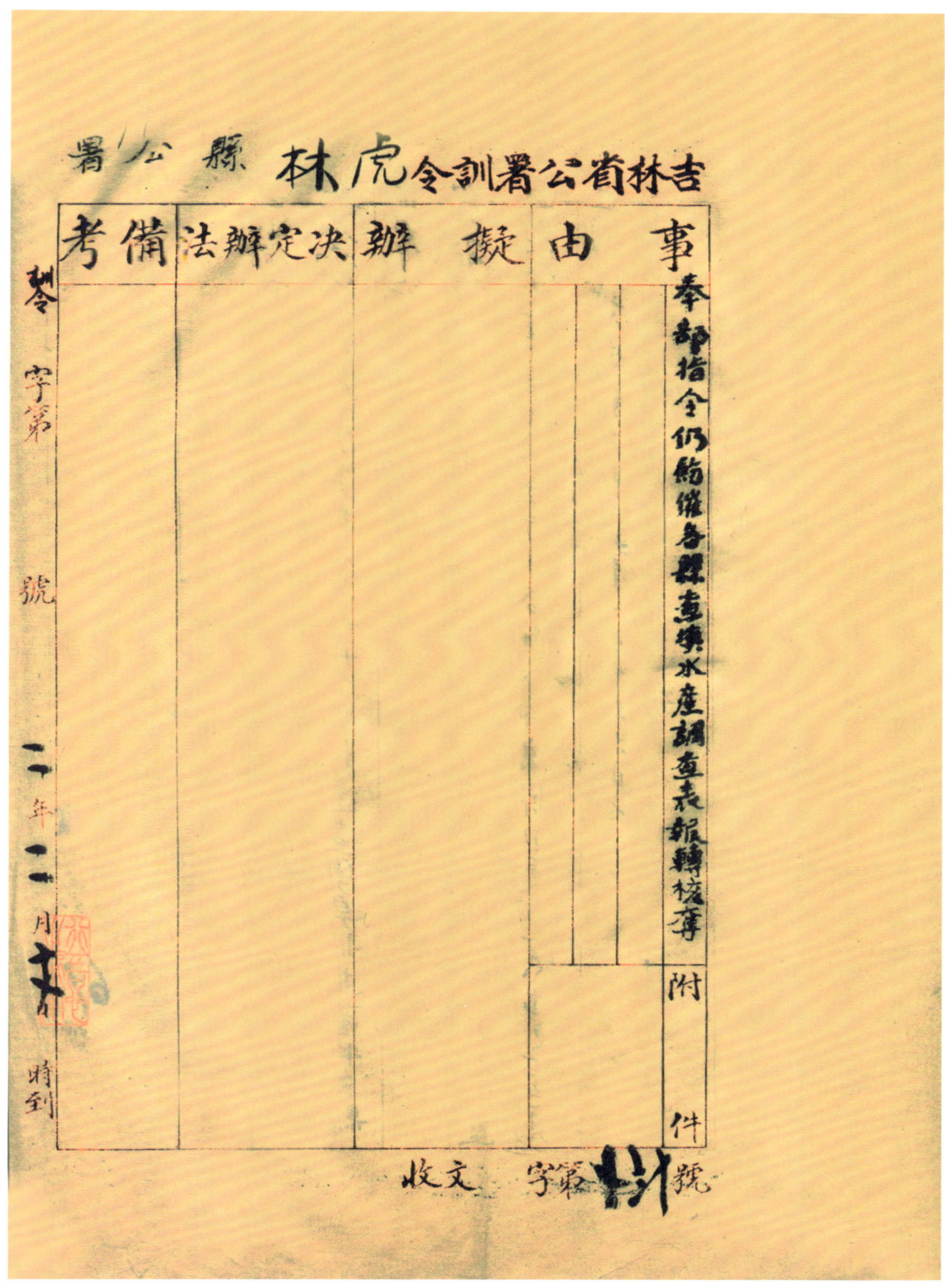

吉林省公署訓令虎林縣公署

事由	擬辦	決定辦法	備考
奉部指令仍飭催各縣查填水產調查表報轉核奪			
附件			

收文字第號

訓令字第號

一年十一月六日時到

吉林省公署訓令

令虎林縣公署　　實字第69號

為令催事案查

部令調查水產一業業經本署一再令催尅速查填具報並一面滿各縣

匪患猖獗交通不便恐難如期查報各情形呈覆鑒核在案現奉

實業部指令第八十三號內開呈悉仍仰飭催各縣迅即查填報轉以憑核奪是為至

要此令等因奉此除分行外合亟令仰該縣即便遵照尅速查填

具報以憑彙轉勿再玩延致干未便切切此令

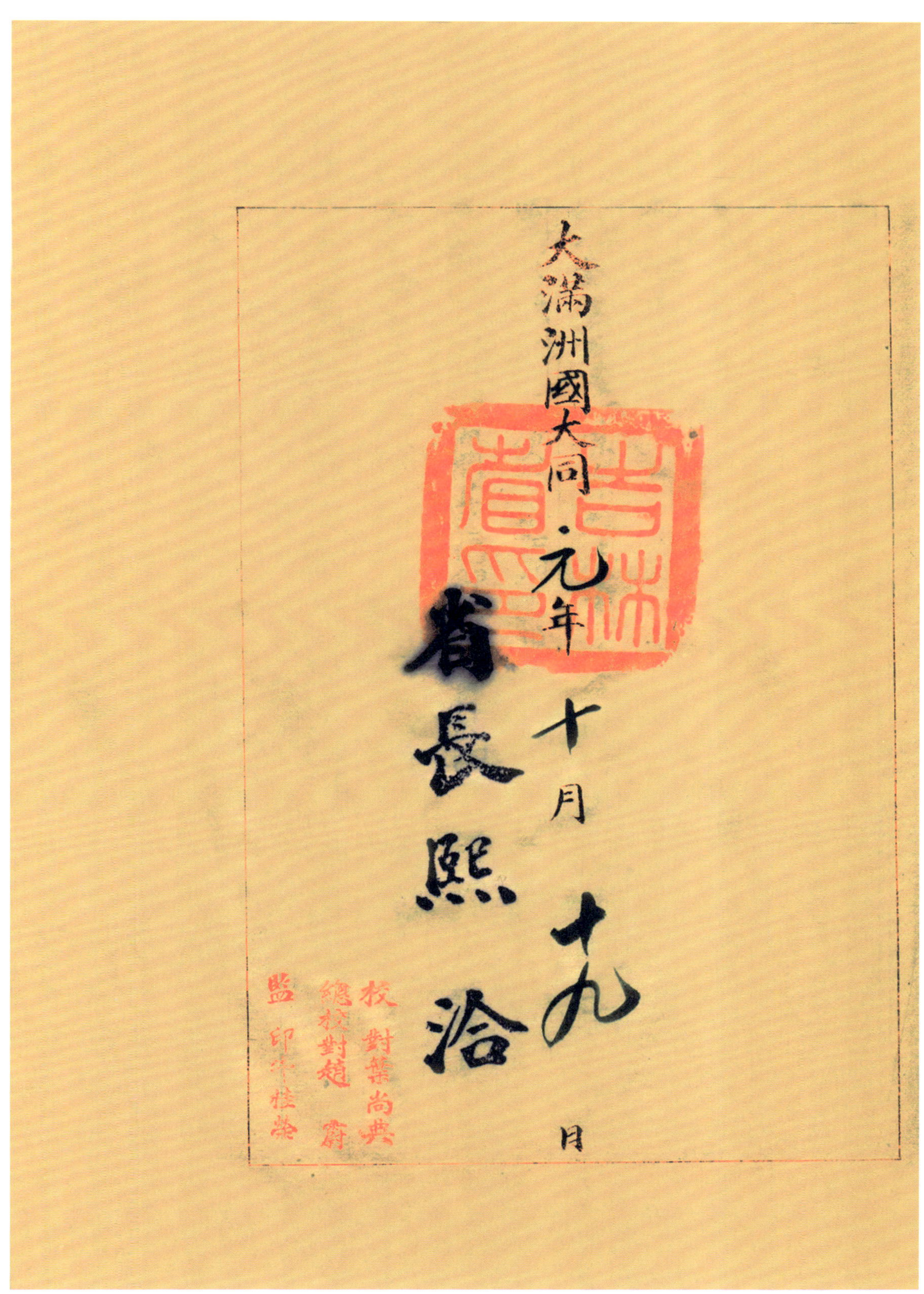

大滿洲國大同元年十月十九日

省長熙洽

校對葉尚典

總校對趙蔚

監印朱桂榮

伪吉林省公署为造送霜降耕作状况季报及县农况报告书事给伪虎林县公署的训令（一九三二年十月十九日）

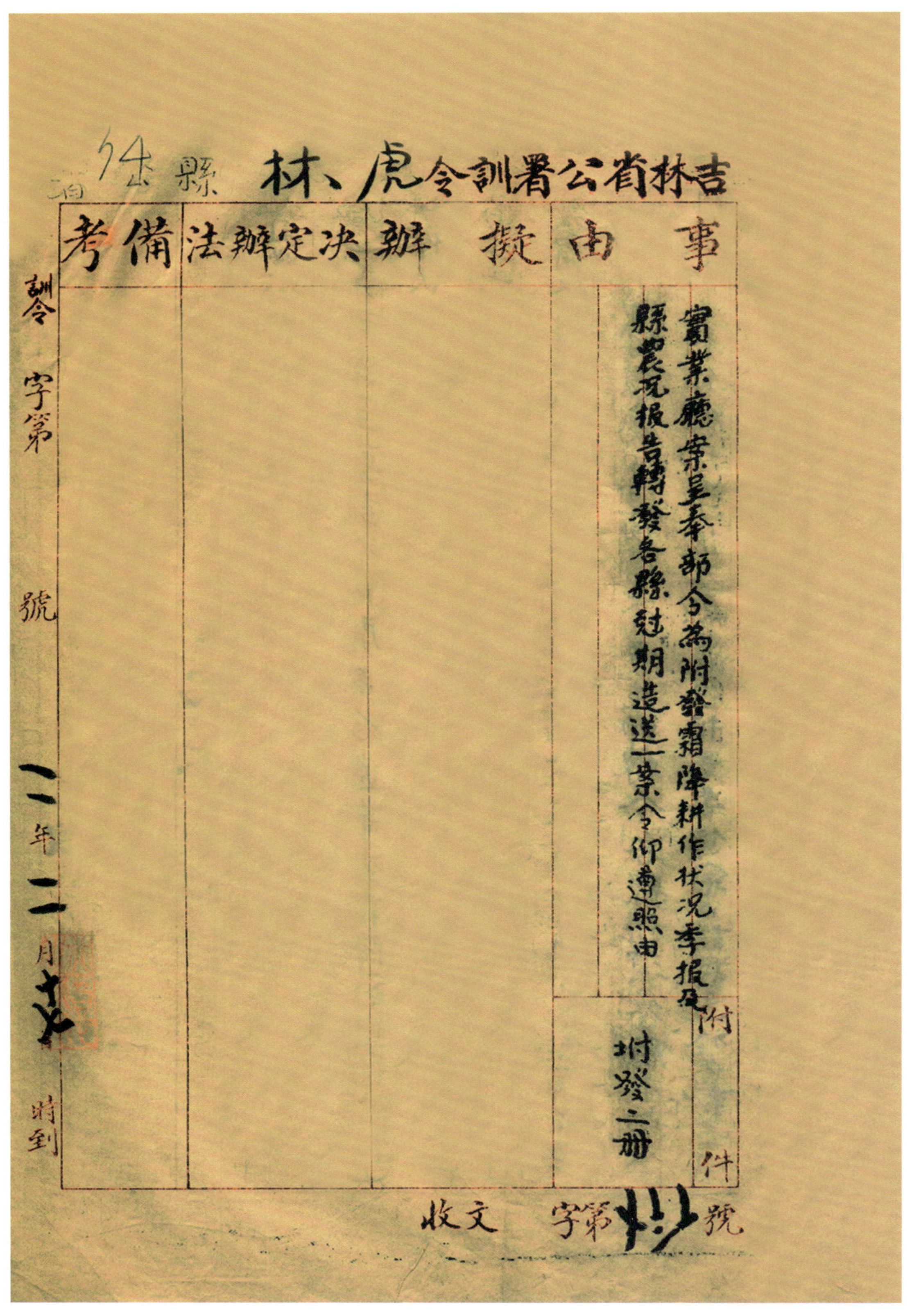

吉林省公署訓令 虎林縣

事由	擬辦	決定辦法	備考
實業廳案呈奉部令為附發霜降耕作狀況季報及縣農況報告轉發各縣按期造送一案令仰遵照由			
附件：附發二册			

訓令 字第 號

二年二月十 日 時到

收文 字第 號

吉林省公署訓令

實字第68號

令虎林縣公署

實業廳案呈奉

實業部第一五三號訓令内開為令遵事查霜降（陽曆十月二十四日陰曆九月二十五日）耕作狀況季報前經本部訓令第四十六號第八十七號第一百二十一號第一百三十六號先後令飭該廳轉令各縣查明呈報各在案茲隨令附發霜降耕作狀況季報及縣農況報八十八册仰即轉發各縣每縣各一册並留存該廳四册預備參考並仰轉令各縣務須參照本部八月改訂之耕作狀況季報及縣農況報告要領（附日語譯文）於各事項欄

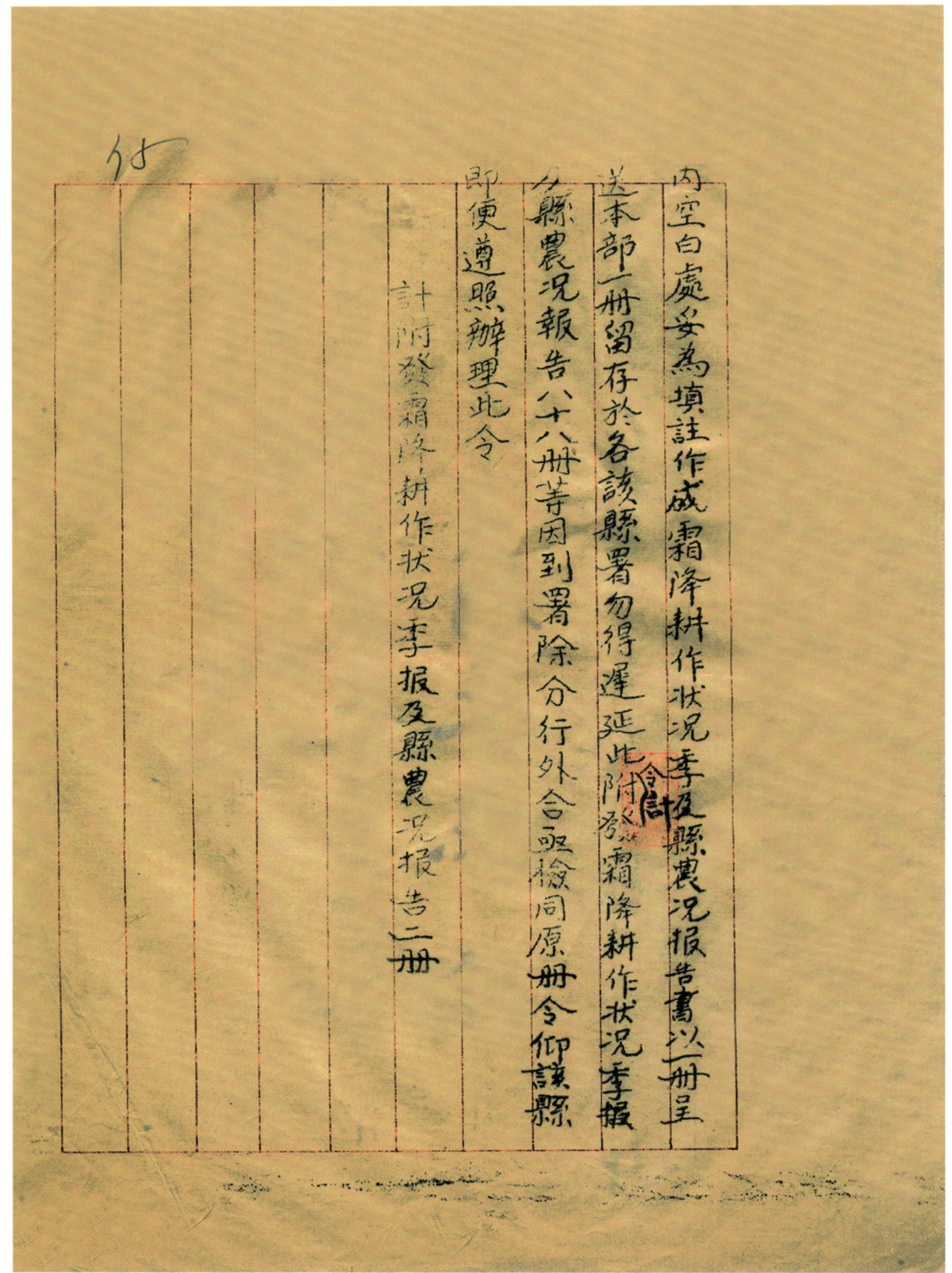

内空白處妥為填註作成霜降耕作狀況季及縣農況報告書以一冊呈送本部一冊留存於各該縣署勿得遲延此附發霜降耕作狀況季報及縣農況報告八十八冊著因到署除分行外合亟檢同原冊令仰該縣即便遵照辦理此令

計附發霜降耕作狀況季報及縣農況報告二冊

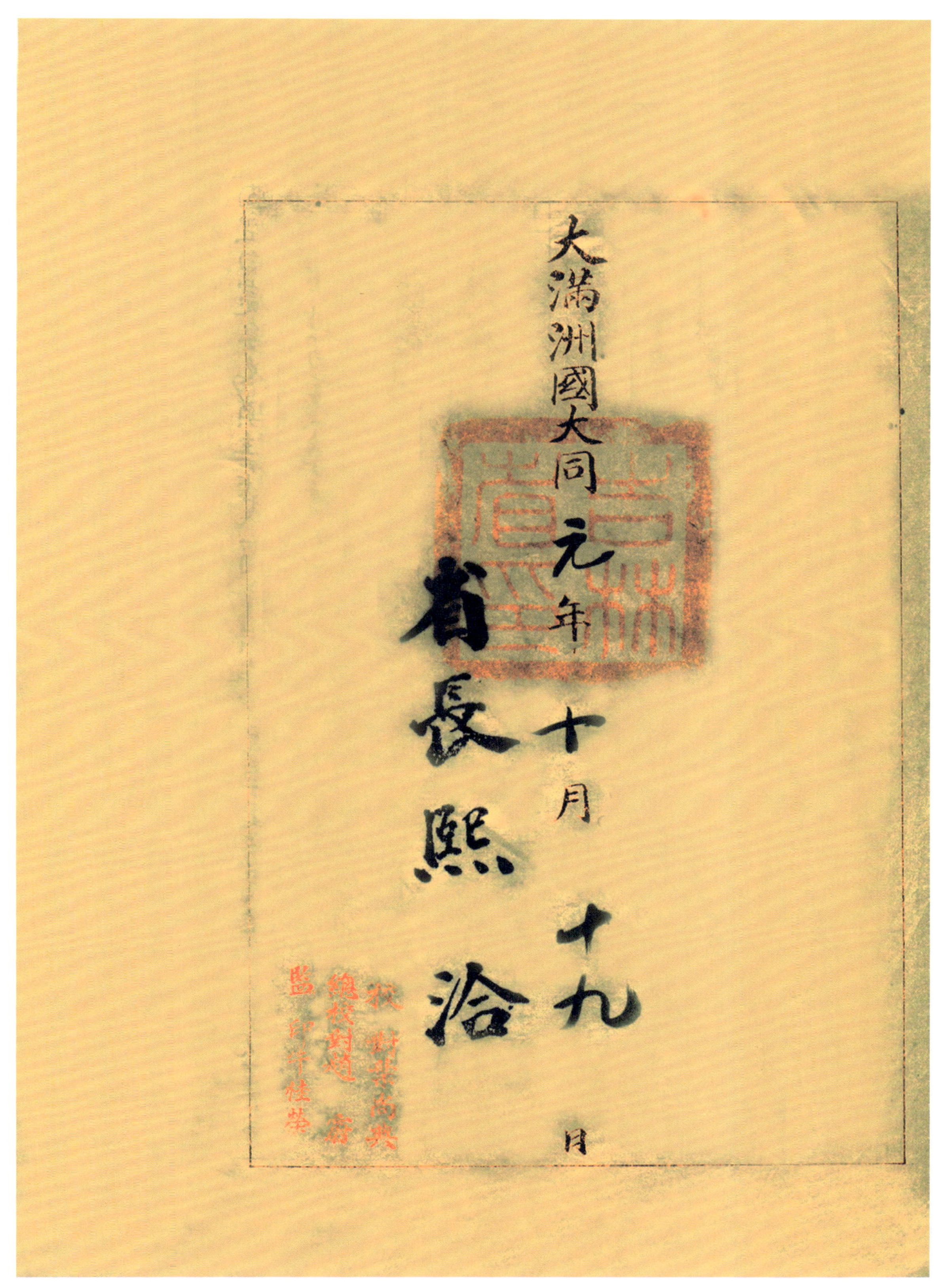

大滿洲國大同元年十月十九日

省長熙洽

校對[illegible]尚典

總校對趙蔚

監印于桂榮

伪吉林省公署为催查填报逾限多日的工厂调查表给伪虎林县公署的训令（一九三二年十月二十三日）

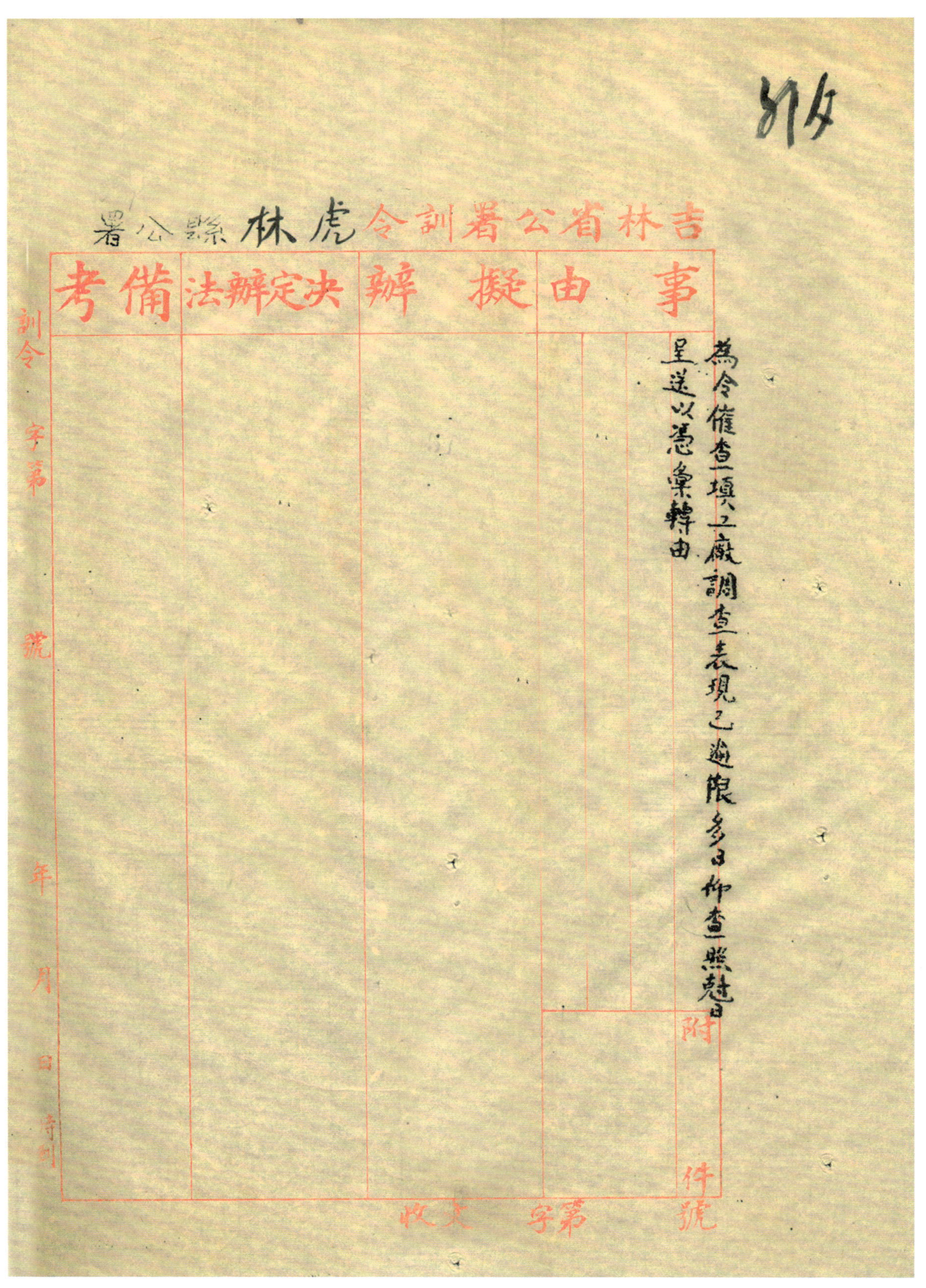

816

吉林省公署训令 虎林县公署

事由	拟办	决定办法	备考
为令催查填工厂调查表现已逾限多日仰查照题旨呈送以凭汇转由			

附件

训令 字第 号 年 月 日 时到

收文 字第 号

吉林省公署訓令

實字第73號

令虎林縣公署

為令催事案奉

實業部第一六一號訓令開為令催事本部為調查各省區市縣所有各種工廠現狀起見業於第一零四號訓令附發工廠調查表並說明書飭令調查填報在案逾期已久迄未據呈覆到部殊屬怠忽除分別令催外合亟令仰該省將此項表冊從速填報儘十月底為限勿得再延此令等因奉此

查此案前於八月十二日業以第二十三號訓令通飭各縣限

期查填具報在案除新京特別市市政公署已查填遲呈濱江市政
籌備處及濱江縣均因水災調查困難呈准緩期查填又德惠等
十一縣業已如期先後呈報前來其餘各縣逾期多日迄未遵送
殊屬非是奉令前因除分行外合再令催該縣遵照尅日呈
報來署以憑屆期彙轉毋再延悞致干未便切切此令

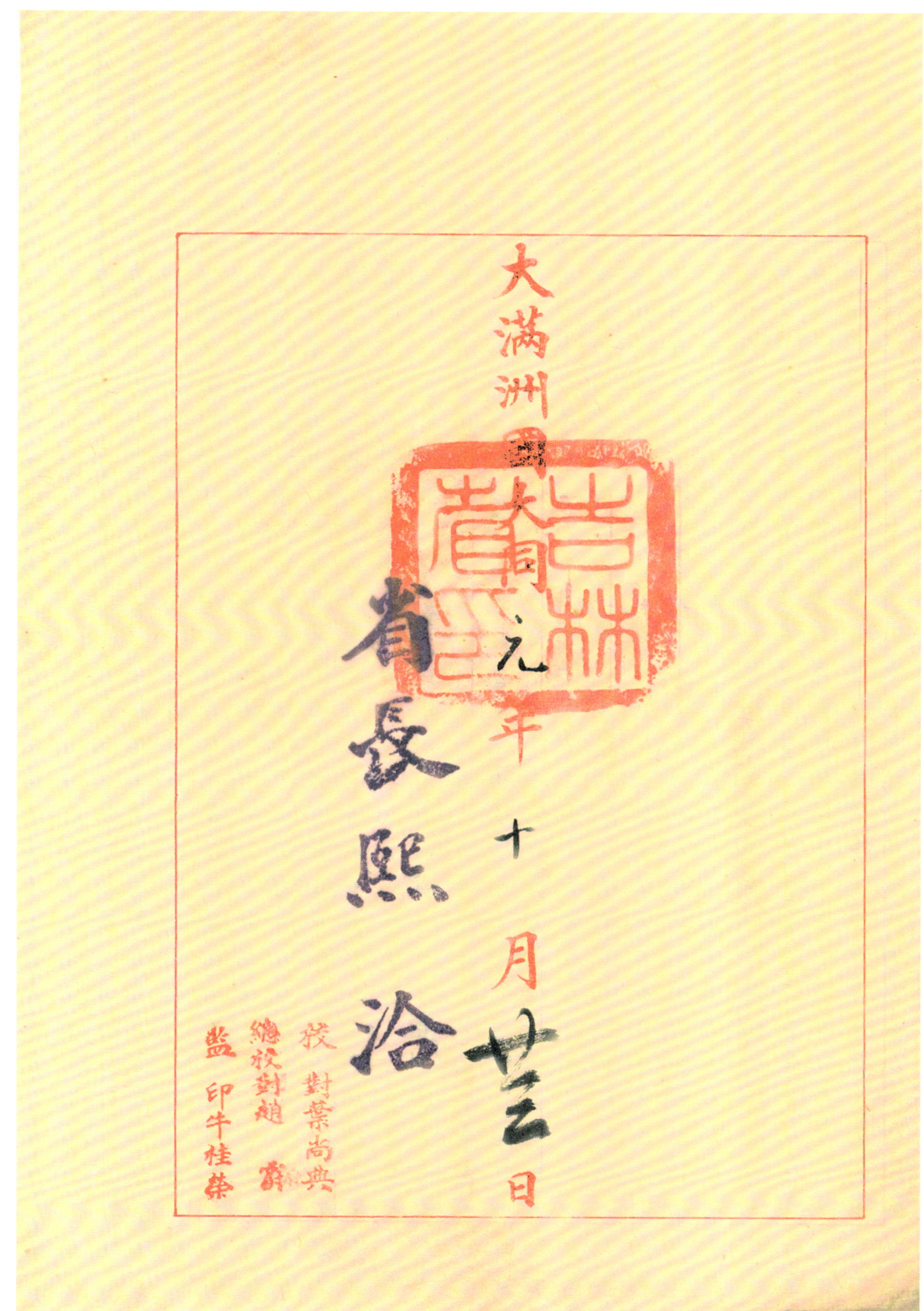

大滿洲國大同元年十月廿三日

省長熙洽

校對葉尚典

總校對趙霽

監印牛桂榮

伪吉林省公署为催报第三次农产物调查表给伪虎林县公署的训令（一九三二年十月二十六日）

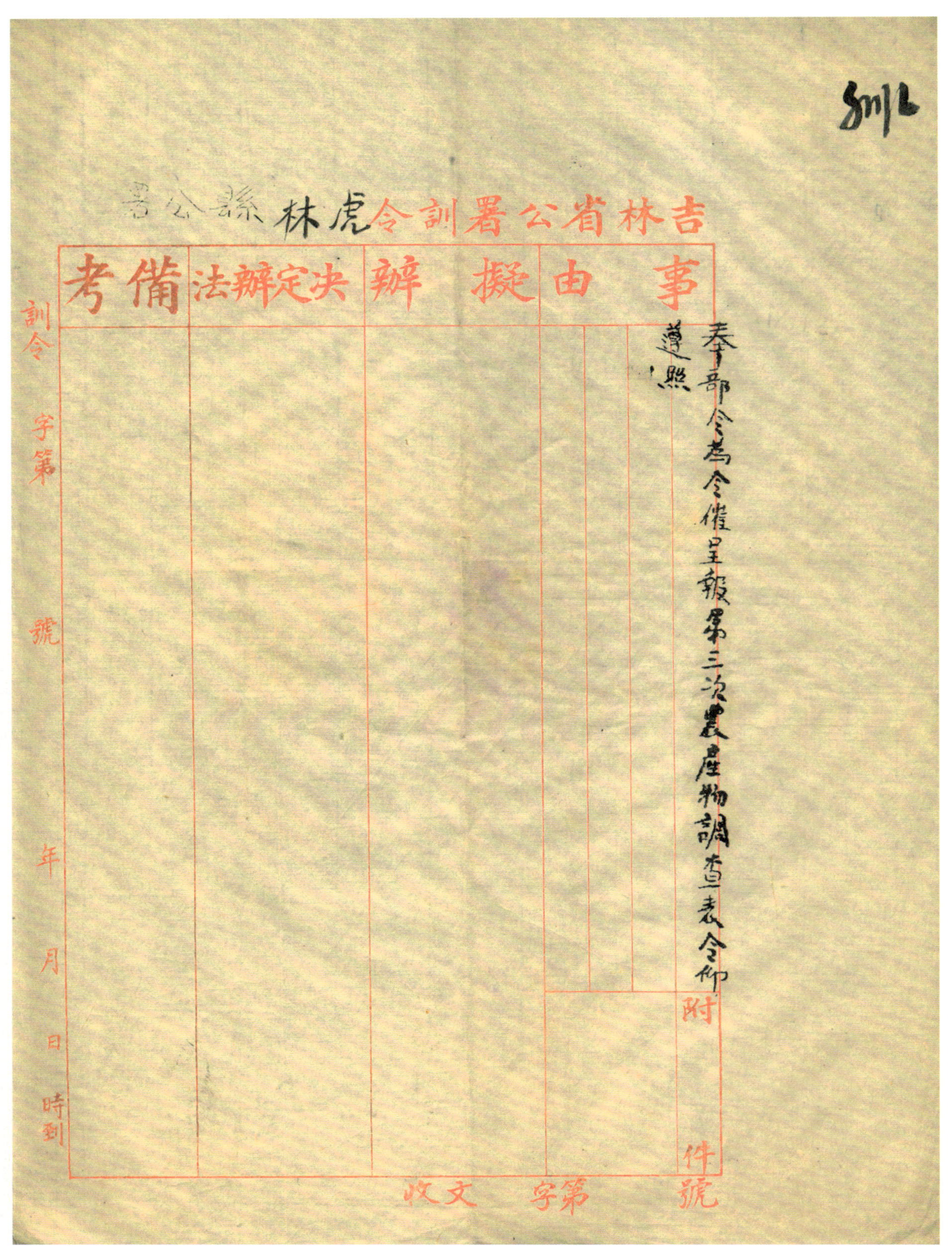
吉林省公署訓令 虎林縣公署
事由
奉部令為令催呈報第三次農產物調查表令仰遵照
擬辦
決定辦法
備考
附件
號第字 文收
訓令 字第 號 年 月 日 時到

吉林省公署訓令

實字第75號

令虎林縣公署

實業廳案呈奉
實業部第一六八號訓令內開：為令催事，查本部第四十九、第六十三、第
九十二各號訓令頒發之第一、第二兩次農產物調查表，未依所期查
覆，於公務之進行頗多滯礙。本部第一百四十四號訓令所發之第三次
農產物調查表，為本年度最後之調查，甚關重要，亟待查覆，
以資統計。合行令催，仰即嚴飭所屬，務於原定日期起三日以內
詳細查填，逕呈本部核辦，是為至要。此令。等因。到署。查此項調

查表業經本署及該廳先後三次轉發飭遵在案奉令前因
除分行外合再令仰該縣即便轉飭遵照辦理務於原定調
查日期起三日以內詳細查填送行呈部并分報本署備查案
關要政勿稍違延致干咎戾切切此令

大滿洲國大同元年十月廿六日

省長熙洽

校對蔡尚典

總校對趙霨

監印牛桂榮

伪吉林省公署为推行伪国币给伪虎林县公署的训令（一九三二年十月二十九日）

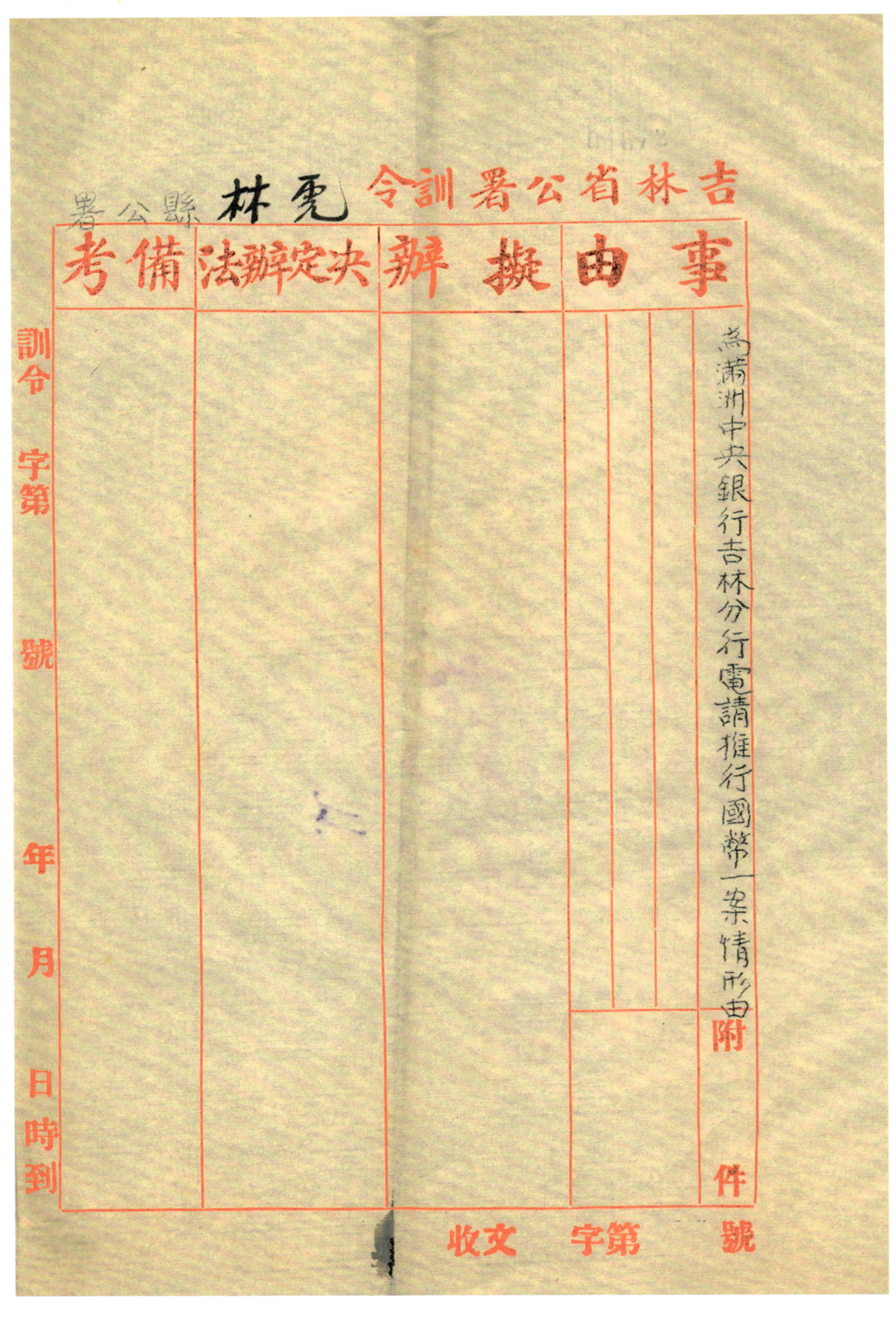
吉林省公署訓令
虎林縣公署

事由	擬辦	決定辦法	備考
為滿洲中央銀行吉林分行電請推行國幣一案情形由			

附件

訓令 字第 號

年 月 日時到

收文 字第 號

吉林省公署訓令

總字第479號

令虎林縣公署

為令遵事案據滿洲中央銀行吉林分行巧代電稱查本行所發國幣準備充足價格鞏固國計民生實多利賴惟其流通現狀除奉天界內因其原發現大洋票係與國幣同價可於無形之中兌換變更日易於普徧外至於吉林各處則以舊幣複雜行使年久一般民衆深入腦筋故於官帖其項在未收回期限前雖已明定法價仍多未能奉行為期鞏固金融計自非推行國幣普徧地方不足以改革轉移而資利益擬請鈞署通令所屬各機關與各法團及各

縣公署並佈告商民等对於收支款項往來交易以及登註賬簿等均須一律改用國幣以資推廣勿以舊幣收銷額數見少便可故意居奇另行議價以致紊乱圜法如有使用舊幣者亦須先將物價以國幣講妥再按法價核付以資國幣流通一徑無阻事關推行國幣而又地屬吉林仰賴維持至為殷切除分電外理合電請鑒核通飭施行等情據此除分行外合亟令仰該縣即便遵照並飭所屬各机関一体遵照毋違此令

吉林省印

大滿洲國大同元年十月九日

省長熙洽

校對王法文
總校對趙尉
監印辛桂[illegible]

伪吉林省公署为无价领裁种植各种树苗事给伪虎林县公署的训令（一九三二年十一月六日）

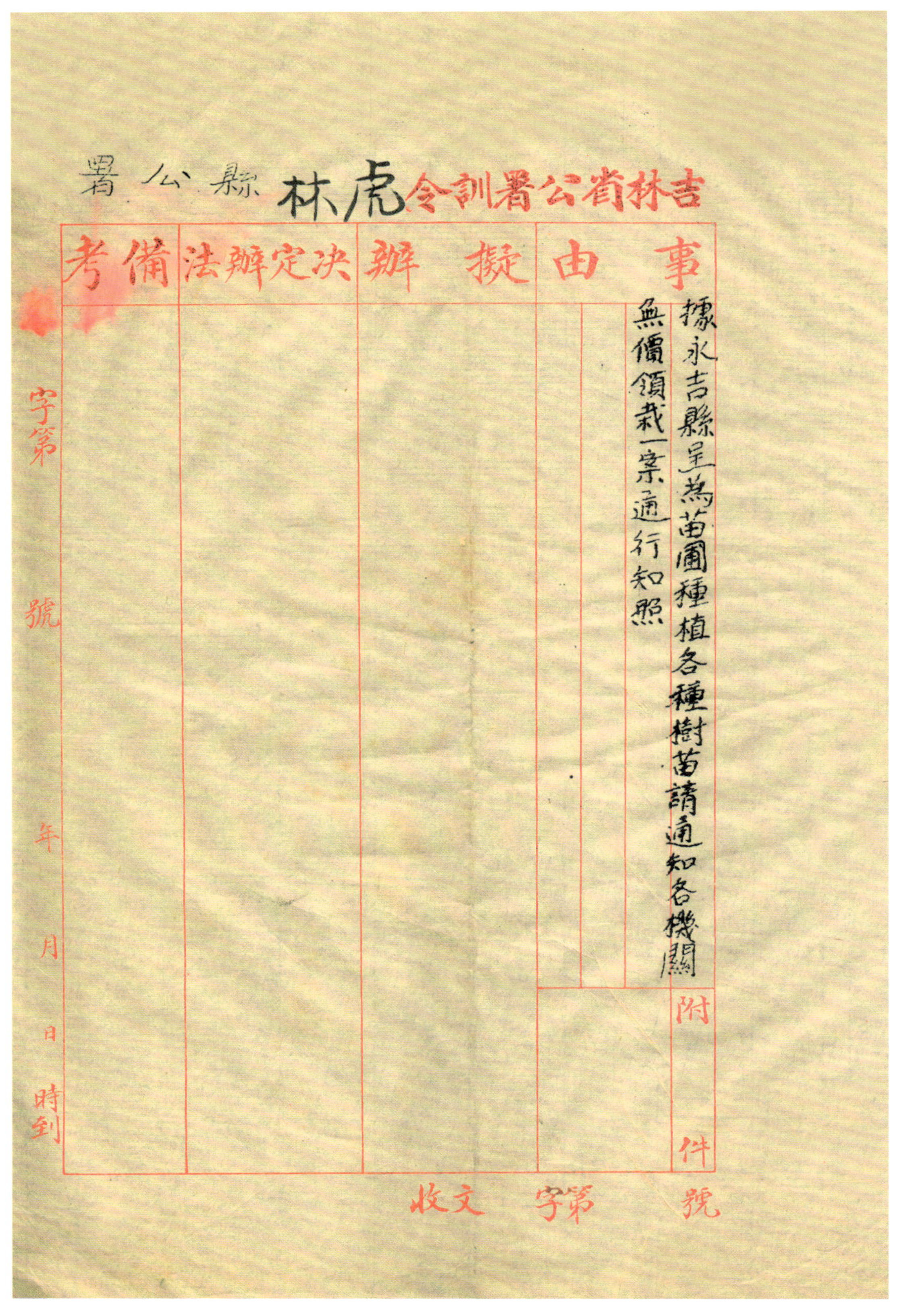

吉林省公署训令 虎林縣公署

事由：據永吉縣呈為苗圃種植各種樹苗請通知各機關無價領栽一案通行知照

擬辦

決定辦法

備考

附件

字第 號 年 月 日 時到

收文 字第 號

吉林省公署訓令

實字第79號

令虎林縣公署

案據永吉縣縣長闞榮森呈稱案據職縣苗圃事務所主任沈玉和呈稱案查職所現存有二年生之榆樹苗數萬株楊樹苗二千株梓樹苗五千株洋槐一千株均已生長茂盛現值秋季栽植之時擬將是項樹苗任各機關領取不收工價藉以提倡如蒙核准即乞轉請分行知照等情據此除指令外理合呈請鑒核等情據此查該縣苗圃培植各種樹苗擬請通知各機關無價領栽係為提倡造林起見應准照辦除

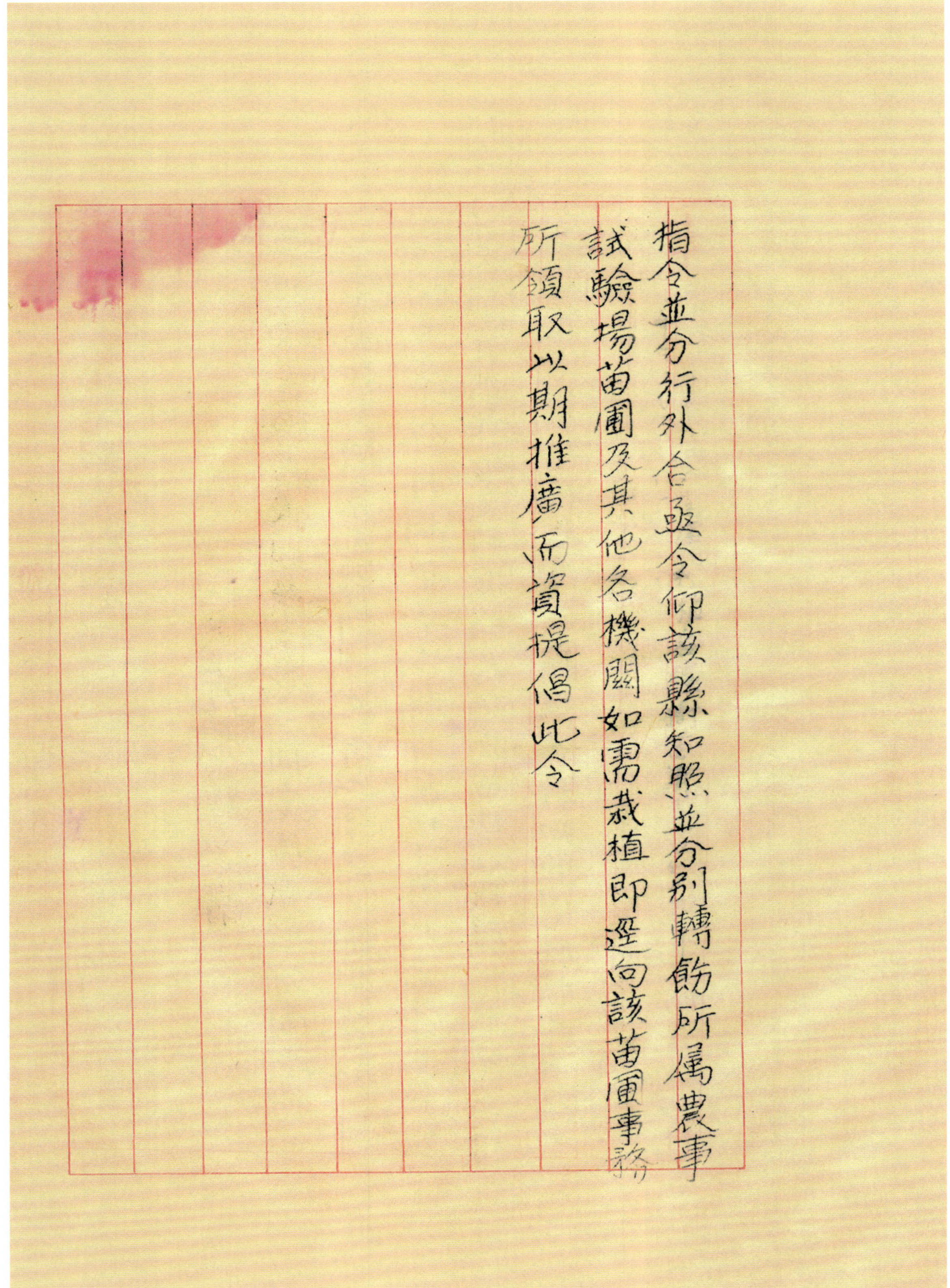

指令並分行外合亟令仰該縣知照並分別轉飭所屬農事
試驗場苗圃及其他各機關如需栽植即逕向該苗圃事務
所領取以期推廣而資提倡此令

大滿洲國大同元年十一月六日

省長熙洽

吉林省長

校對葉[illegible]英

總校對趙蔚

監印牛桂恭

伪吉林省公署为将职员义捐金及名册送署转解事给伪虎林县政府的训令（一九三二年十一月九日）

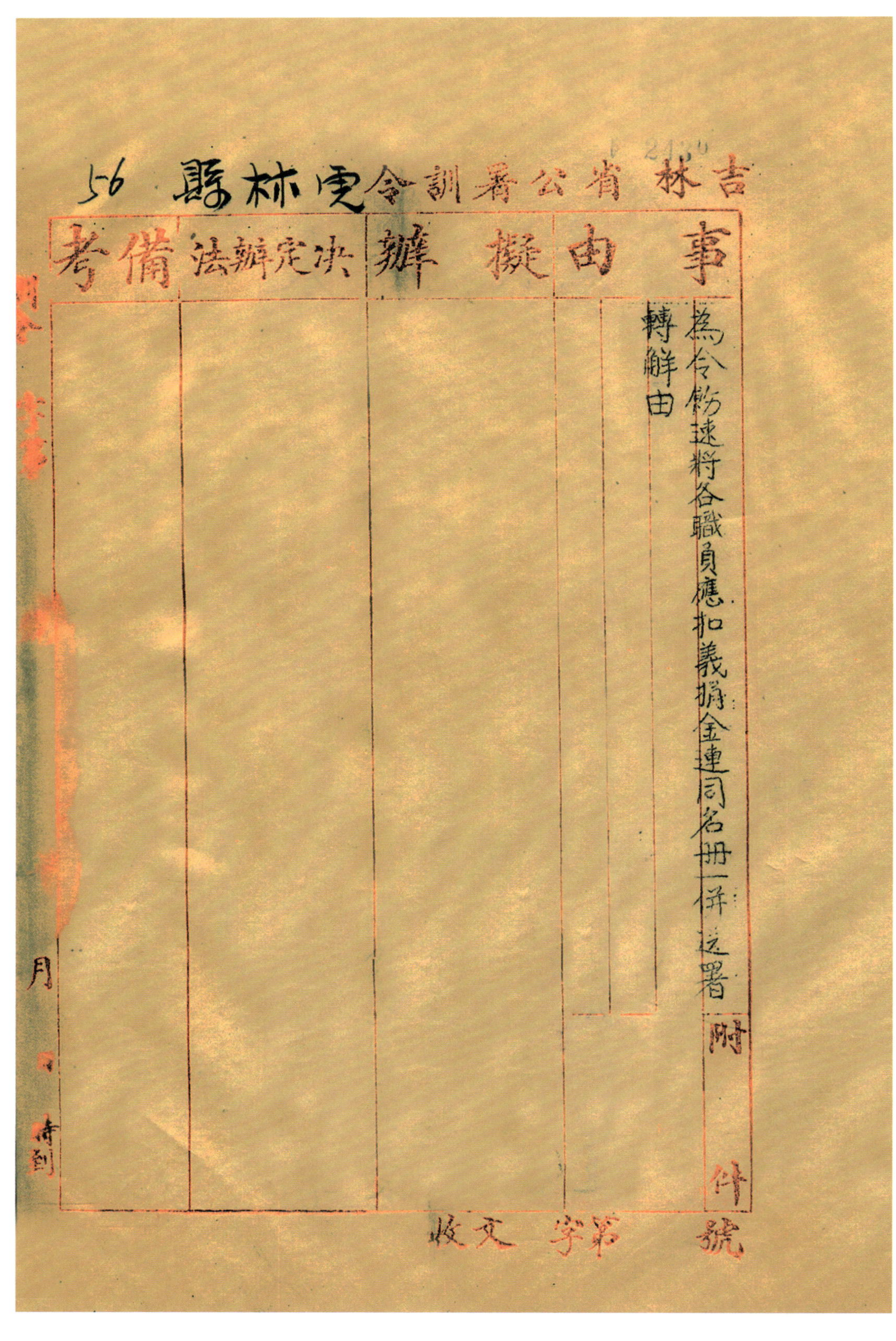

吉林省公署訓令虎林縣 56

事由	擬辦	決定辦法	備考
為令飭速將各職員應扣義捐金連同名冊一併送署轉解由			

附件

收文 字第 號

月 日 時到

吉林省公署訓令　總字第493號

令虎林縣

為令飭事案查本署關於水灾義捐金募集一案業於本年上月間令飭遵辦募集在案惟查各屬對於此項義捐金依限呈解者固屬甚多而延未繳送者仍復不少當此天氣漸寒灾民待賑刻不容緩萬難再延除分行外合再令催該縣即便遵照前令限文到十日內按照規定職員應扣義捐金數目從速扣齊連同名册一併送署以憑轉解毋延切切此令

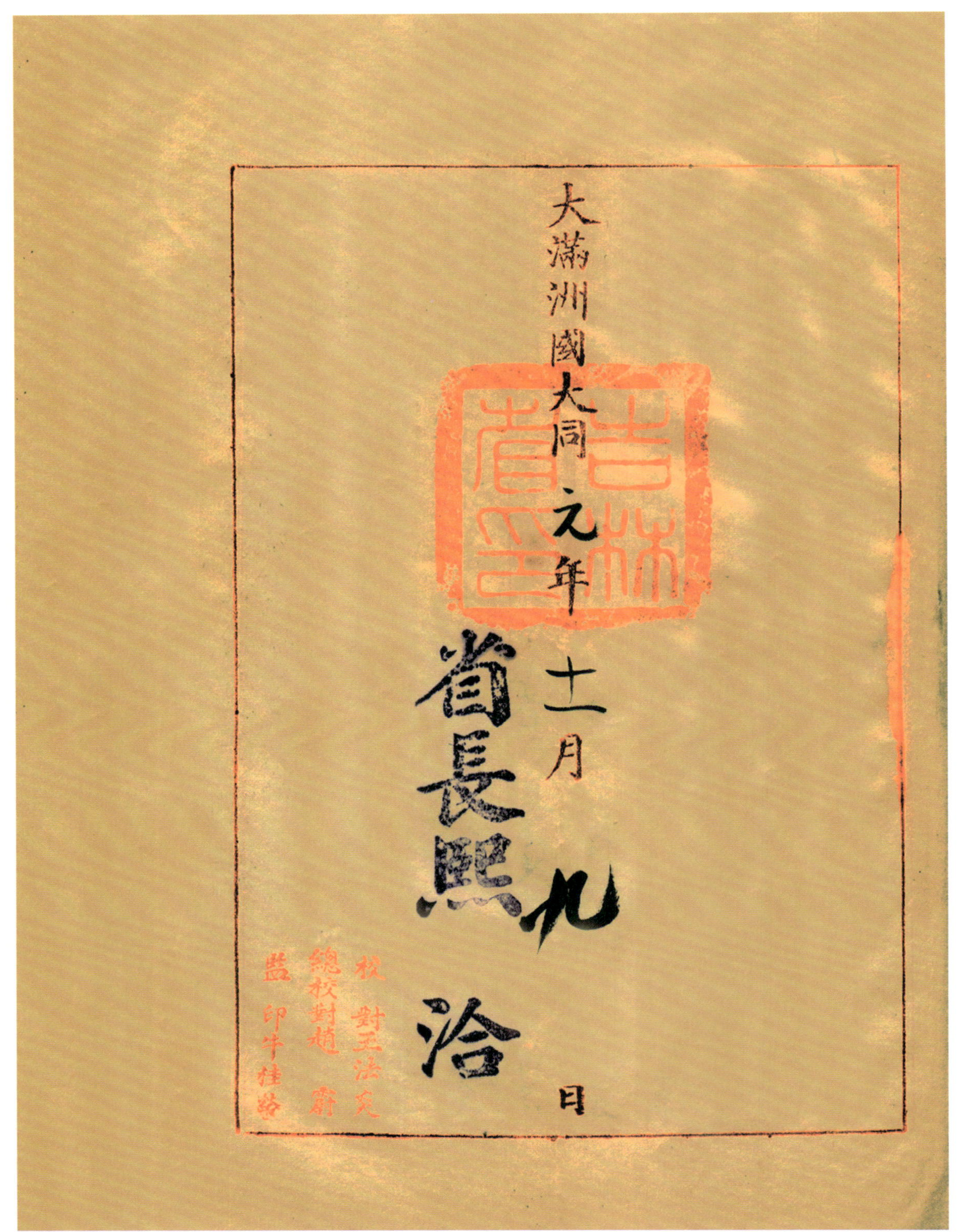

大滿洲國大同元年十二月九日
省長熙洽
校對王法定
總校對趙蔚
監印牛桂齡

伪吉林省公署为抄送新印花税票发行规条事给伪虎林县公署的训令（一九三二年十一月十一日）

附：规条

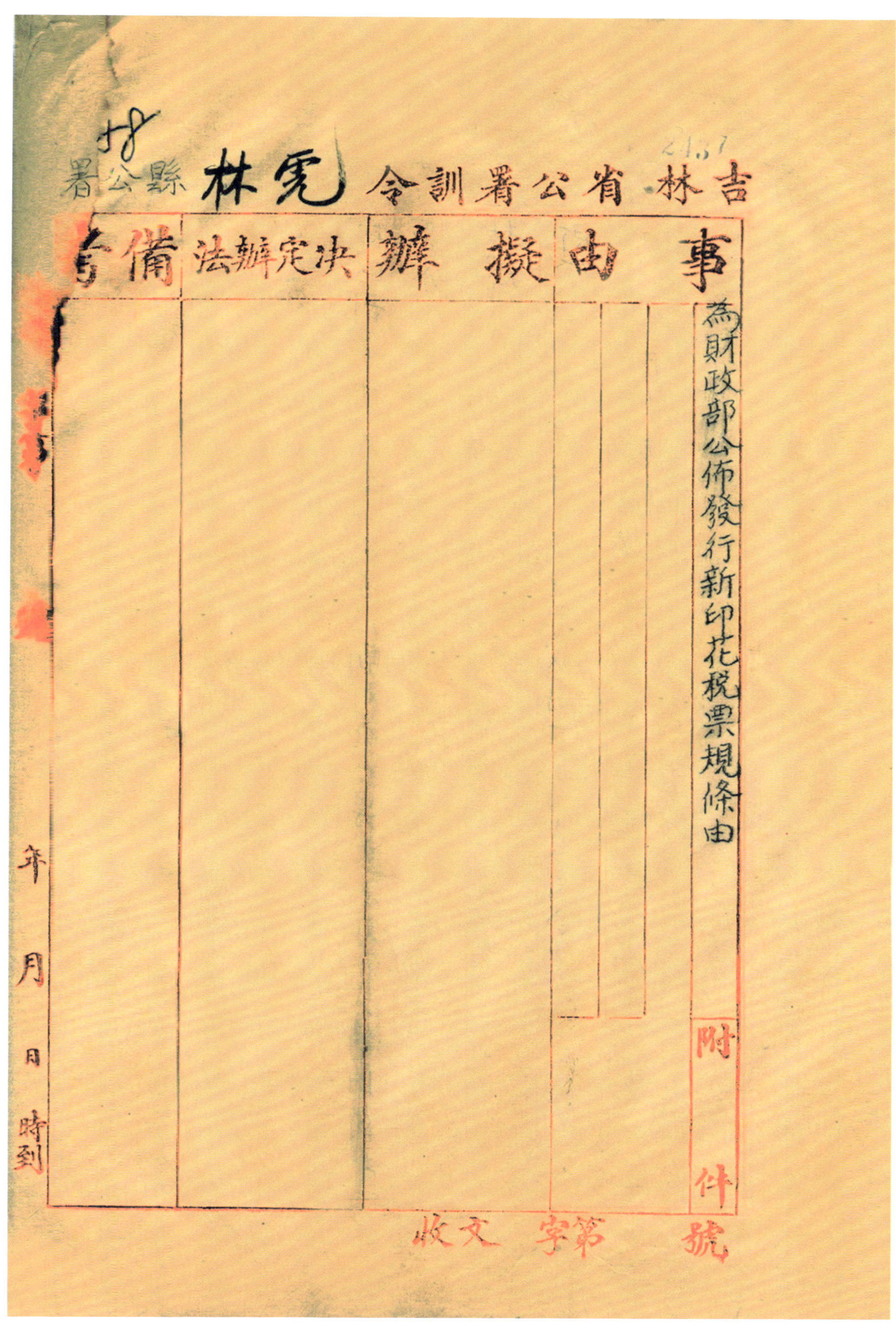
吉林省公署训令 虎林县公署

事由	拟办	决定办法	备考
为财政部公佈發行新印花税票規條由			

附件

年 月 日 時到

號第 字 文收

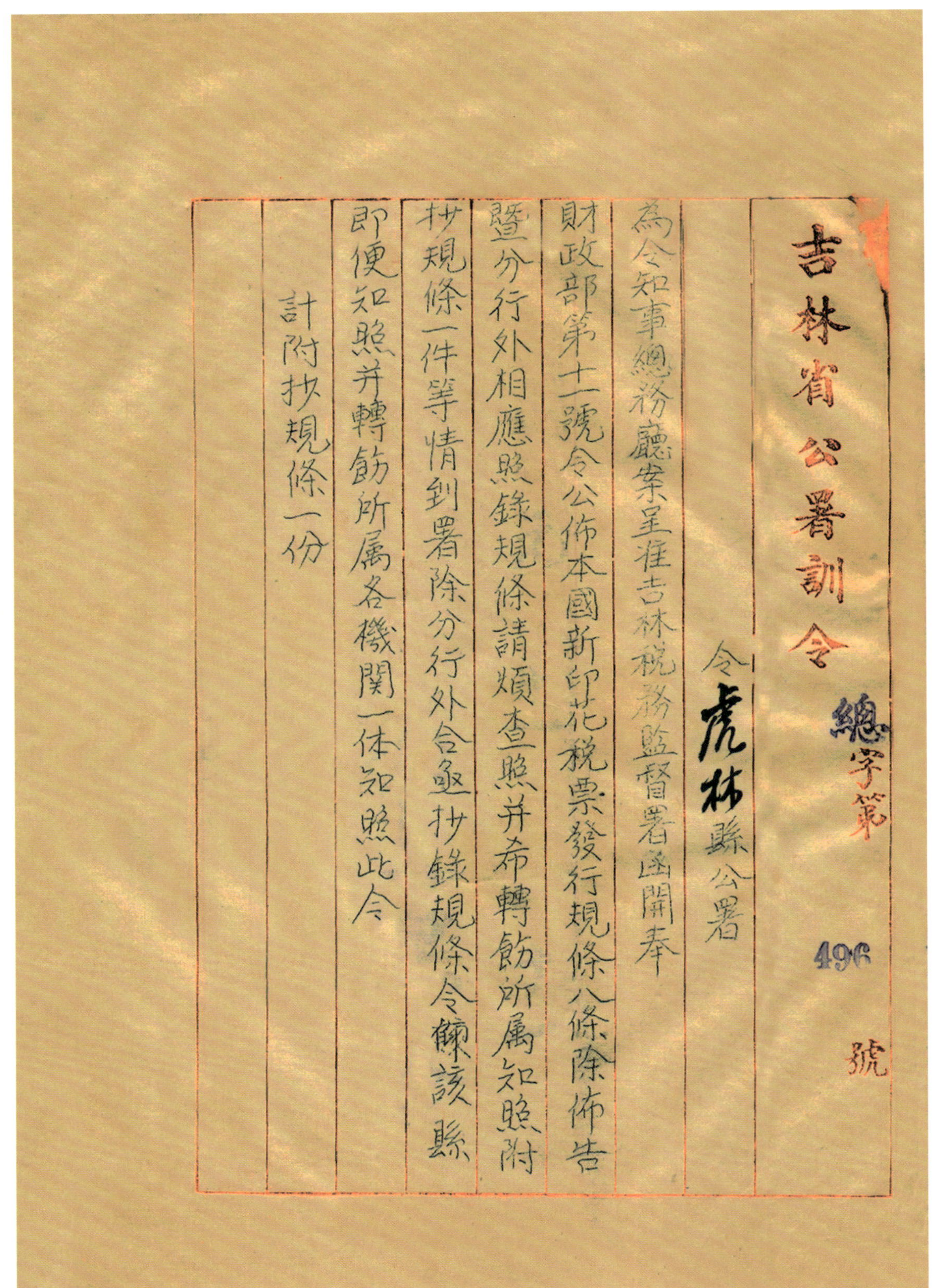

吉林省公署訓令　總字第496號

令虎林縣公署

為令知事總務廳案呈准吉林税務監督署函開奉
財政部第十一號令公佈本國新印花税票發行規條八條除佈告
暨分行外相應照錄規條請煩查照并希轉飭所屬知照附
抄規條一件等情到署除分行外合亟抄錄規條令飭該縣
即便知照并轉飭所屬各機關一体知照此令

計附抄規條一份

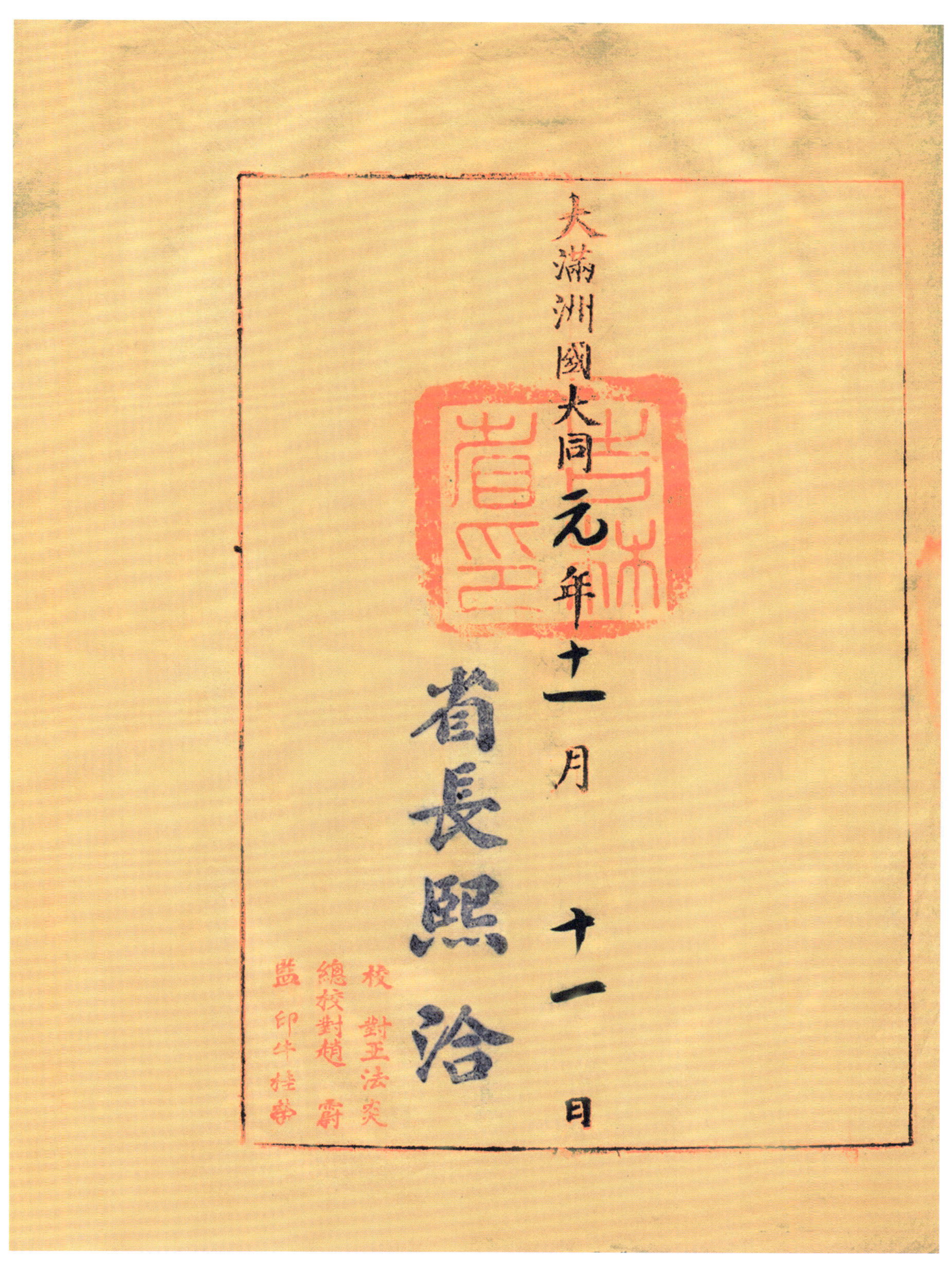
大滿洲國大同元年十一月十一日

省長熙洽

校對王法奕

總校對趙爵

監印牛桂學

60

財政部令 第[illegible]

茲制定關於印花稅票發行之件公佈之

大同元年十月二十日

財政部總長 熙洽

代理部務次長 孫其昌

關於印花稅票發行之件

第一條 印花稅票由財政部發行之

第二條 印花稅票之形式依照附件（省略）

第三條 印花稅票之票面定為國幣

第四條 印花稅票自大同元年十月二十五日發賣之

第五條 印花稅票應自大同元年十一月一日起使用之

第六條 從前在各省發行之印花稅票限於大同元年十月三十一日失其効力

第七條 前條之印花稅票自本令施行之日起至大同元年十二月二十一日止在此期間内交換新印花稅票

前項之交換期間对於災沒及其他有不得已之事由者或延長

之關於第一項之交換手續另定之

第八條　舊印花稅票之交換價格均依照票面但從前在吉林省所發行印花稅票之交換價格作爲票面百分之六十

附則

本令自公布之日施行

附表

印花稅票之形式

種類	金額	縱尺	橫寸	模樣	色類
普通印花	一分	二二粍	二六粍	以大豆為地紋	紅色
	二分	同	同	同	綠色
	一角	同	同	同	褐色
	五角	同	同	同	淡紫色
	一元	同	同	同	藍色
雙喜印花	四角	二六粍	三七粍	以牡丹及鴛鴦為地紋	濃紅色

伪吉林省公署为调查官有营业财产事给伪虎林县公署的训令（一九三二年十一月十六日）

附：调查官有营业财产及财产权项目

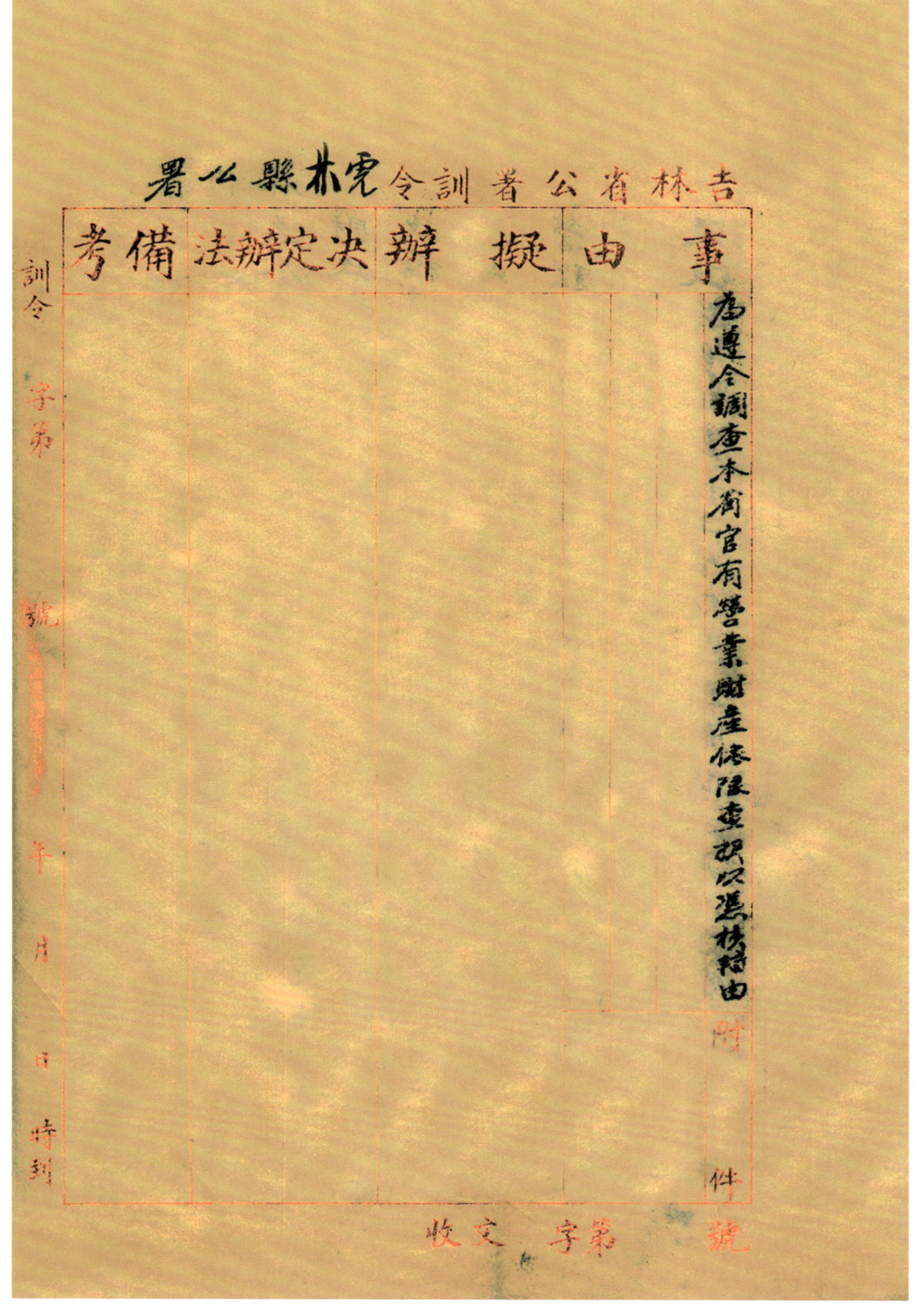

吉林省公署訓令 虎林縣公署

事由	擬辦	決定辦法	備考
為遵令調查本省官有營業財產依限查報以憑核轉由			
附件			

訓令 字第 號 年 月 日 時到

收文 字第 號

吉林省公署訓令　總字第513號

令虎林縣公署

為令遵事案奉

財政部第一二五號訓令內開為令行事查在滿洲國以前民國舊政權時代各省々政府或所屬各機關曾有經營官辦或官商合辦或股份投資經營事業建國後大概現歸各省自依舊繼續管理此項營業既是官府出資其權利即屬國有即係國有財產均在調查國有財產範圍之內當本部成立之始創辦建設政務多端對於上項財產未暇顧及其內容實情如何失

於令行各省區調查現在本部對於整理財產正在考核確立適切妥當之方針凡屬國有財產其內容真相均需預先明瞭以資考證所有該前項營業財產應預先從速調查明白並由部開具應調查各項目令行各省區應轉飭所屬各機關按項分別查明無論現在繼續管理或停止其營業情形及停止情形如何均須一律查明限文到十五日以內轉呈到部除分行外合亟抄附調查項目令仰該省即便遵照辦理毋延此令計附調查官有營業及財產權項目奉此除分行外合亟照抄原件令仰該縣限文到十日內依照所列各項詳細查填列表二份呈送來署以憑核轉切勿延悮並將

奉文日期先行具报此令

计附发调查官有营业财产及财产权项目一纸

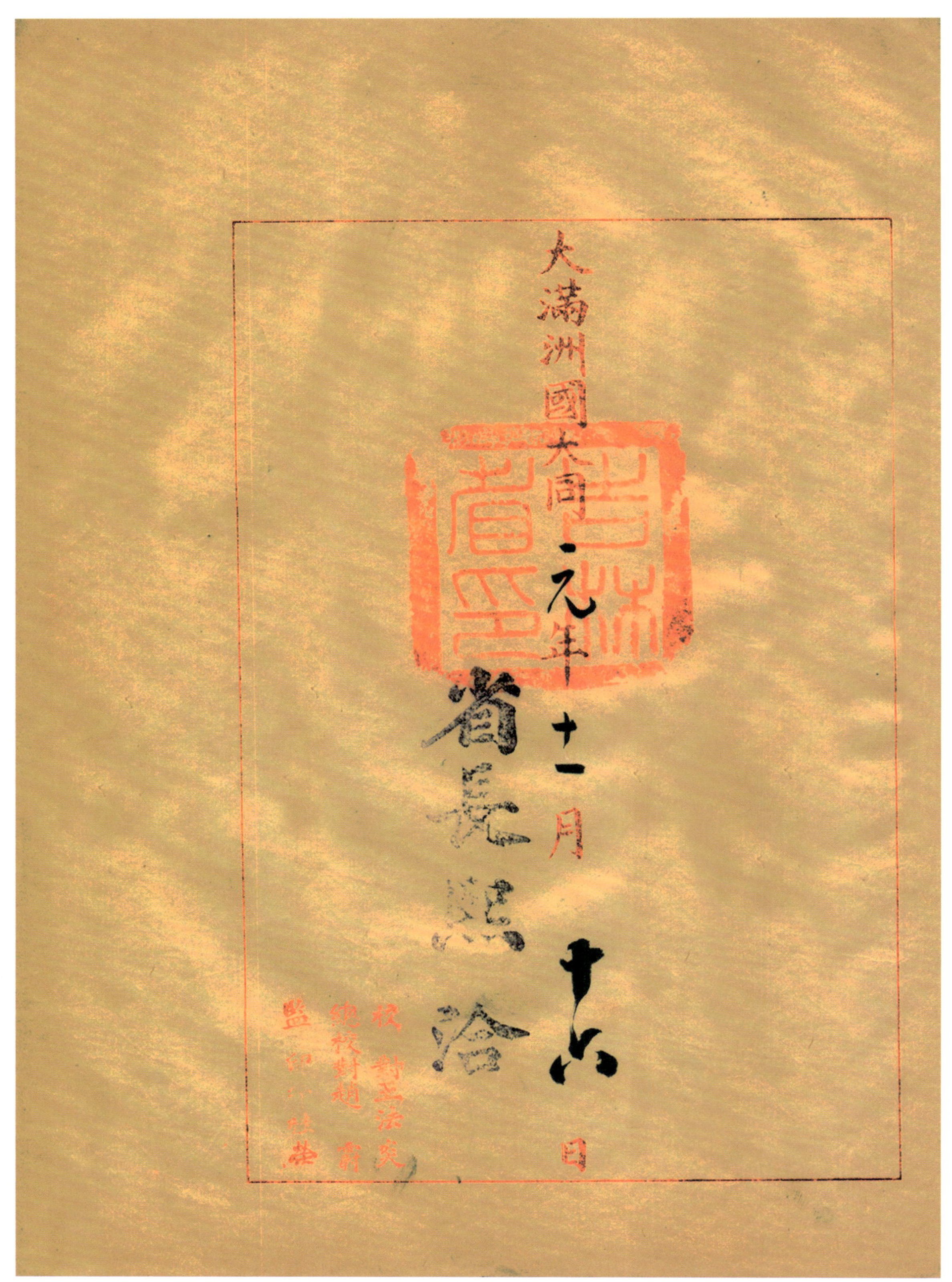

大滿洲國大同元年十二月十六日

省長 熙洽

校　對 王法炎

總校對 趙霨

監　印 [illegible]

調查官有營業財產及財產權項目

一、事業之名稱

二、所在地

三、創辦年月

四、營業種類

五、組織内容

六、出資方法

七、出資金額（出資者之分别）

（一）股份數　或出資份數

（二）一股　或一份之金額

八、財產目録及評定價格

九、處理損益辦法

十、最近經營狀況及營業成績

十一、關於改良營業之希望

十二、其他參考事項（如有章程一併呈送）

伪吉林省公署为伪永吉县擅自移用月租契各款及各属不得任意截留借垫给伪虎林县公署的训令

（一九三二年十一月二十七日）

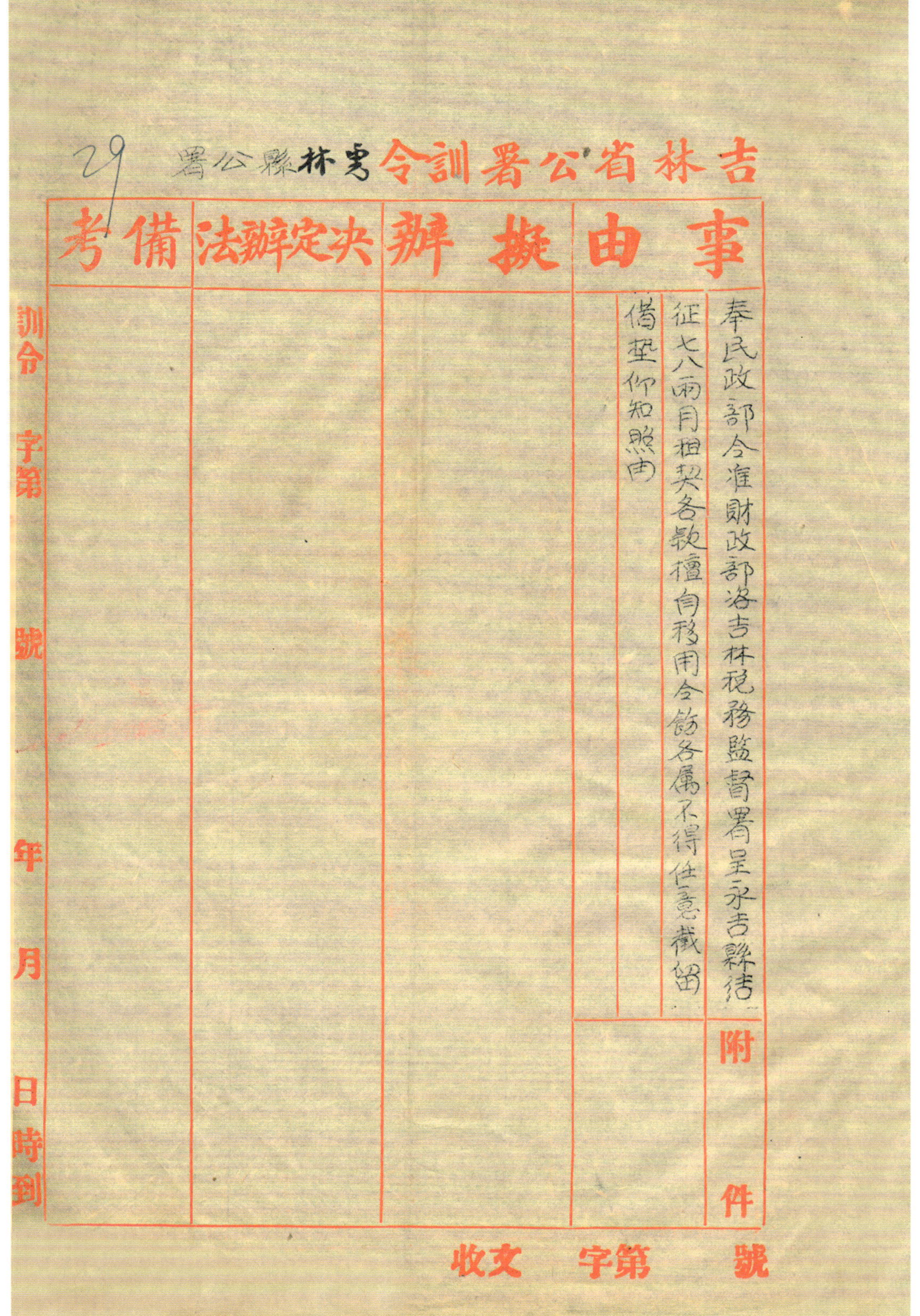

29

吉林省公署訓令 虎林縣公署

事由	擬辦	決定辦法	備考
奉民政部令准財政部咨吉林稅務監督署呈永吉縣結征七八兩月租契各款擅自移用令飭各屬不得任意截留備墊仰知照由			
附件			

訓令 字第 號 年 月 日時到

收文 字第 號

吉林省公署訓令

民字第470號

令虎林縣公署

案奉

民政部咨開案准

財政部咨開據吉林稅務監督署呈稱永吉縣將經征七八兩月份租契各款擅自移作籌備客軍給養收容潰兵之用殊屬非是除責令掃數清解外并請轉咨民政部令飭吉林省公署通飭各縣嗣後对於解庫各款不得任意截留借墊等情到部除指令外相應抄同呈令咨請查照轉飭吉林省公署通行各縣嗣後对於徑征應解庫款務須依限報解

不得任意截留借墊以明系統茲因准此查各縣經徵國稅自應依
限清解乃該省永吉縣竟將經征應解庫之租契等款擅自截留借墊
殊屬非是除洛復外合行令仰該署轉飭該縣迅即掃數報解不得稍
後併通飭所屬各縣嗣後對於經征應解各項庫款務須依限報解不
得任意截留借墊致干未便切切此令等因奉此除分行外合亟令仰該
縣即便恪遵辦理以重庫款此令

大滿洲國大同元年十二月　日
省長熙洽
校對德積
總校對趙霨
監印牛桂馨

伪吉林省公署为检发伪国币一分之铜元式样给伪虎林县公署的训令（一九三二年十一月二十七日）

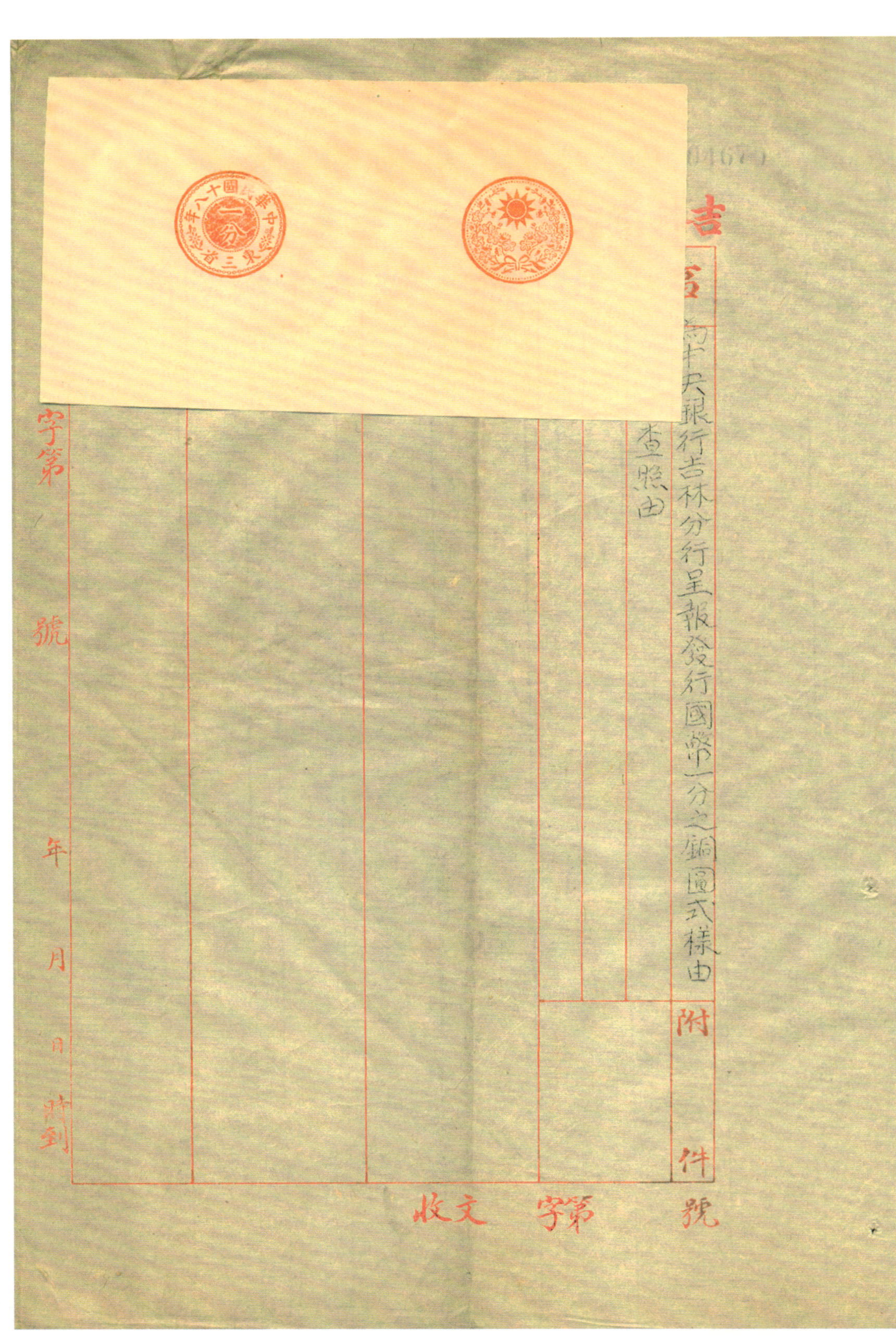

吉

省

為中央銀行吉林分行呈報發行國幣一分之銅圓式樣由

查照由

附件

字第　號

年　月　日　時到

收文　字第　號

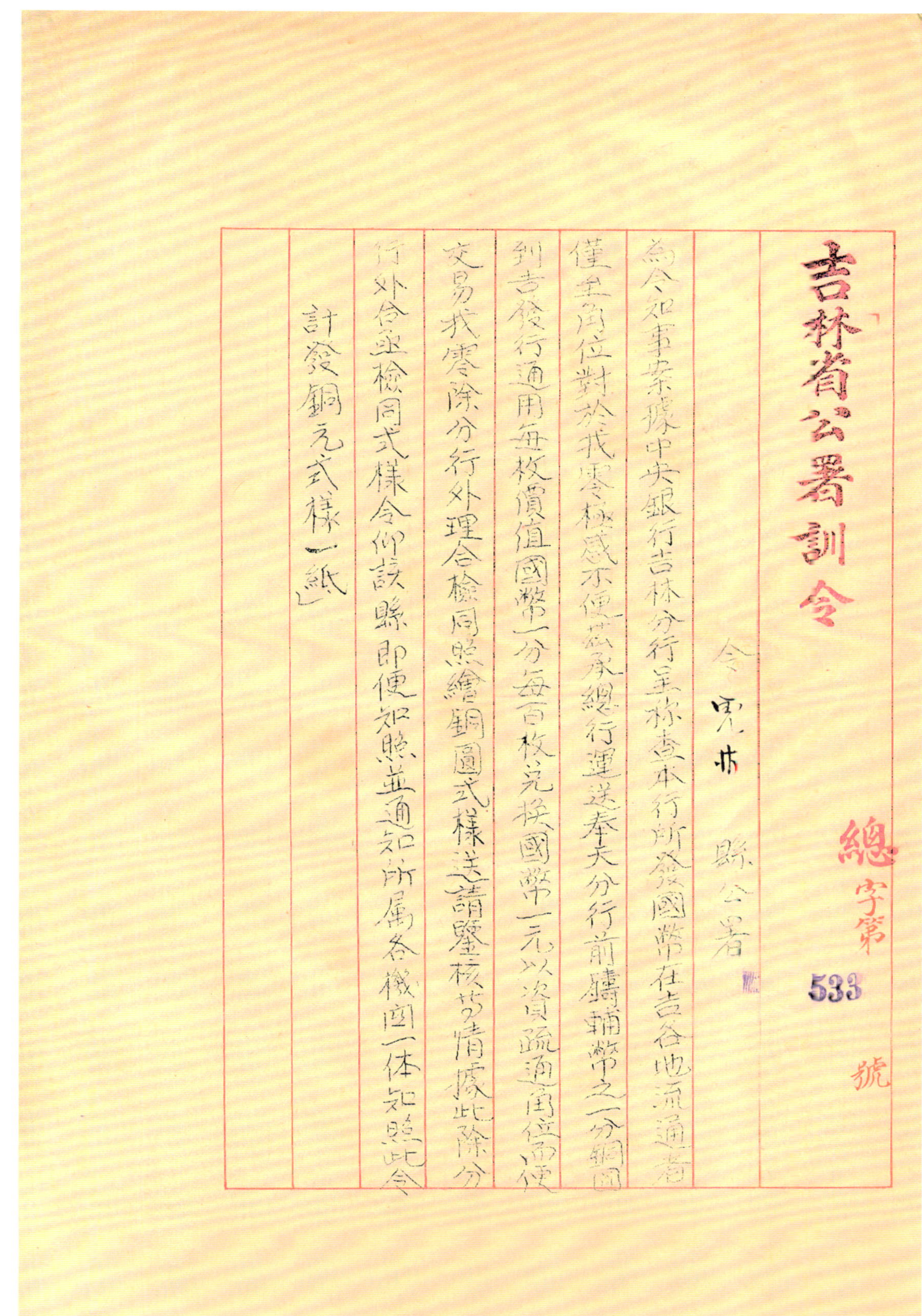

吉林省公署訓令

總字第533號

令[illegible]縣公署

為令知事案據中央銀行吉林分行呈稱查本行所發國幣在吉各地流通者僅至角位對於找零極感不便茲承總行運送奉天分行前鑄輔幣之一分銅圓到吉發行通用每枚價值國幣一分每百枚兌換國幣一元以資疏通而便交易找零除分行外理合檢同照繪銅圓式樣送請鑒核等情據此除分行外合亟檢同式樣令仰該縣即便知照並通知所屬各機關一体知照此令

計發銅元式樣一紙

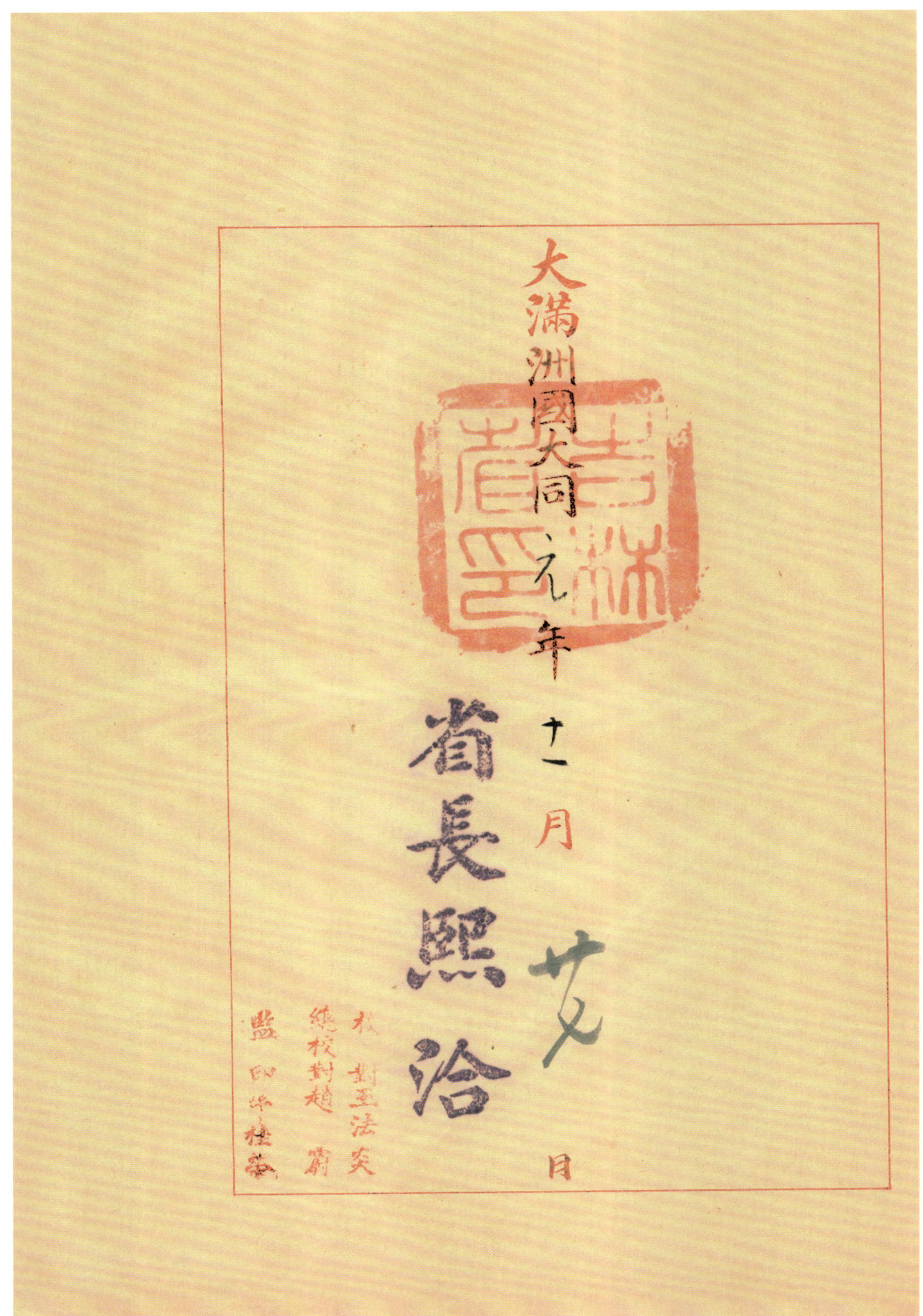
大满洲国大同元年十一月　日
省長熙洽

校對　王法炎
總校對　趙　劉
監印　孫桂蓉

伪吉林省公署为禁止发行临时流通券给伪虎林县公署的训令（一九三二年十二月九日）

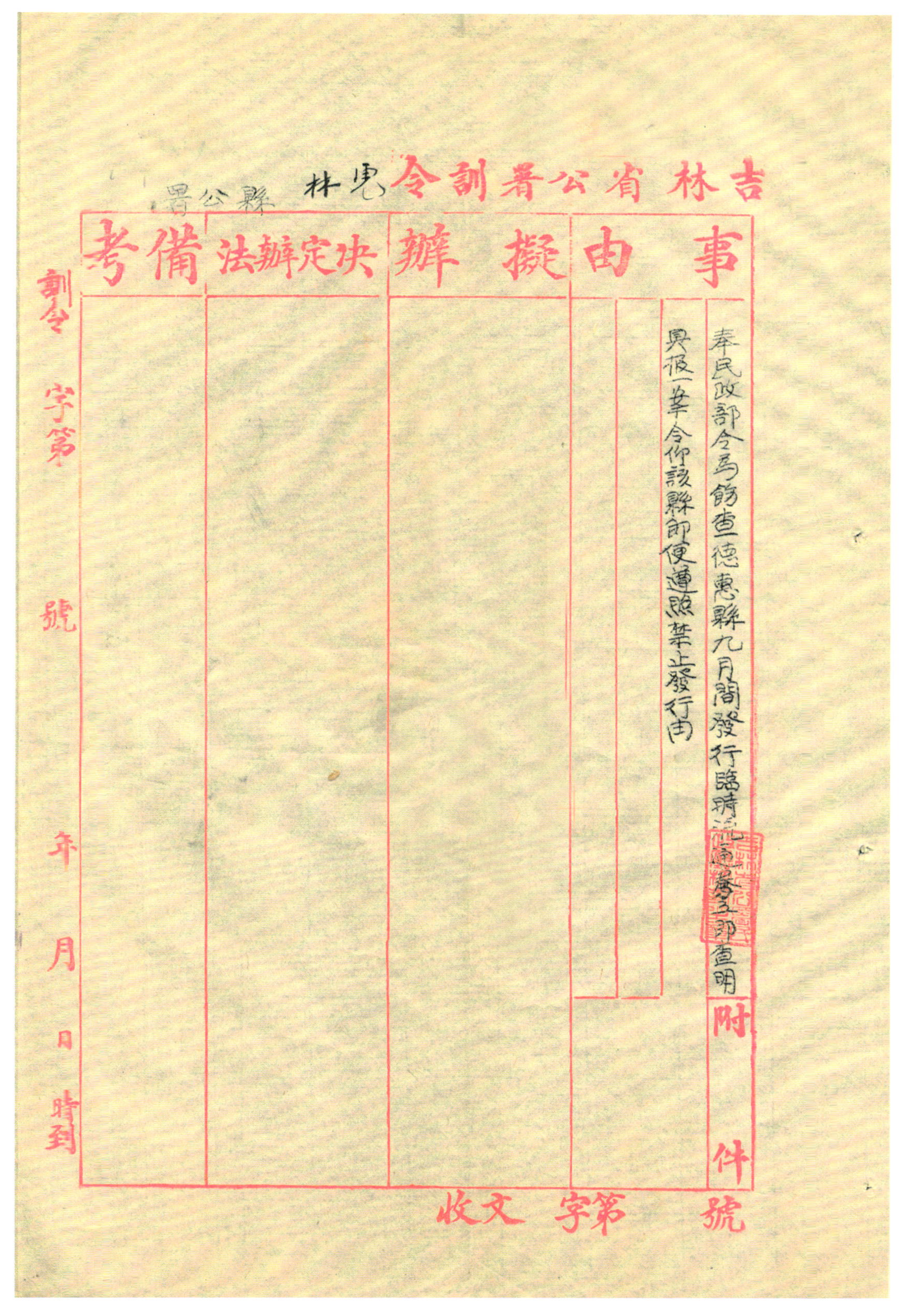

吉林省公署訓令 虎林縣公署

事由	擬辦	决定辦法	備考
奉民政部令為飭查德惠縣九月間發行臨時流通券立即查明具報一案令仰該縣即便遵照禁止發行由			

附件

收文 字第 號

訓令 字第 號 年 月 日 時到

吉林省公署訓令

民字第　　號

500

令虎林縣公署

案照大同元年十一月二十八日奉
民政部地字第一五三七號訓令內開據警務司案呈據吉林警務廳报稱德惠
縣於九月間發臨時流通券三萬元有奇充斥市面人多拒用等情轉呈前來
查中央為幣制統一起見曾妥擬取締私帖及類似紙幣暫行辦法業於七月間
二十一號公報公布在案該縣竟以警餉無着為詞擅自發行鉅額流通券遺
害地方殊屬非是究竟實發若干已否呈准有案合令該署仰即查明責令限
期收回具报并嚴飭所屬一律禁止切切此令等因奉此查發行私帖本干例禁

95

先於本年七月間奉准中央公布取締辦法到日業經通令遵辦在案茲奉前因

除查案呈復並分行外合亟令仰該縣即便遵照禁止發行其有先已行使者並

迅查明確數勒限收燬具報切切毋違此令

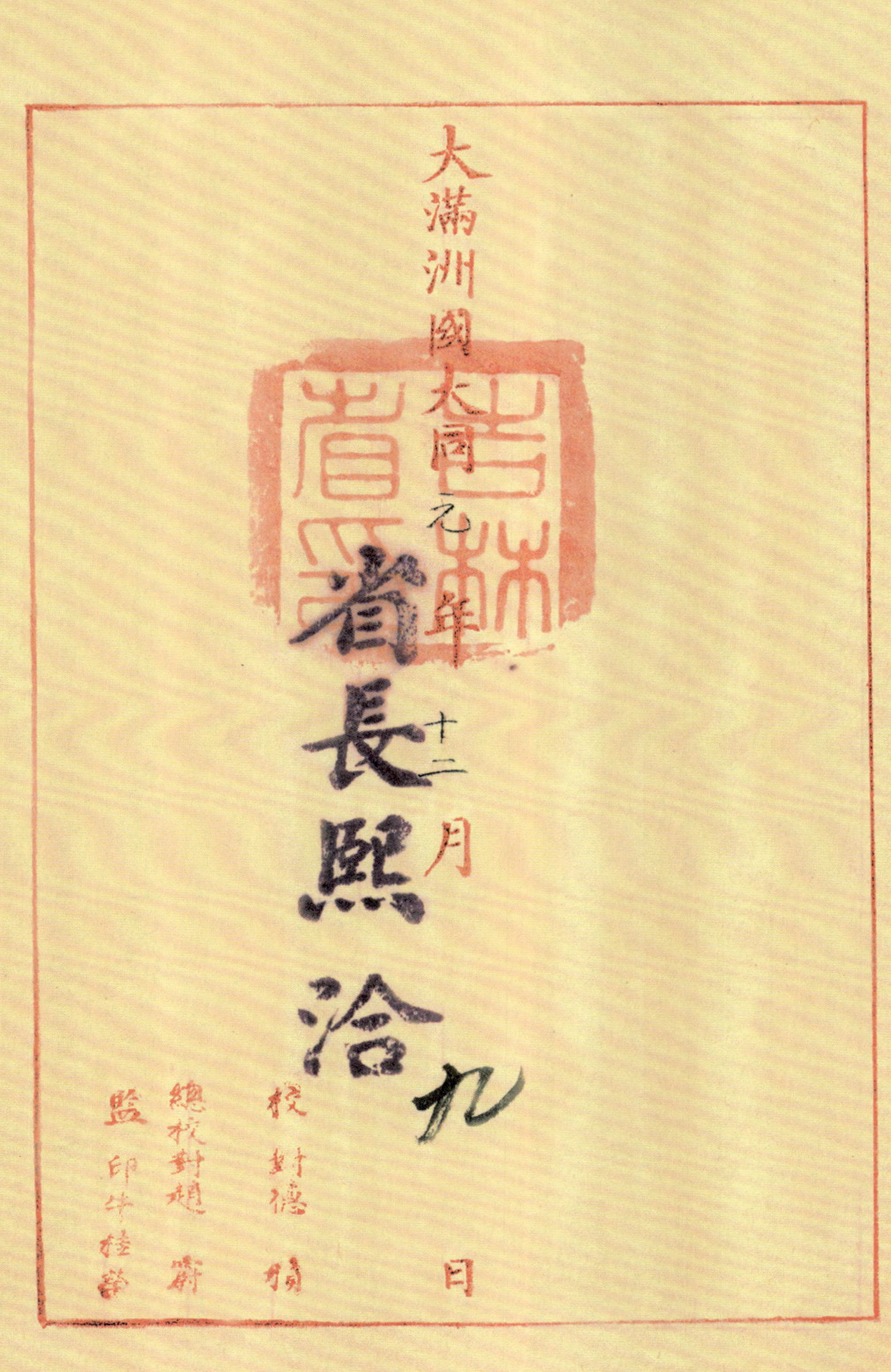

大滿洲國大同元年十二月九日

省長熙洽

校對德楨

總校對趙蔚

監印牛桂齡

伪吉林省公署为前满铁社员迁移时发给免费乘车证、免收行李运输费给伪虎林县公署的训令

（一九三二年十二月十一日）

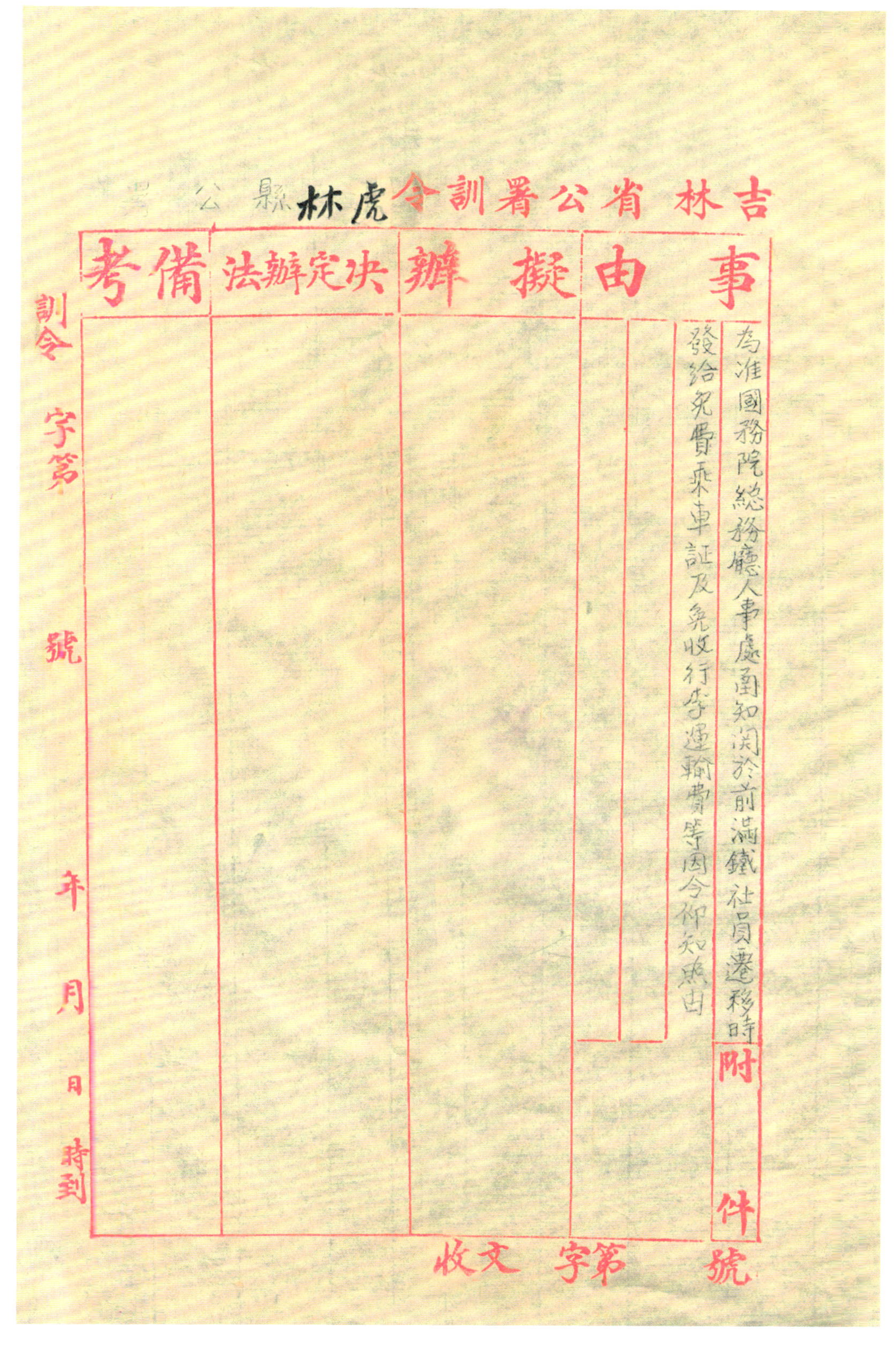
吉林省公署训令虎林县公署

事由	拟办	决定办法	备考
为准国务院总务厅人事处函知关于前满铁社员迁移时发给免费乘车证及免收行李运输费等因令仰知照由			

附件

收文 字第 号

训令 字第 号 年 月 日 时到

吉林省公署訓令

總字第555號

令虎林縣公署

為令知事案准

國務院總務廳人事處總人人第五三八之三號函開闗於滿鉄之社員因派遣滿洲國而退職者發給乘車免票及行李免費運輸一案已向滿鉄交涉茲准該社復函内稱對還移未完者則許其延期至大同二年三月末日故煩令各該前社員等按另紙之樣式註明其所屬及經由等至滿鉄人事課等因准此相應函達即希查照轉知為荷等因准此除分行外合檢附式樣亟令仰該縣即便知照此令

附式樣三紙

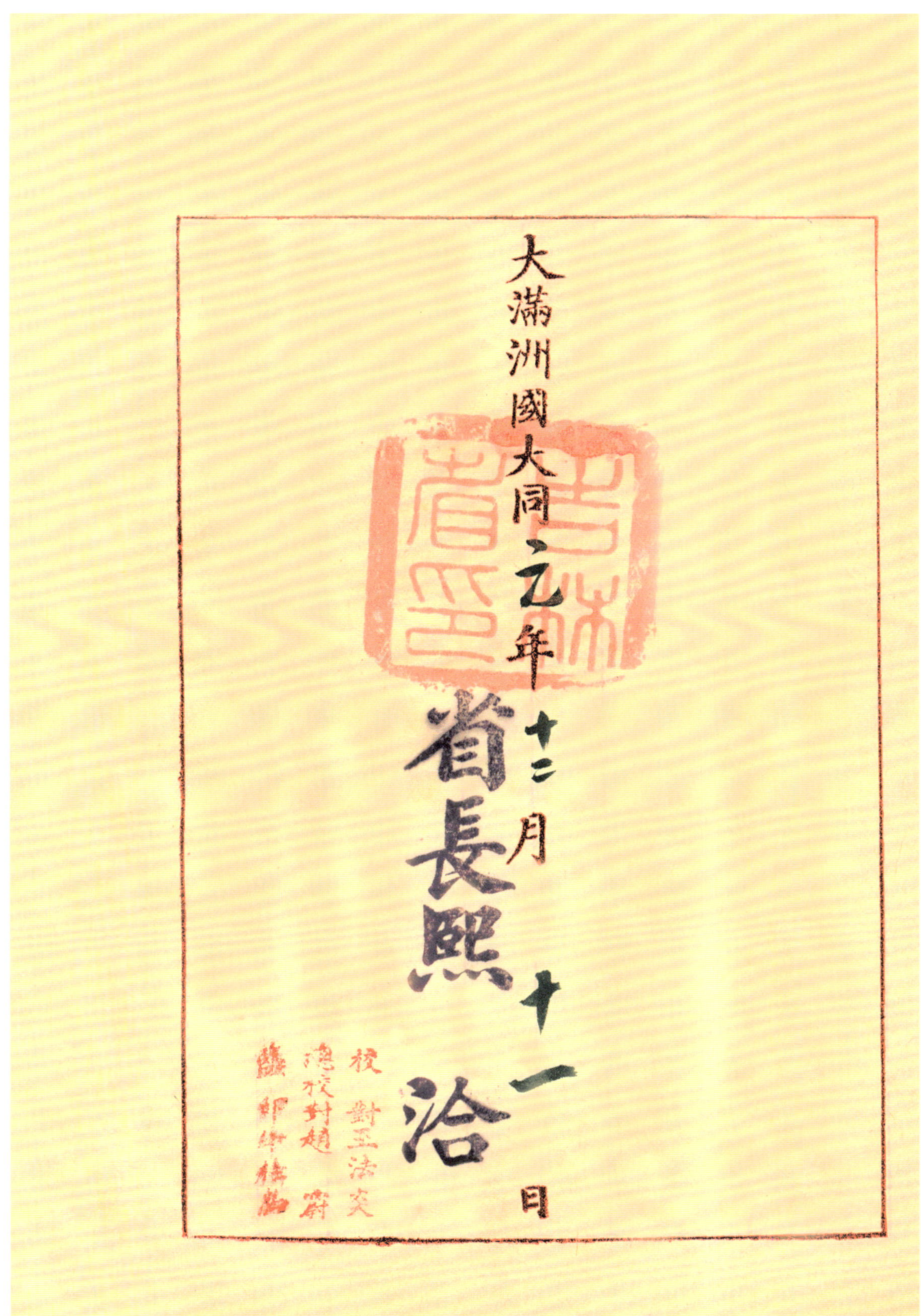

大滿洲國大同元年十二月十一日

省長熙洽

校　對王法文

總校對趙　霨

監　印[illegible]

伪吉林省公署为将铁道电车及自动车等运输事业之现状调查列表呈报事给伪虎林县公署的训令

（一九三二年十二月十五日）

附：运输事业之现状调查列表

吉林省公署訓令虎林縣公署

事由	擬辦	決定辦法	備考
為奉交通部令將省內鐵道電車及自動車等運輸事業之現狀調查列表具報等因仰速查填呈覆由			
附件			

訓令 字第 號 年 月 日 時到

收文 字第 號

吉林省公署訓令

民字第511號

令虎林縣公署

案奉

交通部訓令第一三六號内開爲令遵事查鐵道及各種路上運輸事業應歸本部統轄既可助長事業之發展又可與商民以便利并可企圖産業之振興兹爲制定該項法律起見所有該省内鐵道電車及自動車等運輸事業之現狀仰即按照後列表式調查具報并將關於該項事業現行規則呈送一份以便查核

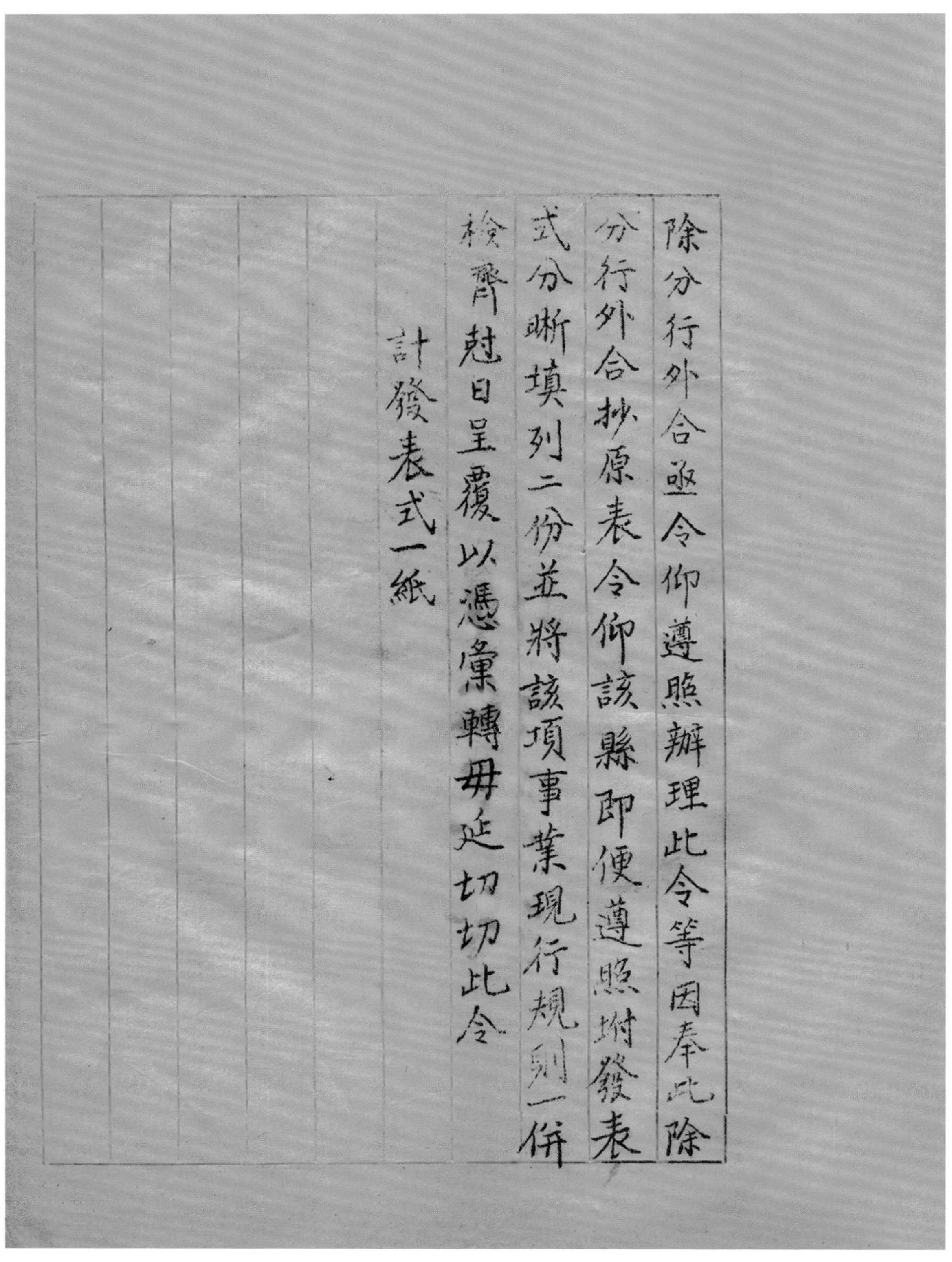

除分行外合亟令仰遵照辦理此令等因奉此除
分行外合抄原表令仰該縣即便遵照塡發表
式分晰塡列二份並將該項事業現行規則一併
檢齊尅日呈覆以憑彙轉毋延切切此令
計發表式一紙

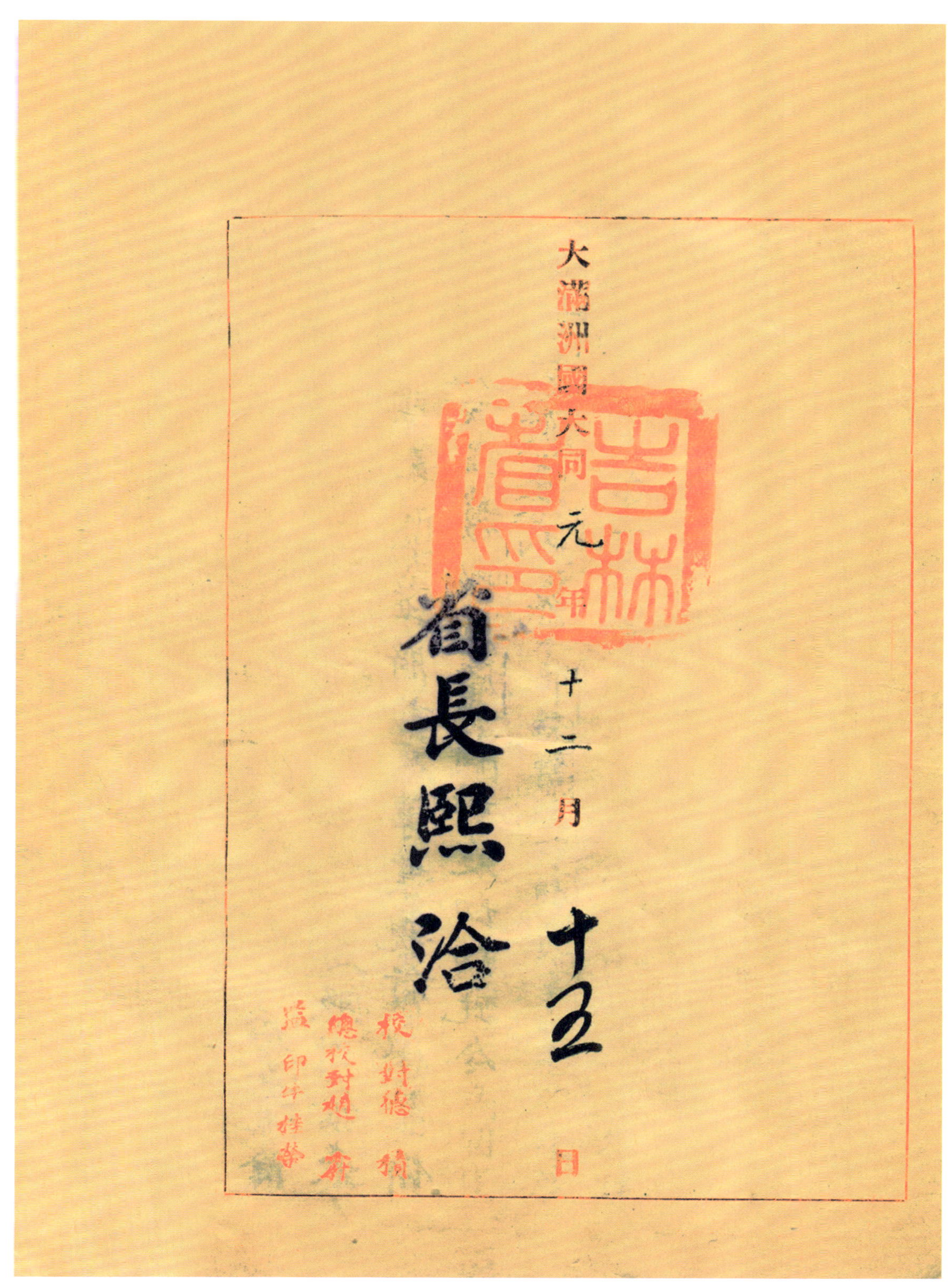

大滿洲國大同元年十二月十五日

吉林省長

省長熙洽

校對德禎

總校對趙芬

監印佟桂齡

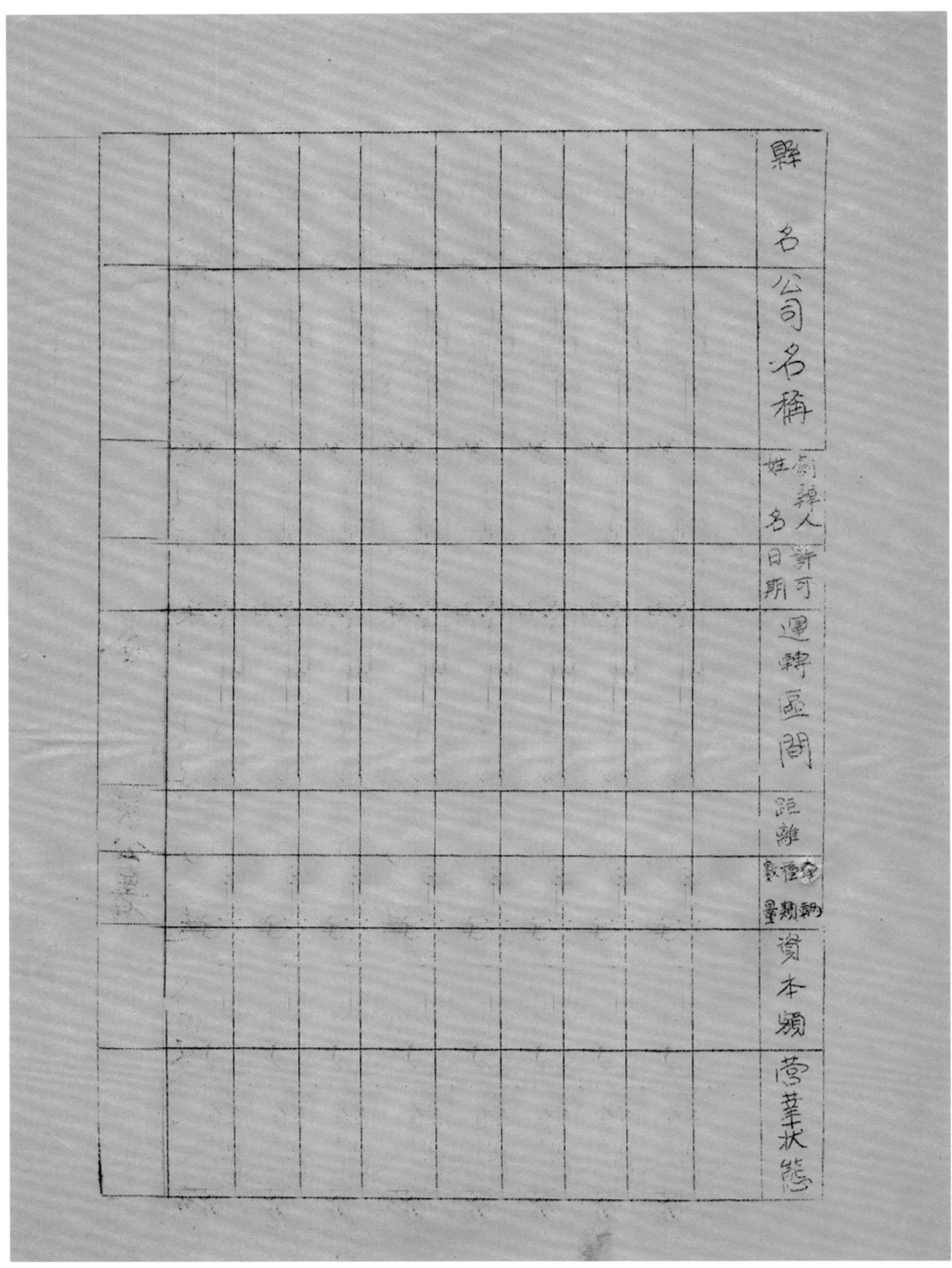

縣名	公司名稱	創辦人姓名	許可日期	運轉區間	距離	車輛種類數量	資本額	營業狀態

伪吉林省公署为催报调查耕地面积及土地利用状况事给伪虎林县公署的训令（一九三二年十二月二十一日）

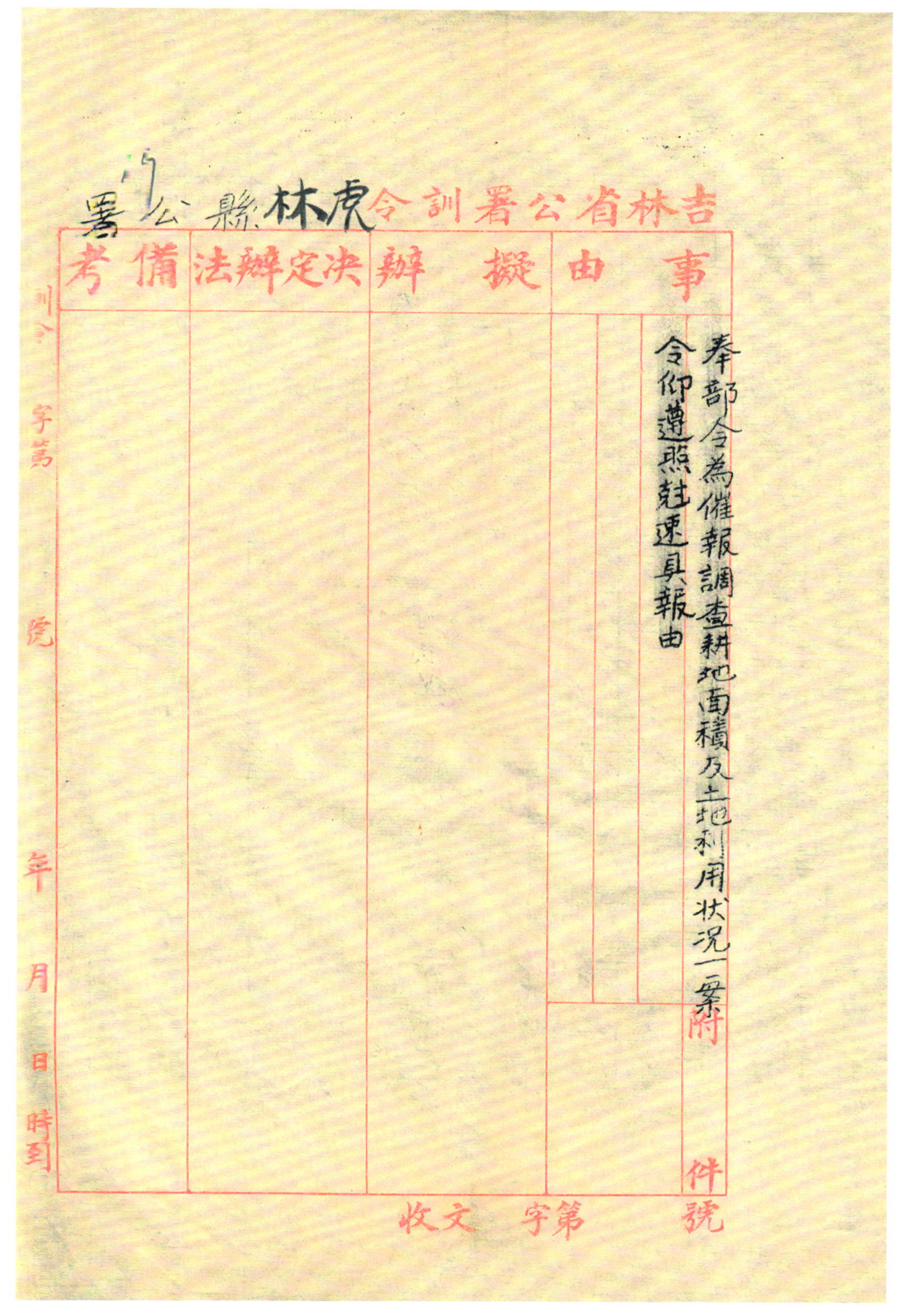

吉林省公署训令　虎林县公署

事由：奉部令为催报调查耕地面积及土地利用状况一案令仰遵照赶速具报由

拟办

决定办法

备考

附件

训令　字第　号

年　月　日　时到

收文　字第　号

吉林省公署訓令

實字第109號

令虎林縣公署

為令催事案奉

實業部第一九九號訓令内開案查本年九月間本部曾第一三五號訓令附具表式令行該省實業廳轉飭各縣調查耕地面積一案迄今數月尚無一縣查填報部殊屬不合仰轉飭該廳嚴催各縣迅即查填報轉是為至要此令等因奉此查此案自令飭遵照以來現已三月有餘遵令呈送者固屬不少而延未具報者尚居多數似此玩忽要公

殊屬非是奉令前因除分行外合再令催該縣即便遵
照先令各令迅速詳查填表二份送署以憑存轉勿再
玩延致干未便切切此令

大滿洲國大同元年十二月廿一日

省長熙洽

校[illegible][illegible]尚英

總校對趙[illegible]府

監印[illegible][illegible][illegible]

伪吉林省公署为按月填报土木月报表事给伪虎林县公署的训令（一九三二年十二月二十二日）

附：土木月报表式

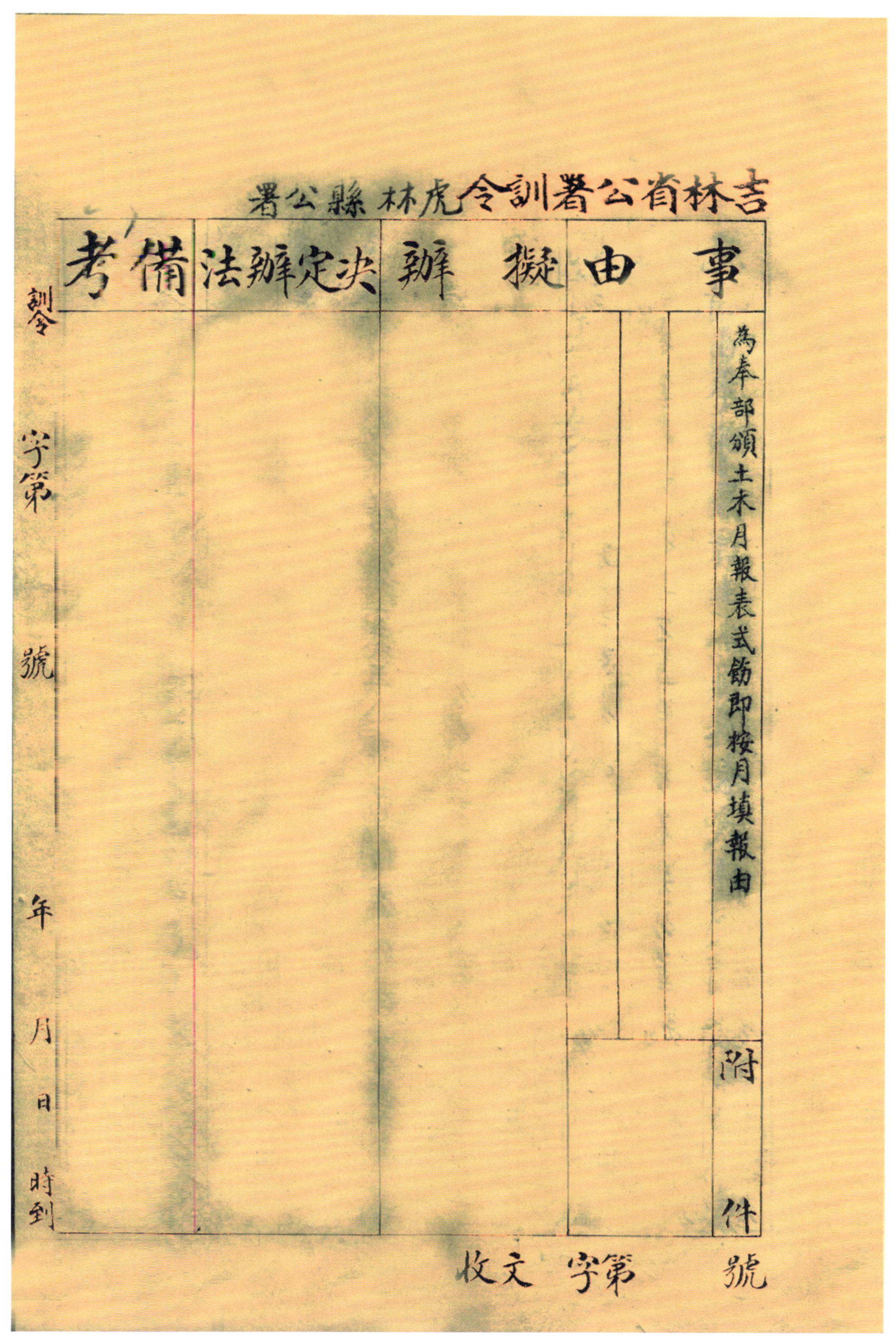

吉林省公署訓令虎林縣公署

事由	擬辦	決定辦法	備考
為奉部頒土木月報表式飭即按月填報由			
附件			

訓令　字第　號　年　月　日　時到

收文　字第　號

吉林省公署訓令

民字第524號

令虎林縣公署

案奉

民政部訓令末字第一六三八號内開為令遵事查本部

為考核地方行政進行程度及地方實施狀況業經規定

旬報表式通令轉飭各縣遵照填報在案惟該旬報表

内有土木交通一欄雖經各縣填報但諸多簡略難

憑稽核茲為考核土木工程現在狀況並將來改進起

見特由本部另訂土木月報表式隨文頒發仰即轉飭

各市政署並各縣署遵照表式說明按月詳細填報為要
再本部關於土木一項設有專司對於各省縣市所有
土木工程如道路橋梁河隄港灣水道諸大端以及
其他公有建築等均有考核監督之必要現正擬訂
道路河川各法以資遵守在道路河川各法未頒
布以前關於以上各項大宗工程之建設應即轉飭
各縣市執行機關隨時檢同圖說並計畫書呈送
該署轉報本部一俟本部核准再行建築其不關
緊要之工程經該署核准並實施後仍由該署報部
備案以資查考除分行外合行檢同月報表式七十

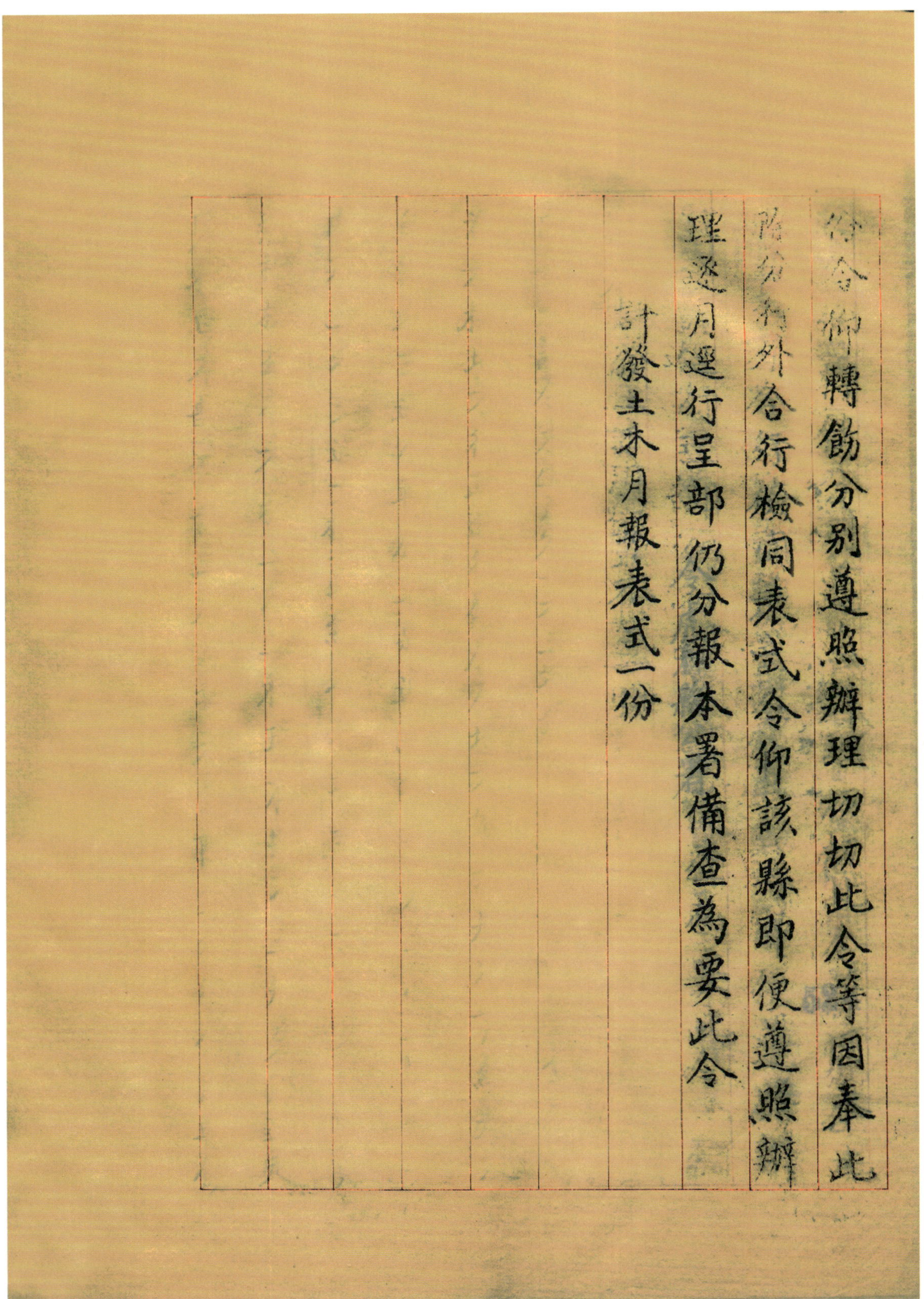
付令仰轉飭分别遵照辦理切切此令等因奉此

除分行外合行檢同表式令仰該縣即便遵照辦

理逐月逕行呈部仍分報本署備查為要此令

計發土木月報表式一份

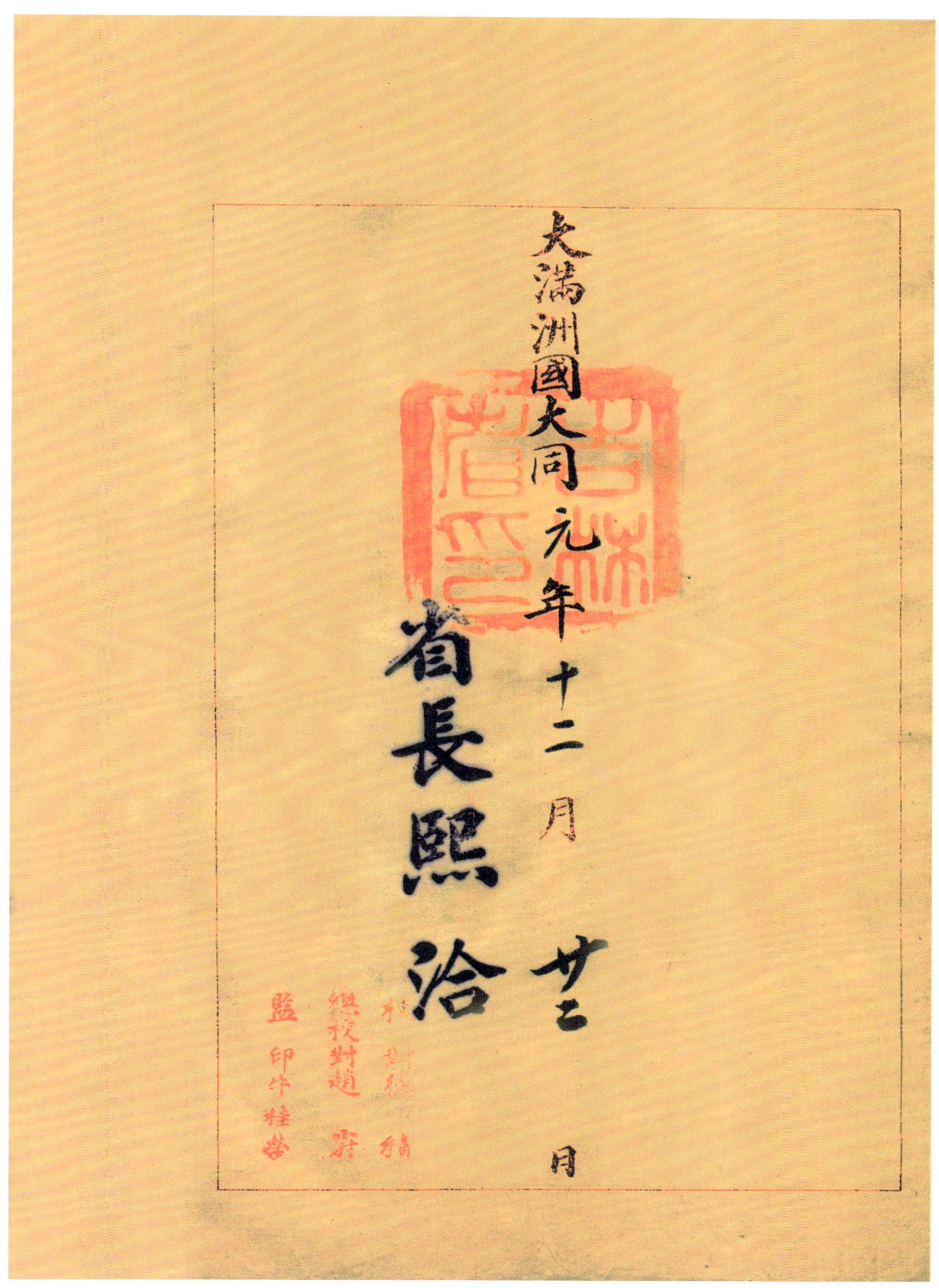

大滿洲國大同元年十二月廿二日

省長熙洽

校對[illegible]

總校對趙霽

監印牛桂攀

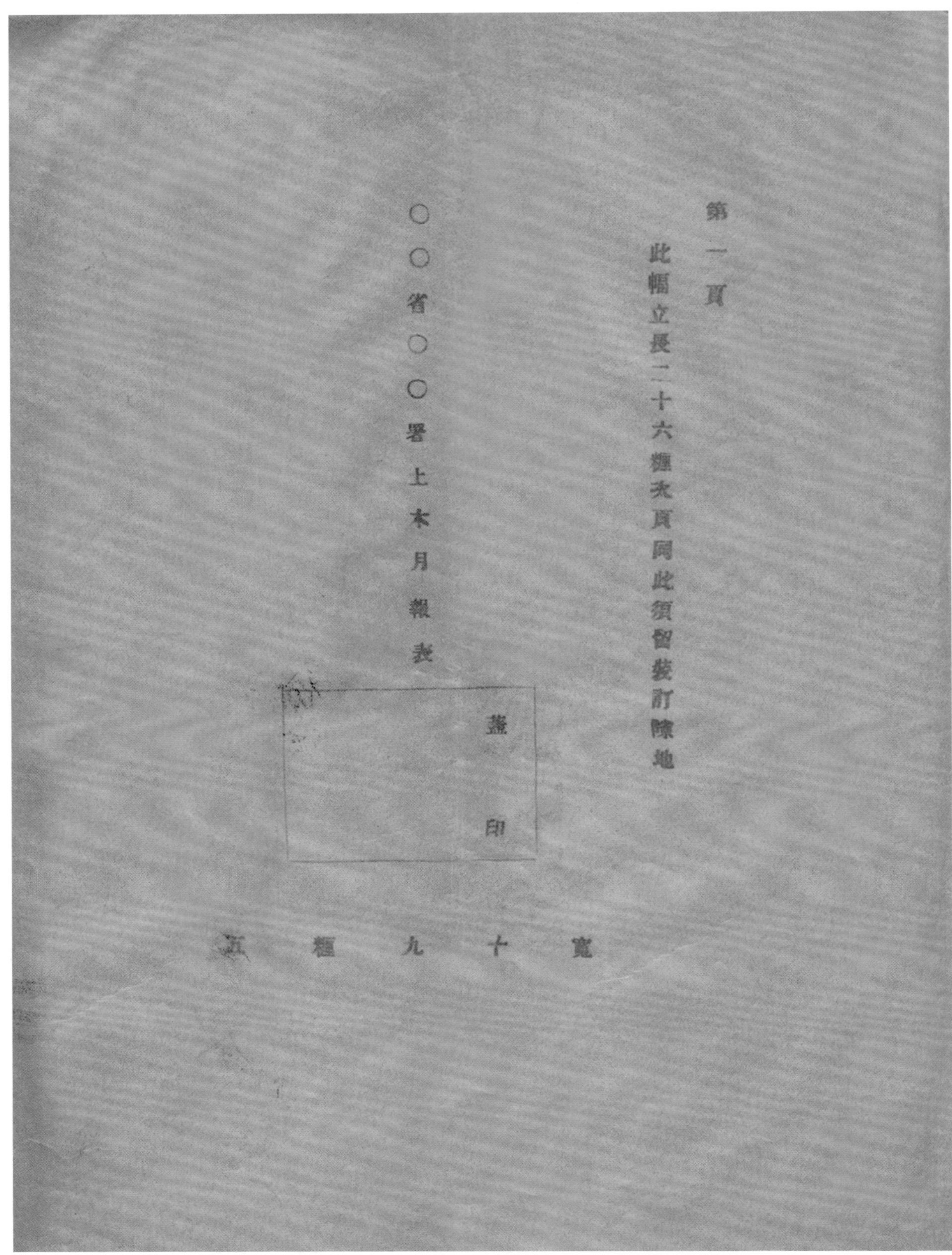

第一頁

此幅立長二十六糎次頁同此須留裝訂隙地

○○省○○署土木月報表

蓋印

寬十九糎五

月經編　呈

民政部總長鈞鑒

〇〇省〇〇署長官　蓋印

〇月份土木月報表

記載事項類別	實施件數	計畫件數
一、道路關係事項		
二、都市關係事項		
三、土地關係事項		
四、河川關係事項		
五、港灣關係事項		
六、水利關係事項		
七、上水關係事項		
八、下水關係事項		
九、雜　件		

大同元年　月　日

伪吉林省公署为催报调查被「匪」区域农民家畜禽损失数目及拟具补救办法给伪虎林县公署的训令

（一九三二年十二月二十三日）

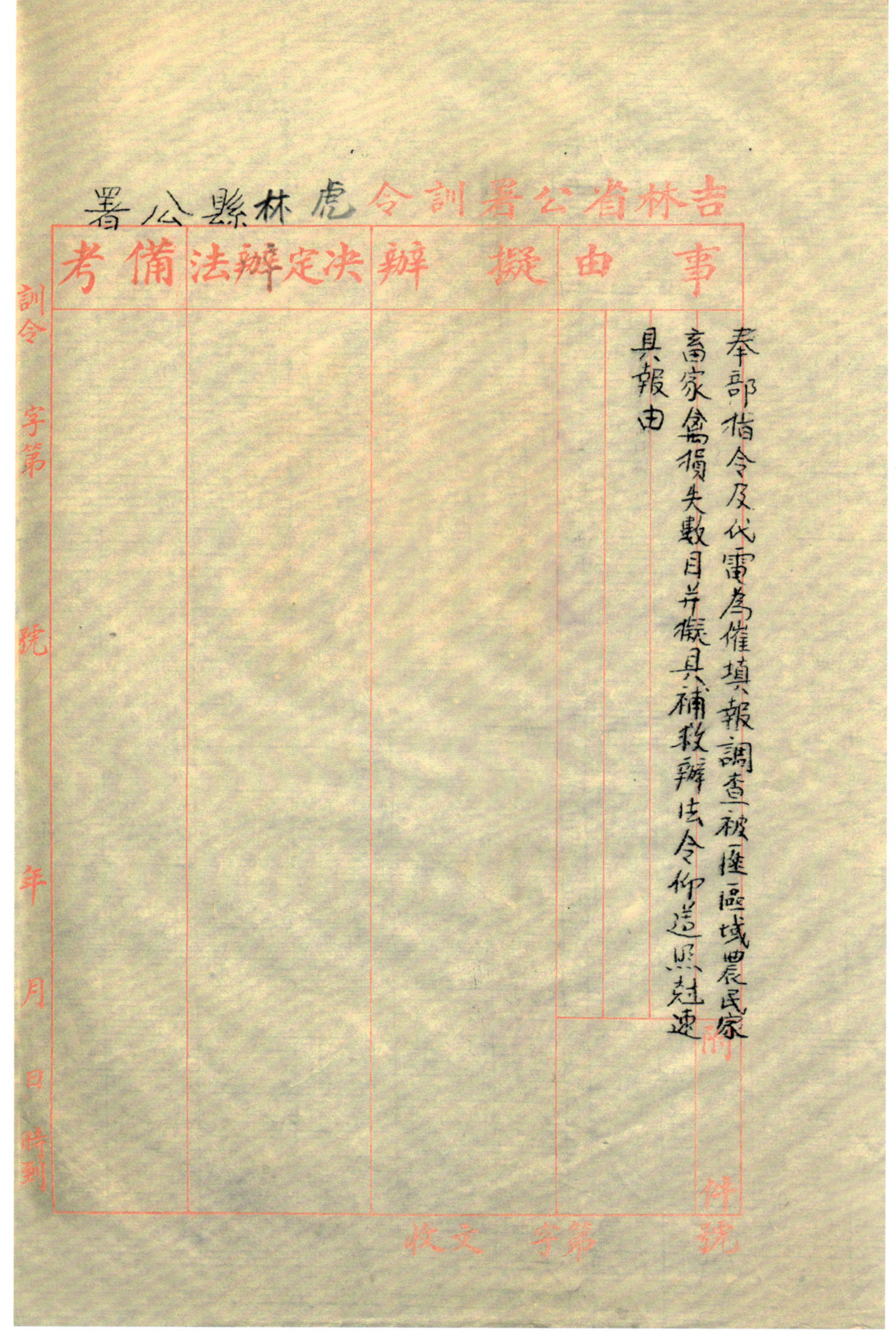

吉林省公署训令 虎林县公署

事由：奉部指令及代电为催填报调查被匪区域农民家畜家禽损失数目并拟具补救办法令仰遵照赶速具报由

拟办

决定办法

备考

附件

训令 字第 号 年 月 日 时刻

收文 字第 号

吉林省公署訓令

實字第115號

令虎林縣公署

為令催事案查部飭調查各縣被匪區域家畜家禽損失數目暨擬具補救辦法一案前以方正等六縣呈送到署當經彙轉在案茲奉

實業部第一七一號指令內開呈悉查方樺兩縣所擬補救辦法尚無不合應准照辦濱江等四縣僅將損失禽畜數目查報關於如何補救未據擬呈仰仍轉飭從速補擬呈核其餘尚未查復各縣並仰嚴催速實具為至要附件均存此令同时又奉

實業部徽代電內開本年五月間本部曾以第二十九號訓令該省調查被匪區域

農民家禽家畜損失數目並飭擬具補救辦法呈部核奪等因復於本年十月間以第一七七號訓令飭催各在案迄今半載未據一律填呈現復准法制局函索此項資料急待編製年報未便再延務希於本年十二月底一律查填報部是為至要實業部徽印各等因奉此查此案業經本署一再令飭迅速查填報在案乃時歷五月有餘迄今呈送者僅有數縣又多遺漏補救辦法一項而延未具報者尚居多數似此玩忽要公殊屬非是奉令前因除分行外合再令催該縣即便遵照尅速詳查填表并妥擬補救辦法各二份送署以憑存轉切勿再延致干咎責此令

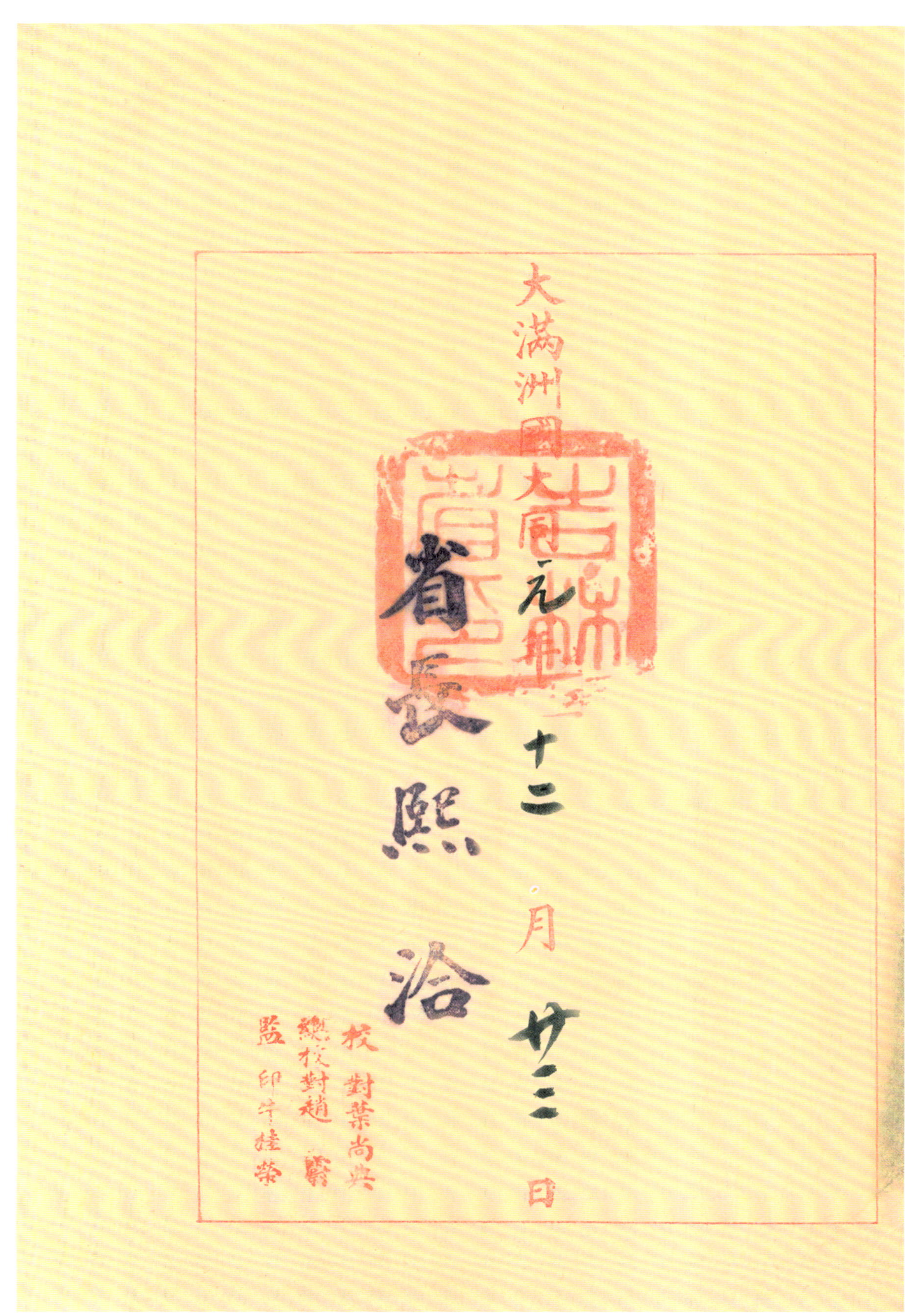

大滿洲國大同元年十二月廿二日

省長熙洽

校對葉尚典

總校對趙[illegible]

監印仵桂榮

伪吉林省公署为暂停处理呈请商标登录受理及其他商标权设定事给伪虎林县公署的训令（一九三二年十二月二十五日）

吉林省公署训令 虎林县公署

事由	拟办	决定办法	备考
奉部令为呈请商标登录受理及其他商标权设定暂时停止处理各情形通令遵照由			

附件

训令 字第 号

年 月 日 时到

收文 字第 号

吉林省公署訓令

實字第112號

令虎林縣公署

案奉

實業部第二零一號訓令內開為通令事案查商標登錄係屬一種特許制度准許在國內行使商標專用之權凡受理呈請之件即隨之發生法律上之效果故必同時同地一律開始方為公允不得分別辦理發生歧異且須特別慎重處理免滋意外本部關於商標登錄之開始現正積極準備各項關係法規亦在審核整理之中凡關商標登錄立案之件均應歸中央處理俟

有確定辦法當即公布週知誠恐商民有所誤會合亟通令知照嗣
後各地方官署對於受理呈請商標登録及其他商標權之件在法
規及處理辦法未公布以前一律停止接受並先呈請者亦不得認
為有優先權尤須嚴防流弊爲要除分令外合亟令仰該省公署
遵照轉飭所屬一體知照此令等因奉此除分行外合亟令仰該
縣遵照此令

大滿洲國大同元年十二月廿三日

省長熙洽

校對葉尚典

總校對趙蔚

監印牛桂[illegible]

伪吉林省公署为知照蒙江县地方财务票照簿册卷宗通令作废事给伪虎林县公署的训令（一九三二年十二月二十八日）

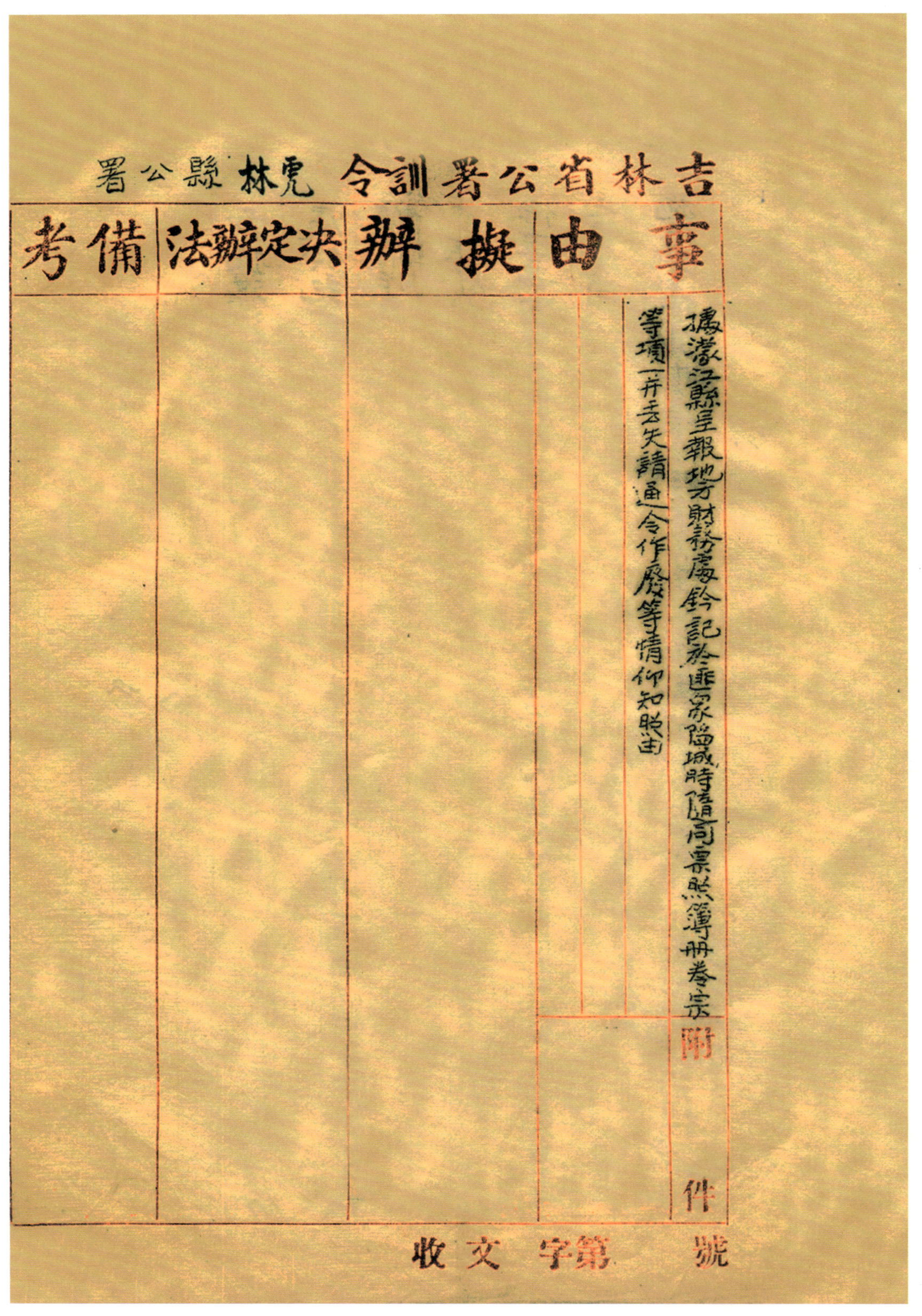

吉林省公署訓令 虎林縣公署

事由	擬辦	決定辦法	備考
據濛江縣呈報地方財務處鈐記於匪衆臨城時隨同票照簿冊卷宗等項一并丢失請通令作廢等情仰知照由 附件			

收文　字第　號

吉林省公署訓令　民字第555號

令霓林縣公署

案據濛江縣縣長閻翊鈞呈稱案據地方財務處代理主任曹子麟呈稱呈為財務
處鈐記前於匪衆佔據縣城時隨同卷宗賬簿等項一併丟失情形報請鑒核
轉請作廢事竊職處卷宗賬簿及鈐戳等項前於匪衆攻陷縣城時均已丟失
查點餘剩票照數目業經呈報前地方臨時維持委員會查核有案惟鈐記一項關
係重要當時未敢輕率呈報嗣經主任再四查找確於六月二十六日下午四時匪衆陷城
之時連同卷宗賬簿等項一併被匪搶失理合備文報請鑒核俯賜轉請作廢
施行等情據此覆核該處所稱各節確屬實情除令呈外理合據情轉請鈞署

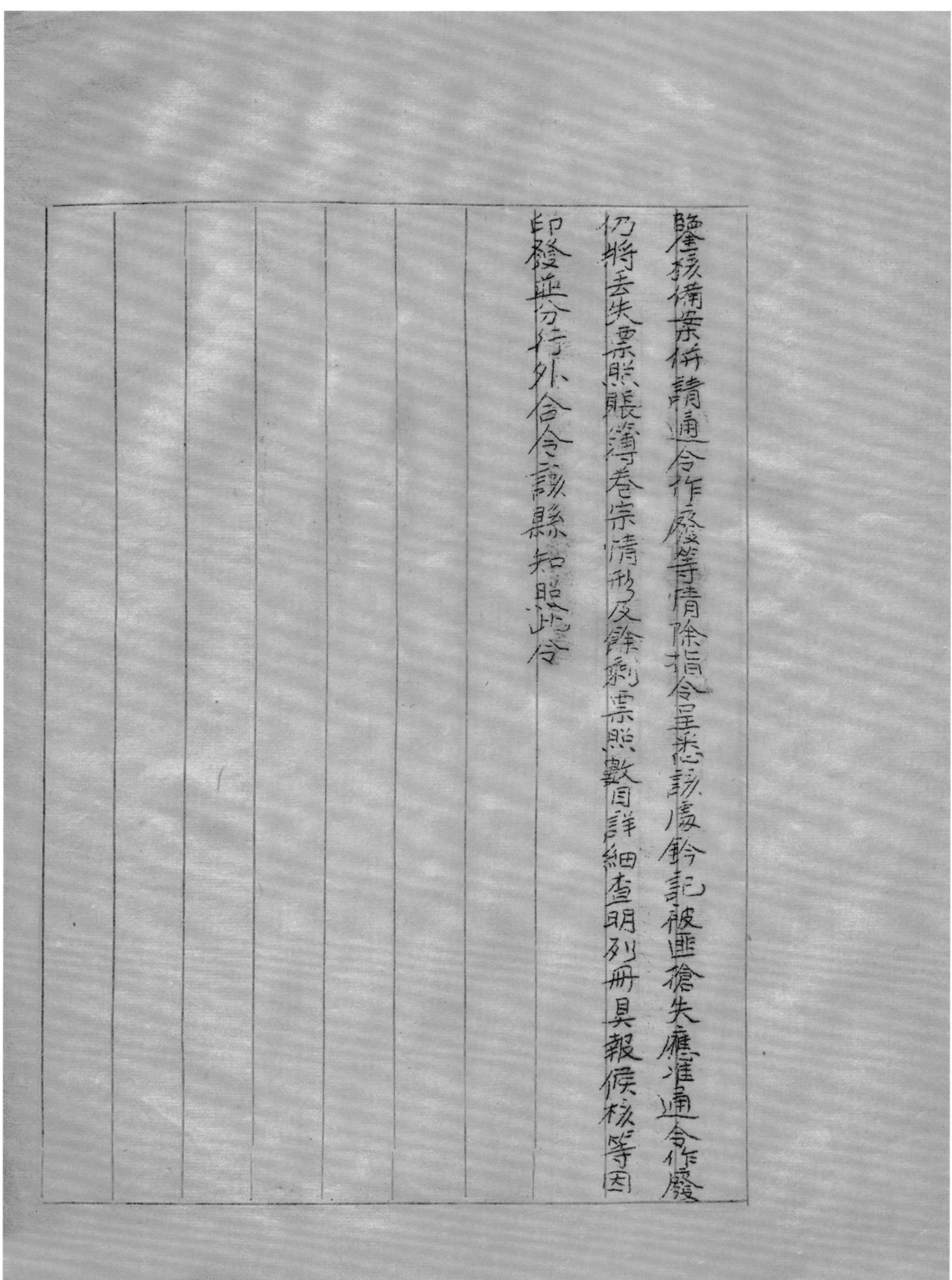

鑒核備案併請通令作廢等情除指令呈悉該處鈐記被匪搶失應准通令作廢

仍將丢失票照賬簿卷宗情形及餘剩票照數目詳細查明列冊具報候核等因

印發並分行外合令該縣知照此令

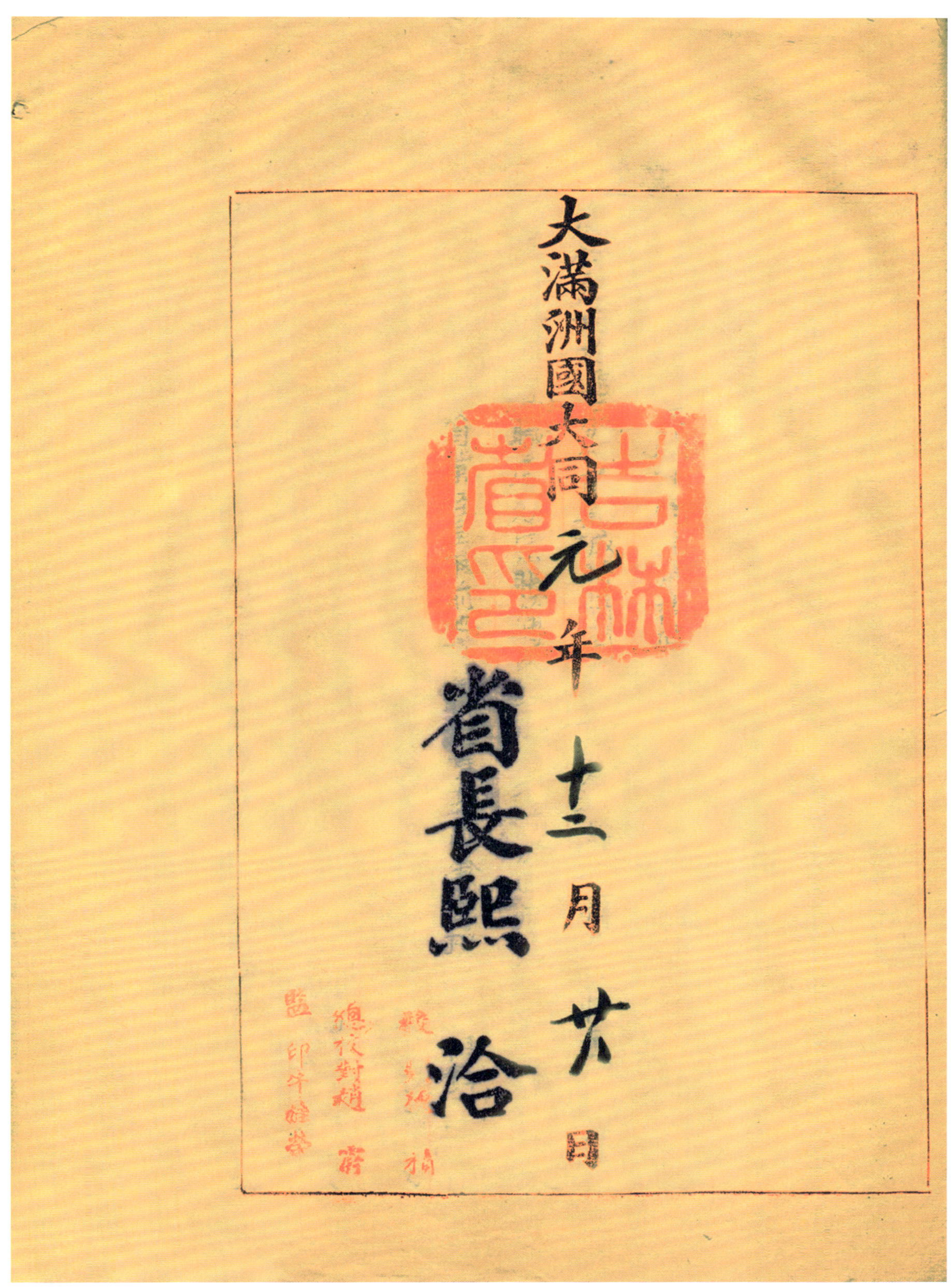

大滿洲國大同元年十二月廿日

省長熙洽

總校對趙

監印牛

伪吉林省公署为征集木材标本给伪虎林县公署的训令（一九三二年十二月二十九日）

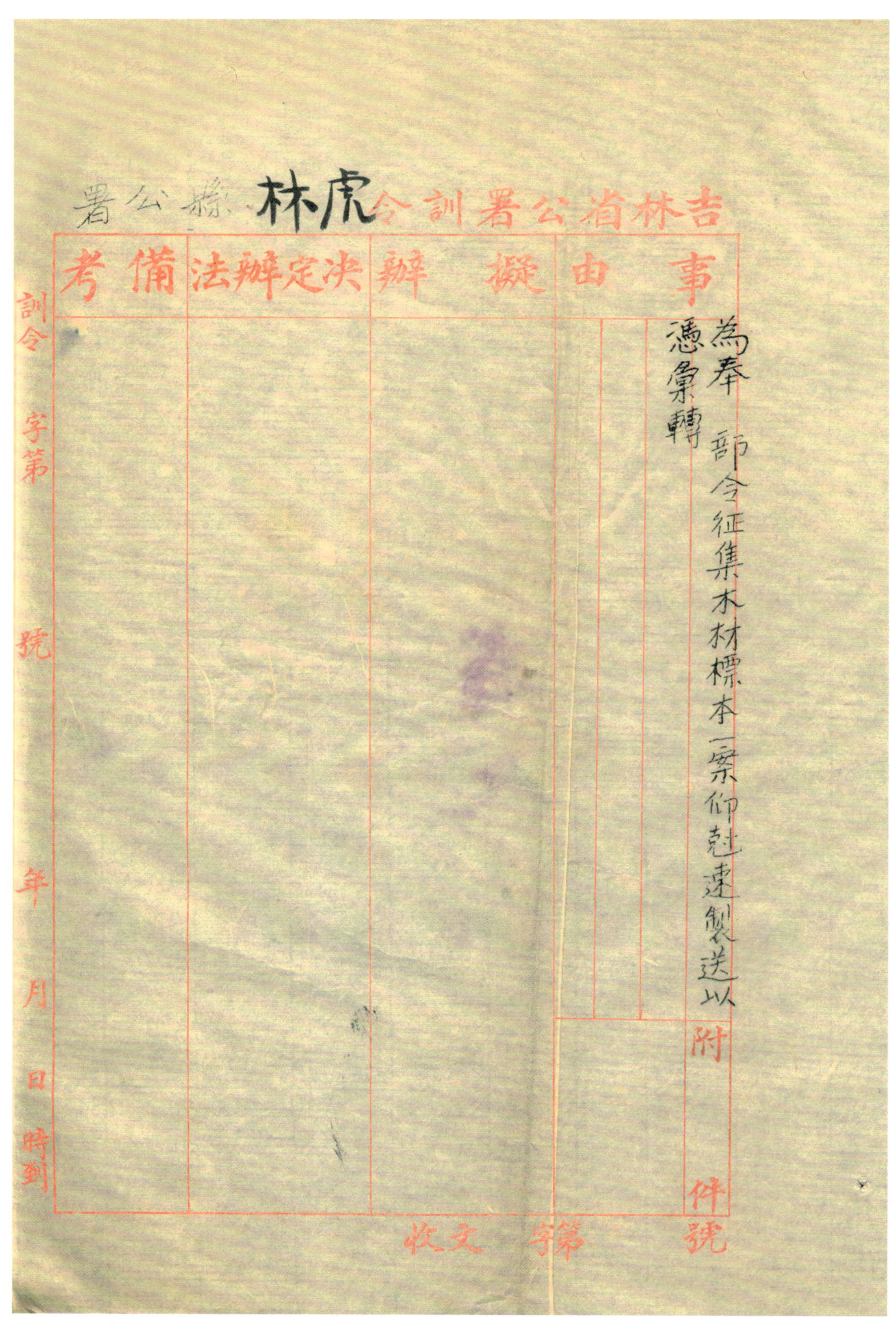
吉林省公署训令 虎林县公署

事由	拟办	决定办法	备考
为奉部令征集木材标本一案仰赶速制送以凭汇转			

附件

训令 字第 号 年 月 日 时到

第 字 文收 号

吉林省公署訓令

實字第 120 號

令虎林縣公署

為令催事案查前奉

實業部第一三三號訓令為徵集木材標本檢發調查表飭遵照填送以備陳列一案業經檢同原表分令各該縣局遵照辦理並限於文到兩星期內呈送來署以憑彙寄在案嗣僅據扶餘樺甸額穆敦化等縣遵照製送並據濱江阿城等縣覆稱縣境並無山林及成材樹木無從填送請鑒核轉覆各等情前來當經分別指令並案轉呈茲奉

實業部第一八七號指令内開呈件均悉仍仰令催未報各縣速報轉
送以憑彙核標本存此令等因奉此覆查此案刻已逾限多日各該
縣尚仍多未遵辦殊屬非是茲奉前因除分行外合再令仰該
縣尅速遵照製送以憑彙轉勿再延宕致干未便切切此令

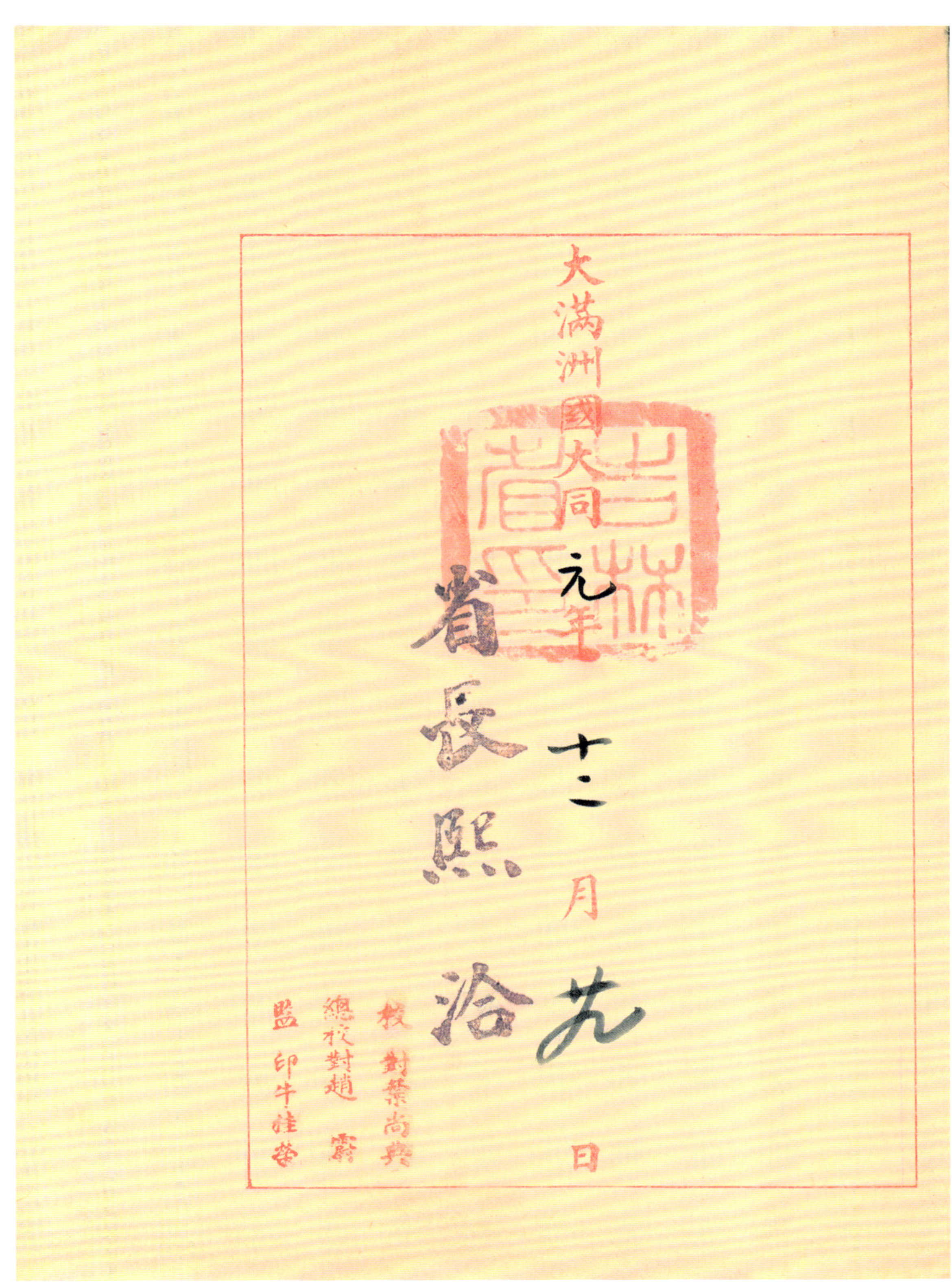
大滿洲國大同元年十二月先日

省長熙洽

校對蔡尚興

總校對趙　爵

監印牛桂姿

伪吉林省公署为调查各县农业户数及人口事给伪虎林县公署的训令（一九三三年一月六日）

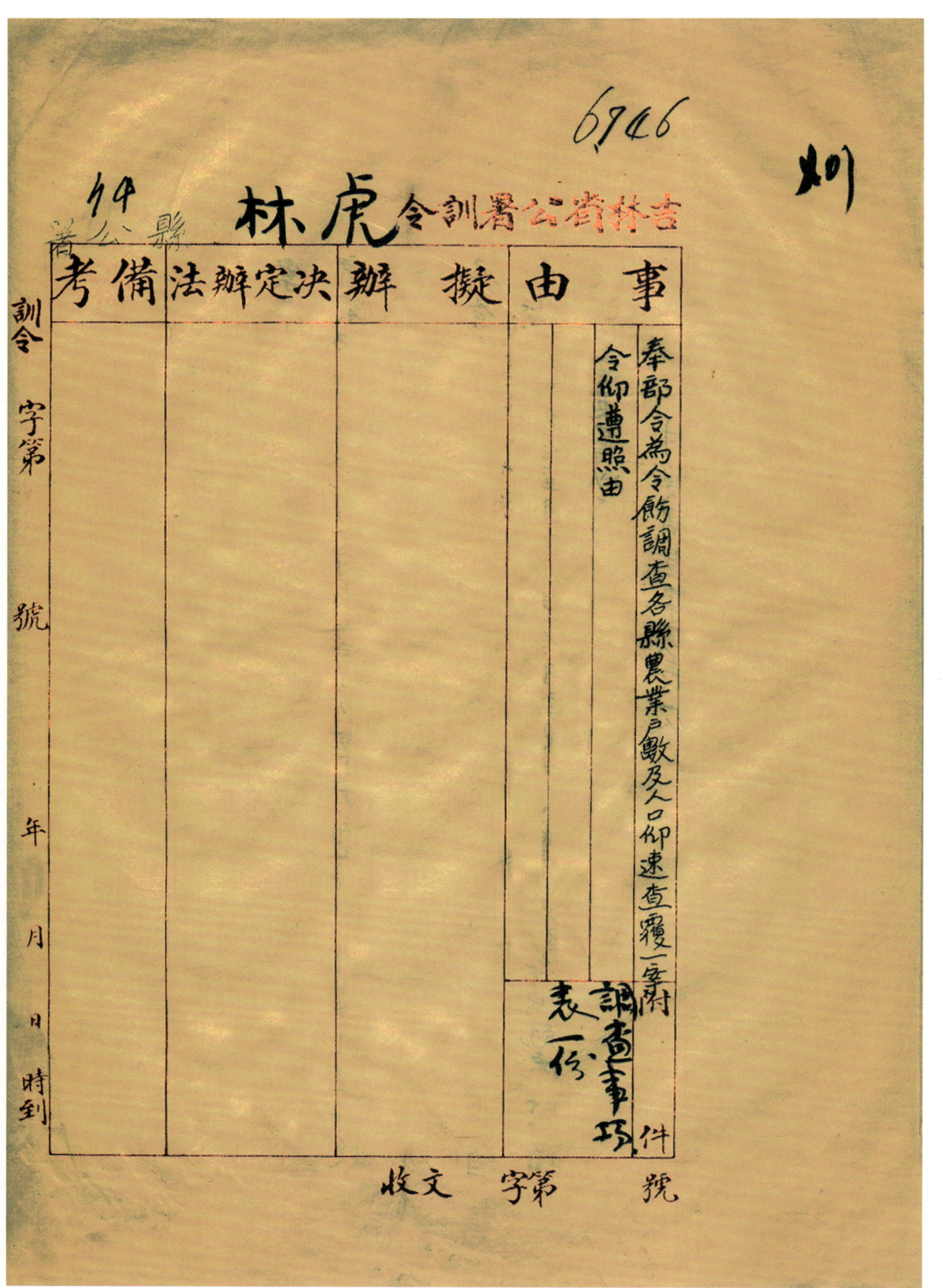
6946

吉林省公署訓令　虎林縣公署

训令　字第　號

事由	擬辦	決定辦法	備考
奉部令為令飭調查各縣農業戶數及人口仰速查覆一案附令仰遵照由 附件　調查事項表一份			

年　月　日　時到

收文　字第　號

吉林省公署訓令

字第3號

令虎林縣公署

案奉

實業部第二零號訓令内開爲令行事查農業爲立國之本所有各省務農户數及

合數目本部亟應詳查以資參考兹將調查事項表隨令附發仰該省長迅即轉飭所

屬各縣遵照表列各項切實查明具覆勿延爲要此令附調查事項表一紙等因

奉此除分行外合亟照印原表令仰該縣即便遵照表列各項尅速詳查填

表二份呈送來署以憑存轉勿稍延宕切切此令

附發調查事項表一份

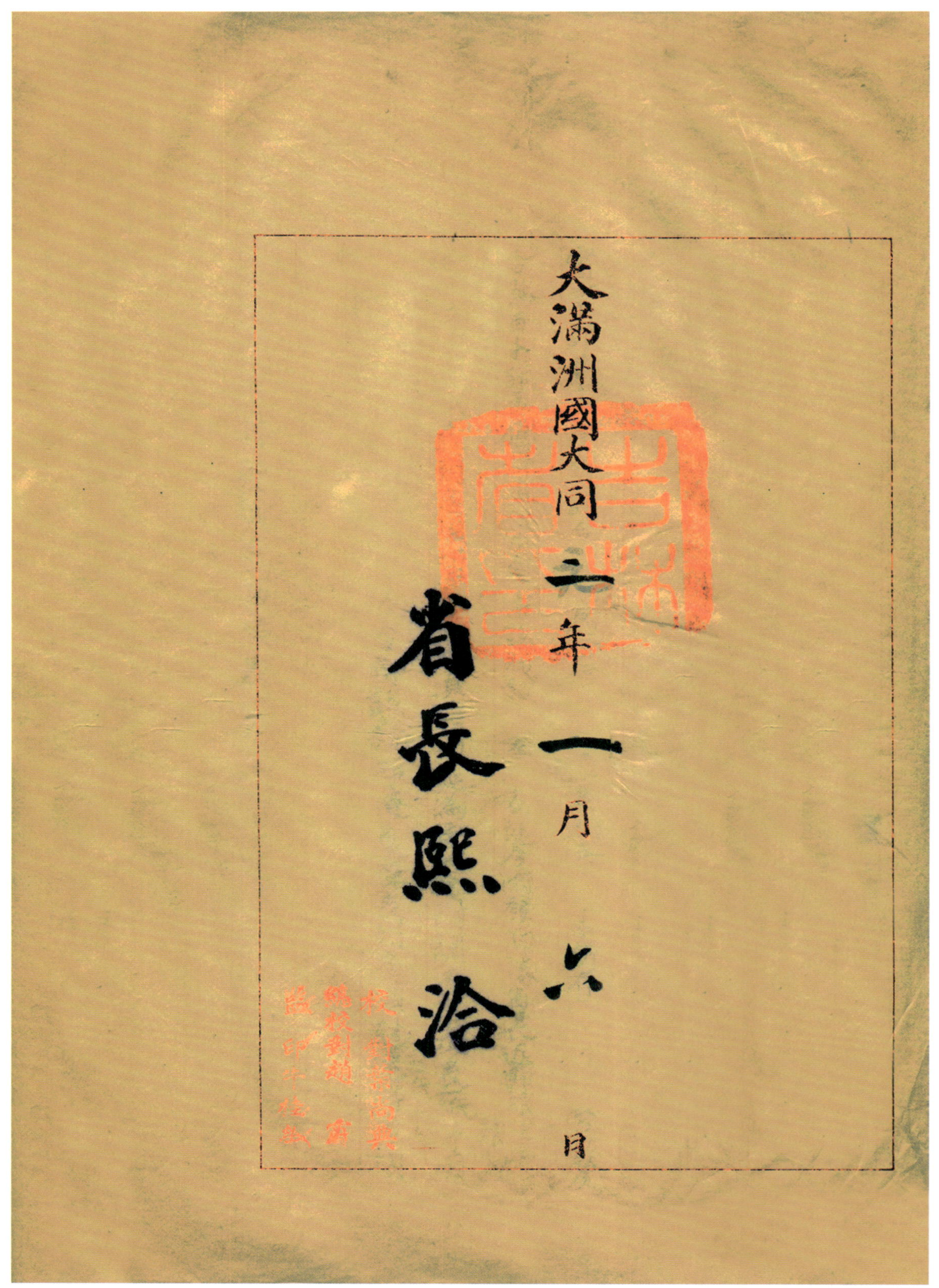

大滿洲國大同二年一月六日

省長熙洽

校對秦尚興
總校對趙富
監印牛桂敏

56

吉林省通用快郵代電紙乙種

字第　號　第　頁

電樺縣公署案查本署一二七號訓令頒發假設戶口及戶口變動數目表式通行填報一案迄今多日仍未據報實屬不成事體除分電外合再電仰遵照前頒表式逐一詳填尅日報署備查為要省公署虞印

大滿洲國大同年六月　日自吉林省公署發

伪吉林省公署为催报积谷状况调查表事给伪虎林县公署的训令（一九三三年三月三十一日）

附：实业部训令第一三八号

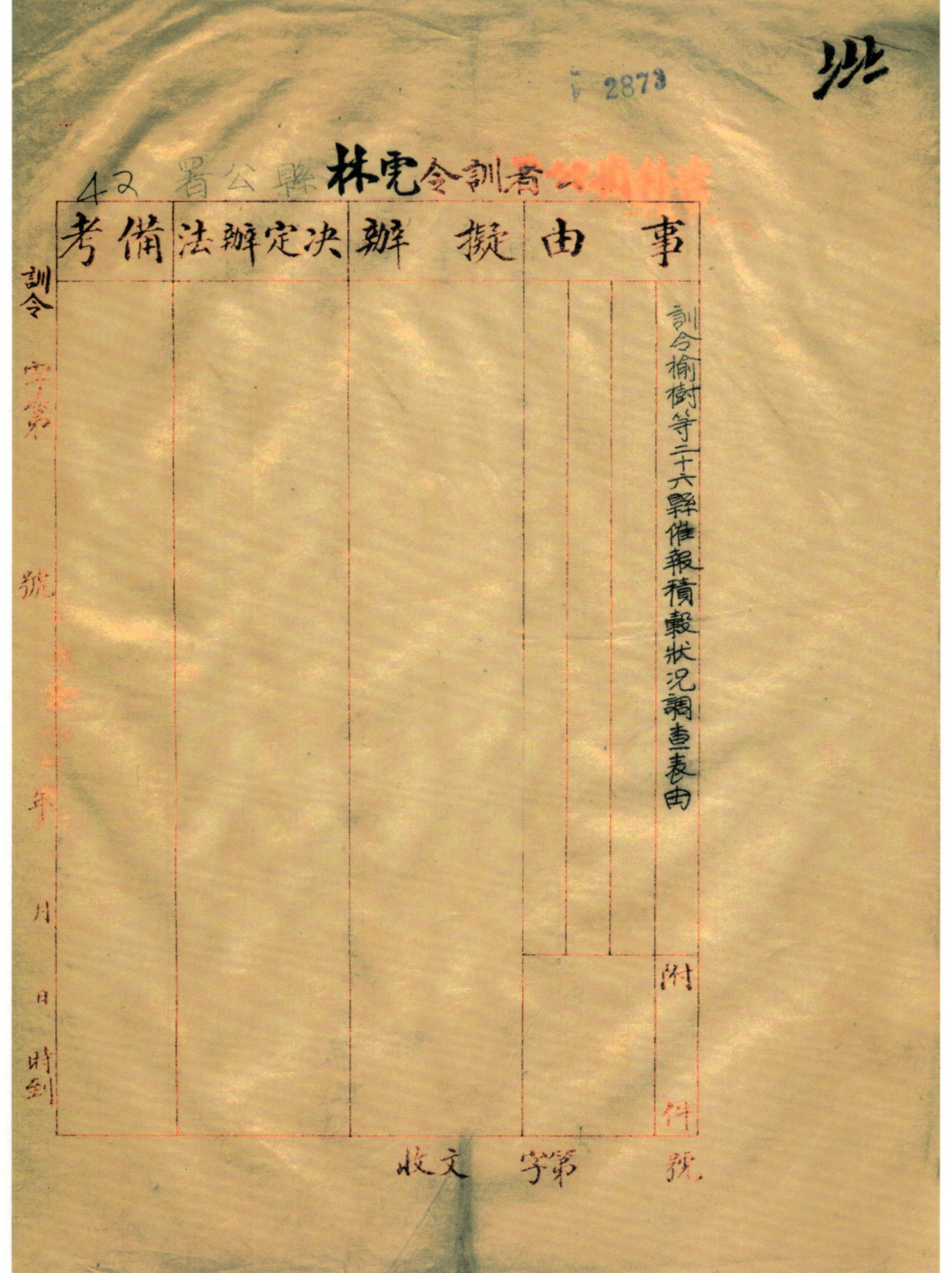
2873

吉林省公署训令虎林县公署 42

事由	拟办	决定办法	备考
训令榆树等二十六县催报积谷状况调查表由			

附件

训令 字第 号 年 月 日 时刻

收文 字第 号

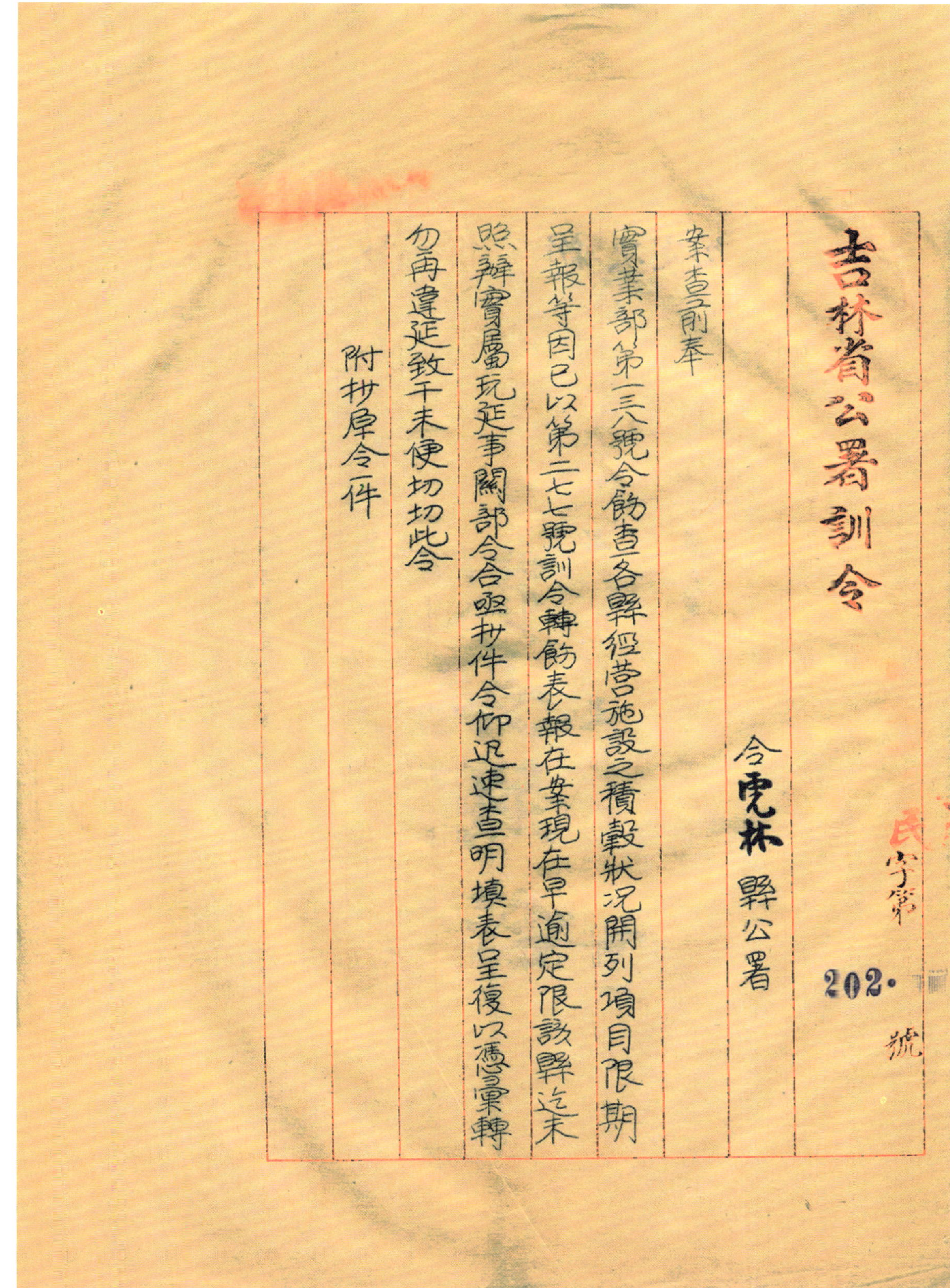

吉林省公署訓令

民字第202號

令虎林縣公署

案查前奉

實業部第一三八號令飭查各縣經營施設之積穀狀況開列項目限期呈報等因，已以第二七七號訓令轉飭表報在案。現在早逾定限，該縣迄未照辦，實屬玩延。事關部令，合亟抄件，令仰迅速查明填表呈復，以憑彙轉，勿再違延，致干未便。切切。此令。

附抄原令一件

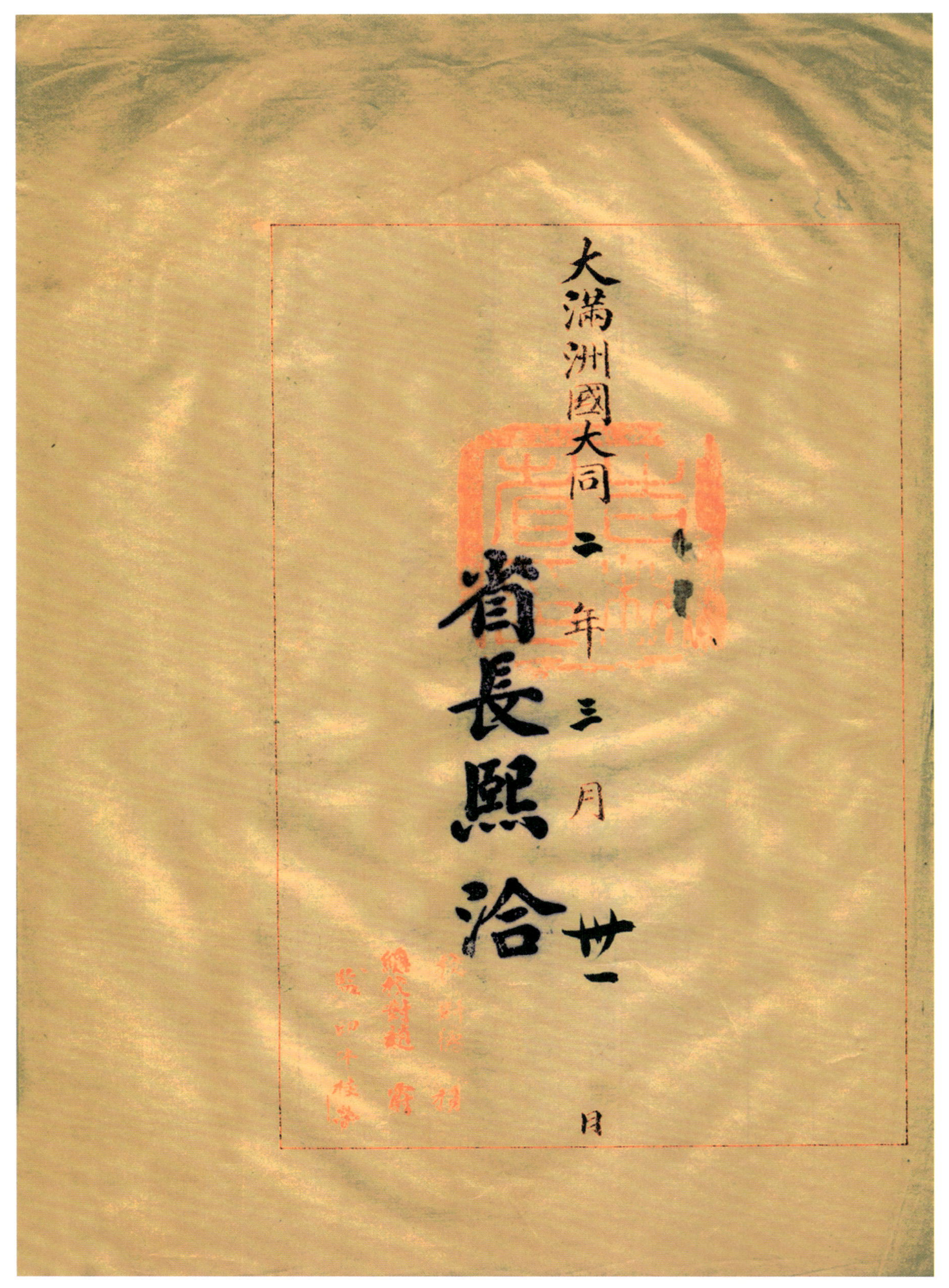

大滿洲國大同二年三月廿一日

省長熙洽

44

實業部訓令 第一三八號（實農積農字第七七號）

令吉林省省長

為令遵事現本部對於各縣署經營施設之積穀狀況亟應明晰調查以資參考除逕令實業廳轉飭所屬即將各該縣積穀狀況依照後開各項逐一詳細填報限九月二十日以前彙呈本部毋得遲延外仰即知照此令

計開

一、各縣署之積穀制度

二、倉庫之面積及能蓄藏穀物量

三、現在蓄藏量

四、收集方法

五、管理方法

六、處分方法

如有其他規定之規章時一併呈部

5

伪吉林省公署为调查呈报农业行政机关现状事给伪虎林县公署的训令（一九三三年四月二十日）

附：调查项目

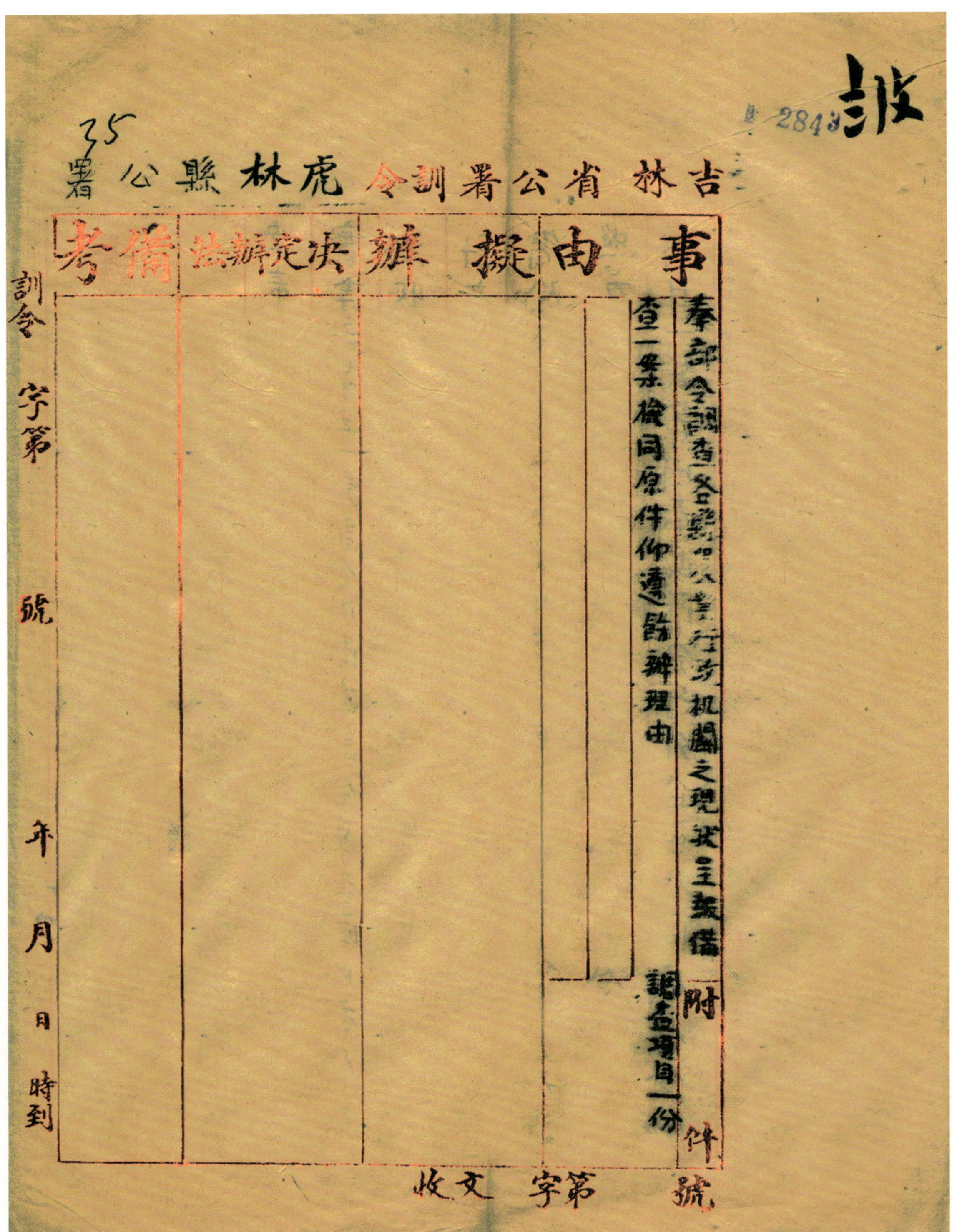
2843

吉林省公署訓令　虎林縣公署

事由	擬辦	決定辦法	備考
奉部令調查各縣農業行政機關之現狀呈報備查一案檢同原件仰遵飭辦理由			

附件：調查項目一份

訓令　字第　號　年　月　日　時到

收文　字第　號

吉林省公署訓令　實字第86號

令虎林縣公署

案奉

實業部第五一號訓令内開為訓令事查國内秩序已漸恢復本部擬即訂定農業政策而樹邦國百年之計茲特調查全國各縣農業行政机關現狀以為準備除分行外合亟令仰該省長即轉飭各縣分别遵照另紙項目詳細填報轉呈備查切切此令附調查項目一紙等因奉此除分行外合亟檢同原件令仰

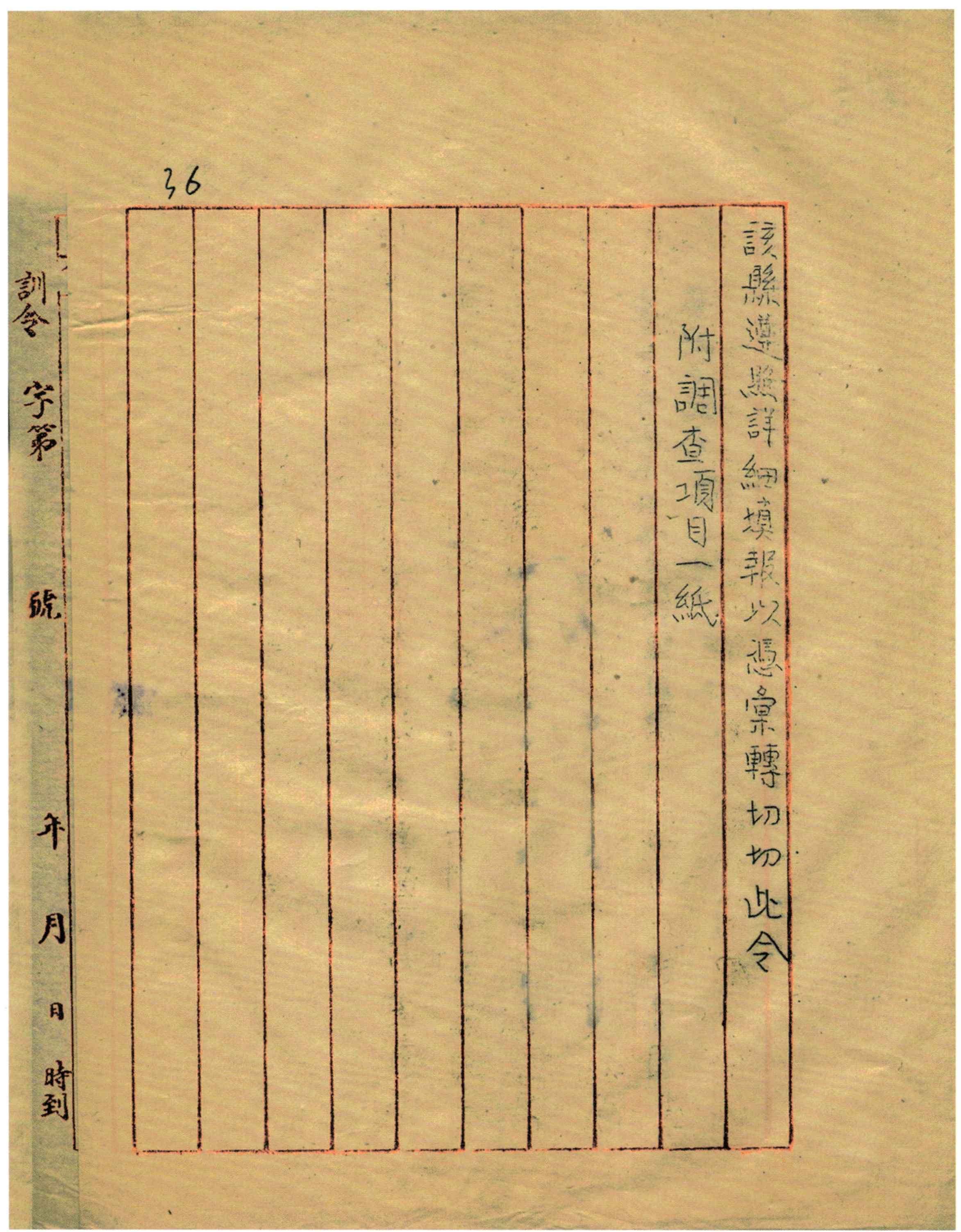
36

該縣遵照詳細填報以憑彙轉切切此令

附調查項目一紙

訓令 字第 號

年 月 日 時到

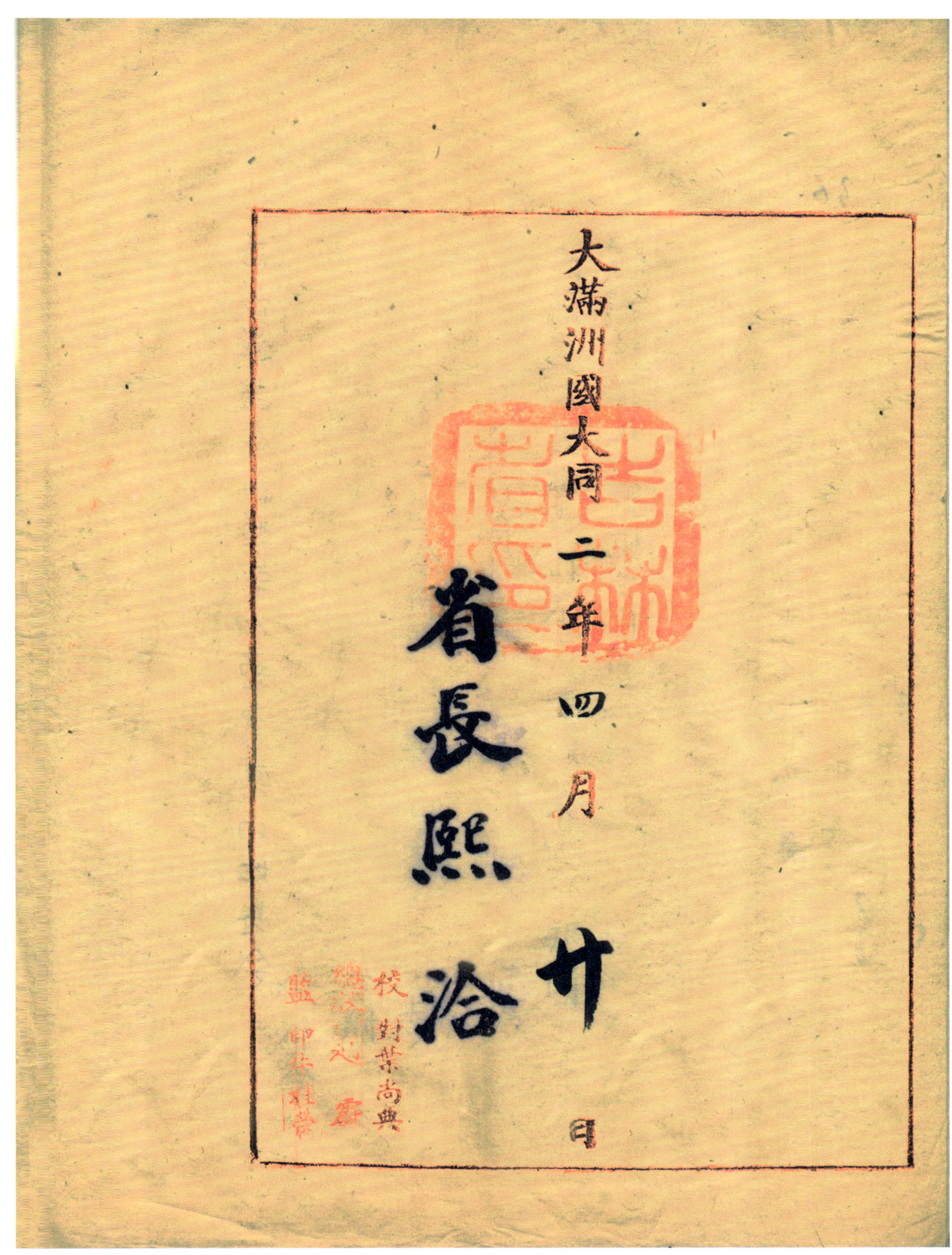

大滿洲國大同二年四月廿日

省長熙洽

校對葉尚典

監印

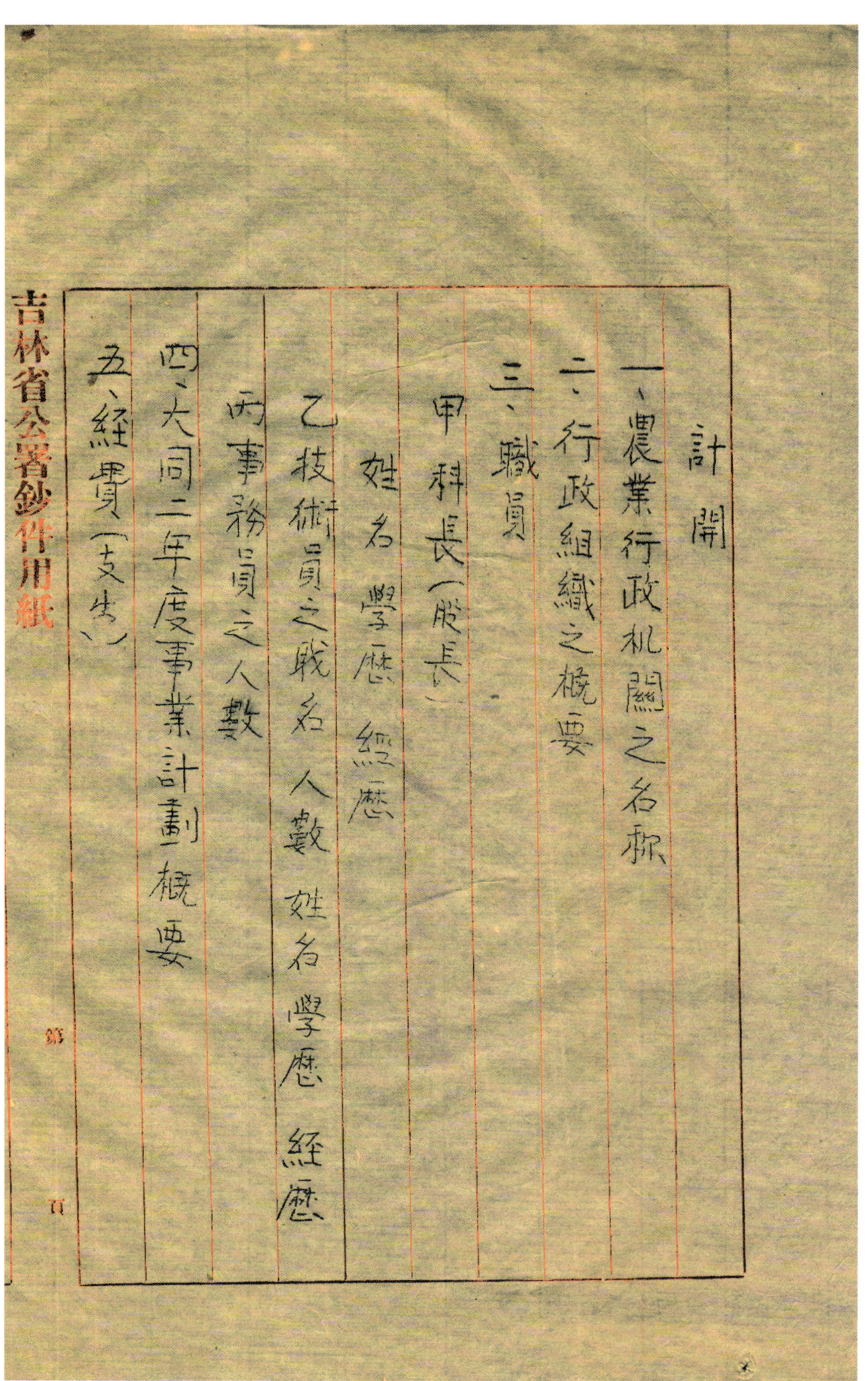

計開

一、農業行政机關之名称

二、行政組織之概要

三、職員

甲科長（股長）

姓名 學歷 經歷

乙技術員之職名 人數 姓名 學歷 經歷

丙事務員之人數

四、大同二年度事業計劃概要

五、經費（支出）

吉林省公署鈔件用紙

第 頁